Av. Cabildo 1852
1428 Buenos Aires
Tel. 782 6783

COLECCIÓN POPULAR

505

BREVE HISTORIA
CONTEMPORÁNEA
DE LA ARGENTINA

LUÍS ALBERTO ROMERO

BREVE HISTORIA CONTEMPORÁNEA DE LA ARGENTINA

FONDO DE CULTURA ECONÓMICA

MÉXICO - ARGENTINA - BRASIL - COLOMBIA - CHILE
ESPAÑA - ESTADOS UNIDOS - PERÚ - VENEZUELA

Primera edición, 1994
Segunda reimpresión, marzo de 1995
Tercera reimpresión, julio de 1995

Breve historia contemporánea de la Argentina

D.R. © 1994, Fondo de Cultura Económica
de Argentina, S.A.
Suipacha 617; 1008 Buenos Aires

ISBN: 950-557--203-4

Impreso en Uruguay
Hecho el depósito que previene la Ley 11.723

Para ANA y JOSÉ LUIS

PREFACIO

En esta exposición sintética de la historia de la Argentina en el siglo XX no me he propuesto —como suele ser común en este tipo de libros— ni probar una tesis ni tampoco encontrar aquella causa única y eficiente de un destino nacional singular y poco afortunado; sólo se trata de reconstruir la historia, compleja, contradictoria e irreductible, de una sociedad que sin duda conoció épocas más brillantes, que se encuentra hoy en uno de los puntos más bajos de su decurso, pero cuyo futuro no está —confío— definitivamente cerrado. Las cuestiones en torno de las que este texto se organiza —preguntas nacidas de nuestra experiencia, angustiada y desconcertada— son sólo algunas de las muchas posibles, y su explicitación da cuenta del voluntario acotamiento que un intento de este tipo requiere.

El primer interrogante se refiere al lugar que hoy existe en el mundo para la Argentina —que tan seguramente se ubicó en él hace sólo cien años—, y a la organización económica factible para asegurar a nuestra sociedad algunas metas mínimas como un cierto bienestar general, un progreso razonable, una cierta racionalidad. Una pregunta similar se hicieron Alberdi, Sarmiento y quienes hace casi un siglo y medio trazaron el diseño de la Argentina moderna. Pero, a diferencia de las circunstancias en que nuestros padres fundadores la formularon, la respuesta no es hoy ni obvia ni evidente. La misma pregunta se formula desde una perspectiva más modesta y a la vez mucho menos ilusionada que hace ciento cincuenta años, pues hoy una *aurea mediocritas* nos parece un destino más que apetecible.

El segundo interrogante se refiere a las características, funciones e instrumentos que debe tener el Estado para garantizar lo público, regular y racionalizar la economía, asegurar la justicia y mejorar la equidad en la sociedad. Nuevamente, la pregunta traduce, en un plano mucho más modesto, cuestiones que nuestra sociedad discutió y resolvió de una cierta manera, hace quizá medio siglo, proponiendo soluciones que hoy están agotadas o que han sido deliberadamente descartadas, pero sin que otras las hayan reemplazado.

El tercer interrogante se refiere al mundo de la cultura y a los intelectuales, y a las condiciones que pueden estimular la existencia de una creación y un pensamiento que sean a la vez críticos, rigurosos y comprometidos, y que cumplan una tarea útil y aprovechable para la sociedad, explicando la realidad y proponiendo alternativas. Así ocurrió en la Argentina del Centenario, en la efímera experiencia de la década de 1960 o en la más breve aún del ilusionado retorno a la democracia, lo suficientemente cercanas como para recordarnos que tal conjunción no suele ser ni natural ni fácil.

Todo ello confluye en las dos cuestiones más angustiantes, aquéllas donde más se advierte que nuestro país está hoy en una encrucijada: la de la sociedad y la de la democracia. ¿Qué posibilidades hay de salvar o reconstruir una sociedad abierta y móvil, no segmentada en mundos aislados, relativamente igualitaria y con oportunidades para todos, fundada en la competitividad pero también en la solidaridad y la justicia? Todo ello constituyó el legado, hoy mejor apreciado que nunca, que se fue construyendo a lo largo del último siglo y medio, y cuyo impulso perdura hasta un momento no demasiado lejano, ubicado quizá veinte años atrás, en que la tendencia comenzó a quebrarse y a invertir su sentido.

Sobre todo: ¿qué características debe tener el sistema político para asegurar la democracia, y hacer de ella una práctica con algún sentido social? En este caso, el pasado se nos muestra rico en conflictos, pero no es fácil contabilizar en él demasiados logros, ni siquiera en las épocas de vigencia formal de la democracia, en las que pueden percibirse, *in nuce*, las prácticas que llevaron a la destrucción de un sistema institucional nunca del todo maduro, cuya construcción se nos aparece como la tarea de Sísifo. Quizá por eso, el último interrogante es hoy el primero: cuál es el destino de nuestro sistema republicano y de la tradición que lo alimenta. Volvemos aquí a Sarmiento y a Alberdi, a una tarea que un poco ingenuamente considerábamos realizada y cuyos frutos hoy parecen frágiles y vulnerables.

Un libro guiado por tales preguntas es a la vez un trabajo de historiador profesional y una reflexión personal sobre el presente. No podría ser de otro modo: todo intento de reconstrucción histórica parte de las necesidades, dudas e interrogantes del presente, procurando que el rigor profesional equilibre la labilidad de la opinión, pero sabiendo que habitualmente la ecuación se desbalancea hacia este último extremo cuanto más cercano está el tema a la experiencia de quien lo trata. En verdad, escribir este texto me ha llevado, en buena parte, a alejarme de un estilo de trabajo más habitual y sumergirme en mi propia historia y en mi experiencia de un pasado aún vivo.

Tuve una primera comprobación de esto al intentar aprovechar los materiales usados hace veinte años —cuando, trabajando con Alejandro Rofman, esbocé un esquema de la historia argentina—, y descubrir que poco de ello me era útil hoy. Las preguntas de entonces apuntaban a explicar las raíces de la dependencia y sus efectos en las deformaciones de la economía y de la sociedad. Las cuestiones relativas a la democracia y a la república no nos parecían relevantes, y en general la política aparecía apenas como un reflejo de aquellas condiciones estructurales, o por el contrario, como el lugar no condicionado donde, con voluntad y poder, tales condiciones podían ser cambiadas, pues en la conciencia colectiva de entonces la percepción de la dependencia se complementaba con la búsqueda de algún tipo de liberación.

Se trata, me parece, de un buen ejemplo de lo que es un tópico de nuestro oficio: la conciencia histórica guía el saber histórico; éste puede controlarla, someterla a la prueba del rigor, pero no ignorarla. En períodos anteriores probablemente el eje de una reconstrucción histórica de este tipo habría sido puesto en la justicia social y la independencia económica; más atrás aún, en el progreso y la modernización social, o aun en la constitución del Estado y la nación. Ciertamente esas perspectivas no desaparecen para el historiador, y están incorporadas a este relato como lo que en sus tiempos fueron: aspiraciones, ideologías o utopías movilizadoras. Los problemas a que se referían están también presentes en las preguntas de hoy, pero el orden, los encadenamientos y los acentos son diferentes, como lo atestiguan las preguntas que organizan este texto, pues el mundo en que vivimos, cuyos rasgos definitivos apenas vislumbramos, es radicalmente distinto no sólo del de hace cien o cincuenta años, sino del de apenas veinte años atrás.

Suele decirse que quien escribe piensa implícita o explícitamente en un lector. Empecé a escribir este texto pensando en mis colegas, pero progresivamente me di cuenta de que mi lector implícito eran mis hijos, y los de su edad, adolescentes y niños: los que casi no tienen noticias de nuestro pasado reciente, ni siquiera de los horrores más cercanos, pues nuestra sociedad cada vez cuida menos de su memoria, quizá porque hoy padece de una gran dificultad para proyectarse hacia el futuro. En varias partes del texto quise simplemente dejar un testimonio, quizás académicamente redundante pero cívicamente necesario, pues sigo convencido de que sólo la conciencia del pasado permite construir el futuro. En tiempos en que al pesimismo de la razón se suma también el del corazón, quiero seguir creyendo en la capacidad de los hombres para realizar su historia, hacerse cargo de sus circunstancias y construir una sociedad mejor.

Agradezco a Alejandro Katz su confianza en que pudiera escribir este libro. A Juan Carlos Korol y Ricardo Sidicaro, su lectura atenta y sus observaciones; sólo lamento no hacer sabido aprovechar sus sugerencias en todos los casos.

Cuando empecé a trabajar en este texto le pedí a Leandro Gutiérrez que cumpliera esa función de lector crítico, y me prometía, como era habitual entre nosotros, un diálogo poco complaciente y muy fecundo. Siento que no haya podido ser así, pero estoy seguro de que mucho de su espíritu, agudo, hasta ácido, pero enormemente cálido, está presente en estas páginas, pues con nadie como con él —salvo mi padre— he aprendido tanto de la historia.

15 de octubre de 1993

I. 1916

El 12 de octubre de 1916 Hipólito Yrigoyen asumió la presidencia de la Argentina. Fue una jornada excepcional: una multitud ocupó la Plaza del Congreso y las calles adyacentes, vitoreando a quien por primera vez había sido elegido por el voto universal, secreto y obligatorio, según la nueva ley electoral, sancionada en 1912 por iniciativa del presidente Sáenz Peña. Luego de la ceremonia, la muchedumbre desató los caballos de la carroza presidencial y la arrastró en triunfo hasta la Casa Rosada, sede del Poder Ejecutivo.

Su victoria, si no abrumadora, había sido clara, e indicaba una voluntad ciudadana mayoritaria. Visto desde la perspectiva predominante por entonces, la plena vigencia de la Constitución, médula del programa de la Unión Cívica Radical, el partido triunfante, se coronaba con un régimen electoral democrático, que colocaba al país a la vanguardia de las experiencias de ese tipo en el mundo. La reforma política pacífica, que llegaba a tan feliz término, se sustentaba en la profunda transformación de la economía y la sociedad. A lo largo de cuatro décadas, y aprovechando una asociación con Gran Bretaña que era vista como mutuamente beneficiosa, el país había crecido de modo espectacular, multiplicando su riqueza. Los inmigrantes, atraídos para esa transformación, fueron exitosamente integrados en una sociedad abierta, que ofreció abundantes oportunidades para todos, y si bien no faltaron las tensiones y los enfrentamientos, éstos fueron finalmente asimilados y el consenso predominó sobre la contestación. La decisión de Yrigoyen de modificar la tradicional actitud represora del Estado, utilizando su poder para mediar entre los distintos actores sociales y equilibrar así la balanza, parecía cerrar la última arista conflictiva. En suma, la asunción de Yrigoyen podía ser considerada, sin violentar demasiado los hechos, como la culminación feliz del largo proceso de modernización emprendido por la sociedad argentina desde mediados del siglo XIX.

Otra imagen era posible, y muchos de los contemporáneos adhirieron a ella y actuaron en consecuencia. Yrigoyen semejaba uno de aquellos caudillos bárbaros que se creía definitivamente sepultados en 1880, y tras de él se adivinaba el gobierno de los mediocres. La transición política hacia la democracia no era bien vista, y quienes se sentían desplazados del poder manifestaban escasa lealtad hacia el sistema institucional recientemente diseñado y una añoranza de los tiempos en que gobernaban los mejores. Por otra parte, la Guerra Mundial, que había estallado en 1914, permitía vislumbrar el fin del progreso fácil, crecientes dificultades y un escenario económico mucho más complejo, en el que la relación con Gran Bretaña no bastaría ya para asegurar la prosperidad. Las tensiones sociales y políticas que empezaban a recorrer el mundo en la última fase de la guerra, y que se desencadenarían con su fin, también se anunciaban en la Argentina, y alimentaban una visión dominada por el conflicto. La sociedad estaba enferma, se decía; los responsables eran los cuerpos extraños, y en última instancia la inmigración en su conjunto. Creció así una actitud cada vez más intolerante, que de momento se expresó en un nacionalismo chauvinista.

Ambas imágenes de la realidad, parciales y deformadas, estaban presentes en 1916 y, cada una a su manera, eran producto de la gran transformación producida a lo largo del medio siglo anterior. Por mucho tiempo moldearon actitudes y conductas, modificadas por nuevos datos de la realidad que, incluso, corrigieron o rectificaron la imagen de la etapa de la expansión.

La construcción

En aquellas décadas previas a 1916, no tan lejanas como para que no se recordara la aceleración de los cambios, la

Argentina se embarcó en lo que los contemporáneos llamaban el "progreso". Los primeros estímulos se percibieron desde mediados del siglo XIX, cuando en el mundo comenzó la integración plena del mercado y la gran expansión del capitalismo, pero sus efectos se vieron limitados por diversas razones. La principal de ellas fue la deficiente organización institucional, de modo que la tarea de consolidar el Estado fue fundamental: hacia 1880, cuando asumió por primera vez la presidencia el general Julio A. Roca, se había cumplido lo más grueso, pero todavía se requirió mucho trabajo para completarla.

Lo primero fue asegurar la paz y el orden, y el efectivo control sobre el territorio. Desde 1810, y a lo largo de siete décadas, las guerras civiles habían sido casi endémicas: los poderes provinciales habían luchado entre sí y contra Buenos Aires, incluso después de 1852. Desde 1862, el flamante Estado nacional, poco a poco —y con escasa fortuna al principio— fue dominando y subordinando a quienes hasta entonces habían desafiado su poder, y aseguró para el ejército nacional el monopolio de la fuerza. Algunas cuestiones se dirimieron durante la guerra del Paraguay (1865-1870) y otras inmediatamente después, cuando sucesivamente fueron doblegadas Entre Ríos —gran rival de Buenos Aires en la conformación del nuevo Estado— y luego la propia provincia porteña —cuya rebelión fue derrotada en 1880—, que debió aceptar la transformación de la ciudad de Buenos Aires en Capital Federal. El Estado afirmó su poder sobre los vastos territorios controlados por los indígenas: en 1879 se aseguró la frontera sur, arrinconando a las tribus en el contrafuerte andino, y hacia 1911 se completó la ocupación de los territorios de la frontera nordeste. Los límites territoriales del Estado se definieron con claridad, y las cuestiones internas se separaron tajantemente de las exteriores, con las que tradicionalmente se habían mezclado: la guerra del Paraguay contribuyó a definir las fluctuantes fronteras de la cuenca del Plata y la Conquista del Desierto, en 1879, aseguró la posesión de la Patagonia, aunque los conflictos con Chile se mantuvieron vivos hasta por lo menos 1902, y reaparecieron más tarde.

Desde 1880 se configuró un nuevo escenario institucional, cuyos rasgos perduraron largamente. Apoyado en los triunfos militares, se consolidó un centro de poder fuerte, cuyas bases jurídicas se hallaban en la Constitución sancionada en 1853 y que, según las palabras de Alberdi, debían cimentar "una monarquía vestida de república". Como ha mostrado Natalio Botana, se aseguraba allí un fuerte poder presidencial, ejercido sin limitaciones en los vastos territorios nacionales y fortalecido por las facultades de intervenir las provincias y decretar el estado de sitio. Por otra parte, los controles institucionales del Congreso, y sobre todo la exclusión de la posibilidad de la reelección, aseguraban que ese poder no derivara en tiranía. Quienes así lo concibieron tenían presente la larga experiencia de las guerras civiles y la facilidad con que las elites se dividían en luchas facciosas encarnizadas y estériles. En ese sentido, los resultados colmaron las expectativas. Las facultades legales fueron reforzadas por una práctica política en la que, desde el vértice del poder, se controlaban simultáneamente los resortes institucionales y los políticos. Se trataba de un mecanismo que, en sus versiones extremas y menos prolijas, fue calificado de *unicato*, pero que en rigor se empleó normalmente antes y después de 1916. El Ejecutivo lo usó para disciplinar a los grupos provinciales, pero a la vez reconoció a éstos un amplio margen de decisión en los asuntos locales. El poder, que se había consolidado en torno de los grupos dominantes del próspero Litoral —incluyendo la muy dinámica Córdoba— encontró distintas formas de hacer participar de la prosperidad a las elites del Interior, y particularmente a las más pobres, y asegurar así su respaldo a un orden político al que, además, ya no podían enfrentar.

Aunque en 1880 estaban delineadas, en sus rasgos básicos, las instituciones del Estado —el sistema fiscal, el judicial, el administrativo—, en muchos casos eran apenas esbozos que debían ser desarrollados. Escaso de instrumentos y medios para la realización de muchas de las tareas más urgentes, como educar o fomentar la inmigración, el Estado se asoció inicialmente con sectores particulares, pero a medida que sus recursos aumentaron, fue expandiendo sus propias instituciones, y llegó a adquirir consistencia y solidez mucho antes que la sociedad. Ésta, en pleno proceso de renovación y reconstitución, careció inicialmente de la organización y los núcleos capaces de limitar su avance.

Deliberada y sistemáticamente actuó el Estado para facilitar la inserción de la Argentina en la economía mundial y adaptarse a un papel y una función que —se pensaba— le cuadraba perfectamente. Ese lugar implicaba una asociación estrecha con Gran Bretaña, potencia que venía oficiando de metrópoli desde 1810. Limitados al principio a lo comercial, esos vínculos se estrecharon luego de 1850, por la gran expansión de la producción lanar —la primera organizada sobre bases definidamente capitalistas— y la contemporánea profundización de la industrialización de Gran Bretaña, convertida ya en el *taller del mundo*. Por entonces se profundizaron las relaciones comerciales y se anudaron las financieras, especialmente por el sólido aporte británico al costo de la construcción del Estado. Pero la verdadera maduración se produjo luego de 1880, en la era del imperialismo. Por entonces Gran Bretaña —dueña indiscutida del mundo colonial— empezaba a afrontar la competencia de nuevos rivales —Alemania primero, y luego Estados Unidos— y el mundo entero fue dividiéndose en áreas imperiales, formales o informales. En el momento en que se consolidó la asociación con Gran Bretaña, la metrópoli entraba en su madurez, ciertamente sólida pero también poco dinámica. Incapaz de afrontar la competencia industrial, se refugió en su Imperio y sus monopolios, y optó por las ganancias aseguradas por inversiones privilegiadas, de bajo riesgo y alta rentabilidad.

En la Argentina, entre 1880 y 1913 el capital británico creció casi veinte veces. A los rubros tradicionales —comercio, bancos, préstamos al Estado— se agregaron los préstamos hipotecarios sobre las tierras, las inversiones en empresas públicas de servicios, como tranvías o aguas corrientes, y sobre todo los ferrocarriles. Estos resultaron extraordinariamente rendidores: en condiciones ciertamente privilegiadas, las empresas británicas se aseguraron una ganancia que garantizaba el Estado, quien también otorgaba exenciones impositivas y tierras a los costados de las vías por tenderse.

En etapas posteriores se subrayaron persistentemente estos problemas, pero los contemporáneos vieron más bien en la conexión angloargentina sus aspectos positivos: si los británicos obtenían buenas ganancias por sus inversiones o la comercialización de la producción local, dejaban un amplio campo de acción para los empresarios locales, los grandes propietarios rurales, a quienes quedaba reservada la participación mayor en una producción que fue posibilitada por la infraestructura instalada por los británicos. Los 2 500 km de vías existentes en 1880 se transformaron en 34 000 en 1916, sólo un poco menos de los 40 000 que, en su momento máximo, llegó a tener la red argentina. Algunas grandes líneas troncales sirvieron para integrar el territorio y asegurar la presencia del Estado en sus confines, mientras que otras cubrieron densamente la pampa húmeda, posibilitando —junto con el sistema portuario— la expansión de la agricultura primero y de la ganadería después, cuando los mismos británicos instalaron el sistema de frigoríficos.

Esa expansión requirió abundante mano de obra. El país había venido recibiendo cantidades de inmigrantes en forma creciente a lo largo del siglo, pero a partir de 1880 las cantidades crecieron abruptamente. Desde el lado de Europa la emigración estaba estimulada por un fuerte crecimiento demográfico, la crisis de las economías agrarias tradicionales, la búsqueda de empleos y el abaratamiento de los transportes; desde el país se decidió modificar la política inmigratoria tradicional, cauta y selectiva, y fomentar activamente la inmigración, con propaganda y pasajes subsidiados. Pero ninguno de esos mecanismos hubiera sido efectivo si, simultáneamente, no hubiera crecido la posibilidad de encontrar trabajo. Los inmigrantes demostraron una gran flexibilidad y adaptación a las condiciones del mercado de trabajo: en la década de 1880 se concentraron en las grandes ciudades, en la construcción de sus obras públicas y la remodelación urbana, pero desde mediados de la década siguiente, al abrirse las posibilidades en la agricultura, se volcaron masivamente al campo tanto quienes venían para instalarse en forma definitiva como quienes viajaban anualmente para trabajar en las cosechas. Este fenómeno —posibilitado por la baratura de los pasajes y por los salarios locales relativamente altos— explica en parte la fuerte diferencia entre los inmigrantes llegados y los efectivamente radicados: entre 1880 y 1890 los arribados superaron el millón, y los efectivamente radicados fueron unos 650 000, cantidad notable para un país cuya población rondaba los dos millones. En la década siguiente, luego de la crisis de 1890, se atenuó la llegada y los que retornaron fueron, año a año, más de los que llegaban, pero el ritmo se restableció en la primera década del siglo XX, cuando los saldos positivos superaron el millón.

La promoción activa de la inmigración fue sólo un aspecto del conjunto de actividades que el Estado, lejos de la prescindencia del supuesto modelo "liberal", desarrolló para estimular el crecimiento económico, solucionando los cuellos de botella y creando las condiciones para el desenvolvimiento de los empresarios privados. Particularmente entre 1880 y 1890 esta acción fue intensa y definida. Las inversiones extranjeras fueron gestionadas y promovidas con amplias garantías, y el Estado asumió el riesgo en las menos atractivas, para luego transferirlas a los privados cuando el éxito estaba asegurado. En materia monetaria se aceptó y estimuló la depreciación, en beneficio de los exportadores, y hasta 1890 al menos, a través de los bancos estatales, se manejó el crédito con gran liberalidad. Sobre todo, el Estado se hizo cargo de lo que se llamó la "Conquista del Desierto", de la que resultó la incorporación de vastas extensiones de tierra apta para la explotación que fueron transferidas en grandes extensiones y con un costo mínimo a particulares poderosos y bien relacionados. Muchos de ellos ya eran propietarios y otros lo fueron desde entonces, pero esta acción estatal resultó decisiva para la consolidación de la clase terrateniente. La tierra luego se compró y vendió ampliamente, aunque su espectacular valorización hasta 1890 —debida al cálculo de futuros beneficios asegurados por la expansión que se iniciaba— redujo el círculo de posibles adquirentes.

Aunque beneficiarios de la generosidad del Estado —que por otra parte ellos mismos controlaban— los terratenientes de la pampa húmeda manifestaron una gran capacidad para adecuarse a las condiciones económicas y buscar el máximo posible de ganancias. En el Litoral, donde escaseaba el ganado y la producción podía trasladarse fácilmente por los ríos, se inclinaron por la agricultura; allí donde la tierra era barata, optaron por la colonización, que la valorizaba, pero cuando el valor aumentó prefirieron el sistema de arrendamiento. En la provincia de Buenos Aires perduró la gran propiedad indivisa y la explotación del lanar, hasta que la instalación de los frigoríficos hizo rentable la explotación del vacuno refinado con las razas inglesas y destinado a la exportación. Entonces, las necesidades de praderas artificiales estimularon la colonización agrícola: las tierras se destinaron alternativamente a cereales, forrajes y pastoreo, con lo que la agricultura se asoció definitivamente con la ganadería.

Esta combinación resultaba la más adecuada para las condiciones específicas de entonces. La calidad de las praderas aseguraba altos rendimientos con escasas inversiones; por otra parte, las condiciones del mercado mundial, extremadamente cambiantes e incontrolables desde este lejano sur, hacían conveniente mantener la flexibilidad para elegir, cada año, la opción más rentable. Parecía más razonable mantener la tierra unida para conservar todas las opciones y encarar explotaciones más bien extensivas. Como ha propuesto Jorge F. Sábato, los empresarios se habituaron a rotar por diversas actividades, buscando en cada caso la *crema* de la ganancia, sin fijarse definitivamente en ninguna y procurando no inmovilizar el capital: a las agropecuarias se agregaron luego las inversiones urbanas —tierra, construcciones— e incluso las industriales. Así, a partir de la tierra se constituyó una clase empresaria concentrada y no especializada, una oligarquía, que desde la cúspide controlaba un conjunto amplio de actividades.

Esas condiciones estimularon también la conducta especulativa de los chacareros. Los inmigrantes que durante la expansión agrícola se convirtieron en arrendatarios y disponían de un capital limitado, prefirieron alquilar por tres años extensiones importantes de tierra antes que adquirir definitivamente una parcela más pequeña: especuladores trashumantes jugaron sus cartas a unos años de trabajo intenso, con mínimas inversiones fijas, quizá premiado con unas buenas cosechas, para volver a repetir la apuesta en otro campo arrendado.

En esa primera etapa, este comportamiento altamente flexible permitió aprovechar al máximo los estímulos externos y posibilitó un crecimiento verdaderamente espectacular. Desde 1890 la expansión de la agricultura fue continua y el campo se llenó de chacareros y jornaleros. Entre 1892 y 1913 se quintuplicó la producción de trigo, de la cual la mitad se exportaba. En ese lapso, las exportaciones totales se multiplicaron cinco veces, mientras que las importaciones lo hicieron en proporción algo menor. Al trigo se agregaron el maíz y el lino, y entre los tres cubrieron la mitad de las exportaciones; en el resto, junto a la lana, comenzó a ocupar una parte cada vez más importante la carne, sobre todo a partir de 1900, cuando los frigoríficos empezaron a exportar hacia Gran Bretaña carne vacuna congelada o enlatada. Por entonces, el lanar había sido desplazado de Buenos Aires hacia el sur, y lo reemplazaba el vacuno mestizado con las razas británicas Shorthorn y Heresford. En vísperas de la guerra, la Argentina era uno de los principales exportadores mundiales de cereales y carne.

Si las ganancias de los socios extranjeros fueron elevadas —a través de los ferrocarriles y frigoríficos, del transporte marítimo, de la comercialización o del financiamiento—, también lo fueron las del Estado, provenientes fundamentalmente de impuestos a la importación, y las de los terratenientes quienes, dadas las ventajas comparativas con respecto a otros productores del mundo, optaron por destinar una porción importante de éstas al consumo. Ello explica en parte la magnitud de los gastos realizados en las ciudades, que unos y otros se ocuparon en embellecer imitando a las metrópolis europeas, pero cuyo efecto multiplicador fue muy importante. El Estado las dotó de los modernos servicios de higiene o de transporte, así como de avenidas, plazas y un conjunto de edificios públicos ostentosos y no siempre de buen gusto. Los particulares construyeron residencias igualmente espectaculares, palacios o *petits hôtels*. El ingreso rural se difundió en la ciudad multiplicando el empleo y generando a su vez nuevas necesidades de comercios, servicios y finalmente de industrias, pues en conjunto las ciudades, sumadas a los centros urbanos de las zonas agrícolas, constituyeron un mercado atractivo. El sector industrial alcanzó una dimensión significativa y ocupó a mucha gente. Algunos grandes establecimientos, como los frigoríficos, molinos y algunas fábricas grandes, elaboraban sus productos para la exportación o el mercado interno. Otro grupo de establecimientos importantes, textiles o alimentarios, suministraba productos elaborados con materia prima local, y un extenso universo de talleres, generalmente de propiedad de inmigrantes afortunados, completaba el abastecimiento del mercado interno. Este sector industrial creció asociado con la economía agropecuaria, expandiéndose y contrayéndose a su ritmo y nutriéndose de capitales extranjeros, aunque a través de los bancos los terratenientes locales o quienes controlaban el comercio exterior pudieron agregar la inversión industrial al conjunto de sus opciones.

El grueso de estos cambios se produjo en el Litoral, ampliado con la incorporación de Córdoba, y se acentuó la brecha secular con el Interior, incapaz de incorporarse al mercado mundial. No llegaron allí ni inversiones ni inmigrantes, aunque sí el ferrocarril, que en algunos casos, al romper el aislamiento de los mercados, afectó algunas actividades locales. En cambio, hubo mayores gastos realizados por el Estado nacional, que sostuvo en parte la administración y la educación. Pero sobre todo pesó el atraso relativo, y las diferencias cada vez más manifiestas entre la vida agitada de las grandes ciudades del Litoral y la de las somnolientas capitales provinciales.

Hubo algunas excepciones. En el norte santafesino una empresa inglesa, expansiva y depredadora a la vez, constituyó un verdadero enclave para la explotación del quebracho. Pero las excepciones más importantes se produjeron en Tucumán primero y en Mendoza después, en torno a la producción de azúcar y de vino. Ambas prosperaron notablemente para abastecer a los expansivos mercados del Litoral, merced a la reserva de estos productos hecha por el Estado, que los rodeó con una fuerte protección aduanera. Fue el mismo Estado quien permitió el despegue inicial de esa industria regional, construyendo los ferrocarriles y financiando las inversiones de los primeros empresarios de ingenios y bodegas. En ambos casos hubo razones de equilibrio político general, pero más inmediatamente pesaron las relaciones que importantes empresarios de las nacientes industrias —Ernesto Tornquist en la azucarera y Tiburcio Benegas en la vitivinícola— tenían en las más altas esferas oficiales. La fisonomía de Tucumán, y sobre todo la de Mendoza, donde la expansión supuso la incorporación de importantes contingentes inmigratorios, se modificaron sustancialmente, quizá contra lo que hubieran indicado las normas de la división internacional del trabajo —el azúcar tucumana siempre fue mucho más cara que la que podía importarse desde Cuba— pero de acuerdo con la pauta de ganancia monopólica y de asociación entre el Estado y los empresarios que caracterizó toda la expansión finisecular.

En torno del Estado se conformó un importante sector de especuladores, intermediarios y financistas cercanos al poder, que medró en concesiones, préstamos, obras públicas, compras o ventas, especialmente en la década de 1880, cuando el Estado inyectó masivamente crédito a través de los bancos garantidos. Los contemporáneos atribuyeron a esta fiebre especulativa la crisis de 1890, que frenó por una década el avance espectacular de la economía. Pero las causas eran más profundas y resultaron recurrentes. La estrecha vinculación de la economía argentina con la internacional la sensibilizó a sus fluctuaciones cíclicas, como había ocurrido en 1873. El fuerte endeudamiento convertía el servicio de la deuda externa en una carga onerosa, solventada con nuevos préstamos o con los saldos del comercio exterior, y ambas cosas se reducían drásticamente en los momentos de crisis cíclica, generando un período más o menos prolongado de recesión. La crisis internacional de 1890 tuvo la particularidad de desencadenarse en la Argentina y de arrastrar con ella a uno de los más importantes inversores británicos: la banca Baring. En lo inmediato tuvo efectos catastróficos, sobre todo para los pequeños ahorristas, pero al concluir con el ciclo especulativo urbano de la década de 1880, alentó otras actividades, y particularmente la agricultura, que empezó por entonces su expansión importante.

La inmigración masiva y el progreso económico remodelaron profundamente la sociedad argentina, y podría decirse que la hicieron de nuevo. Los 1,8 millones de habitantes de 1869 se convirtieron en 7,8 millones en 1914, y en ese mismo período la población de la ciudad de Buenos Aires pasó de 180 000 habitantes a un 1,5 millones. Dos de cada tres habitantes de la ciudad eran extranjeros en 1895, y en 1914, cuando ya habían nacido de ellos muchos hijos argentinos, todavía la mitad de la población de la ciudad era extranjera. La mayoría fueron los italianos, primero del norte y luego del sur, y los siguieron los españoles, y en menor medida los franceses. Pero llegaron inmigrantes de todas partes, aunque en contingentes pequeños, al punto que se pensó en Buenos Aires como en una nueva Babel. Como señaló José Luis Romero, la nuestra fue una sociedad aluvial, constituida por sedimentación, en la que los extranjeros aparecían en todas partes, aunque naturalmente no en la misma proporción.

Al Interior fueron pocos, con excepción de lugares como Mendoza. En el Litoral, muchos fueron al campo, y la mayoría se instaló precariamente, como arrendatarios. Los chacareros y sus familias fueron protagonistas de una sacrificada y azarosa empresa. Quizá porque estaban dispuestos a prosperar en poco tiempo, a sacrificarse y arriesgar su escaso capital en una apuesta muy fuerte, prefirieron vivir en rudimentarios e inhóspitos ranchos, sin las comodidades mínimas, prestos a abandonar el lugar cuando el contrato vencía. Como todos los inmigrantes, se jugaron al ascenso económico rápido, que algunos lograron y muchos no. A la larga, los primeros, o sus hijos, se integraron a las clases medias en constitución; los segundos probablemente marcharon a las ciudades o se volvieron. Lo que es seguro es que unos y otros contribuyeron a las gruesas ganancias de terratenientes y casas comerciales exportadoras, que se asociaban a los beneficios de los chacareros, pero sin participar de sus riesgos.

Al principio la mayoría iba a las ciudades, pues allí estaba la más amplia demanda de trabajo. Las grandes ciudades, y en primer lugar Buenos Aires, se llenaron de trabajadores, en su mayoría extranjeros pero también criollos. Sus ocupaciones eran muy diversas y su condición laboral heterogénea: había jornaleros sin calificación, a la busca cada día de su conchabo, artesanos calificados, vendedores ambulantes, sirvientes y también obreros de las primeras fábricas. En cambio, muchas de sus experiencias eran similares: vivían hacinados en los conventillos del centro de la ciudad, próximos al puerto donde muchos trabajaban, o del barrio de la Boca. Padecían difíciles condiciones cotidianas: la mala vivienda, el costo del alquiler, los problemas sanitarios, la inestabilidad en los empleos y los bajos salarios, las epidemias y los problemas de mortalidad infantil, todo lo cual conformaba un cuadro muy duro, del que al principio muy pocos escapaban. Era todavía una sociedad magmática y en formación. Los extranjeros eran además extraños entre sí, pues ni siquiera los italianos —una denominación en cierto modo abstracta, que englobaba orígenes diversos—, separados por los diferentes dialectos, podían comunicarse entre ellos. La integración de sus elementos diversos, la constitución de redes y núcleos asociativos, y la definición de identidades en ese mundo del trabajo fue un proceso lento.

Muchos de los inmigrantes, impulsados por el afán de "hacer la América" y quizá volver ricos y respetables a la aldea de donde habían salido miserables, concentraron sus esfuerzos en la aventura del ascenso individual, o más exactamente familiar. Quienes no lo lograron o fracasaron después de algún éxito inicial —y no volvieron a la patria— permanecieron dentro del conjunto de los trabajadores, permanentemente renovado con los nuevos llegados. Fue entre ellos donde más ampliamente se desarrollaron las formas de solidaridad, estimuladas por los militantes contestatarios. Pero la mayoría obtuvo al menos algún éxito dentro de la "aventura del ascenso". Éste consistía generalmente en llegar a tener la casa propia, y quizá un pequeño negocio o taller también propio. Sobre todo, el camino pasaba por la educación de los hijos: la educación primaria permitía superar la barrera idiomática que segregaba a los padres; la secundaria abría las puertas al empleo público o al puesto de maestra, dignos y bien remunerados. La universitaria, y el título de doctor, era la llave mágica que permitía ingresar a los círculos cerrados de la sociedad constituida. Se trata sin duda de una imagen con mucho de convencional, elaborada a partir de las experiencias de los triunfadores, e ignorando la de los fracasados. Pero de cualquier modo, estas aventuras del ascenso fueron lo suficientemente importantes como para plasmar una imagen mítica de hondo arraigo y larga perduración, y para constituir las amplias clases medias, urbanas y rurales, que caracterizaron de forma definitiva nuestra sociedad.

En suma, lo que se constituyó fue una sociedad nueva, que permaneció por bastante tiempo en formación, en la que los extranjeros o sus hijos estuvieron presentes en todos los lugares, los altos, los medios y los bajos. Fue abierta y flexible, con oportunidades para todos. Fue también una sociedad escindida doblemente: por una parte, el país modernizado se diferenció del Interior tradicional; por otra, la nueva sociedad se mantuvo bastante tiempo separada de las clases criollas tradicionales, y las clases altas, un poco tradicionales pero en buena medida también nuevas, procuraron afirmar sus diferencias respecto de la nueva sociedad.

Mientras en la nueva sociedad los inmigrantes se mezclaban sin reticencias con los criollos y generaban formas de vida y de cultura híbridas, las clases altas —capaces de acoger sin reticencias a los extranjeros ricos o exitosos— se sentían tradicionales, afirmaban su argentinidad y se creían las dueñas del país al que los inmigrantes habían venido a trabajar. No todos sus miembros tenían riqueza antigua, pues entre ellos había muchos advenedizos o rastacueros, como se decía entonces, y ni siquiera todos tenían verdaderamente riqueza. Algunos lo lograron con medios dudosos, gracias a los favores del poder, y otros apenas podían conservar lo que llamaban la "decencia". Pero todos ellos, frente a la masa de extranjeros, manifestaron una cierta voluntad de cerrarse, de recordar sus antecedentes patricios, de ocuparse de los apellidos y la prosapia, y quienes podían, de hacer gala de un lujo y ostentación —que quizá sus modelos europeos consideraran vulgar y chabacano— útil para marcar las diferencias. Esa función cumplían los lugares públicos donde mostrarse, como la Ópera, Palermo o la calle Florida, y sobre todo el club, exclusivo y a la vez educador: el Jockey, fundado por Carlos Pellegrini y Miguel Cané para constituir una aristocracia vasta y abierta, "que comprenda a todos los hombres cultos y honorables".

Esos mismos hombres se reservaron el manejo de la alta política. Ésta fue una actividad de "notables", provenientes de familias tradicionales, decentes y educados, aunque no necesariamente ricos, pues en la política abundaron los *parvenus*, que harían allí su fortuna. El sistema institucional era perfectamente republicano —aunque diseñado para mediatizar las decisiones más importantes y alejarlas algo de la "voluntad popular"—, pero las prácticas electorales de la época, y sobre todo la fuerte injerencia del gobierno en cada uno de sus pasos, tendían a desalentar a quienes quisieran participar en esa competencia. En la cúspide del sistema político, la selección del personal pasaba por los acuerdos entre el presidente, los gobernadores y otros notables de prestigio reconocido. En los niveles más bajos, la competencia se daba entre caudillos electorales, que movilizaban maquinarias aguerridas, capaces —con la complicidad de la autoridad— de asaltar atrios y volcar padrones. El sistema —estigmatizado luego por la oposición política— descansaba sobre una escasa voluntad general de participación en las elecciones. Alejada de los grandes procesos democratizadores de las sociedades occidentales, la constitución de la ciudadanía fue aquí lenta y trabajosa. Particularmente, pesó el escaso interés de los extranjeros por nacionalizarse y participar de las elecciones, perdiendo algunos privilegios y garantías inherentes a su condición de tales, y esta situación inquietó incluso a los espíritus más lúcidos de la elite dirigente, preocupados por asentar las bases consensuales del régimen político.

Quizá la característica más notable y perdurable de ese régimen haya sido la falta de competencia entre partidos políticos alternativos y su estructuración en torno de un partido único, cuyo jefe era el presidente de la República. El Partido Autonomista Nacional era en realidad una federación de gobernadores, cabezas de "situaciones" provinciales, y el presidente usaba sus atribuciones institucionales para disciplinarlos, mezclando confusamente lo que era propio del Estado con lo más específicamente político. Ausentes los mecanismos de alternancia, raquíticos los espacios de discusión pública amplia, los conflictos se negociaban en círculos reducidos, entre la Casa Rosada y el Círculo de Armas, la redacción de un diario y los pasillos del Congreso. El sistema era eficaz cuando se trataba de diferencias en torno de convicciones comunes —como ocurrió a lo largo de la década de 1880— pero reveló sus debilidades cuando las discrepancias se hicieron más serias, a partir de 1890. Quedó claro entonces que en el régimen político no había lugar para partes con intereses divergentes y legítimos, capaces de discrepar y de acordar, y el unicato, que había contribuido a la consolidación del régimen y a la eliminación de las antiguas confrontaciones, reveló sus limitaciones para canalizar las propuestas de cambio de una sociedad que se estaba constituyendo y diversificando, y en la que se desarrollaban intereses variados y contradictorios.

Moldear y organizar esa sociedad en formación, según sus definidas convicciones acerca del progreso, y generar en ella el consenso necesario para las vastas transformaciones que se estaban desarrollando fue quizá la preocupación principal de la elite dirigente. El panorama que se presentaba ante sus ojos era ciertamente inquietante: una masa de extranjeros, desarraigados, escasamente solidarios, sólo interesados en lucrar y en volver a su terruño, despertaba la indignación de quienes, como Sarmiento, habían visto otrora en la inmigración el gran instrumento del progreso. Por otra parte, en el empeño de dar forma a esa masa, apareció un conjunto de competidores importantes: la Iglesia en primer lugar, aunque en el Río de la Plata su influencia era mucho menor que en el resto de Hispanoamérica; las asociaciones de las colectividades extranjeras, y particularmente la italiana, y luego los grupos políticos contestatarios, y sobre todo los anarquistas, que ya esbozaban para los sectores populares un proyecto de sociedad definidamente alternativo. Frente a ellos, ese Estado todavía débil presentó combate y triunfó. Progresivamente fue extendiendo su larga mano —ciertamente visible— sobre la sociedad, tanto para controlar su organización cuanto para acelerar los cambios que aseguraran el progreso buscado.

La ley de Registro Civil y de Matrimonio Civil, inspiradas en la legislación europea más progresista, impusieron la presencia del Estado en los actos más importantes de la vida de los hombres —el nacimiento, el casamiento, la muerte—, hasta entonces regulados por la Iglesia. Posteriormente, esa presencia del Estado se reforzaría en la regulación de la higiene, del trabajo, y sobre todo con la ley de Servicio Militar Obligatorio que, al llegar a la mayoría de edad, colocaba a todos los hombres en situación de ser controlados, disciplinados y argentinizados. Pero en la década de 1880 el gran instrumento fue la educación primaria, y hacia ella se volcaron los mayores esfuerzos. Ésta, según la ley 1420 de 1884, fue laica, gratuita y obligatoria. Desplazando tanto a la Iglesia como a las colectividades, que habían avanzado mucho en este terreno, el Estado asumió toda la responsabilidad: con la alfabetización aseguraba la instrucción básica común para todos los habitantes, y a la vez la integración y nacionalización de los niños hijos de extranjeros, que si en sus hogares filiaban su pasado en alguna región de Italia o España, aprendían en la escuela que éste se remontaba a Rivadavia o Belgrano.

Aunque la elite fue constitutivamente cosmopolita, crítica de la herencia criolla o hispana y abierta a las influencias progresistas de las metrópolis, tuvo a la vez una temprana preocupación por lo nacional, tanto para afirmar su identidad en el país aluvional como para integrar en ella a la masa extranjera. La elite patricia, que se sentía consustanciada con la construcción de la patria, se ocupó de dar forma a una versión de su historia, como lo hizo Bartolomé Mitre, que era a la vez una autojustificación. Con las mismas preocupaciones, discutieron sobre qué cosa era el arte, la música o la lengua nacional. Sobre estos y otros temas se hablaba tanto en los círculos y tertulias privadas como en los periódicos y en sus redacciones, quizás en la cátedra universitaria o en el Congreso. Algunos incluso escribieron libros, que editaban en Europa. Si no hubo muchos grandes creadores, en cambio constituyeron un grupo de intelectuales que, sin especialización profesional, contribuyeron muy eficazmente a moldear las ideas de su clase. Conocieron todas las corrientes europeas, y de cada una de ellas hubo una versión local: realismo, impresionismo, naturalismo... Pero la que más se adecuó a su filosofía espontánea de la vida fue el positivismo, en su versión spenceriana, por su valoración de la eficiencia y el pragmatismo, del orden y el progreso, en todo adecuados a una sociedad que por entonces —llegando al Centenario de la Revolución de Mayo— se definía por su optimismo.

Tensiones y transformaciones

El Centenario de la Revolución de Mayo fue la ocasión que el país, alegre y confiado, tuvo para celebrar sus logros recientes. La asistencia de la Infanta Isabel de Borbón, tía del rey de España, y del presidente Montt de Chile, indicaban que las hostilidades externas, viejas o nuevas, pertenecían al pasado. Intelectuales, políticos y periodistas, como Georges Clemenceau, Enrico Ferri, Adolfo Posada o Jules Huret dejaron, cada uno a su manera, testimonio del espectacular desempeño de la República, al igual que el poeta Rubén Darío, que escribió un *Canto a la Argentina* algo pomposo. Atestiguando el carácter aluvial de nuestra sociedad, cada una de las colectividades extranjeras honró al país y a sus espectaculares logros con un monumento alusivo, cuya piedra fundamental se colocó apresuradamente ese año. Pero el discurso oficial, vacío, hueco y conformista, apenas alcanzaba a disimular la otra cara de esta realidad: una huelga general, más virulenta aún que la del año anterior —cuando coincidió con el asesinato del jefe de Policía a manos de un anarquista—, amenazó frustrar los festejos, y una bomba en el Teatro Colón puso en evidencia las tensiones y la violencia, a la que desde la sociedad establecida se respondió con los primeros episodios del terror blanco y con una draconiana ley de Defensa Social.

Más allá de la pompa de la celebración, una honda preocupación por el rumbo de la nación invadía los espíritus más reflexivos, ganados por un pesimismo creciente. Utilizando los modelos de la sociología positivista, y combinándolos con la historia y la psicología social, se diagnosticó que la sociedad estaba enferma. Retomando la tradición reflexiva de Sarmiento o Alberdi, aparecieron ensayos profundos, balances descarnados y propuestas, como las que hicieron Joaquín V. González en *El juicio del siglo*, Agustín Álvarez en *Manual de patología política*, Carlos Octavio Bunge en *Nuestra América*, José María Ramos Mejía en *Las multitudes argentinas* o Ricardo Rojas en *La restauración nacionalista*. Parte de los males se atribuían a la misma elite, su conformismo fácil y su abandono de la tradición patricia y la conciencia pública. Pero el punto central del cuestionamiento era el cosmopolitismo de la sociedad argentina, inundada por la masiva presencia de los inmigrantes y dirigida por quienes habían buscado su inspiración en Europa. Todos los conflictos sociales y políticos, todo cuestionamiento a la dirección de la elite tradicional, podía ser atribuido a los malos inmigrantes, a los cuerpos extraños, a los extranjeros disolventes, incapaces de valorar lo que el país les había ofrecido.

Pero más allá de estas manifestaciones extremas, preocupaba la disolución de un ser nacional que algunos ubicaban en la sociedad criolla previa al alud inmigratorio y otros, más extremos, filiaban polémicamente en la ruptura con la tradición hispana. Si bien esta última posición era cuestionada por quienes seguían asociando esta tradición con la intolerancia y el atraso, en cualquier caso se dibujó en la conciencia de la elite la imagen de unas masas torvas y oscuras, desligadas de todo vínculo, peligrosas, que acechaban en las sombras y que estaban empezando a invadir los ámbitos hasta entonces reservados a los hijos de la patria. En respuesta, algunos adhirieron al elitismo aristocratizante que había puesto de moda el uruguayo José Enrique Rodó con su *Ariel*. Otros buscaron la solución de cada uno de los problemas en alguna de las fórmulas de la ingeniería social, incluyendo las que había ensayado en Alemania el canciller Bismarck. Pero la mayoría encontró la respuesta en una afirmación polémica y retórica de la nacionalidad: la solución era subrayar la propia raigambre criolla, argentinizar a esa masa extraña, y a la vez disciplinarla. Desde principios de siglo, y sin duda inspirado en el clima europeo de preguerra, empezó a predominar un nacionalismo chauvinista, que José María Ramos Mejía, desde el Consejo Nacional de Educación, intentó inculcar a los niños de la escuela primaria en sus prácticas cotidianas, y que tuvo su apogeo en los festejos de 1910, cuando las patotas de "niños bien" se complacían en hostilizar a cualquier extranjero que demorara en descubrirse al sonar las notas del himno.

A partir de esta percepción de una enfermedad en la sociedad, ratificada por la cotidiana emergencia de conflictos y tensiones de la más variada índole, se dibujaron dos actitudes en la elite dirigente. Algunos optaron por una conducta conciliadora, haciéndose cargo de los reclamos de la sociedad y proponiendo reformas. Otros, en cambio, mantuvieron una actitud intransigente, que apeló al Estado para reprimir cualquier manifestación de descontento y, no satisfecha por un apoyo que por otra parte no se retaceaba, se organizó para actuar por su propia cuenta.

Algunos motivos de preocupación se adivinaban en la marcha de la economía, pese a que en los primeros años del siglo la Argentina realizó lo más espectacular de su crecimiento. Un renovado empuje migratorio hizo que en 1914 casi se alcanzaran los 8 millones de habitantes, duplicando la cifra de 1895. El área cultivada alcanzó el récord de 24 millones de hectáreas y el país llegó a ser el primer productor mundial de maíz y lino, y uno de los primeros de lana, carne vacuna y trigo. Buenos Aires —que exhibía orgullosa su subterráneo— se convirtió en la primera metrópoli latinoamericana. Sin embargo, las crisis de 1907 y 1913, luego ésta de dos años de depresión motivados por la guerra de los Balcanes, recordaban la vulnerabilidad de ese crecimiento. La relación externa se estaba haciendo más compleja, tanto por la acrecida participación de Francia y Alemania en el comercio y las inversiones como por la presencia cada vez más agresiva de Estados Unidos en el área de los servicios públicos y la electricidad, y sobre todo en los frigoríficos. Su dominio de la técnica del *chilled*, o enfriado, les permitió ganar posiciones en el mercado externo y, tras sucesivos acuerdos por las cuotas de exportación, llegaron a controlar las tres cuartas partes del comercio de carnes con Gran Bretaña, aunque los ingleses siguieron administrando el flete y los seguros. Eran los primeros anuncios de una relación triangular, mucho más compleja que la anterior, que se profundizó cuando la industria local empezó a demandar máquinas, repuestos o petróleo, suministrados por Estados Unidos, o cuando se popularizó el uso del automóvil, y que requirió un manejo de la política económica bastante más delicado y preciso. Pero esos problemas quedaron postergados por el mucho más acucioso planteado por la Primera Guerra Mundial, que desorganizó los circuitos comerciales y financieros, retrajo las nuevas inversiones, provocó un fuerte encarecimiento de la subsistencia y dificultades en muchas industrias, aunque benefició a aquellas actividades, como la exportación de carne enlatada, destinadas al abastecimiento de los beligerantes. Aun cuando se viera en esto el efecto de una coyuntura breve y acotada a la duración del conflicto bélico, lo cierto es que nadie convalidaría en 1916, al asumir el nuevo presidente, el diagnóstico optimista y despreocupado de 1910.

Las mayores preocupaciones provenían de la emergencia de tensiones sociales, de demandas y requerimientos diversos, generalmente expresados de manera violenta, provenientes de los diversos actores que se iban definiendo a medida que la sociedad se estabilizaba y diversificaba. Las tensiones no surgieron del Interior tradicional, de existencia aletargada, sino de las zonas dinámicas del Litoral. En el ámbito rural, una primera manifestación notable fue la de los chacareros de Santa Fe, protagonistas de la primera expansión agrícola, entre quienes abundaban los propietarios. Se combinó aquí una coyuntura económica crítica —derivada de la crisis de 1890— y una decisión política del Estado, que por entonces eliminó el derecho de los extranjeros a votar en las elecciones municipales. En el mismo año se produjo la revolución de la Unión Cívica, y en los siguientes los colonos incorporaron sus reclamos —eliminación de un impuesto gravoso y derechos políticos en los municipios— a los de los radicales. Colaboraron con ellos en la revolución de Santa Fe de 1893, donde los "colonos en armas" —especialmente los suizos— desempeñaron un papel importante, para sufrir luego la represión gubernamental y los efectos de un clima general adverso a los "gringos".

El episodio siguiente, bastante posterior, estalló en 1912 y tuvo por actores al conjunto de los arrendatarios que habían protagonizado la notable expansión cerealera de la región del Litoral, los esforzados chacareros que al frente de pequeñas empresas familiares, y con enorme sacrificio, pudieron a veces prosperar y consolidar su posición, aunque siempre atenazados por presiones permanentes: la de los terratenientes, que ajustaban periódicamente sus arriendos, estimulados por la creciente demanda de tierras originada en un flujo migratorio permanente, y la de los comercializadores, una cadena que empezaba en el bolichero del lugar y terminaba en las grandes empresas exportadoras, como Dreyfus o Bunge y Born. En épocas de buenos precios, los chacareros podían mantener un aceptable equilibrio, pero la caída de los precios internacionales en 1910 y 1911, en épocas en que los arriendos se mantenían altos, hizo crítica la situación. Por otra parte los chacareros ya habían echado raíces en el país, se habían nucleado y delineaban los que eran sus intereses. Así, en 1912 realizaron una huelga, negándose a levantar la cosecha a menos que los propietarios de tierras satisficieran ciertas condiciones: contratos más largos, rebajas en los arriendos, y otras cosas, como el derecho a contratar libremente la maquinaria para la cosecha o a criar animales domésticos. Tanto en el caso de los colonos santafesinos como de los arrendatarios pampeanos llama la atención el contraste entre la moderación de los reclamos —que ni cuestionaban los aspectos básicos del sistema ni proponían alianzas con los jornaleros rurales—, y la violencia de la acción en el caso de los colonos de Santa Fe, o la madurez organizativa de los arrendatarios, que iniciaron un importante movimiento cooperativo y constituyeron una entidad gremial: la Federación Agraria Argentina. Desde entonces, quedaron constituidos como un actor, que permanentemente reclamó y presionó a los terratenientes y a las autoridades.

En las grandes ciudades —sobre todo Buenos Aires y Rosario— la definición de las identidades fue más compleja, y el resultado menos unívoco, pero de consecuencias más espectaculares. Entre los sectores populares, la heterogeneidad cultural y lingüística fue superándose en la experiencia cotidiana de afrontar las duras condiciones de vida, que estimularon la cooperación y la constitución de todo tipo de asociaciones: mutuales, de resistencia, gremiales, en torno de las cuales la sociedad popular comenzó a tomar forma. Por otra parte, la convivencia permitía la espontánea integración de las tradiciones culturales y el surgimiento de formas híbridas pero de una vigorosa creatividad, como el tango, el sainete o el lunfardo, donde confluían los elementos criollos y los muy diversos aportados por la inmigración.

Sobre esta elaboración espontánea se propusieron influir tanto la Iglesia como las grandes asociaciones de colectividades y sobre todo del Estado, que combinó coacción con educación. Pero su gran instrumento, la escuela pública, chocó en esta primera etapa con una masa de trabajadores adultos, analfabetos, casi impermeables a su mensaje. Esto dejó un ancho campo de acción para otro alternativo, proveniente de intelectuales contestatarios, y particularmente de los anarquistas. Ellos encontraron el lenguaje adecuado para dirigirse a una masa trabajadora dispersa, extranjera, segregada, que para actuar en conjunto necesitaba grandes consignas movilizadoras, como la de deshacer la sociedad y volver a rehacerla, justa y pura, sin patrones y sin Estado. La huelga general y el levantamiento espontáneo eran los instrumentos imaginados para integrar a esta masa laboral fragmentada, y para hacer más eficaz la lucha por las reivindicaciones específicas de cada uno de los gremios, que los anarquistas encauzaron eficazmente. Frente al anarquismo el Estado galvanizó su actitud represora, y la ley de Residencia de 1902 autorizaba incluso la expulsión de los más díscolos. En un juego de desafíos recíprocos, la agitación social, que comenzó hacia 1890, se agudizó hacia el 1900 y culminó con las grandes huelgas de 1910, momento de apogeo de la agitación de masas y el motín urbano —aunque la organización no alcanzó un desarrollo similar— y también de la represión.

Esta identidad, segregada y contestataria, motivo de la más seria preocupación de las clases dirigentes, no fue la única que se constituyó entre los trabajadores urbanos. Progresivamente se fue dibujando un sector de obreros más calificados, generalmente con una educación básica, decididos a afincarse en el país·y en muchos casos ya argentinos. Entre ellos, y también entre otros sectores populares ya integrados a la sociedad urbana, encontraron su público los socialistas, que a diferencia de los anarquistas ofrecían, con un lenguaje más racional que emotivo, una mejora gradual de la sociedad en la que las aspiraciones últimas resultarían el producto de una serie de pequeñas reformas. Éstas debían lograrse en buena medida por la vía parlamentaria, por lo que incitaban a los trabajadores a que se nacionalizaran. Los socialistas obtuvieron siempre buenos resultados electorales en las ciudades a partir de la consagración en 1904 de Alfredo L. Palacios como diputado por Buenos Aires. Sin embargo, no tuvieron éxito en encauzar las reivindicaciones específicas de los trabajadores que, cuando no siguieron a los anarquistas, prefirieron a los sindicalistas. Éstos tuvieron particular predicamento entre los grandes gremios, como los ferroviarios o los navales, y también entre los portuarios. Como los socialistas, eran partidarios de las reformas graduales, pero se desinteresaban de la lucha política y los partidos y centraban su estrategia en la acción específicamente gremial. Unos y otros contribuyeron —sobre todo después de 1910— a encauzar la conflictividad hacia vías reformistas y a encontrar terrenos de contacto y negociación con el Estado, donde pudo desenvolverse una actitud más conciliadora, expresada en el proyecto de Código, de inspiración bismarckiana, propuesto en 1904 por el ministro Joaquín V. González y elaborado con la colaboración de los dirigentes políticos más progresistas, y en la creación del Departamento Nacional del Trabajo en 1907.

La actividad sindical constituyó en definitiva un actor de presencia y reclamos permanentes. No alcanzaba sin embargo a expresar otras inquietudes de la sociedad, y particularmente de quienes preferían intentar el camino del ascenso antes que unir su suerte a la del conjunto de los trabajadores. Se trataba de una opción atractiva y relativamente realizable, en una sociedad que en su base era abierta y fluida. El logro de una posición económica era una aventura esencialmente individual, pero el reconocimiento social y la posibilidad de acceder a los reductos que las clases tradicionales mantenían cerrados era un problema colectivo, que se expresó en términos políticos, aun cuando éstos no agotaran las cuestiones en juego.

El sistema político diseñado por la elite, eficaz mientras la nueva sociedad se mantenía pasiva, empezó a revelar sus debilidades apenas nuevos actores hicieron oír sus voces. En 1890 se produjo una primer fractura, pues una disidencia surgida dentro mismo de los sectores tradicionales —encabezada por la juventud universitaria— encontró insospechado eco en la sociedad, golpeada por la crisis económica. Es significativo que los principales dirigentes de los nuevos partidos —Leandro N. Alem, Hipólito Yrigoyen, Juan B. Justo, Lisandro de la Torre— hayan luchado juntos en el Parque. El golpe afectó al régimen político, profundamente dividido, que durante tres o cuatro años zozobró, incapaz de encontrar una respuesta adecuada a un desafío que progresivamente se fue haciendo más definido. Hacia 1895, luego de un par de revoluciones sofocadas, y por obra de Carlos Pellegrini, la "gran muñeca" política del régimen, éste recuperó el equilibrio, que consolidó el general Roca cuando alcanzó en 1898 la presidencia por segunda vez. Quedó sin embargo un residuo no reabsorbido: el Partido Socialista, volcado hacia los trabajadores, y la Unión Cívica Radical, un movimiento cívico a la búsqueda de su público.

Pasada la agitación política, el radicalismo subsistió durante unos años en estado de latencia. En 1905 intentó un levantamiento revolucionario, cívico pero también militar, que fracasó como tal aun cuando tuvo un enorme efecto propagandístico, sobre todo porque estalló en momentos en que el régimen político otra vez se veía aquejado por una profunda división, originada en la ruptura ocasional entre sus dos cabezas, Roca y Pellegrini, pero que revelaba discrepancias más hondas. Así, pese al fracaso revolucionario y a la dura represión afrontada, la UCR comenzó a crecer, a conformar su red de comités y a incorporar a sectores sociales nuevos, que hacían sus primeras experiencias políticas: jóvenes profesionales, médicos, abogados, comerciantes, empresarios, y en las zonas rurales muchos chacareros, todos los cuales integraban el mundo de quienes habían recorrido exitosamente los primeros tramos del ascenso, pero encontraban cerradas las puertas para el ejercicio pleno de una ciudadanía que tenía, junto con su dimensión específicamente política, otra que implicaba el reconocimiento social.

El programa del radicalismo —centrado en la plena vigencia de la Constitución, la pureza del sufragio y una cierta moralización de la función pública— expresaba esos intereses comunes, limitados pero precisos. Aplicando los principios preconizados, la UCR, al igual que el Partido·Socialista, tuvo una Carta Orgánica y una Convención, aunque siempre se respetó la preeminencia de los dirigentes históricos, la mayoría nacidos a la vida política en 1890 en el Parque. Sobre todo, tuvo un arma poderosa para enfrentar a lo que con éxito denominaron "el régimen", que era "falaz y descreído": "la causa" se definía por su intransigencia, es decir la negativa a cualquier tipo de transacción o acuerdo, traducida en la abstención electoral. La UCR se negaba así al eventual establecimiento de un sistema de partidos, que se alternaran y compartieran las responsabilidades, e identificándose con la Nación, exigía la remoción total de un régimen que, a su vez, se había constituido sobre la base del unicato. Ciertamente la abstención electoral —quizá la más clara expresión de la incapacidad del régimen político para dar lugar a los reclamos de la sociedad—facilitó al principio su gestión a los gobernantes, pero a la larga la condena moral resultó cada vez más efectiva.

Las tensiones que recorrían la sociedad, que expresaban su creciente complejidad, y la cantidad de voces legítimas que buscaban manifestarse, resultaban más violentas y amenazantes de lo que intrínsecamente eran, por la escasa capacidad de los gobiernos para darles cabida y encontrar los espacios de negociación adecuados. Desafiados por la forma extrema de sus manifestaciones, muchos dirigentes optaron por una respuesta dura: acusar a minorías extrañas, desconocer, reprimir, y también mantener y salvaguardar los privilegios. Hizo esto el presidente Manuel J. Quintana, que sucedió a Roca y reprimió el levantamiento radical de 1905. Esa postura se hizo cada vez menos sostenible no sólo por la magnitud de la impugnación global sino por las dudas de los dirigentes y la creciente conciencia de su ilegitimidad, que derivaron en divisiones y debilitaron su posición, permitiendo el avance de quienes se inclinaban por la reforma. El pasaje de Pellegrini a ese bando, al fin de la segunda presidencia de Roca, fue decisivo, lo mismo que la determinación del presidente Figueroa Alcorta, que asumió en 1906, de usar todos los instrumentos del poder para desmontar la maquinaria armada por Roca y posibilitar en 1910 la elección de Roque Sáenz Peña. Las peores armas del viejo régimen fueron puestas al servicio de una transformación que, al hacerse cargo de los argumentos del radicalismo, pretendía volver más transparente la vida política incorporando el conjunto de la población nativa a la práctica electoral. La propuesta del sufragio secreto, según el padrón militar, tendía a evitar cualquier injerencia del gobierno en los comicios, mientras que el carácter obligatorio del sufragio —que Sáenz Peña tradujo en el enfático imperativo de "¡Quiera el pueblo votar!"— apuntaba a incorporar a la ciudadanía a una masa de gente que, pese a la prédica de radicales y socialistas, no manifestaba espontáneamente mayor interés en hacerlo.

Por otra parte, la reforma electoral establecía la representación de mayorías y minorías, según la proporción de dos a uno. Quienes diseñaron el proyecto estaban absolutamente convencidos de que los partidos que representaran los intereses tradicionales ganarían sin problema las mayorías, y que la representación minoritaria quedaría para los nuevos partidos —sobre todo la UCR y quizás el Partido Socialista— que de ese modo quedarían incorporados y compartirían las responsabilidades. Tal convicción se fundaba en la simultánea decisión del grupo reformista de modificar sus propias prácticas políticas, desplazar las maquinarias electorales que hasta entonces habían operado —representadas arquetípicamente en el mítico Cayetano Ganghi, un caudillo de la Capital portador de una valija repleta de libretas cívicas— e incorporar a la contienda política en cada lugar a figuras de la suficiente envergadura social e intelectual como para atraer a sus electores espontáneamente y sin necesidad de trampas. Se trataba, en suma, de erradicar la política criolla y constituir un partido de "notables", favorecido sin duda por la obligatoriedad del sufragio, que ayudaría a romper el aparato de caudillos hasta entonces dominante.

Aprobada la ley en 1912, las primeras elecciones depararon una fuerte sorpresa para quienes habían diseñado la reforma: si bien los partidos tradicionales ganaron en muchas provincias —donde los gobiernos encontraron la forma de seguir ejerciendo su presión— los radicales se impusieron en Santa Fe y en la Capital, donde los socialistas obtuvieron el segundo lugar. La perspectiva del triunfo arrastró a mucha gente al radicalismo, que en esos años se convirtió en un partido masivo, constituyó su red de comités y de caudillos y se empapó de muchos de los mecanismos de la política criolla. Hipólito Yrigoyen, un misterioso dirigente que nunca hablaba en público, pero incansable en la tarea de recibir a los hombres de su partido, se convirtió en un líder de dimensión nacional. Para enfrentarlo, los grupos tradicionales, que ya empezaban a ser denominados conservadores, intentaron organizar un partido orgánico, de dimensión nacional como el radical, sobre la base de los distintos grupos o "situaciones" provinciales. Lisandro de la Torre —fundador de un partido "nuevo", la Liga del Sur de Santa Fe— fue el candidato de lo que emblemáticamente se llamó el Partido Demócrata Progresista. Pero el éxito del proyecto era cada vez más dudoso, y muchos dirigentes, encabezados por el gobernador de Buenos Aires Marcelino Ugarte, reticentes al proyecto de la reforma política, y mucho más ante un dirigente profundamente liberal como de la Torre, prefirieron plantear su propia alternativa. Divididos los conservadores, los radicales —que también afrontaban sus propias divisiones— se impusieron ajustadamente, en una elección que, en 1916, inauguraba una etapa institucional y social sustancialmente novedosa.

II. LOS GOBIERNOS RADICALES,
1916-1930

Hipólito Yrigoyen fue presidente entre 1916 y 1922, año en que lo sucedió Marcelo T. de Alvear. En 1928 fue reelegido Yrigoyen, para ser depuesto por un alzamiento militar el 6 de septiembre de 1930. Pasarían 61 años antes de que un presidente electo transmitiera el mando a su sucesor, de modo que esos doce años, en que las instituciones democráticas comenzaron a funcionar regularmente, resultaron a la larga un período excepcional.

Aunque los dos eran radicales, y habían compartido las largas luchas del partido, ambos presidentes eran muy diferentes entre sí, y más diferentes aún fueron las imágenes que de ellos se construyó. La de Yrigoyen fue contradictoria desde el principio: para unos era quien —toda probidad y rectitud— venía a develar el ignominioso régimen y a iniciar la regeneración; hubo incluso quienes lo vieron como una suerte de santón laico. Para otros era el caudillo ignorante y demagogo, expresión de los peores vicios de la democracia. Alvear en cambio fue identificado, para bien o para mal, con los grandes presidentes del viejo régimen, y su política se asimiló con los vicios o virtudes de aquél. Tan disímiles como fueran sus estilos personales, unos y otro debieron afrontar parecidos problemas, y sobre todo el doble desafío de poner en pie las flamantes instituciones democráticas y conducir, por los nuevos canales de representación y negociación, las demandas de reforma de la sociedad, que el radicalismo de alguna manera había asumido.

Esa orientación reformista no era exclusiva de la Argentina: en el Uruguay la había encarnado desde 1904 el presidente Batlle y Ordoñez, así como desde 1920 lo haría Arturo Alessandri en Chile. En México, con alternativas mucho más dramáticas, la revolución estallada en

1910 y consolidada en 1917 había emprendido igualmente una profunda transformación del Estado y la sociedad, mientras que otros movimientos reformistas, como el APRA peruano, aunque no llegaron a triunfar, conmovieron a algunos de los regímenes oligárquicos o dictatoriales que en general predominaban en América Latina. En todos los casos, los reclamos de participación política se relacionaban con mejoras en la situación de los distintos sectores sociales. Ese mandato y esa voluntad reformista, que sin duda caracterizó al radicalismo, y que había surgido en el proceso de expansión previa, hubo de desarrollarse en circunstancias marcadamente distintas e infinitamente más complejas de aquellas en que ambos se imaginaron. La Primera Guerra Mundial, particularmente, modificó todos los datos de la realidad: la economía, la sociedad, la política o la cultura. Enfrentado con una situación nueva, no resultaba claro si el radicalismo tenía respuestas o, siquiera, estaba preparado para imaginarlas.

La guerra misma constituyó un desafío y un problema difícil de resolver. Inicialmente Yrigoyen mantuvo la política de Victorino de la Plaza, su antecesor: la "neutralidad benévola" hacia los aliados suponía continuar con el abastecimiento de los clientes tradicionales, y además concederles créditos para financiar sus compras. En 1917 Alemania inició, con sus temibles submarinos, el ataque contra los buques comerciales neutrales, empujando a la guerra a Estados Unidos, que pretendió arrastrar consigo a los países latinoamericanos. La Argentina había resistido tradicionalmente las apelaciones del panamericanismo, una doctrina que suponía la identidad de intereses entre Estados Unidos y sus vecinos americanos, pero el hundimiento de tres barcos mercantes por los alemanes movilizó una amplia corriente de opinión en favor de la ruptura, que era impulsada por los estadounidenses y entusiastamente apoyada por los diarios *La Nación* y *La Prensa*. Las opiniones se dividieron de un modo singular: el Ejército —cuya formación profesional era germana—

tenía simpatías por Alemania, mientras que la Marina se alineaba por Gran Bretaña. La oposición conservadora era predominantemente rupturista, al igual que la mayoría de los socialistas, aunque en abril de 1917 se produjo entre ellos una escisión que, siguiendo a la Unión Soviética, adhirió al neutralismo. Los radicales estaban muy divididos en torno de esta cuestión, que prefiguraba futuras fracturas, y dirigentes destacados como Leopoldo Melo o Alvear se manifestaron en favor de Inglaterra y Francia, mientras Yrigoyen, casi tozudamente, defendió una neutralidad que, si no lo enemistaba con los aliados europeos, lo distanciaba de Estados Unidos. Yrigoyen tuvo varias actitudes de hostilidad hacia ese país: en 1919 ordenó que una nave de guerra saludara el pabellón de la República Dominicana, ocupada por los *marines* norteamericanos, y en 1920 se opuso al diseño que el presidente Wilson había hecho de la Liga de las Naciones. También, había proclamado al 12 de octubre —aniversario del viaje de Colón— como Día de la Raza, oponiendo al panamericanismo la imagen de una Hispanoamérica que excluía a los vecinos anglosajones.

Fue una decisión de fuerte valor simbólico, que entroncaba en una sensibilidad social difusa en sus formas pero hondamente arraigada. El sentimiento antinorteamericano había venido creciendo desde 1898, cuando la guerra de Cuba inauguró la fase fuerte de su expansionismo, y conducía por oposición a la postulación de algún tipo de identidad latinoamericana. En esta actitud los motivos tradicionales se mezclaban con los más avanzados y progresistas. José Enrique Rodó, un escritor de profunda influencia, había identificado en *Ariel* a Estados Unidos con el materialismo, contraponiéndolo al espiritualismo hispanoamericano. Yrigoyen se unió a quienes —poniendo distancia del cosmopolitismo dominante— encontraban esa identidad en la común raíz hispana, mientras que otros distinguieron el filibusterismo depredador de los yanquis del más tolerable imperialismo, discreto y civilizador, de los británicos. En otros ámbitos, el antinorteamericanismo se vinculó con las ideas socialistas, como en el caso de Manuel Ugarte, que en 1924 escribió *La patria grande*. La postulación de una unidad latinoamericana militante contra el agresor fue reforzada por la Revolución Mexicana: en 1922, con motivo de la visita del mexicano José Vasconcelos, José Ingenieros y otros intelectuales progresistas impulsaron una Unión Latinoamericana, que recogía los motivos del antiimperialismo también presentes en otro movimiento de dimensión latinoamericana: la Reforma Universitaria.

Crisis social y *nueva estabilidad*

En esta dimensión fuertemente simbólica y declarativa el gobierno radical pudo dar respuestas originales y acordes con las nuevas expectativas, pero no ocurrió lo mismo cuando debió enfrentar problemas más concretos, como los que suscitó en la sociedad la Primera Guerra Mundial. Las condiciones sociales, que ya eran complicadas en el momento de su estallido, se agravaron luego por las dificultades del comercio exterior y de la retracción de los capitales: en las ciudades se sintió la inflación, el retraso de los salarios reales —los de los empleados públicos incluso sufrieron rebajas— y la fuerte desocupación. La guerra perjudicó las exportaciones de cereales, y particularmente las de maíz, y en las zonas rurales agravó la situación ya deteriorada de los chacareros y también la de los jornaleros. Se conformó así un clima de conflictividad que se mantuvo más o menos latente mientras las condiciones fueron muy adversas para los trabajadores, pero que empezó a manifestarse plenamente desde 1917, apenas comenzaron a notarse en la economía signos de reactivación. Se inició entonces un ciclo breve pero violento de confrontación social que alcanzó su momento culminante en 1919 y se prolongó hasta 1922 o 1923. Esa ola de convulsiones se desarrollaba de manera parecida en todo el mundo occidental, recogiendo los ecos primero de la revolución soviética de 1917 y luego, de los movimientos revolucionarios que estallaron, apenas terminó la guerra, en Alemania, Italia y Hungría. La impresión de que la revolución mundial era inminente operó en cierta medida como ejemplo para los trabajadores, pero mucho más lo hizo como revulsivo para las clases propietarias. La revolución se mezcló con la contrarrevolución, y entre ambas hirieron de muerte a las democracias liberales: en medio de la crisis de valores desatada en la posguerra, éstas fueron ampliamente cuestionadas por distintos tipos de ideologías y de movimientos políticos, que iban desde las dictaduras lisas y llanas —como la establecida en España en 1923 por el general Primo de Rivera— hasta los nuevos experimentos autoritarios de base plebiscitaria, como el iniciado en Italia en 1922 por Benito Mussolini, cuyas formas novedosas ejercieron una verdadera fascinación.

Las huelgas comenzaron a multiplicarse en las ciudades a lo largo de 1917 y 1918, impulsadas sobre todo por los grandes gremios del transporte, la Federación Obrera Marítima y la Federación Obrera Ferrocarrilera, cuya fuerza se incrementaba por su capacidad de obstaculizar o paralizar el embarque de las cosechas, un recurso que usaron y dosificaron con prudencia. Conducidos por el grupo de los sindicalistas, que dirigían la FORA del IX Congreso (para distinguirla de la FORA del V, anarquista), tuvieron éxito en buena medida por la nueva actitud del gobierno, que abandonó la política de represión lisa y llana y obligó a las compañías marítimas y ferroviarias a aceptar su arbitraje. Coincidieron así una actitud sindical que combinaba la confrontación y la negociación y otra del gobierno que, mediante el simple recurso de no apelar a la represión armada, creaba un nuevo equilibrio y se colocaba en posición de árbitro entre las partes. Los éxitos iniciales fortalecieron la posición de la FORA sindicalista, cuyos afiliados aumentaron notablemente en los años siguientes, y que impuso su estrategia de confrontación limitada. No obstante, la predisposición negociadora del gobierno no se manifestó en todos los casos y —según ha señalado David Rock— parecía dirigirse especialmente a los trabajadores de la Capital —potenciales votantes de la UCR, en un distrito en el que ésta dirimía una dura confrontación con los socialistas—, pero no se extendía ni hacia los sindicatos con mayoría de extranjeros ni a los trabajadores de las provincia de Buenos Aires. Así, la huelga de los frigoríficos de 1918 fue enfrentada con los tradicionales métodos de represión, despidos y rompehuelgas, que también se aplicaron en 1918 a los ferroviarios, cuando su acción traspasó los límites de la prudencia y amenazó el vital embarque de la cosecha.

Tanto los sindicalistas como el gobierno transitaban por una zona de equilibrio muy estrecha, que la propia dinámica del conflicto terminó por clausurar a lo largo de 1919, cuando la ola huelguística llegó a su culminación. En enero, con motivo de una huelga en un establecimiento metalúrgico del barrio obrero de Nueva Pompeya, se produjo una serie de incidentes violentos entre los huelguistas y la Policía, que abandonó la pasividad y reprimió con ferocidad. Hubo muertos de ambas partes y pronto la violencia se generalizó. Una sucesión de breves revueltas no articuladas, espontáneas y sin objetivos precisos, hicieron que durante una semana la ciudad fuera tierra de nadie, hasta que el Ejército encaró una represión en regla. Contó con la colaboración de grupos de civiles armados, organizados desde el Círculo Naval, que se dedicaron a perseguir judíos y catalanes, que identificaban con "maximalistas" y anarquistas. Todavía por entonces el gobierno pudo apelar a sus contactos con los socialistas y los dirigentes de la FORA para acordar el fin de la huelga inicial de Vasena, así como para negociar el cese del largo y pacífico conflicto que simultáneamente mantenía el gremio marítimo.

La Semana Trágica —así se la llamó— galvanizó a los trabajadores de la ciudad y de todo el país. Lejos de disminuir, el número y la intensidad de las huelgas aumentó a lo largo de 1919: infinidad de movimientos fueron protagonizados por trabajadores no agremiados, pertenecientes a las más variadas actividades industriales y de servicios, entre quienes la consigna de la huelga general ayudaba a la identificación y unificación. Estos movimientos coincidieron con un nuevo pico de las movilizaciones rurales. Los chacareros, que dirigidos por la Federación Agraria Argentina mantenían desde 1912 sus reivindicaciones por las condiciones de los contratos, encararon nuevas huelgas, empujados por las difíciles condiciones creadas por la guerra. Su movilización coincidió con la de los jornaleros de los campos y de los pueblos rurales, generalmente movilizados por los anarquistas, aunque los chacareros procuraron diferenciarse de ellos con claridad. Pese a que los radicales habían simpatizado con ellos en 1912, el gobierno fue poco sensible a sus reclamos, y en 1919, acusando a los "maximalistas", encaró una fuerte represión.

El año 1919 marca una inflexión en la política gubernamental hacia estos movimientos de protesta. Hasta entonces, una actitud algo benévola y tolerante, acompañada de la no utilización de los recursos clásicos de la represión —el envío de tropas, los despidos, la contratación de rompehuelgas— había bastado para ampliar el espacio de manifestación de la conflictividad acumulada y para equilibrar la balanza, hasta entonces sistemáticamente favorable a los patrones. Probablemente en la acción de Yrigoyen se combinaran, junto con mucho de cálculo político, una actitud más sensible a los problemas sociales y una idea del papel arbitral que debía asumir el Estado, y quizás él mismo. Pero esa nueva actitud estuvo lejos de materializarse en instrumentos institucionales, pese a la manifiesta voluntad negociadora de las direcciones sindicales. Los avances realizados a principios de siglo, cuando se creó el Departamento de Trabajo o se propuso el Código del Trabajo, no se continuaron, y el Poder Ejecutivo no supo idear mecanismos más originales que la recurrencia —igual que en 1850— a la acción arbitral del jefe de Policía, responsable desde tiempo inmemorial de los problemas laborales. Tampoco el Congreso asumió que debía intervenir en los conflictos urbanos, considerándolos una mera cuestión policial, aunque sí lo hizo con los chacareros: en 1921 sancionó una ley de Arrendamientos que tenía en cuenta la mayoría de sus reclamos acerca de los contratos, y que sin duda contribuyó —junto con un retorno de la prosperidad agrícola— a acallar los reclamos de quienes, cada vez más, se definían como pequeños empresarios rurales.

Luego de la experiencia de 1919, y fuertemente presionado por unos sectores propietarios reconstituidos y galvanizados, el gobierno abandonó sus veleidades reformistas y retomó los mecanismos clásicos de la represión, ahora con la colaboración de la Liga Patriótica, que en 1921 alcanzaron incluso a la Federación Marítima, el sindicato con el que Yrigoyen estableció vínculos más fuertes y durables. Por entonces, y por diferentes razones, la ola huelguística se había atenuado en las grandes ciudades, aunque perduraba en zonas más alejadas y menos visibles: en el enclave quebrachero que La Forestal había establecido en el norte de Santa Fe, en el similar de Las Palmas en el Chaco Austral, o en las zonas rurales de la Patagonia. En esos lugares, los anónimos e impredecibles efectos de la coyuntura económica internacional, traducidos por empresas voraces e incontroladas en acciones concretas en perjuicio de los trabajadores, hicieron estallar entre 1919 y 1921 fuertes movimientos huelguísticos. El gobierno autorizó a que fueran sometidos mediante sangrientos ejercicios de represión militar que alcanzaron justa celebridad, como en el caso de la Patagonia.

La experiencia de 1919 tuvo profundos efectos entre los sectores propietarios. Derrotados en 1916, conservaron inicialmente mucho poder institucional —que Yrigoyen fue minando en forma paulatina— y todo su poder social, pero estaban a la defensiva, sin ideas ni estrategia para hacer frente a un proceso político y social que les desagradaba pero que sabían legitimado por la democracia. En 1919, los fantasmas de la revolución social los despertaron bruscamente: la Liga Patriótica Argentina, fundada en las calientes jornadas de enero, fue la primera expresión de su reacción. Confluyeron en ella los grupos más diversos: la Asociación del Trabajo —una institución patronal que suministraba obreros rompehuelgas—, los clubes de elite, como el Jockey, los círculos militares —la Liga se organizó en el Círculo Naval—, o los representantes de las empresas extranjeras. Conservadores y radicales coincidieron y se mezclaron en los tramos iniciales —su presidente, Manuel Carlés, fluctuó durante su vida entre ambos partidos— y el Estado le prestó un equívoco apoyo a través de la Policía. Lo más notable fue la capacidad que la Liga demostró en ese *annus mirabilis* para movilizar vastos contingentes de la sociedad, reclutados en sus sectores medios, para la defensa del orden y la propiedad y la reivindicación chauvinista del patriotismo y la nacionalidad, amenazada por la infiltración extranjera. También fue notable su capacidad para organizar gran número de "brigadas", que asumían la tarea de imponer el orden a palos —luego fueron muy activas en el medio rural—, y para presionar al gobierno, quien probablemente tuvo muy en cuenta la magnitud de las fuerzas polarizadas en torno de la Liga cuando a lo largo de 1919 imprimió un giro, sutil pero decisivo, a su política social.

La derecha tenía un nuevo impulso y un argumento decisivo, aunque todavía impreciso, contra la democracia: voluntaria o involuntariamente, Yrigoyen era sospechoso de subvertir el orden. Desde entonces, cobraron forma una serie de tendencias ideológicas y políticas que por entonces circulaban ampliamente en el mundo de la contrarrevolución. La Liga aportó los motivos del orden y la patria. Los católicos combinaron el pensamiento social —capaz de competir con la izquierda— con el integrismo antiliberal, que empezó a difundirse a través de los Cursos de Cultura Católica y cristalizó más tarde en la revista *Criterio*, fundada en 1928. Jóvenes intelectuales, como los hermanos Irazusta, difundieron las ideas de Maurras y Leopoldo Lugones proclamó la llegada de "la hora de la espada". Sin duda había discordancias en estas voces, y no menores —Lugones era declaradamente anticristiano— pero esto no preocupaba a su auditorio, que probablemente no tomaba demasiado en serio mucho de lo que oía pero recogía en todas ellas un mensaje común: el rechazo a la movilización social y la crítica a la democracia liberal.

La llegada al gobierno de Alvear, en 1922, tranquilizó en parte a las clases propietarias. La mayoría volvió a confiar en las bondades de la democracia liberal y patricia, pero el nuevo discurso siguió operando en ámbitos marginales. Mientras tanto, fueron otras poderosas instituciones las encargadas de dar progresivamente fuerza al nuevo movimiento, unificar sus acciones, dotarlas de legitimidad, y también reclutar sostenedores más allá de los propios sectores propietarios. La Liga Patriótica se dedicó al "humanitarismo práctico", organizando escuelas para obreras y movilizando a las "señoritas" de la alta sociedad. Mucho más importante fue la acción de la Iglesia que en 1919, en el pico de la crisis, organizó la Gran Colecta Nacional, destinada a movilizar a los ricos e impresionar a los pobres. Ese año fueron unificadas todas las instituciones católicas que actuaban en la sociedad —con tendencias y propuestas diversas— dentro de la Unión Popular Católica Argentina, un ejército laico comandado unificadamente por los obispos y los curas párrocos, quienes organizaron una guerra en regla contra el socialismo, compitiendo palmo a palmo en la creación de bibliotecas, dispensarios, conferencias y obras de fomento y caridad, tareas éstas en las que los activistas reclutados en los altos círculos sociales adquirían la conciencia de su alta misión redentora. Sintomáticamente, la Iglesia —cada vez más reacia a las instituciones democráticas— clausuraba la posibilidad de crear un partido político. El Ejército, finalmente, que había sido organizado desde principios de siglo sobre bases estrictamente profesionales, empezó a interesarse en la marcha de los asuntos políticos, quizá molesto por la forma en que Yrigoyen lo empleaba para abrir o cerrar la válvula del control social, y quizá también preocupado por el uso que el presidente hacía de criterios políticos en el manejo de la institución. Lo cierto es que la desconfianza a Yrigoyen fue creando las condiciones para hacerlo receptivo a las críticas más generales al sistema democrático, que con fuerza creciente se escuchaban en la sociedad.

El antiliberalismo que nutre todas estas manifestaciones resultó eficaz como arma de choque, como discurso unificador y como bandera de combate. Pero la reconstitución de la derecha política no se agotó en esto. No escapaba a nadie que no podía volverse a 1912, que el mundo había cambiado mucho desde la Gran Guerra, y que era necesario volver a discutir cuál era el lugar de la Argentina, qué papel debía cumplir el Estado en los conflictos sociales, cómo podían articularse los distintos intereses propietarios, y muchas cuestiones más, acerca de las cuales el gobierno de Yrigoyen no parecía demasiado urgido en aportar soluciones novedosas. La Liga Patriótica organizó congresos donde representantes de los más diversos sectores discutieron sobre todo esto, y también lo hicieron a través de las publicaciones del Museo Social Argentino o en la *Revista de Economía Argentina*, que Alejandro Bunge fundó en 1918. Una Argentina distinta requería de ideas nuevas, y en ese sentido la discusión fue intensa. Es posible, incluso, que en ese clima algunos jóvenes militantes del Partido Socialista —con una sólida formación de raigambre marxista en cuestiones económicas y sociales— pensara que los marcos del partido eran demasiado estrechos.

¿Hasta qué punto eran justificados los terrores de la derecha? La ola de huelgas, que culminó entre 1917 y 1921, había sido formidable, pero no estaba guiada por un propósito explícito de subversión del orden, sino que expresaba, de manera ciertamente violenta, la magnitud de los reclamos acumulados durante un largo período de dificultades de la Argentina hasta entonces opulenta. Por otra parte, entre quienes podían presentarse como conductores de ese movimiento, los que propiciaban dicha subversión —los anarquistas, y luego los comunistas— sólo tenían una influencia marginal e ínfima. Las direcciones y orientaciones más fuertes correspondían a la corriente de los "sindicalistas" y a los socialistas, y ambos bregaban tanto por reformas limitadas en un orden social que aceptaban en sus rasgos básicos, como, sobre todo, por encontrar los mecanismos y los ámbitos de negociación de los conflictos. Los sindicalistas, reacios a la acción política partidaria, apostaron a la negociación entre los sindicatos y el Estado, un camino que ya había sido propuesto desde el Estado antes de 1916 y que, retomado por Yrigoyen, debió ser abandonado en la convulsión de 1919, aunque ciertamente se mantuvo como tendencia, para reaparecer en forma espectacular al fin de la Segunda Guerra Mundial.

El Partido Socialista —fundado en 1896 y de una fuerza electoral considerable en la Capital— estaba también lejos de posturas de ruptura. De acuerdo con lo que eran las líneas dominantes en Europa, el socialismo era visto como la coronación y perfeccionamiento de la democracia liberal, como la última instancia de una modernización que debía remover obstáculos tradicionales. Entre ellos, los socialistas subrayaban lo que llamaban la "política criolla", en la que englobaban, junto al conservadorismo tradicional, al radicalismo, al que se opusieron con fuerza. El Partido Socialista tuvo escasa capacidad para arraigar en los movimientos sociales de protesta: algunos éxitos entre los chacareros de la Federación Agraria no compensaron su escasísimo peso entre los gremialistas, que aunque votaran a los socialistas preferían seguir a los sindicalistas. El socialismo apostó todas sus cartas a las elecciones, y reunió en la Capital un importante caudal de votos, con el que compitió exitosamente con los radicales, pero a costa de diluir lo que quizás hubieran sido reclamos específicos de los trabajadores dentro de un conjunto más amplio de demandas, que incluía a los sectores medios. Esto dejaba libre un espacio a su izquierda, por el que compitieron diversos grupos, sobre todo luego del remezón de la guerra y la revolución soviética. Pacifistas, partidarios de la Tercera Internacional y de la Unión Soviética confluyeron finalmente en el Partido Comunista, que durante los años veinte tuvo escasísimo peso, aunque cosechó muchas simpatías entre los intelectuales. Pero otras tendencias progresistas, de alguna manera emparentadas con el leninismo, emergieron en el antiimperialismo de esa época y en el pensamiento de la Reforma Universitaria.

Los socialistas apostaron a la acción legislativa y a la posibilidad de crear en el Congreso un ámbito de representación. Pero había en el partido una incapacidad casi constitutiva para establecer alianzas o acuerdos, y aunque impulsaron algunas reformas legislativas no lograron dar forma a una fuerza política vigorosa, capaz de equilibrar a la derecha reconstituida o, siquiera, de precisar los puntos centrales del conflicto que se avecinaba. Su otra apuesta fue —a largo plazo— la ilustración de la clase obrera que, según suponían, se esclarecería en el contacto con la ciencia. De ahí su intensa acción educadora, a través de centros, bibliotecas, conferencias, grupos teatrales y corales y la Sociedad Luz. La difusión de ciertas prácticas en los grandes centros urbanos atestigua adecuadamente los cambios que —superada la crisis social— estaban experimentando los trabajadores y la sociedad toda.

El fin de la lucha gremial intensa, la reducción de la sindicalización y el debilitamiento de la Unión Sindical Argentina dan testimonio de la atenuación de los conflictos sociales. La Unión Ferroviaria, fundada en 1922 y convertida en cabeza indiscutida del sindicalismo, expresó el nuevo tono de la acción gremial: un sindicato fuertemente integrado, férreamente dirigido en forma centralizada, negoció sistemática y orgánicamente con las autoridades, descartó la huelga como instrumento y obtuvo éxitos sustanciales. Por su parte, el Estado manifestó la voluntad de avanzar en una legislación social —sancionada en su mayoría durante la presidencia de Alvear— que suponía a la vez el pleno reconocimiento del actor gremial: propuesta de regímenes jubilatorios para empleados de comercio y ferroviarios, regulación del trabajo de mujeres y niños y establecimiento del 1° de Mayo —convertido en un conciliador Día del Trabajo— como feriado nacional.

Más allá de las coyunturas y de las revulsiones, la sociedad argentina venía experimentando cambios profundos, que maduraron luego de la guerra y que explican este apaciguamiento. Aunque luego del conflicto se reanudó la inmigración, la población ya se había nacionalizado sustancialmente. Los hijos argentinos ocuparon el lugar de los padres extranjeros, las asociaciones de base étnica empezaron a retroceder frente a otras en las que la gente, sin distinción de origen, se agrupaba para actividades específicas y la "cuestión nacional", que tanto preocupó en el Centenario, empezó a desdibujarse. La acción sistemática de la escuela pública había generado una sociedad fuertemente alfabetizada, y con ella un público lector nuevo, quizá no demasiado entrenado pero ávido de materiales. Crecieron los grandes diarios, con linotipos y rotativas; en 1913 *Crítica*, que respondía a ese nuevo público, y a la vez lo moldeaba, revolucionó las formas periodísticas, y otra vez lo hizo desde 1928 *El Mundo*. Las variadas necesidades de información y entretenimiento fueron satisfechas por los *magazines*, que siguieron la huella de *Caras y Caretas* y culminaron en *Leoplán*, o un amplio espectro de revistas especializadas, como *El Gráfico*, *Billiken*, *Tit Bis* o *El Hogar*. En los años siguientes a la guerra hicieron furor las novelas semanales —un género entre sentimental y tenuemente erótico—, mientras que las necesidades culturales o políticas más elaboradas eran satisfechas primero por las ediciones españolas de Sempere y luego por las bibliotecas de Claridad o Tor. En una sociedad ávida de leer, estas publicaciones eran vehículo eficaz de diversos mensajes culturales y políticos, que circulaban también por las bibliotecas populares o las conferencias. Muchos leían para entretenerse. Otros buscaban capacitarse para aprovechar las múltiples oportunidades laborales nuevas, pero otros muchos lo hacían para apropiarse de un caudal cultural —tan variado que incluía desde Platón hasta Dostoievsky— que hasta entonces había sido patrimonio de la elite y de las clases más establecidas.

La expansión de la cultura letrada forma parte del proceso de movilidad social propio de una sociedad que era esencialmente expansiva y de oportunidades. Fruto de ella eran esos vastos sectores medios, en cuyos miembros podían advertirse los resultados de una exitosa aventura del ascenso: los chacareros establecidos, que se identificaban como pequeños empresarios rurales, o los pequeños comerciantes o industriales urbanos, de entre quienes surgían algunos grandes nombres o fortunas importantes. Junto a ellos, una nube de empleados, profesionales, maestras o doctores, pues ese título siguió siendo la culminación, en la segunda o quizá la tercera generación, de esta carrera en la que la fortuna no podía separarse del prestigio.

Quizá por eso la Universidad constituyó un problema importante para esta sociedad en expansión, y la Reforma Universitaria —un movimiento que estalló en Córdoba en 1918 y se expandió por el país y por toda América

Latina— fue una expresión de esta transformación. Las universidades, cuyo propósito dominante era formar profesionales, eran por entonces socialmente elitistas y académicamente escolásticas. Muchos jóvenes estudiantes quisieron abrir sus puertas, participar en su dirección, remover las viejas camarillas profesorales, instaurar criterios de excelencia académica y de actualización científica, y vincular la Universidad con los problemas de la sociedad. La agitación estudiantil fue muy intensa y coincidió con lo mas duro de la crisis social, entre 1918 y 1922, al punto que muchos pensaron que era una expresión más de aquélla. Otros advirtieron que se trataba de un reclamo tolerable. Los reformistas recibieron el importante apoyo de Yrigoyen, lograron en muchos casos que se incorporaran representantes estudiantiles al gobierno de las Universidades, que se desplazaran a algunos de los profesores más tradicionales y que se introdujeran nuevos contenidos y prácticas. También elaboraron un programa de largo plazo, que desde entonces sirvió de bandera a la actividad política estudiantil, un espacio que desde entonces sirvió de antesala para la política mayor. El reformismo universitario fue, más que una teoría, un sentimiento, expresión de un movimiento de apertura social e intelectual que servía de aglutinante a las ideologías más diversas, desde el marxismo al idealismo, pero que se nutrió sobre todo del antiimperialismo latinoamericano, todavía difuso, y de la misma revolución rusa, con su apelación a las masas. Se vinculó con otras vertientes latinoamericanas, creando una suerte de hermandad estudiantil, e inyectó un torrente nuevo y vital en los movimientos políticos progresistas.

Pero además, expresaba algunas tendencias hacia las que la nueva sociedad era particularmente sensible. A pesar de que, avanzando en la década de 1920, los movimientos sociales contestatarios estaban en declinación, y de que la fuerte movilidad social desalentaba los enfrentamientos de clase por entonces dominantes en Europa, hubo en esta sociedad una fuerte corriente reformista. Confluyeron en ella diversas experiencias de cooperación y cambio —desde la de los chacareros aglutinados en sus cooperativas a las de las sociedades de fomento en los nuevos barrios urbanos— que se alimentaron con las corrientes del pensamiento social y progresista de Europa y dieron el tono a una actitud reflexiva y crítica acerca de la sociedad y sus problemas. Esta actitud se fue plasmando en una cierta idea de la justicia social, probablemente alimentada a su vez desde fuentes ideológicas más tradicionales —como la de la Iglesia— pero igualmente preocupadas por la necesidad de adaptar las instituciones a una sociedad en cambio. Se trataba de una idea aún imprecisa, que no alcanzó a concretarse en una representación política eficaz, pero que circulaba también en el mundo de los trabajadores. Ellos mismos, influidos por la movilidad social y por las imágenes que ella creaba, se identificaban cada vez en menor medida con aquel sector segregado de la sociedad que, a principios de siglo, inquietaba a los intelectuales. No era fácil distinguir, fuera del trabajo, a un obrero ferroviario de un empleado, o a su hija de una maestra. En las grandes ciudades, y en las áreas rurales prósperas, se estaba constituyendo una sociedad más caracterizada por la continuidad que por los cortes profundos.

La aspiración al ascenso individual y a la reforma social son sólo un aspecto de esa nueva cultura que caracteriza a estos sectores populares, entre trabajadores y medios. Los cambios en las formas de vida estaban modelando nuevas ideas y actitudes, que resultaron perdurables. El acceso a la vivienda propia cambió la idea del hogar y ubicó a la mujer —liberada de la obligación de trabajar— en el centro de la familia, que pronto se reuniría en torno del aparato de radio. Por un movimiento complementario, las hijas aspiraron a trabajar, en una tienda o en una oficina, a estudiar, y también a una creciente libertad sexual. Una cierta holgura económica, y la progresiva reducción de la jornada de trabajo —que junto al domingo empezó a incluir el "sábado inglés"— aumentó el tiempo libre disponible. Ello explica el éxito de bibliotecas, conferencias y lecturas, pero también el desarrollo de una gama muy variada de ofertas para llenarlo.

El teatro había llegado a su apogeo ya hacia 1910. En las ciudades las salas se multiplicaron, tanto en el centro como en los barrios, y los grandes actores, como Florencio Parravicini, fueron quizá las primeras figuras que gozaron de una popularidad indiscutida. Después de la guerra, los gustos se deslizaron del tradicional sainete a la nueva revista, con "bataclanas" y con canciones. El tango fue definitivamente aceptado por la sociedad, y despojado de los rastros de su origen prostibulario. El tango-canción y el fonógrafo hicieron la popularidad de los cantantes, mientras las partituras, junto con los infaltables pianos, lo afincaron en las casas de clase media. Por entonces se cimentó la popularidad de Enrique Delfino, Enrique Santos Discépolo y Carlos Gardel, quien sin embargo sólo alcanzó su consagración popular en la década siguiente, a través de las películas que filmó en el extranjero. El cine —mudo hasta 1929— ejerció una fuerte atracción; las salas proliferaron en las ciudades y la cultura popular que se estaba acuñando, quizá marcadamente criolla, se nutrió de algunos nuevos elementos universales.

Así, los nuevos medios de comunicación multiplicaban su influencia sobre las formas de vida y sobre las actitudes y valores de esta sociedad expansiva. También operaron sobre la sensibilidad deportiva, asociada desde principios de siglo con una actitud vitalista y con las concepciones higiénicas y el placer por el ejercicio y el aire libre, que desde la elite se habían ido difundiendo en la sociedad. La creación de clubes deportivos fue una de las formas características del impulso asociacionista general. Progresivamente, algunas de sus actividades se transformaron en espectáculos masivos, que los medios de comunicación proyectaban desde su ámbito local originario hacia todo el país. En 1931 se constituyó la Liga Profesional de Fútbol, y de la mano de la radio y la prensa escrita, los clubes de fútbol porteños agregaron un nuevo elemento de identificación nacional, quizá tan fuerte como los símbolos patrios o la figura de Hipólito Yrigoyen. La tendencia a la homogeneización de la sociedad, en torno de una cultura compartida por sectores sociales diversos, se acompañó de un proceso igualmente significativo de diferenciación de funciones.

Una de sus manifestaciones fue la constitución de un mundo intelectual y artístico que, aunque estuvo impulsado por la creciente demanda cultural de la sociedad, definió una forma de funcionamiento que le era propia. Como ha puntualizado David Viñas, a diferencia de los *"gentlemen-escritores"* de fines de siglo, los artistas y escritores se sintieron profesionales, y algunos lo fueron plenamente. Tuvieron sus propios ámbitos de reunión —cafés, redacciones, galerías y revistas— y sus propios criterios para consagrar el mérito o abominar de la mediocridad. Desde 1924 Buenos Aires tuvo una "vanguardia", iconoclasta y combativa: ese año Pettoruti trajo el cubismo, Ernest Ansermet introdujo la música impresionista y se fundó la revista *Martín Fierro*, que en torno de la estética ultraísta nucleó a muchos de los nuevos escritores, ansiosos de criticar a los viejos. Otros muchos abrazaron la consigna del compromiso social y la utopía del comunismo, y entre ambos grupos —identificados con Florida y Boedo— se entabló una aguda polémica. Los puntos de coincidencia y los intercambios eran probablemente más que los de oposición, pero lo cierto es que los intelectuales empezaron a practicar por entonces un nuevo estilo de discusión, en el que la realidad local resultaba inseparable de la de Europa, Estados Unidos y la propia Unión Soviética, quizá más idealizada que conocida.

La economía en un mundo triangular

Con la Primera Guerra Mundial —mucho más que con la crisis de 1930— terminó una etapa de la economía argentina: la del crecimiento relativamente fácil, sobre rumbos claros. Desde 1914 se entra en un mundo más complejo, de manejo más delicado y en el que el futuro era relativamente incierto, al punto de predominar las dudas y el pesimismo, que sólo en algunos círculos se transformaba en desafío para la búsqueda de nuevas soluciones.

La guerra puso de manifiesto en forma aguda un viejo mal: la vulnerabilidad de la economía argentina, cuyos nervios motores eran las exportaciones, el ingreso de capitales, de mano de obra, y la expansión de la frontera agraria. La guerra afectó tanto las cantidades como los precios de las exportaciones, e inició una tendencia a la declinación de los términos del intercambio. Las exportaciones agrícolas sufrieron primero el problema de la falta de transportes, pero acabado el conflicto se planteó otro más grave y definitivo: el exceso de oferta en todo el mundo, y la existencia de excedentes agrícolas permanentes, que impulsó a cada gobierno a proteger a sus agricultores. Más profunda fue la caída de las exportaciones ganaderas luego de 1921. Durante la guerra hubo repatriación de capitales, pero al finalizar ésta fue evidente que los tiempos del flujo fácil y automático habían terminado, pues los inversores de Gran Bretaña y los demás países europeos no estaban ya en condiciones de alimentarlo. Su lugar fue ocupado por los banqueros norteamericanos, como Morgan, que también estaban comprometidos con los préstamos a Europa, de modo que el flujo estuvo condicionado a la situación económica general. El país experimentó con violencia los efectos de la coyuntura europea: vivió una fuerte crisis entre 1913 y 1917, se recuperó entre ese año y 1921, especialmente porque regularizó su comercio de guerra, sufrió entre 1921 y 1924 el sacudón de la reconversión de posguerra, y conoció un período de tranquilidad durante los "años dorados", hasta 1929, que sin embargo bastó para dar el tono general al período.

La principal novedad fue la fuerte presencia de Estados Unidos que, aquí como en otras partes del mundo, ocupó los espacios dejados libres por los países europeos, en mayor o menor medida derrotados en la guerra. La expansión económica de Estados Unidos en la década de 1920 se manifestó en primer lugar por un fuerte impulso exportador de automóviles, camiones y neumáticos —para los que la Argentina se convirtió en uno de sus principales clientes—, fonógrafos y radios, maquinaria agrícola y maquinaria industrial. Para asegurar su presencia en un mercado tentador, y saltar por sobre eventuales barreras arancelarias, las grandes empresas industriales —General Motors, General Electric, Colgate, entre otras— realizaron aquí inversiones significativas, que al principio se destinaron sólo a armar localmente las piezas importadas. También avanzaron sobre las empresas de servicios públicos —electricidad y tranvías— como propietarias y como proveedoras, particularmente de los Ferrocarriles del Estado, los únicos que por entonces crecieron. A diferencia de las inversiones británicas, y salvo en el caso de la maquinaria agrícola, las norteamericanas no contribuían a generar exportaciones, y con ellas divisas. Como por otra parte las posibilidades de colocar nuestros productos tradicionales en Estados Unidos eran remotas —pese a algunas expectativas iniciales— esta nueva relación creaba un fuerte desequilibrio en la balanza de pagos, que se convirtió en un problema insoluble.

Por otra parte, la vieja relación "especial" con Gran Bretaña se sostenía sobre bases mínimas: las compras británicas de cereales y carne, que los británicos pagaban con los beneficios obtenidos por la venta de material ferroviario, carbón, textiles, y con las ganancias que daban los ferrocarriles y otras empresas de servicios. Sus insuficiencias eran cada vez más evidentes: los suministros eran caros, Gran Bretaña no podía satisfacer las nuevas demandas del consumo y el capital británico era incapaz de promover las transformaciones que impulsaba el norteamericano. Pero, a la vez, la Argentina carecía de compradores alternativos, particularmente para la carne, sobre todo después de 1921. Hostilizados de modo creciente por los norteamericanos —que ya antes de la guerra los habían desplazado de los frigoríficos— los británicos podían presionar sobre el gobierno argentino con volcar sus compras a los países del Commonwealth, una alternativa por otra parte reclamada por quienes querían introducir a Gran Bretaña en el nuevo mundo del proteccionismo.

En suma, como ha subrayado Arturo O'Connell, la Argentina era parte de un triángulo económico mundial, sin haber podido equilibrar las diferentes relaciones. Manejarse entre las dos potencias requería de un arte del que el gobierno de Yrigoyen pareció escaso, mientras que el de Alvear fue, al respecto, más imaginativo y sutil, aunque tampoco encontró la solución a los problemas de fondo, que probablemente no la tenían. Pero además, se requería un arte especial para enfrentar las situaciones de crisis, cuando los conflictos entre las partes se exacerbaban y las pérdidas se descargaban en los actores más débiles: los productores locales, o quienes trabajaban para ellos. Desde 1912 se había conocido este tipo de tensiones en la agricultura; desde 1921 se manifestaron en un punto mucho más sensible y que afectaba a intereses más poderosos: la ganadería.

Gracias a las ventas de carne enlatada, los años finales de la guerra fueron excelentes, beneficiándose no sólo los ganaderos de la zona central sino los de las marginales, y hasta quienes criaban ganado criollo. La situación cambió bruscamente a fines de 1920, cuando los gobiernos europeos, que habían estado haciendo *stock*, cortaron sus compras, y los precios y volúmenes se derrumbaron. Las mayores pérdidas fueron sufridas por los ganaderos de las zonas más distantes, mientras que quienes poseían las tierras de invernada y suministraban el ganado fino para ser enfriado —y para el que se conservó una cuota— lograron sortear en parte las dificultades. La crisis —que terminó de definir la diferenciación entre criadores e invernadores— desató conflictos que en épocas de bonanza se disimulaban, frente a los cuales el gobierno de Yrigoyen reaccionó tarde y mal. En 1923, por presión de los criadores y con el respaldo del presidente Alvear, el Congreso sancionó un conjunto de leyes que los protegían, en desmedro tanto de los consumidores locales como de los frigoríficos. La oposición de éstos y de sus voceros políticos —los socialistas— fue de escasa significación, pero la resistencia de los frigoríficos resultó demoledora: interrumpieron sus compras y en pocos meses obligaron al gobierno a suspender las leyes sancionadas.

El episodio probó el enorme poder de los frigoríficos, y de los grandes ganaderos directamente asociados con ellos, que resultó confirmado poco después. En los primeros años de la posguerra los ganaderos se ilusionaron con la posibilidad de colocar sus productos en Estados Unidos —lo que hubiera solucionado al menos en parte el problema de la balanza desfavorable—, pero a fines de 1926 el gobierno de aquel país, con el argumento del peligro de la fiebre aftosa, decidió prohibir cualquier importación de la Argentina. Gran Bretaña esgrimió una amenaza similar, logrando de los aterrorizados hacendados la aceptación de que la vuelta al bilateralismo era la única solución, para ellos y para el país. La Sociedad Rural invitó ahora a restringir en general la presencia norteamericana en la economía, y lanzó la consigna de "comprar a quien nos compra", lo que implicaba defender las importaciones y las inversiones británicas y hacer pagar sus costos al conjunto de la sociedad.

Las cuestiones relacionadas con la agricultura despertaban menos preocupaciones, pese a que, como consecuencia de la crisis ganadera, hubo un notable vuelco hacia esa actividad. La frontera agropecuaria pampeana se estabilizó en 50 millones de hectáreas; la agricultura creció en ella enormemente, así como su papel en las exportaciones. Se inició entonces un largo período de estabilidad, una suerte de meseta sin el crecimiento espectacular previo pero también sin los problemas y el estancamiento posteriores a 1940. La expansión se proyectó en esos años hacia las zonas no pampeanas, en las que el gobierno, impulsado por el ministro Le Bretón, encaró una vigorosa empresa de colonización que absorbió los excedentes de población rural pampeana, así como nuevos contingentes migratorios. Así entraron en producción la zona frutícola del valle del Río Negro, la yerbatera de Misiones y, sobre todo, la región algodonera del corazón del Chaco, que habría de tener importancia decisiva en el futuro crecimiento de la industria textil.

Los observadores no se engañaban acerca de esta calma, pues para todos estaban visibles los límites que suponía tanto un mercado mundial cada vez más difícil como el fin de las ventajas comparativas naturales, por el cierre de la frontera agropecuaria y el encarecimiento de la tierra. A eso se sumaba la escasez de inversiones, salvo en la mecanización de la cosecha, que solucionó el problema de la reducción en la mano de obra disponible, sobre todo por la desaparición progresiva de los migrantes "golondrinas". La pauta de conducta que hacía preferible mantener la liquidez del capital y oscilar entre distintas posibilidades de inversión, acuñada en la etapa anterior y amplificada por la diversificación de la economía —que hasta entonces había impulsado eficazmente el crecimiento—, dejó de cumplir esa función en las nuevas condiciones del mercado mundial. Tulio Halperin señaló esa conciencia incipiente de los males, y a la vez, la escasa propensión a hacer algo para enfrentarlos de parte de una sociedad que, en cambio, empezaba a interesarse en la cuestión industrial.

La guerra había tenido efectos fuertemente negativos sobre la industria que se había constituido en la época de la gran expansión agropecuaria: dependiente en buena medida de materias primas o combustibles importados, no pudo aprovechar las condiciones naturales de protección creadas por el conflicto. Pero apenas éste concluyó, comenzó una sostenida expansión, que se prolongó hasta 1930, caracterizada por la diversificación de la producción, que alcanzó así a nuevas zonas del consumo. Los contemporáneos atribuyeron en buena medida estos cambios a la elevación de los aforos aduaneros, establecida por Alvear en 1923, pero probablemente fueron las ya citadas inversiones norteamericanas el principal factor de esa expansión, que alentó también a inversores locales. Entre otros casos similares, Bunge y Born, la principal casa exportadora de granos, instaló por esos años la fábrica de pinturas Alba, y en la década siguiente la textil Grafa. En buena medida, las nuevas industrias se equiparon con maquinaria norteamericana. Mientras éstos trataban de conquistar simultáneamente un mercado apetecible y parte de las divisas generadas por las exportaciones a Gran Bretaña, los sectores propietarios locales comenzaron a deslizarse hacia una actividad que parecía más dinámica que las tradicionales. Por entonces, el tema de la industria empezó a instalarse en el debate, y constituyó el eje del discurso del más lúcido buceador de la economía argentina de entonces, Alejandro Bunge, inspirador de la reforma arancelaria de Alvear. Es posible, como ha planteado Javier Villanueva, que en escala limitada tal reforma apuntara a alentar —mediante alguna traba al comercio— las inversiones norteamericanas, sin aumentar los conflictos con Gran Bretaña, preocupada tanto por el destino de las divisas como por la creciente competencia en algunos rubros de su antiguo negocio, y particularmente los textiles. De este modo, la incipiente corriente industrialista agregó un nuevo elemento al debate central sobre las relaciones entre nuestro país y sus dos metrópolis, y de momento al menos, quienes vislumbraban en el crecimiento industrial el camino del futuro carecieron de peso para imponer sus convicciones. La propia Unión Industrial se sumó al grupo de los partidarios de "comprar a quien nos compra", una fórmula que, por otra parte, había sido acuñada por el embajador británico.

Ni la cuestión agraria ni la industrial estaban en el centro de la preocupación de los gobernantes, mucho más angustiados por los problemas presupuestarios. La guerra había puesto en evidencia la precariedad del financiamiento del Estado, apoyado básicamente en los ingresos de Aduana y en los impuestos indirectos y respaldado por los sucesivos préstamos externos. Todo ello se redujo fuertemente en los dos períodos de crisis, y coincidió con el advenimiento de la administración radical, que por diferentes motivos debía encarar gastos crecientes. El gobierno de Yrigoyen necesitó primero recursos para su política social y luego para la amplia distribución de empleos públicos, que constituyó su principal arma política en los últimos años. Desde 1922, Alvear empezó con una política fiscal ortodoxa y redujo fuertemente los gastos hasta que, por necesidades de la lucha interna con el yrigoyenismo, debió apelar —aunque más moderadamente— a la misma distribución de puestos que su antecesor, quien cuando volvió al poder, en 1928, hizo uso generoso de ese recurso. En ambos casos, los gastos del Estado aumentaron respecto de épocas anteriores, pero sobre todo su composición difirió sustancialmente, reduciéndose la parte de inversiones en beneficio de los gastos de administración, donde los empleados públicos pesaban fuertemente.

En cualquier caso, era claro que el Estado debía buscar otra forma de financiar sus gastos. Inspirándose en reformas similares emprendidas en Francia e Inglaterra,

Yrigoyen propuso en 1918 un impuesto a los ingresos personales. El Congreso prácticamente no lo trató entonces, ni en 1924, cuando Alvear insistió en la idea. En cambio, hubo un amplio debate en aquellos círculos donde se estaban discutiendo las cuestiones del futuro y Alejandro Bunge, entusiasta sostenedor de la idea, le consagró un amplio espacio en la *Revista de Economía Argentina*. Se trató de una discusión elevada y principista, donde se analizaban las cuestiones de libertad, equidad y justicia social que por entonces se debatían en Europa. Es posible que allí se generara el consenso que luego llevó a su rápida aprobación en 1931, luego ya de la crisis y de la caída de Yrigoyen. Pero por entonces las razones del bloqueo parlamentario fueron más pedestres: los opositores se negaban a cualquier legislación que diera al presidente más recursos que, según suponían, se volcarían en menesteres electorales.

Difícil construcción de la democracia

El frustrado debate fiscal ejemplifica las dificultades para constituir un sistema democrático eficiente, en el que las propuestas pudieran discutirse racionalmente y donde los distintos poderes se contrapesaran en forma adecuada. La reforma electoral de 1912 proponía a la vez ampliar la ciudadanía, garantizar su expresión y asegurar el respeto de las minorías y el control de la gestión. En ninguno de estos aspectos los resultados fueron automáticos, o siquiera satisfactorios. Respecto de la participación electoral, la masa de inmigrantes siguió sin nacionalizarse, de modo que los varones adultos que no votaban eran tantos o más que los que podían hacerlo; esta cuestión sólo se resolvió de manera natural, con el tiempo y el fin de la inmigración. Pero incluso entre los posibles votantes la participación no fue masiva: en 1912 —quizá por efecto de la novedad— alcanzó el 68% en todo el país, pero en seguida cayó a algo más del 50%, tocando fondo en 1924, con el 40%; sólo en 1928 —con la elección plebiscitada de Yrigoyen— repuntó espectacularmente, con valores que desde entonces se mantuvieron, en torno del 80%.

Concedida, antes que conseguida, la ciudadanía se constituyó lentamente en la sociedad. Las múltiples y diversas asociaciones de fines específicos que la cubrieron —desde las fomentistas urbanas hasta las cooperativas rurales— contribuyeron a la gestación de experiencias primarias de participación directa, y al desarrollo de las habilidades que, por otra parte, la política requería: hablar y escuchar, convencer, ser convencido, y sobre todo acordar. También contribuyeron a otra experiencia importante: la gestión ante las autoridades, la mediación entre las demandas de la sociedad y el poder político. Funciones similares cumplieron los comités o centros creados por los partidos políticos, que fueron cubriendo densamente la sociedad a medida que la práctica electoral se convertía en rutina. En buena medida funcionaban al viejo estilo: un caudillo repartía favores —tanto mayores cuanto más directa fuera su conexión con las autoridades— y esperaba así poder influir en el voto de los beneficiados. Los radicales, naturalmente, pudieron expandir, gracias al apoyo oficial, esta red clientelar que de todos modos ya habían constituido en el llano. El propio gobierno utilizó los comités para desarrollar algunas políticas sociales masivas, que aunque tenían claras finalidades electorales apuntaban a una nueva concepción de los derechos ciudadanos: la carne barata, o carne "radical", y también el pan o los alquileres. En cierto modo —sobre todo entre los socialistas— apuntaban a la educación y a la integración del ciudadano y su familia en una red de sociabilidad integral: capacitación, entretenimiento, cultura... Pero en todos los casos contribuyeron a desarrollar las capacidades políticas. En ese ambiente se formó el nuevo ciudadano, educado y consciente de sus derechos y de sus obligaciones, y progresivamente se fue revelando la dimensión política de todas las actividades, de modo que gradualmente la brecha entre la sociedad y el Estado se fue cerrando.

El crecimiento de los partidos da la medida del arraigo de la nueva democracia. La Unión Cívica Radical fue el único que alcanzó la dimensión del moderno partido nacional y de masas. Templado en una larga oposición, y constituido para enfrentarse al régimen, pudo funcionar eficazmente aun lejos del poder. Basado en una extensa red de comités locales, se organizó escalonadamente hasta llegar a su Convención y su Comité Nacional; una carta orgánica fundamentaba su organización, y su doctrina era, ni más ni menos, la de la Constitución, como gustaba de subrayar Yrigoyen. Pero además el partido demostró una preocupación muy moderna por adecuar sus ofertas a las cambiantes demandas de la gente. Quizá la expresión más acabada de su modernidad fue su capacidad para suministrar una identidad política nacional, la primera y la más arraigada, en un país cuyos signos identificadores comunes eran todavía escasos. Pero esa modernidad se asentaba en elementos muy tradicionales: toda la compleja organización institucional pesaba poco frente al liderazgo de Yrigoyen, y en la identificación de sus seguidores, el partido se fundía con su figura. Caudillo silencioso y recatado, que se mostraba poco y que jamás hablaba en público, empezó luego a estimular una suerte de culto a su persona: el país se llenó de sus retratos, de medallones, de mates con su imagen, en los que la gente identificó al presidente con un apóstol o un mesías.

El Partido Socialista también tenía una organización formal y cuerpos orgánicos, y además tenía un programa, pero carecía de dimensión nacional, pues aunque logró algún arraigo en Mendoza, Tucumán o Buenos Aires, casi toda su fuerza estaba concentrada en la Capital. Allí, gracias a la penetración de su red de centros, y a su éxito en ofrecer una alternativa de control al gobierno, compitió palmo a palmo con el radicalismo y lo venció a menudo. El Partido Demócrata Progresista, por su parte, arraigó entre los chacareros del sur de Santa Fe y de Córdoba, así como en la ciudad de Rosario; junto con los temas agrarios desarrolló los de la limpieza electoral, y tuvo un cierto peso en la Capital. Los partidos de derecha sólo se constituyeron en el nivel provincial; aunque el Partido Conservador de la provincia de Buenos Aires ejerció un liderazgo reconocido, y pudieron ponerse de acuerdo para las elecciones presidenciales, no se llegó a estructurar una fuerza nacional estable, quizá porque tradicionalmente esto se había logrado a través de la autoridad presidencial.

En las elecciones nacionales, la UCR obtuvo algo menos de la mitad de los votos, aunque en 1928, cuando Yrigoyen fue plebiscitado, se acercó al 60%. Los conservadores reunidos obtuvieron entre el 15 y el 20% y los socialistas entre el 5 y el 10%, con excepción de 1924 —el año de la mayor abstención— en que ascendieron al 14%. Los demócratas progresistas tuvieron una evolución similar, aunque con cifras algo menores. Así, la UCR fue en realidad el único partido nacional, y sólo enfrentó oposiciones, fuertes pero locales, en cada una de las provincias, incluyendo grupos escindidos de su tronco, como el bloquismo sanjuanino o el lencinismo mendocino.

La participación, finalmente, arraigó y se canalizó a través de los partidos, como lo testimonian las cifras de 1928 y la intensa politización previa de toda la sociedad, que finalmente estaba haciendo uso de la democracia. Pero en cambio el delicado mecanismo institucional, que también es propio de las democracias, no llegó a constituirse plenamente, y la responsabilidad le cupo a todos los actores.

La reforma electoral preveía un papel importante para las minorías, de control del Ejecutivo desde el Congreso. Esa relación, que de algún modo podía remitirse a las prácticas institucionales anteriores, se mezclaba con otra nueva, que debía aprenderse, entre el presidente y la oposición. Si bien las relaciones del gobierno con los sectores tradicionales no fueron malas al principio —cinco de los nuevos ministros eran socios de la Sociedad Rural—, las que mantuvo con la oposición política fueron desde el principio difíciles. Yrigoyen comenzó su gobierno con un Parlamento hostil, al igual que la mayoría de los gobiernos provinciales, y buena parte de su estrategia se dirigió a aumentar su escueto poder. Para ganar las elecciones, usó ampliamente el presupuesto del Estado, repartiendo empleos públicos entre sus "punteros", aunque en Buenos Aires la competencia con los socialistas lo llevó a emplear métodos más modernos. En 1918 logró obtener la mayoría en la Cámara de Diputados, pero la clave seguía pasando por el control de los gobiernos provinciales, decisivos a la hora de votar. No vaciló en intervenir las provincias desafectas, organizando luego elecciones en las que triunfaban sus candidatos, y así su poder aumentó considerablemente, aunque nunca logró afirmarse en el Senado, y tropezó con dificultades imprevistas en Diputados, donde los legisladores opositores empezaron a encontrar aliados en muchos radicales que no aceptaban los métodos del presidente.

Yrigoyen planteó un conflicto con el Congreso desde el primer día de su mandato, cuando descartó la tradicional ceremonia de la lectura del mensaje, y envió una breve comunicación, que leyó un secretario. Simbólicamente, desvalorizaba al Congreso y desconocía su autoridad, del mismo modo que lo hizo todas las veces que aquél, por la vía de la interpelación, intentó controlar sus actos: el presidente y sus ministros no sólo no asistieron sino que le negaron injerencia en los actos del Ejecutivo. Este cortocircuito institucional fue más evidente aún con las intervenciones federales. Durante los seis años se sancionaron diecinueve, y sólo Santa Fe no fue intervenida nunca. Sólo en cuatro ocasiones se solicitó una ley parlamentaria para intervenir provincias administradas por radicales, en las que había que terciar en conflictos internos. En quince ocasiones se hizo por decreto, ignorando al Congreso, para eliminar gobiernos adversos y "dar vuelta" situaciones provinciales. El método, en nada diferente al de Juárez Celman o Figueroa Alcorta, fue exitoso: en 1922 el oficialismo sólo perdió en dos provincias.

Si Yrigoyen reiteraba prácticas muy arraigadas, que otros retomarían luego, su justificación era novedosa: el presidente debía cumplir un mandato y una misión, la "reparación", para la que había sido plebiscitado, y eso lo colocaba por encima de los mecanismos institucionales. Quizá por eso el "apóstol" empezó a ser deificado por sus seguidores. Más allá del contenido de esa reparación, lo cierto es que los mecanismos democráticos difícilmente pudieron arraigar en ese clima de permanente avasallamiento autoritario.

Es curioso que quienes se convirtieran en custodios de la pureza institucional fueran aquellos que, en otras ocasiones antes y después, manifestaron escaso aprecio por dichos mecanismos. Lo cierto es que tanto conservadores como radicales disidentes —encabezados por el hábil Vicente Gallo— se hicieron fuertes en la defensa del orden institucional, y lo hicieron enconadamente, junto con socialistas y demoprogresistas, y hasta salieron a la calle, en el agitado año de 1918, para reclamar por sus fueros. De ese modo, mientras el radicalismo y su caudillo hacían una contribución sustancial a la incorporación ciudadana a la vida política —en un estilo tradicional y moderno a la vez— fallaban no sólo en el afianzamiento sino en la puesta en valor ante la ciudadanía del sistema institucional democrático.

Como Sáenz Peña, Alvear se benefició de la máquina montada, que en 1922 lo eligió canónicamente y con escasa oposición. Es posible que su elección por Yrigoyen apuntara a limar asperezas con unos sectores opositores cuya gravitación reconocía. Pero Alvear avanzó mucho más en ese camino. En su gabinete sólo se sentó un yrigo-yenista, el ministro de Obras Públicas. Limitó la creación de nuevos empleos públicos y aceptó las funciones de control que institucionalmente le correspondían al Parlamento, cuyas relaciones cultivó con cuidado. Sobre todo, no dispuso intervenciones federales por decreto. El aparato partidario reaccionó en primer término, pues la distribución de pequeños empleos públicos era la principal herramienta de los caudillos locales: el "popular" Yrigoyen fue contrapuesto al "oligárquico" Alvear. Pero además Alvear se fue apoyando en quienes en distintas ocasiones se habían opuesto a Yrigoyen o habían cuestionado sus métodos, y los seguidores del viejo caudillo pronto formaron una corriente cada vez más hostil al gobierno. A fines de 1923 Alvear pareció inclinarse decididamente por el grupo opositor, al nombrar ministro del Interior a Vicente Gallo, quien junto con Leopoldo Melo encabezaba la corriente denominada antipersonalista. La división del radicalismo se profundizó: en 1924 presentaron listas separadas y pronto constituyeron dos partidos diferentes. La disputa verbal fue muy intensa: unos eran "genuflexos", por su obediencia incondicional al jefe, y otros "contubernistas", según una nueva y afortunada palabra, que calificaba los acuerdos entre los antipersonalistas, conservadores y socialistas. El ministro Gallo quiso recurrir a los viejos y probados métodos para desplazar a los yrigoyenistas: dar empleos a los partidarios e intervenir gobiernos provinciales adversos, pero Alvear no quiso abandonar hasta tal punto sus principios. En julio de 1925 fracasó en el Congreso un proyecto de intervención a Buenos Aires, que era clave para la estrategia de Gallo, y éste renunció al ministerio.

Desde entonces Alvear quedó en el medio del fuego cruzado entre antipersonalistas —que sólo pudieron arraigar firmemente en Santa Fe— y los yrigoyenistas, que hicieron una elección muy buena en 1926 y ganaron posiciones en un Congreso convertido en ámbito de combate de las dos facciones. La polarización fue extrema, sumándose al grupo antiyrigoyenista sectores provinciales disidentes, como el lencinismo mendocino o el cantonismo sanjuanino, de fuerte estilo populista, sólo unidos con sus socios por el odio al jefe radical.

La derecha conservadora estaba por entonces totalmente volcada a impedir el retorno de Yrigoyen, en quien veía encarnados los peores vicios de la democracia: ya lo presentaban como el agitador social, ya como el caudillo autoritario, ya simplemente como la expresión de la chusma tosca e incompetente. Tal imagen era presentada, con diversos matices, por *La Nación* o *La Prensa* y, para un público más popular, por *Crítica*, convertida en centro de la campaña antiyrigoyenista. De momento, su oposición no suponía un cuestionamiento del régimen político, pues estaban decididos a jugar la carta electoral, reuniendo en un gran frente a toda fuerza hostil al caudillo, incluyendo al grupo de socialistas que, encabezado por Antonio De Tomaso y Federico Pinedo, acababa de separarse del viejo partido para formar el Partido Socialista Independiente.

A diferencia de 1916, la derecha política estaba segura de sus objetivos, y del apoyo que tenía entre las clases propietarias, pero empezaba a manifestarse una ambigüedad acerca de los medios: si la carta electoral fallaba —empezaba a pensarse— habría que jugar otra que, de una u otra manera, terminara con un régimen democrático que no aseguraba la elección de los mejores. En favor de esa postura actuaban distintos grupos políticos e ideológicos que, aunque minoritarios, habían contribuido a la nueva galvanización de la derecha. Desde *La Nueva República*, fundada en 1927, los jóvenes maurrasianos, como los hermanos Rodolfo y Julio Irazusta o Ernesto Palacio, descargaban sus baterías contra el sufragio universal y la democracia oscura, que debía ser reemplazada por la segura dirección de un jefe, rodeado de una elite y legitimado plebiscitariamente. Pronto la Liga Republicana que formaron salió a la calle, aun cuando quedó claro que eran incapaces de revivir las movilizaciones de 1919. Una "marcha sobre Roma" era impensable, de modo que los ojos se volvieron hacia las Fuerzas Armadas, a las que Leopoldo Lugones ya había apelado en 1924, en unas conferencias que el Ejército editó para consumo de sus oficiales, y que *La Nación* ya había difundido en aquella ocasión. La adhesión manifiesta del general José Félix Uriburu, que acababa de pasar a retiro, permitía sin duda alentar esperanzas de un golpe militar regenerador, y esa era la oferta que desde los grupos nacionalistas se hacía a una elite todavía indecisa entre la vieja República liberal y las promesas de la nueva República nacionalista.

Las expectativas de los nacionalistas con las Fuerzas Armadas eran exageradas, máxime cuando no había una crisis social que justificara, como en 1919, la revisión de los principios institucionales en los que habían sido sólidamente educados. Si las Fuerzas Armadas experimentaron malestares varios durante el gobierno de Yrigoyen, todo se solucionó en el período siguiente. Bajo la conducción del general Justo, ministro de Guerra, se habían reequipado adecuadamente, y grandes edificios junto con grandes maniobras le habían dado al Ejército una buena visibilidad social. El presidente Alvear se mostraba sensible a los planteos del grupo de los ingenieros militares, preocupados desde la primera guerra por la cuestión de las "dependencias críticas". En 1927 se creó la Fábrica Militar de Aviones, y desde 1922 un militar, Enrique Mosconi, presidía Yacimientos Petrolíferos Fiscales, creado por Yrigoyen cuando su período ya expiraba. Bajo la dirección de Mosconi —que al igual que Justo era ingeniero militar— la empresa se expandió en la explotación y, gracias a la construcción de su refinería en La Plata, avanzó en el mercado interno, poblando el país con sus característicos surtidores. Pero simultáneamente, y al calor de la expansión del automóvil, también crecieron las grandes empresas privadas: la británica Shell y la norteamericana Standard Oil, que actuaba en Salta, de modo que la competencia empezó a convertir al petróleo en un tema de discusión pública.

Las Fuerzas Armadas, y particularmente el Ejército, estaban ocupando un lugar cada vez más importante en el Estado, y en la medida en que definían intereses propios, se convertían en un actor político de consideración. También ellas estaban asediadas por propuestas diversas: la relación de sus oficiales con la derecha liberal tradicional era estrecha, así como era sólido el profesionalismo inculcado por el general Justo, pero también eran estrechas sus vinculaciones con la Liga Patriótica, y fuerte la interpelación que llegaba desde los nuevos ideólogos nacionalistas. La vuelta al gobierno de Yrigoyen reactualizó viejos resquemores —por su tendencia a manejar los ascensos con los criterios del comité— y sin duda polarizó a los oficiales, como al país todo. Pero significativamente, en las elecciónes del Círculo Militar de 1929 se impuso la lista del general Mosconi, contra otra simpatizante con la oposición. Quien se perfilaba como la cabeza natural de ella, el general Uriburu, dirigía sus acciones desde el Jockey Club, y en realidad carecía de sólido arraigo en un Ejército cuya conducta era todavía un enigma.

La vuelta de Yrigoyen

Desde 1926 la opinión se polarizó en torno de la vuelta de Yrigoyen, y la discusión se propagó a todos los ámbitos de la sociedad. El yrigoyenismo, impulsado por una camada de nuevos dirigentes, desarrolló ampliamente su red de comités y fortaleció la imagen mítica del caudillo. Aunque tradicionalmente Yrigoyen se había negado a identificar su "causa regeneradora" con cualquier programa explícitamente definido, en esta ocasión utilizó, junto con la consigna de derrotar al "contubernio", la bandera de la nacionalización del petróleo. Se trataba de una situación curiosa, pues durante su primera presidencia el tema no le había preocupado mayormente, mientras que los mayores avances en esa línea debían atribuirse, sin duda, a la administración de Alvear. Pero —como empezaba a descubrirse— en la democracia de masas las consignas son eficaces por la cantidad de motivos ideológicos que logran reunir. En los años anteriores el problema petrolero se había instalado en la discusión pública, y la presencia extranjera era asociada con su manifestación más agresiva: la norteamericana de la Standard Oil. La bandera de la nacionalización coincidía con la prédica de los sectores militares preocupados por asegurar la autarquía del país respecto de los recursos estratégicos, se vinculaba con la nueva y fuerte hostilidad de los sectores terratenientes hacia Estados Unidos, a partir del conflicto de las carnes, y enraizaba finalmente en un sentimiento antinorteamericano de más larga data, que asociaba unívocamente la metrópoli del norte con el "imperialismo". Pero sobre todo, da la impresión de que de alguna manera el petróleo aparecía como la panacea que aseguraría la vuelta a la prosperidad, una fuente de rentas tan abundante que con ellas podría asegurarse a la vez la prosperidad de los sectores propietarios, del Estado y de la sociedad que, de un modo u otro, obtenía sus recursos de ambos. Es difícil saber cuánto influyó esta bandera —ciertamente moderna— en la campaña y cuánto una adhesión mucho más personal al viejo caudillo. Lo cierto es que su victoria de 1928 fue triplemente notable: por la cantidad de gente que participó, por los votos que recibió Yrigoyen, que rondaron el 60%, y por haber sido obtenida casi desde el llano, sin la bendición presidencial.

El proyecto de nacionalización, aprobado por la Cámara de Diputados, se detuvo en el Senado, y hasta tanto lograra resolver la cuestión, Yrigoyen se dedicó a otra que afectaba más directamente sus relaciones con los sectores propietarios. Invitada por el presidente, vino al país una misión comercial británica, encabezada por lord d'Abernon. El acuerdo firmado estableció fuertes concesiones comerciales a los británicos, asegurándoles el suministro de materiales a los ferrocarriles del Estado, así como un arancel preferencial a la seda artificial, a cambio de la garantía de que seguirían comprando la carne argentina. Este tratado, que suponía importantes concesiones sin un beneficio claro, muestra a Yrigoyen solidarizado con la corriente, fuerte entre la elite, de robustecer las relaciones bilaterales con Gran Bretaña, en desmedro de las nuevas con Estados Unidos.

Pero esta coincidencia no bastaba frente a la exacerbación del conflicto político. Lanzado a conquistar el último baluarte independiente —el Senado— el gobierno apeló a los clásicos mecanismos: amplio reparto de puestos públicos —con lo cual saldaba su deuda con el aparato partidario, fiel durante los años de abstinencia— e intervención a gobiernos provinciales adversos: esta vez le tocó a Santa Fe, baluarte antipersonalista, a Corrientes, y sobre todo a Mendoza y San Juan, donde se desató un largo conflicto institucional acerca de la aprobación de los diplomas de los senadores ya electos. En esas provincias, donde ya se habían registrado episodios de violencia, se agregó uno nuevo: el asesinato de Carlos Washington Lencinas, el caudillo mendocino, en un acto en el que la intervención federal apareció comprometida.

Es probable que la oposición, abrumada por los resultados electorales, ya hubiera desesperado de desalojar a Yrigoyen por métodos institucionales, y no apreciara en su real significación las consecuencias inmediatas de la crisis económica mundial, estallada en octubre de 1929. La caída de las exportaciones y el retiro de los fondos norteamericanos afectaron a las empresas ferroviarias y marítimas, vinculadas con el comercio exterior, y también al gobierno. La fuerte inflación, las reducciones de sueldos y los despidos, se reflejaron inmediatamente en los resultados electorales: en marzo de 1930, y con el apoyo de la oposición toda, los socialistas independientes derrotaron en la Capital tanto a los radicales como a los socialistas, y en otros puntos el gobierno también retrocedió. Sin embargo, a esa altura todas las voces de la oposición, desde *Crítica* a la Liga Republicana o los estudiantes universitarios reformistas, clamaban por la caída del gobierno. La senilidad atribuida al presidente y su incapacidad para dar respuestas rápidas a la crisis, así como la pública lucha por su sucesión —entre el vicepresidente Enrique Martínez y el ministro de Interior, Elpidio González— daba un nuevo y contundente argumento a los opositores.

Las discusiones giraban acerca de si se buscaría una solución institucional o se apelaría a una intervención militar; si con el nuevo gobierno se intentaría una reinstitucionalización según los moldes tradicionales o si había llegado la ocasión de la Nueva República, inspirada en alguno de los modelos que por entonces ofrecía Europa. Probablemente la elite oscilara entre ambas soluciones, una alentada por los dirigentes políticos y por el grupo de militares que seguía al general Justo y otra por los ideólogos nacionalistas que rodeaban al general Uriburu. Sólo cuando ambos jefes se pusieron de acuerdo, pudo producirse el golpe de Estado, el 6 de septiembre de 1930. La resistencia de las instituciones fue casi nula —el día anterior, Yrigoyen había pedido licencia en su cargo—, pero también las fuerzas movilizadas por los sublevados fueron escasas, y su grueso estaba constituido por los bisoños cadetes del Colegio Militar. Igualmente escasa fue la movilización a favor del presidente caído, que poco antes casi había sido plebiscitado.

La indiferencia con que fue acogido el fin de una experiencia institucional sin duda importante obliga a una reflexión acerca de su consistencia. En buena medida, el proceso de democratización completó la larga etapa de apertura y expansión de la sociedad iniciada cinco décadas atrás y aparecía como su coronación natural: la incorporación creciente de sectores sociales cada vez más vastos a los beneficios de la sociedad establecida, que más allá de la crisis de 1917-1921 caracteriza a este período, supuso finalmente una ampliación de la ciudadanía, inducida al principio desde el Estado pero finalmente asumida por la sociedad, como lo testimonia el espectacular aumento de la participación hacia el final del período.

Pero a la vez era necesario traducir institucionalmente ese proceso, poner en marcha las prácticas requeridas y arraigarlas de tal modo que su ejercicio resultara natural, y aquí los gobiernos radicales no lograron avanzar lo suficiente como para que esas instituciones aparecieran para la sociedad como un valor que debía ser defendido. Podría decirse que el radicalismo no logró desprenderse de las prácticas corrientes en el viejo régimen —aquellas estigmatizadas con una expresión muy gráfica: el unicato— y subordinó el desarrollo de las nuevas prácticas a las exigencias de la antigua costumbre. Por su parte, una oposición a menudo facciosa hizo poco por hacer semejar la enconada lucha política a un dialogo constructivo entre gobierno y oposición, e hizo mucho menos por defender a ultranza unas instituciones de las que las clases propietarias desconfiaron desde el principio.

El balance no estaría completo si no se agregara que democracia y radicalismo advinieron en el preciso momento en que las circunstancias propicias para su florecimiento cambiaban bruscamente, por más que la sociedad tardara en percatarse de ello. La Primera Guerra Mundial cambió sustancialmente los datos del funcionamiento de nuestra economía, puso en cuestión el lugar que el país ocupaba en el mundo y desató una serie de conflictos internos, que en ocasiones se manifestaron con violencia. Quien gobernara el país no podía conformarse con las antiguas fórmulas y debía inventar respuestas imaginativas. Si además pretendía gobernarlo democráticamente, tenía que encontrar las formas institucionales de resolución de los conflictos, ampliando los espacios de repre-

sentación y de discusión, así como los mecanismos estatales de regulación, y en ambos aspectos el déficit de las
administraciones radicales fue grande. Estas cuestiones,
tanto o más que las vinculadas con la democracia institucional, dominaron el período siguiente.

III. LA RESTAURACIÓN CONSERVADORA, 1930-1943

El 6 de septiembre de 1930 el general José Félix Uriburu asumió como presidente provisional y el 20 de febrero de 1932 transfirió el mando al general Agustín P. Justo, que había sido electo, junto con el doctor Julio A. Roca, en noviembre del año anterior. En el ínterin, el gobierno provisional había realizado una elección de gobernador en la provincia de Buenos Aires, el 5 de abril de 1931, en la que triunfó el candidato radical Honorio Pueyrredón, y que fue anulada. El episodio muestra la incertidumbre en que se debatió el gobierno provisional, vacilante entre la "regeneración nacional" o la restauración constitucional.

Regeneración nacional o restauración constitucional

La incertidumbre era común a todos los sectores que habían concurrido a derribar al gobierno de Yrigoyen e interrumpir la continuidad institucional. Ciertamente coincidían en este primer objetivo, y se solidarizaban con el gobierno cuando perseguía a los dirigentes radicales, dejaba cesantes a los empleados públicos nombrados por el gobierno derribado o investigaba fantasiosas corrupciones. La mayoría también apoyaba la política de mano dura adoptada con el movimiento social: la intervención en los puertos para desarmar allí el control sindical, las deportaciones de dirigentes anarquistas o comunistas —perseguidos por la nueva Sección Especial de la Policía—, y hasta el fusilamiento del "anarquista expropiador" Severino Di Giovanni. Pero en rigor —y a diferencia de 1919—, en 1930 la movilización social era escasa, la Depresión paralizaba la contestación, y las direcciones sindicales, escasamente identificadas con la institucionalidad democrática, habían hecho poco para defenderla. Éste no había sido el objetivo desencadenante de la revolución, como tampoco lo fue la crisis económica mundial, ausente del debate y cuyas vastas consecuencias parecían no advertirse todavía. Para sus protagonistas, la revolución se había hecho contra los vicios atribuidos a la democracia, pero una vez depuesto Yrigoyen, no había acuerdo sobre qué hacer, y las clases propietarias, así como el Ejército, que paulatinamente se iba constituyendo en un nuevo actor político, vacilaban entre diversas propuestas.

La más vocinglera era la de los nacionalistas, que rápidamente tomaron la iniciativa. Su voz había sido muy eficaz como ariete contra el radicalismo, por el talento polémico de sus voceros, por su capacidad para articular discursos diversos, que apelaban a distintas sensibilidades, así como para expresar y legitimar lo que para otros era inconfesable: un elitismo autoritario del que se enorgullecían. También los fortalecía el suceso que en todo el mundo estaban teniendo este tipo de propuestas, que inspiraban tanto a regímenes autoritarios muy tradicionales cuanto a novísimas y por entonces exitosas experiencias, como la de Mussolini en Italia. Finalmente, podían contar con algún respaldo, limitado pero importante, del poder. En el gabinete de Uriburu, compuesto de conservadores de viejo estilo, los apoyaba el ministro del Interior, Matías Sánchez Sorondo, un conservador tradicional como Uriburu, que simpatizaba con estas nuevas formas de autoritarismo; también lo hacían algunos oficiales del entorno presidencial y otros altos funcionarios, como el interventor en Córdoba, el escritor y ensayista Carlos Ibarguren, uno de los iniciadores de la rehabilitación de Juan Manuel de Rosas. Los militantes nacionalistas, en cambio, sólo ocuparon algunos cargos de menor importancia en distintos gobiernos provinciales.

Uriburu hizo todo lo posible por apoyarlos. Habló en distintos foros, principalmente militares, abominando de la democracia, reclamando una reforma institucional de fondo y predicando las ventajas del corporativismo y la representación funcional. Pero su poder y su habilidad política eran escasos. Paradójicamente, jugó todas sus cartas a una elección, confiando en un triunfo plebiscitario en Buenos Aires, y la derrota del 5 de abril prácticamente lo convirtió en un cadáver político. Fracasada su apelación a la sociedad, intentó sin embargo una segunda baza con el Ejército, al que quizo movilizar mediante la Legión Cívica, una escuadra civil organizada por oficiales, que debía ser la vanguardia de la revolución anunciada pero que no pudo superar la intrascendencia.

Los nacionalistas eran mucho más eficaces para golpear que para construir, y esta participación marginal en el poder más los estorbaba que los beneficiaba. Progresivamente se fueron distanciando del gobierno, a medida que crecía la influencia de quienes rodeaban a Justo y a la alternativa institucional, a la cual sin embargo terminaron apoyando. Por entonces habían acabado de conformar su discurso, que pronto emplearon tanto para combatir la solución triunfante como para apelar, con energía creciente, al Ejército. Los temas tradicionales contra la democracia se habían integrado con un vigoroso anticomunismo y un ataque al liberalismo, fuente primigenia de los males denunciados. En una operación muy típica de la época, redujeron todos sus enemigos a uno: las altas finanzas y la explotación internacional se fundían con los comunistas, los extranjeros causantes de la disgregación nacional, y también los judíos, unidos en una siniestra confabulación. Reclamaban por la vuelta a una sociedad jerárquica, como la colonial, no contaminada por el liberalismo, organizada por un Estado corporativo y cimentada por un catolicismo integral. Si mucho de esto podía identificarse con el fascismo, carecían de la vocación y capacidad plebiscitaria de aquél; más bien, reclamaban la constitución de una nueva minoría dirigente, nacional y no enajenada al extranjero, que confiaban encontrar entre los militares. Fracasada la alternativa de Uriburu, el Ejército se convirtió en su objetivo principal.

Mientras los nacionalistas proponían un camino reaccionario pero novedoso, el grueso de la clase política optaba por la defensa de las instituciones constitucionales, pero señalando que éstas no habían estado nunca supeditadas a las formas más crudas de la democracia. Por el contrario, existía en el pasado una amplia experiencia acerca de cómo resolver la cuestión electoral y formas, no necesariamente groseras, de mediatizar la voluntad popular. Esta alternativa, que salvaba los principios del liberalismo, fue reclamada desde la sociedad, fue defendida vigorosamente por los principales órganos de opinión, como *La Nación* o *Crítica*, y fue asumida por los partidos políticos que habían constituido la oposición a Yrigoyen. Mientras los socialistas y demoprogresistas pasaron nuevamente a la oposición, los partidos que en 1928 habían apoyado la candidatura de Leopoldo Melo oscilaron entre enfrentar los proyectos autoritarios y corporativistas de Uriburu y utilizar para una eventual elección el apoyo del gobierno, sin duda indispensable para derrotar a los radicales. Las diferencias tácticas los dividieron profundamente. El primer grupo que se constituyó, la Federación Nacional Democrática, definidamente liberal y enérgicamente opuesta a Uriburu, fue fracturado por el Partido Conservador de la provincia de Buenos Aires, menos hostil a la política presidencial, pero su derrota el 5 de abril —que clausuró a la vez los proyectos de regeneración y la ilusión de vencer a los radicales en elecciones limpias— creó las condiciones para un reagrupamiento de las fuerzas, en torno de la ya perfilada candidatura del general Justo. El sector más consistente de la coalición eran los grupos conservadores, que constituyeron el Partido Demócrata Nacional, una coalición heterogénea de partidos provinciales que incluía desde los más tradicionales de Buenos Aires hasta los más liberales de Córdoba o Mendoza. El radicalismo antipersonalista, su competidor en el frente en formación, se había desgranado luego de que muchos retornaran al viejo tronco, dirigido ahora por Alvear. El Partido Socialista Independiente sólo podía ofrecer una base sólida en la Capital, y también un grupo calificado de dirigentes. Este conglomerado se unió tras la figura del general Justo, pero sin superar sus diferencias, al punto de que lo apoyaron con dos candidatos a vicepresidente distintos.

Justo —pieza central en esta alianza— podía presentarse como un militar con vocación civil, pero sobre todo como quien contaba con el respaldo del Ejército. Desde el 6 de septiembre libró una guerra sorda con Uriburu por el control de los mandos principales, y salió triunfante. Su más fiel sostén, el coronel Manuel A. Rodríguez, no sólo mandaba Campo de Mayo sino que fue electo presidente del Círculo Militar, lo que atestiguaba el estado de ánimo predominante en la institución. Los oficiales eran reclamados por diferentes grupos de activistas: los radicales, embarcados en conspiraciones, los nacionalistas, igualmente activos, y los adeptos a Justo, que unían las banderas del constitucionalismo con las del profesionalismo; pero en el grueso de ellos predominaba todavía la desconfianza hacia la política y una postura básicamente profesional, que inclinó la balanza en favor de Justo.

La mayor dificultad estaba en los radicales, que habían resurgido como el ave Fénix luego de la victoria de abril de 1931 y del retorno de Marcelo de Alvear quien, con la bendición de Yrigoyen, reunificó el partido. Tampoco entre los radicales estaban claras las opciones, pues muchos apostaban a la carta electoral y otros a derribar al gobierno provisional, con un movimiento cívico-militar. Los numerosos oficiales radicales conspiraron, y el gobierno utilizó las conspiraciones para desarmar a su más temible opositor político. En julio de 1931 estalló en Corrientes una revolución, encabezada por el coronel Pomar, que fue rápidamente sofocada permitiendo al gobierno detener o deportar a la plana mayor del partido. Pese a ello, la Convención proclamó la candidatura presidencial de Alvear, que el gobierno vetó aduciendo de modo especioso a la vez razones constitucionales y de seguridad. Los radicales volvieron entonces a su antigua táctica de la abstención, sin abandonar los intentos de conspiración, y dejaron el campo libre a la candidatura de Justo, que incluso pudo presentarse como un término medio entre la dictadura de Uriburu y el extremismo subversivo de Alvear.

En la elección de noviembre de 1931 lo enfrentó únicamente una coalición del Partido Socialista y el Demócrata Progresista, que proponían a dos prestigiosos dirigentes: Lisandro de la Torre y Nicolás Repetto. Aunque eventualmente podía capitalizar la oposición al gobierno, tenía la debilidad de la escasa organización partidaria fuera de la Capital y de Santa Fe, así como el conocido antirradicalismo de sus candidatos. En noviembre de 1931, y en una elección no totalmente escandalosa, la fórmula encabezada por Justo obtuvo un triunfo que tampoco fue aplastante y permitió que la oposición ganara el gobierno de una provincia y una respetable representación parlamentaria.

Las formas institucionales estaban salvadas y la revolución parecía haber encontrado un puerto seguro. En el Congreso hubo un oficialismo y una oposición, que se desempeñó prolijamente y fue reconocida como tal, quizá porque unos y otros sabían que no competían realmente por el poder. La abstención radical pesaría luego, pero de momento constituía una ventaja, pese al llamado de atención que pudo significar el multitudinario acompañamiento popular al funeral de Hipólito Yrigoyen, muerto en julio de 1933.

Organizar el oficialismo no fue una tarea sencilla. Justo procuró equilibrar la participación de las distintas fuerzas en su gobierno, aunque fue notoria su reticencia hacia los partidos conservadores, que sin embargo constituían su más sólida base. Sólo uno de sus ministros —el de Obras Públicas, Alvarado— provenía de esas filas, aunque otros dos —el canciller Carlos Saavedra Lamas y el ministro de Hacienda, Horacio Hueyo— de alguna manera pertenecían a ese tronco. Los antipersonalistas tuvieron dos ministerios —Leopoldo Melo en Interior y el santafesino Simón de Iriondo en Educación y Justicia— y los socialistas independientes uno: Antonio de Tomaso, uno de los políticos más respetados por Justo, y el único de origen plebeyo, fue ministro de Agricultura.

Pese a que el Partido Socialista Independiente pronto declinó electoralmente y se disolvió, sus dirigentes, y particularmente De Tomaso y Federico Pinedo, cumplieron un papel fundamental en la estructuración de la alianza y en la formación de lo que se llamó la Concordancia parlamentaria, así como en el diseño de las principales políticas del gobierno. Los partidos oficialistas ganaron las elecciones utilizando técnicas muy conocidas, sobre las que había una vasta experiencia acumulada, que combinaban el apoyo de la autoridad —particularmente los comisarios— con el sistema del caudillismo, y explotaban las múltiples colusiones entre ambos. Mientras los radicales mantuvieron su abstención, la aplicación de estos mecanismos sirvió principalmente para dirimir los conflictos en el seno del oficialismo, pero desde 1935 se usó para bloquear el camino al partido conducido por Alvear. La ciudad de Buenos Aires —más expuesta a la opinión pública— se vio libre de ellos, y siempre ganó allí la oposición; en la provincia de Buenos Aires, en cambio, se practicaron las formas más groseras del fraude, que un gobernador, Manuel A. Fresco, calificó de patriótico, diciendo lo que seguramente muchos pensaban. Quizá sea significativa la estigmatización por la sociedad de estas prácticas, en el fondo muy tradicionales, que revela hasta qué punto la cultura democrática había empezado a arraigar en la sociedad.

Intervención y cierre económico

La eficacia del gobierno debía quedar demostrada, ante la
sociedad en general y particularmente ante las clases propietarias, por su capacidad para enfrentar la difícil situación económica. La Depresión, que se venía manifestando
desde 1928, persistió hasta 1932, golpeando duramente a
lo que —pese a los cambios de la década anterior— era
hasta entonces una economía abierta. Cesó el flujo de capitales, que tradicionalmente la había alimentado, y muchos incluso retornaron a sus lugares de origen. Los precios internacionales de los productos agrícolas cayeron
fuertemente —mucho más aún que en la crisis de 1919-
1922— y aunque el volumen de las exportaciones no des-
cendió, los ingresos del sector agrario y de la economía
toda se contrajeron fuertemente. Como el gobierno optó
por mantener el servicio de la deuda externa, mucho más
gravosa por la disminución de los recursos corrientes, debieron reducirse drásticamente tanto las importaciones
como los gastos del Estado, cuyo déficit pasó a convertirse en un problema grave.

Por otra parte, el dislocamiento de la economía internacional, ya anunciado en la década anterior, era cada
vez mayor. En la crisis, los países centrales utilizaron su
poder de compra para defender sus mercados, asegurar el
pago de las deudas y proteger las inversiones. Gran Bretaña se refugió en el proteccionismo comercial y constituyó un "área" de la libra, defendida por el control de
cambios primero y por la inconvertibilidad de la moneda
después. Idéntico camino tomaron Alemania y Francia y
finalmente Estados Unidos, que en 1933 declaró la inconvertibilidad del dólar. Era un mundo distinto, que requería de una política económica nueva e imaginativa.
La adoptada inicialmente —por Uriburu y por Justo al
principio de su gobierno—, se había limitado a las medi-

das reactivas clásicas, y sólo incursionó tímidamente por nuevos caminos; a mediados de 1933, con la designación como ministro de Hacienda de Pinedo —con quien colaboró Raúl Prebisch—, se avanzó por un rumbo más novedoso, delineándose dos tendencias que habrían de perdurar largamente: la creciente intervención del Estado y el cierre progresivo de la economía. También otra, menos duradera pero de mayor trascendencia en lo inmediato: el reforzamiento de la relación con Gran Bretaña.

A fines de 1931 —poco antes de que Justo sucediera a Uriburu— se estableció el impuesto a los réditos, según un antiguo proyecto de Yrigoyen, sistemáticamente vetado hasta entonces, pero que en el nuevo clima de la crisis —y en manos de un gobierno confiable— fue aceptado sin discusión por los sectores propietarios. Las finanzas públicas dejaron de depender exclusivamente de los impuestos a las importaciones o de préstamos externos. Sumado a la drástica reducción inicial de gastos, hacia 1933 el gobierno había logrado equilibrar su presupuesto.

También de 1931 fue el establecimiento del control de cambios, mediante el cual el gobierno centralizaba la compra y venta de divisas. Originariamente fue una medida para enfrentar la crisis y asegurar la disponibilidad para el pago de la deuda externa, pero pronto se vio que constituía un poderoso instrumento de política económica: desde el gobierno podían establecerse prioridades para el uso de divisas, y esto era una cuestión que preocupaba no sólo a los distintos sectores internos sino, particularmente, a los dos grandes aspirantes externos a disponer de ellas: Gran Bretaña y Estados Unidos. En noviembre de 1933, una sustancial reforma estableció dos mercados de cambio; uno, regulado por el Estado, administraba las divisas provenientes de las exportaciones agropecuarias tradicionales, mientras que en el otro se compraban y vendían libremente las originadas en préstamos recibidos o en exportaciones no tradicionales, como las industriales. Para el primero la devaluación fue mínima, aunque se estableció una diferencia del 20% entre el precio de compra y el de venta. El Estado se hizo de una importante masa de recursos, y sobre todo pudo decidir sobre su uso. Así estableció una serie de prioridades para vender las divisas que controlaba: el servicio de la deuda externa era la primera; luego, atender las importaciones esenciales, y en tercer término las remesas de las empresas de servicios públicos, como las ferroviarias. En el segundo mercado se negociaban las escasas divisas restantes, tanto para la importación de bienes de consumo como para atender al equipamiento de las empresas.

Avanzando sobre el control de las finanzas, en 1935 se creó el Banco Central, cuya función principal era regular las fluctuaciones cíclicas de la masa monetaria, evitando tanto una excesiva holgura como la escasez, así como controlar la actividad de los bancos privados —que participaban de su Directorio—, sobre todo en el manejo de sus créditos. El Instituto Movilizador de Inversiones Bancarias asumió la liquidación ordenada de los bancos golpeados por la crisis. También para atenuar los efectos de las crisis cíclicas y defender a los productores locales, se comenzó a regular la comercialización de la producción agropecuaria. Utilizando los fondos provenientes del control de cambios, la Junta Nacional de Granos aseguró un precio mínimo para los productores rurales, evitándoles tener que vender en el peor momento. La Junta Nacional de Carnes apuntó al mismo objetivo, aunque limitada al escaso sector del mercado que escapaba a los frigoríficos extranjeros. El sistema se extendió también a productos extrapampeanos como el algodón y el vino.

Por ese camino, el Estado fue asumiendo funciones mayores en la actividad económica, y pasó de la simple regulación de la crisis a la definición de reglas de juego cada vez más amplias, según un modelo que teorizó el economista británico John Maynard Keynes y que empezaba a aplicarse en todo el mundo. A la vez, el conjunto de la economía fue cerrándose progresivamente a un mundo donde también se dibujaban, con nitidez creciente, áreas relativamente cerradas. Era todavía una tendencia incipiente, impulsada por factores coyunturales, pero que se fue afirmando progresivamente, y estimuló modificaciones que finalmente la harían irreversible.

La más importante tuvo que ver con la industria, cuya producción comenzó a crecer en el marco de la crisis, y siguió haciéndolo luego de la recuperación de la segunda mitad de la década. Con la prosperidad de las décadas anteriores se había constituido en el país un mercado consumidor de importancia. El cierre creciente de la economía, los aranceles y la escasez de divisas creaban condiciones adecuadas para sustituir los bienes importados por otros producidos localmente, sobre todo si la producción no exigía una instalación fabril muy compleja o si ya existía una base industrial, que podía ser utilizada más intensamente. Ésta se había extendido en la década de 1920 y siguió expandiéndose, sobre las mismas líneas, luego de 1930. Creció mucho el textil, pero también la mayoría de las actividades volcadas al consumo: alimentos, confecciones y productos químicos y metálicos diversos. Los grandes capitales, vinculados hasta entonces en forma predominante a las actividades agropecuarias para la exportación, acentuaron su orientación hacia la industria. El más importante grupo exportador, Bunge y Born, que ya tenía otras industrias, instaló en 1932 la empresa textil Grafa, precisamente en la rama por entonces más dinámica. Lo mismo hicieron otros grupos económicos tradicionales, como Leng Roberts o Tornquist —que combinaban actividades agropecuarias con industriales o financieras— y también nuevos inversores extranjeros: significativamente, a mediados de la década de 1930 se instalaron tres grandes empresas textiles norteamericanas, Anderson Clayton, Jantzen y Sudamtex, y en seguida Ducilo, dedicada al hilado sintético.

La sustitución de importaciones ofrecía el atractivo de un mercado existente y cautivo y una ganancia rápida.

Una vez satisfecho, era más conveniente pasar a otra rama, igualmente insatisfecha, antes que profundizar la inversión en la anterior. A esto concurrieron factores de distinto tipo. Como mostraron Jorge Sábato y Jorge Schvarzer, la vieja dinámica de los sectores propietarios, de diversificación en distintas actividades sin atarse definitivamente a una, encontró en la industrialización sustitutiva un nuevo campo, que se complementó posteriormente con la inversión inmobiliaria. Por otra parte, la combinación de un mercado cerrado y algunas pocas grandes empresas por cada rama o actividad tornó poco relevante la presión por la mayor eficiencia o el menor precio. Lo eran, en cambio, las reglas de juego que ponía el Estado, ya fuera por la vía de los aranceles o del tipo de cambio. Así, el crecimiento industrial abrió un nuevo campo de negociación entre los sectores propietarios y el Estado.

Los cambios en el sector agropecuario fueron menos notables, sobre todo en la región pampeana. La ganadería siguió retrocediendo respecto de la agricultura, al igual que en la década anterior. La producción agrícola no decayó, pese al derrumbe de los precios, aunque la situación de los productores se deterioró sensiblemente, en especial la de los más pequeños, y se fueron delineando las condiciones del éxodo rural, visible luego del comienzo de la Segunda Guerra Mundial. Hasta entonces, las exportaciones de maíz crecieron mucho en los años centrales de la década —aprovechando un período de sequía en Estados Unidos— lo que influyó tanto en el equilibrio fiscal como en la relativa prosperidad de la economía entre 1934 y 1937, al punto de que sus efectos se manifestaron en el estímulo a la industria y la construcción. El cambio más importante se produjo fuera del área pampeana, donde crecieron algunos cultivos industriales orientados al mercado interno, y muy especialmente el del algodón, que desde 1930 se consumía casi íntegramente en el país. En todo el nordeste se extendió la ocupación de nuevas tierras, iniciada en la década anterior, y se constituyó un amplio sector de pequeños productores dependientes de un sector comercial e industrializador muy concentrado. También aquí el Estado intervino para regular la comercialización.

En suma, la crisis y las respuestas de índole coyuntural habían creado una serie de condiciones nuevas que hacían muy difícil el retorno a la situación previa. Podía discutirse si el equilibrio y la relativa prosperidad que se advertía hacia 1936 —y que se manifestaba en una reactivación de la protesta sindical— debía atribuirse a esos cambios o simplemente —como ha planteado Arturo O'Connell— a una transitoria prosperidad de las exportaciones. Pero el cierre de la economía, la intervención del Estado y un cierto crecimiento industrial parecían datos sobre los que no se podía retornar.

La presencia británica

Estos cambios se fueron produciendo gradualmente, sin suscitar grandes discusiones ni polarizaciones. En cambio, la cuestión de la relación con Gran Bretaña —que se venía debatiendo desde la década anterior— resultó mucho más controvertida. Presionada por el avance de Estados Unidos, y en el marco de la crisis desatada en 1930, Gran Bretaña optó por reconcentrarse en su Imperio, fortalecer sus vínculos con las colonias y dominios y acotar en ellos la presencia estadounidense. A la vez, en un contexto mundial de restricciones financieras, se propuso defender sus antiguos mercados y salvar sus ingresos provenientes de préstamos o inversiones antiguas. No todos los objetivos eran compatibles, de modo que al establecerse las prioridades había un margen considerable para la negociación. En 1932, la Conferencia Imperial de Ottawa inclinó la balanza hacia los miembros del Commonwealth, quienes tendrían preferencia en las importaciones británicas. Entre otras medidas, se decidió reducir en un tercio las compras de carne congelada argentina, que podía reemplazarse por la de Australia, y en un 10% la enfriada, tomando para esto como base las compras de 1932, ya muy bajas. Se trataba de un punto extremadamente sensible para la Argentina, quizá no tanto por su importancia económica intrínseca como por la magnitud de los intereses constituidos en torno de la exportación de carne: productores, frigoríficos y empresas navieras eran capaces de presionar fuertemente sobre el gobierno. A la vez, el gobierno argentino poseía un arma también decisiva: la política arancelaria y el control de cambios permitían discriminar las importaciones y regular el monto de las divisas que sería utilizado para pagar el servicio de la deuda británica, para seguir comprando productos británicos o para remitir las utilidades de las empresas británicas instaladas en la Argentina. En un contexto de escasez de divisas, y con fuertes demandas de los intereses comerciales norteamericanos, el punto se convertía en sumamente importante para Gran Bretaña.

En 1933 una misión encabezada por el vicepresidente Julio A. Roca negoció en Londres las condiciones para el mantenimiento de la cuota argentina de carne. Ello era vital para asegurar la credibilidad del gobierno entre los diversos sectores ligados a la actividad pecuaria, y en este aspecto obtuvo un éxito relativo: se mantendrían las condiciones de 1932, y se consultarían eventuales reducciones posteriores que fueran necesarias. No logró gran cosa en su segundo objetivo: aumentar la participación de los productores locales en el control de las exportaciones, de modo de negociar en mejores términos con los frigoríficos. El tratado, firmado por Roca y el ministro británico Runciman, limitó a 15% el cupo que podría ser manejado por frigoríficos nacionales, entre los cuales se preveía que podría existir uno de tipo cooperativo, sin fines de lucro. A cambio de eso, Gran Bretaña se aseguró de que la totalidad de las libras generadas por este comercio se emplearían en la propia Gran Bretaña: en el pago de la deuda, en la importación de carbón, material ferroviario o textiles —para los que se establecía un tratamiento arancelario preferencial— y en la remisión de utilidades de empresas británicas. A la vez, se estipulaba un "tratamiento benévolo" para esas empresas, que estaban sometidas a múltiples dificultades. Se trataba sin duda de una gran victoria para los británicos: a cambio del mantenimiento de la participación argentina en el mercado de carnes —un negocio en el que los empresarios británicos eran el socio principal— se aseguraban el cobro de los servicios de sus antiguas inversiones y el control de partes significativas de un mercado interno amenazado. Los norteamericanos, por su parte, discriminados con los aranceles y con el uso de las divisas, retrocedieron en este mercado, aunque luego contraatacaron realizando inversiones industriales que saltaban la barrera arancelaria. La tendencia al bilateralismo con Gran Bretaña, insinuada en 1929 con el Tratado D'Abernon, quedó ampliamente ratificada.

El "tratamiento benévolo" apuntaba a reflotar empresas británicas en dificultades: las ferroviarias y las de transporte urbano. Los ferrocarriles estaban atenazados por gastos fijos muy altos, una reducción general de su actividad y la creciente competencia del transporte automotor, estimulado por la sistemática construcción de caminos iniciada en 1928 y mantenida con vigor por Justo. El camión solía llevarse la parte más apetecible del negocio de carga, y a la vez estimulaba las importaciones de automotores, repuestos y neumáticos, de origen norteamericano. El tratado aseguró a las empresas que podrían enviar sus ganancias, pero éstas fueron mínimas a lo largo de toda la década. Algo parecido ocurría con la empresa Anglo de tranvías de Buenos Aires —propietaria también de la primera línea de subterráneos—, víctima de la competencia de los taxis colectivos, más rápidos y eficaces. El "tratamiento preferencial" consistió en la creación de una Corporación de Transporte de la Ciudad de

Buenos Aires, que despertó la indignación general sin lograr su objetivo: que los colectiveros se incorporaran a ella y cesaran con su competencia. En ambos casos, se trataba de empresas que habían dejado de ser rentables y que, por otra parte, no habían hecho las inversiones necesarias para conservar su peso, de modo que el "tratamiento preferencial" sólo buscaba aumentar algunas ventajas monopólicas y dilatar su ineludible deterioro, para el cual los directivos empezaron a trazar una nueva estrategia: venderlas al Estado.

Pese a que los beneficios no eran parejos para todos los involucrados, el tratado de Londres fue apoyado por los diversos grupos propietarios: cuando se discutió en el Congreso, la oposición más consistente fue la del Partido Socialista, preocupado por las repercusiones que estos arreglos tendrían sobre los consumidores locales. Sin embargo, casi de inmediato afloraron los conflictos entre los distintos intereses: los frigoríficos, los ganaderos "invernadores", que suministraban la carne para el enfriado y habían conservado casi intacta su cuota en el mercado británico, y el grueso de los "criadores", que debían optar entre la exportación de carne congelada de menor calidad, la venta a los invernadores o el consumo interno. Los grandes invernadores, más estrechamente vinculados con los frigoríficos, se expresaban a través de la Sociedad Rural; los criadores organizaron la Confederación de Asociaciones Rurales de Buenos Aires y La Pampa (CARBAP), vocero de sus intereses sectoriales. En el acalorado debate, no se discutieron tanto los términos del tratado como la forma en que los frigoríficos habrían de manejar los precios internos, las ventajas relativas de unos productores y otros, y la posibilidad de que los productores participaran en su regulación a través de un frigorífico corporativo, utilizando la cuota del 15% que el tratado les reservaba. En 1933 se sancionó la ley que establecía una Junta Nacional de Carnes, destinada a intervenir de manera limitada en la regulación del mercado, y se disputó intensamente por la composición de su directorio. Dos años después se produjo el episodio más espectacular del debate.

En 1935 el senador por Santa Fe, Lisandro de la Torre, que ya había manifestado reservas ante el tratado de Londres, solicitó una investigación sobre el comercio de las carnes en el país y las actividades de los frigoríficos. Los senadores oficialistas reconocieron la existencia de abusos importantes por parte de los frigoríficos, de precios excesivamente bajos pagados a los productores, prácticas monopólicas, evasión de impuestos y reluctancia ante la investigación. De la Torre fue más allá, y unió el ataque a los frigoríficos con una embestida muy fuerte contra el gobierno. Propietario rural él mismo, y dirigente de una sociedad rural santafesina, De la Torre había sido candidato presidencial en 1916 contra Yrigoyen y en 1932 contra Justo, y era por entonces la figura destacada de la oposición parlamentaria de socialistas y demoprogresistas. Denunció que los frigoríficos, protegidos por las autoridades, no pagaban impuestos, ocultaban sus ganancias y daban trato preferencial a algunos ganaderos influyentes, como el propio ministro de Agricultura Luis Duhau, que había sido presidente de la Sociedad Rural. Fue una intervención espectacular, que duró varios días, atrajo la opinión pública y suscitó una violenta respuesta de los ministros Duhau y Pinedo. En lo más violento de una de las sesiones cayó asesinado el senador electo Enzo Bordabehere, compañero de bancada de De la Torre, a quien iba dirigido el disparo, a manos de un hombre de acción vinculado con Duhau. El debate terminó abruptamente, sin resolución. El gobierno perdió mucho ante la opinión, y sobre todo, comprobó que la etapa más fácil de su gestión había terminado. En los años siguientes, y con vistas a las elecciones presidenciales, la oposición reconstituyó sus filas.

Aunque se apoyaba en los reclamos de un sector de ganaderos, de la Torre había sabido dar una amplitud política mayor a su reclamo, esgrimiendo un argumento capaz de polarizar, contra el "imperialismo" y la "oligarquía", una opinión sensibilizada por el avance, en cierto modo grosero, de los intereses británicos. La argumentación se reconocía en la tradición socialista y de izquierda —en Manuel Ugarte o en Alfredo Palacios—, pero también en la de otros intelectuales provenientes de las clases tradicionales y movilizados por la crisis. En 1934 los hermanos Rodolfo y Julio Irazusta —ganaderos entrerrianos y veteranos del nacionalismo antirradical— publicaron un libro de impacto: *La Argentina y el imperialismo británico*, en el que historiaban una relación que juzgaban perjudicial desde sus comienzos, allá por 1810; responsabilizaban tanto a los británicos como a la clase dirigente local, encandilada por el liberalismo y ciega a los verdaderos intereses nacionales. A ella contraponían la figura de Rosas, expresión de los intereses auténticamente nacionales, y a la vez de una forma de gobierno dictatorial no contaminada por el liberalismo corruptor.

La reivindicación de la figura de Rosas ya había empezado en la década anterior y se desarrolló intensamente en los años treinta, tanto en medios historiográficos como políticos. Servía para identificar tanto a quienes eran movidos por el rechazo de la influencia británica como a los que veían al liberalismo como el principal enemigo. Allí confluyeron naturalmente el nacionalismo filofascista y sobre todo las nuevas corrientes del catolicismo, para quienes Rosas representaba no el antiimperialismo sino la tradición hispana de una sociedad autoritaria, jerárquica y católica, que contraponían a la contemporánea, corrompida por el liberalismo, el protestantismo, el judaísmo y el marxismo. El acercamiento de las clases dirigentes y la Iglesia Católica —manifiesto en las grandes jornadas del Congreso Eucarístico de 1934— creó el espacio para la expansión de estas ideas, que empezaban a revertir el tradicional liberalismo de la sociedad argentina.

Un Frente Popular frustrado

Pese a sus éxitos en lo económico, el régimen presidido por Justo fue visto —con intensidad creciente— como ilegítimo: fraudulento, corrupto y ajeno a los intereses nacionales. Si hasta 1935 el gobierno había avanzado sin grandes contratiempos, desde esa fecha se hicieron evidentes los signos de una creciente movilización social y política.

En julio, el prestigioso general Ramón Molina había elogiado en forma pública la presidencia de Alvear, y poco después hizo un reclamo por la vigencia de la soberanía popular y de elecciones libres, que recibió el entusiasta apoyo de la Federación Universitaria. Cuando en 1937 fue pasado a retiro, hubo una importante manifestación de apoyo, en la que hablaron Alfredo Palacios y el propio Alvear.

En octubre de 1935 los trabajadores de la construcción de Buenos Aires, conducidos por dirigentes comunistas, iniciaron una huelga que duró más de noventa días; en los barrios de la ciudad se manifestó una amplia solidaridad y en enero la CGT realizó una huelga general de dos días —la única de la década— al cabo de la cual los huelguistas obtuvieron la satisfacción de una parte sustancial de sus demandas. El saldo más importante fue, quizá, la constitución de la Federación Obrera Nacional de la Construcción, uno de los sindicatos más importantes y combativos del país. En 1936 se efectuaron muchas huelgas, al igual que en 1935 y 1937, coincidiendo probablemente con la reactivación económica. En ese año la Confederación General del Trabajo, cuya dirección se había reconstituido con predominio de socialistas y comunistas, celebró el 1° de Mayo con un acto conjunto con los distintos partidos de oposición: radicales, demoprogresistas, socialistas y comunistas adhirieron a los reclamos de los trabajadores, fustigaron a los "herederos del 6 de septiembre" y reclamaron por la libertad y la democracia. Por primera vez en esa fecha, se cantó el Himno Nacional, y Marcelo T. de Alvear fue elogiado como "un obrero auténtico de la democracia nacional".

En 1936 la Unión Cívica Radical, que el año anterior había levantado la abstención electoral, triunfó en las elecciones de diputados en algunos de los principales distritos —Capital, Santa Fe, Mendoza, Córdoba— y alcanzó la mayoría en la Cámara de Diputados; en Córdoba, además, triunfó su candidato a gobernador, Amadeo Sabattini. Quizá para compensar, el gobierno intervino la provincia de Santa Fe, gobernada por el demoprogresista Luciano Molinas, y avaló el desembozado fraude con el que Manuel Fresco ganó en la provincia de Buenos Aires. Un "manifiesto de las derechas", que redactó Pinedo, alertó contra el resurgimiento de las "masas ciegas" y la turbia democracia, desplazada en 1930, y justificó el "fraude patriótico", que desde entonces el gobierno utilizó sistemáticamente en favor de los partidos oficialistas, con la única excepción de la Capital.

La reacción del gobierno se dirigió también hacia el nuevo sindicalismo combativo: la ley de Residencia fue aplicada en 1937 contra los principales dirigentes de la construcción, comunistas de origen italiano deportados a la Italia fascista. A la vez, se aprobó en el Senado una ley de Represión del Comunismo, que fue bloqueada por los diputados. Para equilibrar el aglutinamiento de las fuerzas que reclamaban por la democracia, Justo abrió un poco el juego a los sectores nacionalistas que hasta entonces había relegado: así, el gobernador Fresco pudo hacer fe pública de militancia fascista y los oficiales nacionalistas, entusiasmados con los nuevos éxitos del Tercer Reich, pudieron hacer campaña con libertad entre los cuadros del Ejército. Se decía que el coronel Juan Bautista Molina, acólito de Uriburu en la creación de la Legión Cívica, conspiraba contra Justo, quien sin embargo lo promovió a general.

Las derechas habían convocado a un "frente nacional", contra el Frente Popular que se esbozaba. Las denominaciones no eran caprichosas, pues los nuevos alineamientos y polarizaciones que se estaban dando en el mundo influían en los conflictos locales, alertaban fuerzas adormecidas, suministraban consignas y banderas, definían a los indecisos y ayudaban a delinear potenciales alianzas.

En el campo de los opositores al gobierno fue muy importante el cambio de posición del Partido Comunista, que en marzo de 1935, adoptando rápidamente las nuevas orientaciones del Comintern, había abrazado la consigna del Frente Popular. En los años anteriores, con la consigna de "lucha de clase contra clase", los comunistas habían combatido por igual a los nazis y fascistas y a los partidos socialdemócratas, a quienes estigmatizaban como los más peligrosos enemigos del proletariado, pero desde 1935 se lanzaron a impulsar la unidad de los "sectores democráticos" para enfrentar el nazifascismo, sacrificando las consignas y prácticas que pudieran irritar o atemorizar a los grupos progresistas y democráticos de la burguesía. Con tal programa, en Francia y en España integraron, junto con socialistas y partidos radicales de centro, sendos frentes populares que ganaron las elecciones de 1936. Aunque la situación local no era exactamente igual, el gobierno de la Concordancia fue identificado con el enemigo universal, y el reclamo de un frente popular y democrático sirvió para cerrar filas entre sus opositores.

Luego, la Guerra Civil española, cuyo impacto en la Argentina fue enorme, sirvió para definir más claramente aún los campos. No sólo se dividió la extensísima colectividad de españoles sino la sociedad argentina toda, proliferando colectas, comités de ayuda, manifestaciones y peleas en cualquier ámbito compartido por partidarios y adversarios de la República. En las derechas, la Guerra Civil integró a conservadores autoritarios, nacionalistas, filofascistas y católicos integristas, en una común reacción contra el liberalismo democrático. En el campo contrario, terminó de soldar el bloque de solidaridades que iba desde el radicalismo hasta el comunismo, pasando por socialistas, demoprogresistas, los estudiantes de la Federación Universitaria, los dirigentes sindicales agrupados en la CGT y un vasto sector de opinión independiente y progresista, que también incluía figuras del liberalismo conservador. Salvo éstos, probablemente eran los mismos que en 1931 habían apoyado la Alianza Civil de De la Torre y Repetto, pero lo cierto es que la España Republicana, y la convicción de que las democracias se aprestaban a dar una batalla final contra el fascismo, creaba un polo de solidaridad e identificación mucho más atractivo y movilizador.

Una parte importante de ese arco se asentaba en el mundo intelectual, cuya politización se acentuó en la segunda mitad de la década. La Reforma Universitaria, con su ideología genéricamente antiimperialista, democrática y popular, empezaba a penetrar en la política: algunos de sus principales dirigentes se incorporaron a los partidos —José Peco al radical, Alejandro Korn y Julio V. González al socialista, Rodolfo Aráoz Alfaro al comunista— y otros tuvieron militancia independiente, como Deodoro Roca y Saúl Taborda. Similar combinación de lo académico y lo político, desde una perspectiva progresista, se encuentra en el Colegio Libre de Estudios Superiores, una suerte de Universidad popular fundada en 1930, orientada tanto a los temas de alta cultura como a la discusión de las cuestiones políticas, económicas y sociales. La misma combinación se encuentra en la revista *Claridad*, dedicada al ensayo, la crítica y los temas políticos, que fueron ocupando un espacio creciente. *Claridad*, que además editaba diversas colecciones populares de literatura y ensayo, reunió a muchos de los intelectuales y escritores que habían militado en el "grupo Boedo", y que habían definido una opción por el "arte comprometido"; entre ellos,

Leónidas Barletta creó en 1931 el Teatro del Pueblo, donde por 20 centavos podía verse a Ibsen, Andreiev o Arlt. Ese mismo año, los herederos de "Florida", partidarios de la renovación estética y de la "creación pura", se nuclearon en la revista *Sur*, fundada por Victoria Ocampo. Es significativo que ambos grupos se alinearan —aunque con distinto entusiasmo— en el bando de los defensores de la democracia.

La instalación de algunas editoriales creadas por emigrados españoles —Losada, Emecé y Sudamericana entre ellas— multiplicó la actividad del mundo intelectual y artístico y dio trabajo a escritores, traductores y críticos. Esta actividad se prolongaba naturalmente fuera de los ámbitos intelectuales, en infinidad de publicaciones populares y conferencias, por obra de un amplio grupo de militantes de la cultura, que frecuentemente también lo eran de la política, sobre todo a medida que el clima de polarización se iba extendiendo. Había en todo este movimiento una tendencia fuerte al análisis de los problemas de la sociedad, la crítica y la propuesta de soluciones alternativas para cuestiones específicas: la educación, la salud, la cuestión agraria, la condición de la mujer. Aunque en muchos aparece la referencia a la Unión Soviética, se trata más bien de un modelo de sociedad organizada racionalmente antes que una incitación a la toma violenta del poder. Lo que predomina es el espíritu reformista y la convocatoria a todos quienes coinciden en la aspiración al progreso, la libertad, la democracia, y una sociedad más justa.

Muchas de esas preocupaciones están presentes en la Confederación General del Trabajo, máxima representación de los obreros organizados. La CGT había nacido en 1930, uniendo a los grupos sindicalistas y socialistas hasta entonces separados. Sus primeros años fueron azarosos: la dura represión gubernamental, aunque dirigida a anarquistas y comunistas, disuadía de cualquier acción demasiado militante, que por otra parte estaba lejos de las intenciones de los dirigentes, predominantemente "sindicalistas"; la fuerte desocupación provocada por la crisis restaba capacidad de moviliación, pese a que no faltaban motivos: los salarios cayeron fuertemente, y sólo en 1942 se recuperó el nivel de 1929.

Desde 1933, la recuperación económica y la reorientación industrial empezaron a hacerse notar. La desocupación fue gradualmente absorbida, y empezó lentamente el movimiento de migrantes de las zonas rurales hacia los grandes centros urbanos, atraídos por el nuevo empleo industrial. En Buenos Aires, hasta mediados de la década este crecimiento se radicó en los barrios periféricos de la ciudad para ir luego engrosando progresivamente el cinturón suburbano. Entre las organizaciones gremiales seguían dominando los grandes sindicatos del transporte y los servicios: la poderosa Unión Ferroviaria en primer lugar —verdadero ejemplo de organización—, la Fraternidad, de los maquinistas de trenes, la Unión Tranviaria, los municipales, los empleados de comercio. Pero poco a poco fueron creciendo los grupos de trabajadores de las nuevas industrias manufactureras o de la construcción; allí los dirigentes comunistas tuvieron éxito en organizar sindicatos que agruparan los antiguos oficios por ramas de industria: metalúrgicos, textiles, madereros, alimentarios —entre los cuales dominaban los trabajadores de la carne— y sobre todo obreros de la construcción. Con más de 50 000 afiliados, la Federación Obrera Nacional de la Construcción era hacia 1940 el segundo sindicato, detrás de la Unión Ferroviaria, que rondaba los 100 000.

Adormecida en los años inmediatamente posteriores a la crisis, la actividad sindical resurgió hacia 1934 y creció mucho en los años siguientes hasta 1937, acompañando al ciclo económico. Los dirigentes sindicales de entonces —comandados por los ferroviarios— mantuvieron la tendencia gestada en la década anterior de deslindar sus reclamos gremiales de los planteos políticos más generales, y esto valió incluso para muchos que pertenecían al Partido Socialista. Gradualmente obtuvieron algunas mejoras, pero concedidas en forma parcial y aplicadas a regañadientes. Los ferroviarios pudieron salvar sus empleos a pesar de la crisis, pero a costa de una reducción salarial. Los empleados de comercio lograron una ley que establecía la licencia por enfermedad y la indemnización por despido pero fue vetada por el presidente Justo en 1932, aunque luego fue sancionada. La jornada de trabajo se redujo progresivamente, especialmente por la generalización paulatina del "sábado inglés", y en algunas actividades se instrumentaron sistemas de jubilación, pero en ningún caso existieron las vacaciones pagas.

El Estado no ignoró ni los reclamos ni la importancia de este actor social. El presidente Roberto M. Ortiz, que había sucedido a Justo en 1938, no sólo mantuvo buenos contactos con los ferroviarios sino que procuró formarse entre ellos una base de apoyo, interviniendo activamente en sus conflictos internos. El gobernador Fresco fue más allá; siguiendo las prácticas del Estado fascista italiano, declaró que su objetivo era armonizar el capital y el trabajo. Al tiempo que reprimía duramente a los comunistas, legalizaba los sindicatos y utilizaba el poder arbitral del Estado para proteger a los trabajadores. Más discretamente, el Departamento Nacional del Trabajo —que realizó una notable tarea de recopilación de información— fue extendiendo gradualmente la práctica del convenio colectivo y del arbitraje estatal; sus frutos se aprecian en la cantidad de huelgas resueltas por algún tipo de transacción.

Entenderse directamente con uno de los actores principales de la sociedad formaba parte de la estrategia general del Estado intervencionista y dirigista y, a la vez, coincidía con la tendencia de sus dirigentes a reducir el espacio de la política partidaria y de las instituciones representativas, como el Congreso. Reconocer la importancia del Estado y hacer de él su interlocutor principal constituía también una tendencia muy fuerte entre los dirigentes sindicales. Esta tendencia —denominada "sindicalista"— fue criticada por quienes, desde los partidos políticos opositores, empezaron a dar prioridad a los reclamos democráticos y al enfrentamiento político con el gobierno, y presionaron para alinear en él a las organizaciones sindicales. Un conflicto interno de la Unión Ferroviaria condujo a fines de 1935 —en el marco de una agitación sindical creciente— a una renovación radical de la conducción de la CGT y a un peso mayor de los dirigentes gremiales firmemente alineados con el Partido Socialista; a la vez, permitió el ingreso progresivo a la conducción de los comunistas, cuya fuerza sindical era creciente. Unos y otros impulsaron el acto del 1° de Mayo de 1936, con la participación de los partidos políticos que debían integrar el frente popular. Esa coincidencia no se repitió, y en 1939 incluso se separaron socialistas y comunistas, divididos cuando Stalin pactó con Hitler. Por entonces, la agitación sindical estaba mermando, y las dificultades del Frente Popular eran crecientes.

La pieza clave del frente era la Unión Cívica Radical. El levantamiento de la abstención electoral, en 1935, había sido impulsado por los sectores más conciliadores del partido, que rodeaban a Marcelo T. de Alvear. Con fuerte peso en la Cámara de Diputados y en el Concejo Deliberante, el radicalismo contribuyó a mejorar la imagen de las instituciones, cuya legitimidad se hallaba fuertemente cuestionada, así como a convalidar algunas de las decisiones más controvertidas, como la renovación de las concesiones eléctricas de la Capital, una medida que, según probó una investigación posterior, aportó al partido una generosa gratificación. Pero la vuelta a la lucha política también aumentó las posibilidades de manifestación de los grupos más avanzados del radicalismo, nutridos de jóvenes veteranos de la militancia universitaria y que reivindicaban una tradición yrigoyenista. Sabattini, en Córdoba, sostuvo un programa muy innovador en lo social, y en la Capital los opositores a Alvear constituyeron una tendencia fuerte, que criticó el electoralismo conciliador de los dirigentes, mientras que el grupo de Forja, constituido en 1935, comenzó a definir una línea más preocupada por los problemas nacionales. El propio Alvear oscilaba entre ambas corrientes: jefe natural de los conciliadores, sus propuestas de 1937, cuando compitió en la elección presidencial, recogían mucho del discurso progresista y de izquierda afín con el esbozado frente popular.

En esa ocasión sólo lo acompañó formalmente el Partido Comunista, pues el socialista se hallaba en franca competencia con el radical. Hasta 1936 los socialistas habían tenido una fuerte representación parlamentaria, que se redujo drásticamente con el retorno electoral de los radicales. Simultáneamente mejoró su situación en el campo gremial, con la nueva dirección de la CGT, pero en 1937 sufrió la escisión de un grupo de militantes disconformes con la anquilosada elite dirigente: muchos de quienes por entonces integraron el Partido Socialista Obrero pasaron luego al Comunista, y este conflicto, profundizado en 1939 luego de la firma del pacto nazi-soviético, complicó las alianzas de un frente popular por entonces cada vez más problemático.

La consigna de la democratización, despojada de sus aristas más radicalizadas, resultó tentadora para grupos del oficialismo, preocupados por la legitimidad del régimen y espoleados por disputas internas crecientes. En 1937 el presidente Justo pudo imponer a sus partidarios la candidatura presidencial de Roberto M. Ortiz, de origen radical antipersonalista como él, pero debió aceptar para la vicepresidencia a un representante de los grupos conservadores más tradicionales: el catamarqueño Ramón S. Castillo. Para enfrentar la candidatura de Alvear se recurrió sin disimulos a procedimientos fraudulentos que —según Pinedo— hacían "imposible catalogar esas elecciones entre las mejores ni entre las regulares que ha habido en el país". A Ortiz le resultó más difícil que a Justo mantener el equilibrio con los grupos conservadores de su partido, y menos aún con los nacionalistas, fuertes en la calle y en el Ejército. A la vez, le atrajo la posibilidad de acercarse al radicalismo; con el apoyo de Alvear, Ortiz se propuso depurar los mecanismos electorales y desplazar a los dirigentes conservadores de sus principales bastiones. En febrero de 1940 intervino la provincia de Catamarca —de donde provenía el vicepresidente— y al mes siguiente hizo lo mismo con la de Buenos Aires, cuando el gobernador Fresco se aprestaba a transferir el mando a Alberto Barceló, el ejemplo más conspicuo del caudillismo fraudulento y gangsteril. Ese mes, los radicales triunfaron en las elecciones de diputados y consolidaron su predominio en la Cámara.

Pero cuando todo parecía conducir al triunfo de esta versión del programa de la democratización, oficialista y de derecha, aunque también apoyado inicialmente por el Partido Comunista, la enfermedad del presidente Ortiz lo obligó en julio de 1940 a delegar el mando en el vicepresidente Castillo. Aunque trató de resistirse a su sino, finalmente debió renunciar definitivamente, luego de presenciar cómo Castillo deshacía todo lo construido en pro de la democratización. A fines de 1940, en las elecciones provinciales, volvieron a usarse los peores métodos fraudulentos. En octubre de 1941, y probablemente por presión de los militares, Castillo disolvió el Concejo Deliberante de la ciudad de Buenos Aires, sin despertar con esta medida mayores resistencias. Así, el intento de democratización iniciado en 1936 se desmoronaba a fines de 1940. Este fracaso sin duda tenía que ver con el cambio de la coyuntura internacional que lo había alimentando: los frentes populares habían sido derrotados en España y en Francia, el nazismo acumulaba triunfos militares contundentes en el inicio de la guerra, la Unión Soviética desertaba del campo antinazi, y la guerra generaba alineamientos diferentes.

Sin embargo, la corriente que desde 1936 había hecho de la democracia un punto de convergencia contra los herederos de septiembre se había afirmado también en un proceso más específico de la sociedad. La democracia, concedida en 1912, había arraigado lenta y progresivamente en la sociedad. Una red de asociaciones de distinto tipo, destinadas a canalizar hacia las autoridades los reclamos de sus diferentes sectores, contribuyó a la vez a la formación de los ciudadanos, al desarrollo de los hábitos y prácticas de participación, al ejercicio de los derechos. La tarea docente realizada por el amplio movimiento intelectual y político de corte progresista y de izquierda contribuyó a moldear a los "ciudadanos educados" característicos de esta década. Ciertamente fue un proceso desigual, mucho más visible en las grandes ciudades que en las zonas rurales, pero no por eso menos real, y capaz de afirmarse pese a las restricciones que desde el Estado se pusieron a la vida política partidaria, y a su desnaturalización por las prácticas fraudulentas. Quizá los partidos no supieron canalizar y dar forma a esa movilización democrática, encontrar el punto de acuerdo entre ellos y adoptar una posición verdaderamente opositora: quienes debían enfrentar categóricamente al gobierno fraudulento optaron por las transacciones, y contribuyeron a un progresivo descreimiento ciudadano: las banderas de la regeneración democrática habían pasado a miembros del mismo régimen. Pero en verdad, desde el Estado se contribuyó en mucho a esa descalificación de los partidos políticos y del mismo sistema representativo: mientras la política quedaba asociada con el fraude, el Estado encaraba la negociación de las cuestiones de gobierno directamente con los distintos actores de la sociedad —los sindicatos, los empresarios, las fuerzas armadas, la Iglesia y hasta las asociaciones civiles— ignorando al Congreso y a los partidos políticos.

La guerra y el "frente nacional"

La guerra mundial que se desencadenó en septiembre de 1939 cambió gradualmente el panorama político, reacomodó los distintos grupos internos —sobre todo acercó posiciones entre los radicales y algunos sectores conservadores— y planteó nuevas opciones. Pero las diferentes alternativas no se superpusieron ni recortaron en forma definida a los actores políticos, de modo que en los años iniciales de la guerra los alineamientos fueron confusos y contradictorios.

El primer impacto lo produjo sobre las relaciones comerciales y económicas con Gran Bretaña y Estados Unidos. El progresivo cierre de los mercados europeos —provocado por los triunfos alemanes— redujo drásticamente las exportaciones agrícolas, pero en cambio aumentaron mucho las ventas de carne a Gran Bretaña, tanto enfriada como congelada. Como a la vez disminuyeron las importaciones de origen británico, la Argentina empezó a tener con el Reino Unido un importante saldo a su favor; en 1939, un acuerdo entre el Banco Central y el Banco de Inglaterra estableció que las libras permanecerían bloqueadas en Londres durante la contienda, y que, concluida ésta, se aplicarían a saldar las deudas por compras de productos británicos o a repatriar títulos de la deuda. Por otra parte, aprovechando las dificultades en todo el comercio internacional, y una suerte de "vacío de poder" regional, se empezaron a exportar a países limítrofes productos industriales: las ventas de textiles, confecciones, alimentos y bebidas, calzado y productos químicos acentuaron el crecimiento industrial iniciado con la sustitución de importaciones y el país empezó a tener saldos comerciales favorables, incluso con Estados Unidos.

La novedosa situación confirmaba las expectativas de muchos: los cambios creados por la crisis del 30 se profundizaban y la vuelta a la normalidad, es decir a la situación existente antes de la crisis, se hacía cada vez más remota. Entre los sectores empresarios comenzaron a discutirse distintas alternativas, sin que se definieran claramente intereses ni alineamientos fijos. Las exportaciones tradicionales parecían tener pocas perspectivas en el largo plazo, pasada la coyuntura de guerra que beneficiaba a los ganaderos, pero en cambio las exportaciones industriales, y en general la expansión de este sector, tuvieron perspectivas promisorias. En cualquier caso, esas alternativas implicaban aumentar la intervención del Estado en la regulación económica, y también un cierre mayor de la economía local.

En noviembre de 1940 Pinedo, designado ministro de Hacienda por Castillo, formuló una evaluación lúcida de este nuevo escenario y una propuesta audaz y desprejuiciada. Su Plan de Reactivación Económica proponía, como salida a las dificultades generadas por la guerra, insistir en la compra de las cosechas por parte del Estado, para sostener su precio, y a la vez estimular la construcción, pública y privada, capaz de movilizar muchas otras actividades; sobre todo, remarcaba la importancia de estimular la industria: si el comercio exterior seguía siendo la "rueda maestra" de la economía, estas otras actividades, "ruedas menores", contribuirían al equilibrio general. Pinedo advertía el problema de una economía excesivamente cerrada en sí misma y proponía estimular las industrias "naturales", que elaboraran materias primas locales y pudieran exportar a los países vecinos y a Estados Unidos. Por esa vía, a largo plazo, la Argentina habría de solucionar un déficit comercial con el país del Norte, que sin duda se haría más gravoso a medida que fuera creciendo el sector industrial y aumentara la demanda de máquinas, repuestos o combustibles.

Se trataba de una operación compleja, que modificaba los términos de la relación triangular, proponiendo una vinculación estrecha con Estados Unidos, e incluso apuntaba a una inserción sustancialmente distinta de la Argentina en la economía mundial. Requería de una firme orientación por parte del Estado y de un desarrollo mayor de sus instrumentos de intervención. El Estado debía movilizar el crédito privado, orientándolo hacia inversiones de largo plazo, entre ellas las industriales. Las exportaciones de productos manufacturados se beneficiarían con sistemas de reintegros, leyes contra el *dumping* y una intensa promoción del intercambio.

El proyecto fue aprobado por el Senado, con mayoría oficialista, pero la Cámara de Diputados no lo trató. Como señaló J. J. Llach, su fracaso fue político antes que económico. Los radicales, que eran la mayoría y no tenían objeciones de fondo a la propuesta —incluso retomaron luego partes de ésta—, habían decidido bloquear cualquier proyecto oficial como una forma de repudio a la nueva orientación fraudulenta del gobierno de Castillo. Pinedo intentó solucionar el problema entrevistándose con Alvear, pero no logró convencer al jefe radical, e incluso debió renunciar por ello al ministerio. El "bloque democrático", que reclamaba un compromiso diplomático más estrecho con Estados Unidos, no advirtió las ventajas de este plan, que suponía la clausura del férreo bilateralismo con Gran Bretaña. Tal situación revela lo confusos que por entonces eran los alineamientos.

La otra dimensión del triángulo —la diplomática— marchaba por carriles diferentes. Desde 1932, con Roosevelt, Estados Unidos había modificado sustancialmente su política exterior, al menos en sus formas: la clásica del "garrote" fue reemplazada por la de la "buena vecindad"; Estados Unidos aspiraba a estrechar las relaciones bilaterales, y en el marco del panamericanismo, a alinear detrás de sí al "hemisferio". Esto era particularmente difícil con la Argentina: el comercio bilateral —vieja aspiración de los productores rurales argentinos— estaba obstaculizado por la oposición del llamado *"farm block"*, es decir los intereses agrarios competidores de la Argentina. La subordinación era igualmente difícil de aceptar para un país que todavía aspiraba a una posición independiente y hasta hegemónica en el Cono Sur, y que tradicionalmente se había opuesto a la dirección norteamericana, contraponiendo a la fórmula "América para los americanos", del presidente Monroe, la de "América para la humanidad", es decir, estrechamente vinculada con Europa.

Los gobernantes de la década del treinta persistieron en ese rumbo tradicional, y en las sucesivas conferencias panamericanas hicieron todo lo posible para poner obstáculos al alineamiento. En 1936, en la celebrada en Buenos Aires —a la que concurrió Roosevelt, transportado por un crucero de guerra— una enmienda de último momento impuesta por el canciller Saavedra Lamas relativizó una declaración sobre consulta entre gobiernos en, caso de agresión extracontinental, en la que los norteamericanos habían puesto mucho empeño; en 1938 el canciller José María Cantilo desairó a sus colegas abandonando sorpresivamente la reunión de Lima antes de la firma de la declaración final.

La neutralidad en caso de guerra europea también era una tradición argentina. Su adopción en 1939 —una medida lógica, pues permitía seguir comerciando con los tradicionales clientes— no fue objetada por Estados Unidos, que propuso precisamente esa política común en la reunión de Cancilleres de Panamá en 1939. Por entonces, el gobierno de Ortiz procuraba acercarse a Estados Unidos, en el contexto de su política democratizadora, y lo mismo hizo el primer canciller de Castillo, Julio A. Roca, que acompañó la gestión de Pinedo. Pero progresivamente la guerra se impuso en las discusiones internas y empezó a revivir los agrupamientos de la opinión que asociaban el apoyo a los aliados con la reivindicación de la democracia y el ataque al gobierno. En junio de 1940 se constituyó Acción Argentina, dedicada a denunciar las actividades de los nazis en el país y la injerencia de la Embajada alemana. En ella participaron radicales, socialistas, muchos intelectuales independientes y muchos conspicuos miembros de la oligarquía conservadora. Acción Argentina se diferenciaba del antiguo Frente Popular por la presencia de estos recientes conversos a los valores de la democracia, lo que reflejaba las perplejidades y divisiones de quienes hasta entonces habían apoyado al gobierno de la Concordancia. También, por dos ausencias conspicuas: el Partido Comunista, que a consecuencia del pacto Hitler-Stalin había optado por denunciar por igual a ambos imperialismos, y el grupo de radicales opositores a la conducción de Alvear, entre quienes descollaban los militantes de Forja, muy activos en denunciar, al igual que los comunistas, el carácter interimperialista de la guerra.

El panorama cambió sustancialmente en la segunda mitad de 1941. En junio Hitler invadió la Unión Soviética y en diciembre los japoneses atacaron a los norteamericanos; Estados Unidos entró en la guerra y procuró forzar a los países americanos a acompañarlo. En enero de 1942 se reunió en Río de Janeiro la Conferencia Consultiva de Cancilleres, y nuevamente la oposición argentina frustró los planes norteamericanos: la decisión de que todos los países del hemisferio entraran en guerra fue cambiada por una simple "recomendación" debido a la férrea oposición del canciller argentino Enrique Ruiz Guiñazú, que había reemplazado a Roca. Para Estados Unidos estaban en juego intereses específicos, pero sobre todo una cuestión de prestigio, y respondió con fuertes represalias: la Argentina fue excluida del programa de rearme de sus aliados en la guerra —mientras Brasil era particularmente beneficiado— y los grupos democráticos, opositores al gobierno, empezaron a recibir fuerte apoyo de la embajada.

El frente que se agrupaba en torno de las consignas democráticas y rupturistas empezó a crecer, engrosado ahora por los comunistas —nuevamente partidarios de combatir al nazifascismo— y por conspicuos conservadores, como Pinedo y el general Justo, a quienes la opción entre el fascismo y la democracia los llevaba a alinearse con sus antiguos adversarios. La Comisión de Investigación de Actividades Antiargentinas, creada por la Cámara de Diputados, se dedicó a denunciar la infiltración nazi, y en una serie de actos públicos se proclamó simultáneamente la solidaridad con Estados Unidos y la oposición al fraude. En esa caracterización de amigos y enemigos, ciertamente simplificadora, predominaban las necesidades retóricas y políticas. El gobierno de Castillo no necesitaba simpatizar con los nazis —un adjetivo aplicado con amplitud— para aferrarse a la neutralidad. Bastaba con mantener la continuidad de una tradición política del Estado —otrora sostenida por Yrigoyen— y sumarle alguna lealtad a los tradicionales socios británicos, que veían con alarma cómo, con motivo de la guerra, Estados Unidos avanzaba sobre sus últimos baluartes. Pero había además una razón política clara: los rupturistas, que asumían la bandera democrática, condenaban simultáneamente al gobierno fraudulento; quienes se mantenían fieles a él —y resistían la transacción que proponían otros, como Pinedo o Justo— encontraban en el neutralismo una buena bandera para cerrar filas y enfrentar a sus enemigos. Éstos eran cada vez más entre los políticos, por lo que Castillo optó por buscar apoyo entre los militares.

Castillo seguía aquí la tradición de sus antecesores. Justo cultivó a los militares, aumentó los efectivos bajo bandera, construyó notables edificios, como el Ministerio de Guerra, que eclipsaba a la mismísima Casa Rosada, pero a la vez se propuso despolitizar la institución, acallar la discusión interna y mantener el equilibrio entre las distintas facciones. Sobre todo, logró mantener el control de los mandos superiores, lo que obligó a sus sucesores a apoyarse en los hombres de Justo. Ortiz encontró un ministro fiel en el general Márquez, quien fue derribado por un escándalo —sobre la compra de tierras en El Palomar— que tenía como destinatario final a su presidente. Castillo a su vez debió designar ministro de Guerra a otro justista, el general Tonazzi, pero se dedicó a cultivar a los jefes y a colocar progresivamente en los mandos a enemigos del ex presidente. Bajo su gobierno se crearon la Dirección General de Fabricaciones Militares —cuyo primer director fue el coronel Savio— y el Instituto Geográfico Militar, impulsando así el avance de las Fuerzas Armadas sobre terrenos más amplios que los específicos. Durante su gobierno, la presencia de los militares fue cada vez más visible, así como la sensibilidad del presidente a las opiniones y presiones de los jefes militares. Rápidamente, las Fuerzas Armadas se constituyeron en un actor político.

Un elemento central del nuevo perfil militar fue el desarrollo de una conciencia nacionalista. El terreno había sido preparado por el nacionalismo uriburista, difundido por un grupo minoritario pero activo, de dentro y fuera de la institución. Era éste un nacionalismo tradicional, antiliberal, xenófobo y jerárquico. La guerra cambió las preocupaciones. Predominaba en el Ejército, tradicionalmente influido por el germanismo, un neutralismo visceral. Pero además veían que el equilibrio regional tradicional se alteraba por el apoyo de Estados Unidos a Brasil y la exclusión de la Argentina de los programas de rearme. La solución debía buscarse en el propio país, y así la guerra estimuló preocupaciones de tipo económico, pues la defensa requería de equipamiento industrial, y éste de insumos básicos. Desde mediados de la década el Ejército había ido montando distintas fábricas de armamentos. Desde 1941, y a través de la Dirección de Fabricaciones Militares, se dedicó a promover industrias como la del acero, que juzgaban tan "natural" como la alimentaria, e indispensable para garantizar la autarquía.

Los militares fueron encadenando las preocupaciones estratégicas con las institucionales y políticas. La guerra demandaba movilización industrial, y ésta a su vez un Estado activo y eficiente, capaz de unificar la voluntad nacional. Los ejemplos de Italia y Alemania lo demostraban fehacientemente, y así lo repetían los periódicos apoyados por la embajada alemana, como *El Pampero* o *Crisol*. También era importante el papel del Estado en una sociedad que seguramente sería acosada en la posguerra por agudos conflictos: la reconstitución del Frente Popular, las banderas rojas en los mítines obreros y la presencia en

124

las calles del Partido Comunista parecían signos ominosos de ese futuro, y para enfrentarlo se requería orden y paz social. Ese ideal de Estado legítimo y fuerte, capaz de capear las tormentas de la guerra y la posguerra, poco se parecía al gobierno tambaleante y radicalmente ilegítimo del doctor Castillo. Ya desde 1941 hubo militares que empezaron a conspirar, mientras otros empujaban a Castillo por la senda del autoritarismo. Desde diciembre de 1942, cuando renunció el ministro Tonazzi, la deliberación se extendió en el Ejército.

Esa difusa pero pujante sensibilidad nacional no se limitaba al Ejército. Más que de una idea definida y precisa, se trataba de un conjunto de sentimientos, actitudes e ideas esbozadas, presentes en vastos sectores de la sociedad. Si de ellos no podía deducirse una ideología en sentido estricto —pues cabían posiciones divergentes y hasta antagónicas—, revelaron una gran capacidad, atribuible en parte al empeño de los militantes de algunas de sus tendencias parciales más definidas, para disolver antiguas polarizaciones y crear otras. Así, cuando todo parecía conducir al triunfo del Frente Popular, un "frente nacional" se comenzó a dibujar como alternativa.

Las raíces de ese sentimiento nacional eran antiguas, pero en tiempos más recientes las habían abonado las corrientes europeas antiliberales, de Maurras a Mussolini, y con ellas había empalmado una Iglesia Católica fortalecida en el integrismo. Sobre esta base había operado el nuevo nacionalismo, antibritánico. Al libro inicial de los Irazusta siguieron el de Scalabrini Ortiz sobre los ferrocarriles, y en general toda la prédica del grupo Forja. En esta nueva inflexión, los enemigos de la nacionalidad no eran ni los inmigrantes, ni la "chusma democrática", ni los "rojos", sino Gran Bretaña y la oligarquía "entreguista". Este antiimperialismo resultó un arma retórica y política formidable, capaz de convocar apoyos a derecha e izquierda, como lo demostró en 1935 Lisandro de la Torre: la consigna antiimperialista empezó a ser frecuente en los discursos de políticos radicales o socialistas, como Alfredo Palacios, de dirigentes sindicales y de intelectuales, que empezaron a encarar desde esa perspectiva el análisis de los problemas nacionales y muy particularmente los económicos.

En este campo, el nuevo nacionalismo compartía el terreno ya trabajado por el reformismo progresista de izquierda, y ambos podían coincidir en distintos foros. Con el nacionalismo tradicional de derecha se encontraba en otro terreno: el del revisionismo histórico, donde la condena a Gran Bretaña y sus agentes locales derivaba en una reivindicación de la figura de Rosas hecha en nombre de valores diversos y antitéticos, desde la emancipación nacional hasta el integrismo católico. En esa plasticidad radicó precisamente la capacidad de esta corriente para arraigar en una sociedad cuya preocupación por los temas nacionales se manifestaba de muchas otras maneras. En la literatura —sobre todo la difundida a través de publicaciones periódicas de amplia circulación— los temas rurales o camperos solían traer la contraposición entre el interior nacional y el litoral gringo, o entre el mundo rural y criollo y el mundo urbano y extranjero. Los temas históricos, donde la presencia del Restaurador era frecuente, abundaban en los folletines, y también en exitosos radioteatros, como *Chispazos de tradición*, ávidamente consumidos.

La preocupación por lo nacional se manifestó, finalmente, en intelectuales y escritores. Tres notables ensayos expresaron intuiciones profundas sobre el "ser nacional" y dieron el marco a una amplia reflexión colectiva. En 1931, Raúl Scalabrini Ortiz publicó *El hombre que está solo y espera*; el hombre de "Corrientes y Esmeralda" amalgamaba las diferentes tradiciones de un país de inmigración, se definía por sus impulsos, intuiciones y sentimientos, que anteponía a cualquier elaboración o cálculo racional, y —recordando a Ortega y Gasset— construía con ellos una imagen de sí mismo y de lo que podía llegar a ser, que juzgaba más valiosa que su propia realidad. Para Eduardo Mallea, tal amalgama era dudosa; observaba la crisis del sentido de argentinidad, particularmente entre las elites, ganadas por la vida cómoda, el facilismo y la apariencia, y renunciantes a la espiritualidad y las preocupaciones más profundas sobre el destino de la comunidad. En *Historia de una pasión argentina*, aparecida en 1935, contraponía esa "Argentina visible", a otra "invisible", donde las nuevas elites, de momento ocultas, se estaban formando en una "exaltación severa de la vida". Ezequiel Martínez Estrada era más radicalmente pesimista, y veía a la colectividad argentina presa de un destino fatal, originado en la misma conquista. En *Radiografía de la pampa*, que se publicó en 1933, señaló la escisión entre unas multitudes anárquicas, que acumulaban el resentimiento originario del mestizo, y ciertas elites europeizantes e incapaces de comprender esta sociedad y encarnar en ella un sistema de normas y principios sustentado en creencias colectivas. Estos esfuerzos por develar la naturaleza del "ser argentino", inquiriendo en clave ontológica por los elementos singulares y esenciales de la sociedad y la cultura, aunque entroncaban en preocupaciones comunes de todo Occidente, eran sin duda la expresión intelectual de esta nueva inquietud común por entender, defender o constituir lo "nacional".

La fuerza de esta corriente nacional, que en el caso de la guerra se inclinaba por el neutralismo, tardó en manifestarse. De momento, el grupo de los partidarios de la ruptura con el Eje iba ganando nuevos adeptos, especialmente entre los grupos conservadores. Sin embargo, en pocos meses los principales dirigentes del bloque democrático murieron: en marzo de 1942 Alvear, en los meses siguientes el ex presidente Ortiz —con cuyo hipotético retorno aún se especulaba— y el ex vicepresidente Roca, y en enero de 1943 Agustín P. Justo, quien se perfilaba como el más firme candidato a encabezar una fórmula de acuerdo con los radicales. Encontrar candidatos no era fácil, y a la vez la posible victoria electoral parecía más que dudosa, a medida que el gobierno retornaba sin empacho a las prácticas fraudulentas: a fines de 1941 el conservador Rodolfo Moreno ganó en la provincia de Buenos Aires y al año siguiente la Concordancia triunfó en las elecciones legislativas. Poco antes, Castillo había clausurado el Concejo Deliberante y establecido el estado de sitio, e ignoraba ostensiblemente a la Cámara de Diputados. No obstante, la Concordancia enfrentaba el grave problema de la elección de su candidato. Castillo se inclinó finalmente por el senador Robustiano Patrón Costas, poderoso empresario azucarero salteño y figura destacada del Partido Demócrata Nacional, en una opción de sentido discutido, que muchos interpretaron como un seguro cambio de rumbo en la futura política exterior y que dividió aún más a sus partidarios.

Las dos alianzas políticas, que se sentían débiles, empezaron a cultivar a los jefes militares, esperando que las Fuerzas Armadas ayudaran a desequilibrar una situación trabada y a fortalecer un régimen institucional cada vez más débil. Cultivando a los militares, Castillo contribuyó a debilitarlo aún más. Los radicales, por su parte, se sumaron al nuevo juego y especularon con la candidatura del nuevo ministro de Guerra, el general Pedro Pablo Ramírez. Por su parte, los jefes militares discutieron casi abiertamente todas las opciones, y aparecieron grupos golpistas de diversa índole y tendencias, entre los cuales se destacó una logia, el Grupo de Oficiales Unidos, que reunía a algunos coroneles y otros oficiales de menor graduación. Muchos apostaban a la ruptura del orden institucional, sin que se perfilara el sujeto de la acción. Ésta finalmente se desencadenó, cuando Castillo pidió la renuncia al ministro Ramírez. El 4 de junio de 1943 el Ejército depuso al presidente e interrumpió por segunda vez el orden constitucional, antes aún de haber definido el programa del golpe, y ni siquiera la figura misma que lo encabezaría.

IV. El gobierno de Perón, 1943-1955

El gobierno militar que asumió el 4 de junio de 1943 fue encabezado sucesivamente por los generales Pedro Pablo Ramírez y Edelmiro J. Farrell. El coronel Juan Domingo Perón, uno de sus miembros más destacados, logró concitar un vasto movimiento político en torno de su persona, que le permitió ganar las elecciones de febrero de 1946, poco después de que su apoyo popular se manifestara en una jornada por demás significativa, el 17 de octubre de 1945. Perón completó su período de seis años y fue reelecto en 1951, para ser derrocado por un golpe militar en septiembre de 1955. En estos doce años en que fue la figura central de la política, al punto de dar su nombre al movimiento que lo apoyaba, Perón y el peronismo imprimieron a la vida del país un giro sustancial y perdurable.

La emergencia

La revolución del 4 de junio fue inicialmente encabezada por el general Rawson, quien renunció antes de prestar juramento, y fue reemplazado por el general Pedro Pablo Ramírez, ministro del último gobierno constitucional. El episodio es expresivo de la pluralidad de tendencias existentes en el grupo revolucionario y de su indefinición acerca del rumbo a seguir, más allá de coincidir en la convicción de que el orden constitucional estaba agotado y que la proclamada candidatura de Patrón Costas no llenaría el vacío de poder existente. El nuevo gobierno suscitó variadas expectativas fuera de las Fuerzas Armadas, pues muchos concordaban con el diagnóstico, y además esperaban algo del golpe, incluso los radicales; sin embargo, se constituyó casi exclusivamente con militares, y el centro de las discusiones y las decisiones estuvo en el Ministerio de Guerra, controlado por un grupo de oficiales organizado en una logia, el GOU (Grupo de Oficiales Unidos), en torno del ministro de Guerra Farrell.

Los militares en el gobierno coincidían en la necesidad de acallar la agitación política y la protesta social: proscribieron a los comunistas, persiguieron a los sindicatos e intervinieron la CGT —por entonces dividida—, disolvieron Acción Argentina, que nucleaba a los partidarios de romper relaciones con el Eje, y más tarde hicieron lo mismo con los partidos políticos, intervinieron las universidades dejando cesantes a un vasto grupo de profesores de militancia opositora, y finalmente establecieron la obligatoriedad de la enseñanza religiosa en las escuelas públicas. Contaron con la colaboración de un elenco de nacionalistas y católicos integristas, algunos de antigua militancia junto a Uriburu, quienes dieron el tono al régimen militar: autoritario, antiliberal y mesiánico, obsesionado por la fundación de un orden social nuevo y por evitar el caos del comunismo que, según pensaban, sería la secuela inevitable de la posguerra. No le fue difícil a la oposición democrática identificar al gobierno militar con el nazismo.

Sin embargo en el gobierno había, junto con algunos que simpatizaban con Alemania, otros proaliados y muchos partidarios de mantener la neutralidad que había practicado el gobierno de Castillo, benevolente con Gran Bretaña. Por otra parte, en 1943 la guerra estaba evolucionando de un modo tal que un alineamiento con el Eje era impensable. De hecho, el acuerdo comercial con Gran Bretaña se mantuvo. Estados Unidos, en cambio, atacó con fuerza creciente a uno de los dos únicos gobiernos americanos renuentes a acompañarlo en la guerra con el Eje, y además sospechoso de apañar a los nazis. El Departamento de Estado emprendió una cruzada contra los militares, desinteresándose de las repercusiones internas de su acción e ignorando los gestos de acercamiento del gobierno argentino. Esto permitió a los más acérrimos partidarios de la neutralidad ganar posiciones, de modo que el conflicto se desenvolvió en una escalada creciente: para Estados Unidos —como ha subrayado C. Escudé— era una cuestión de prestigio y un imperativo moral acabar con los militares, y para éstos una cuestión de principio no aceptar el *diktat* del Departamento de Estado. A principios de 1944, luego de que Ramírez decidiera romper relaciones con el Eje, fue desplazado por los oficiales más decididamente antinorteamericanos. Aislado en lo interno y también externamente, el gobierno se encontró metido en un callejón sin salida. Ésta fue finalmente proporcionada por uno de los oficiales que por entonces había ascendido en forma notable dentro del gobierno: el coronel Juan Domingo Perón, uno de los miembros más influyentes del GOU, secretario del ministro de Guerra Farrell y luego ministro, cuando Farrell reemplazó a Ramírez en la Presidencia en febrero de 1944. Poco después, en julio, y luego de desplazar a varios posibles competidores, Perón llegó a ser vicepresidente y el alma verdadera del gobierno.

Perón sobresalía de entre sus colegas por su capacidad profesional y por la amplitud de sus miras políticas. Una estadía en Europa en los años anteriores a la guerra le había hecho admirar los logros del régimen fascista italiano, así como comprobar los terribles resultados de la Guerra Civil en España. Clarividencia y preocupación lo llevaron a ocuparse de un actor social poco tenido en cuenta hasta entonces: el movimiento obrero. A cargo de la Dirección Nacional del Trabajo —que poco después convirtió en Secretaría— se dedicó a vincularse con los dirigentes sindicales. Todos fueron convocados, con excepción de los dirigentes comunistas que, luego de un frustrado acercamiento inicial, resultaron sistemáticamente perseguidos y erradicados de sus posiciones. Al resto se los impulsó a organizarse y a presentar sus demandas, que empezaron a ser satisfechas: además de dirimir conflictos específicos, por la vía de contratos colectivos, que supervisaba la Secretaría, se extendió el régimen de jubilaciones, de vacaciones pagas, de accidentes de trabajo, se ajustaron las categorías ocupacionales y en general se equilibraron las relaciones entre obreros y patrones, incluso en la actividad misma de las plantas. En muchos casos se trataba simplemente de aplicar disposiciones legales ignoradas. La sanción del Estatuto del Peón innovó sustancialmente, pues extendió estos criterios al mundo rural, introduciendo un elemento público en relaciones manejadas hasta entonces en forma paternal y privada.

Desde la Secretaría de Trabajo, Perón expandía los mecanismos del Estado árbitro, esbozados durante el gobierno de Yrigoyen y apenas utilizados durante la década del treinta, con la excepción de Fresco en la provincia de Buenos Aires, y a la vez estimulaba la organización de los trabajadores, incentivaba sus reclamos, y presionaba para que éstos fueran satisfechos. La reacción de los dirigentes sindicales fue inicialmente de duda y desconcierto. Desde principios de siglo habían ido reconociendo el papel central del Estado en las relaciones con los patrones y se habituaron a negociar con él. Pero más recientemente, y ante gobiernos escasamente interesados en desempeñar ese papel mediador, habían hecho un acuerdo con los partidos políticos opositores, en el que los reclamos sindicales se fundían con la demanda democrática, según las líneas de los frentes populares. La tendencia original sindicalista sin embargo no había desaparecido: en 1942 la CGT se dividió entre un sector más afín a los partidos opositores, encabezado por los comunistas y muchos de los dirigentes socialistas, y otro más identificado con la vieja línea sindicalista, donde se alineaban los gremios ferroviarios. La propuesta de Perón agudizó una discusión ya existente entre los dirigentes sindicales: el Frente Popular perdía atractivo, pero a la vez la polarización de la guerra lo revitalizaba; las mejoras ofrecidas eran demasiado importantes como para rechazarlas o enfrentar al gobierno, so pena de perder el apoyo de los trabajadores. Los sindicalistas adoptaron lo que Juan Carlos Torre llamó una estrategia oportunista: aceptaron el envite del gobierno sin cerrar las puertas a la "oposición democrática".

Tampoco las cerraba el propio Perón, dispuesto a hablar con todos los sectores de la sociedad y la política, desde los radicales hasta los dirigentes de las sociedades de fomento, y capaz de sintonizar con cada uno el discurso adecuado, aunque dentro de una constante apelación a "todos los argentinos". A sus colegas militares les señalaba los peligros que entrañaba la posguerra, la amenaza de desórdenes sociales y la necesidad de un Estado fuerte que interviniera en la sociedad y en la economía, y que a la vez asegurara la autarquía económica. En el Consejo Nacional de Posguerra que constituyó, insistió en la importancia de profundizar las políticas de seguridad social, así como de asegurar la plena ocupación y la protección del trabajo, ante la eventual crisis que pudieran sufrir las industrias crecidas con la guerra. A los empresarios les señaló la amenaza que entrañaban las masas obreras desorganizadas y el peligro del comunismo, que se veía avanzar en Europa. Ante unos y otros se presentaba como quien podía canalizar esa efervescencia, si lograba para ello el poder necesario. Pero los empresarios fueron desconfiando cada vez más del "bombero piromaníaco" —según la feliz imagen de A. Rouquié— que agregaba combustible a la caldera, hasta el límite de su estallido, y al mismo tiempo controlaba la válvula de escape. Progresivamente, las agrupaciones patronales fueron tomando distancia de Perón y de la política de la Secretaría, mientras éste paralelamente acentuaba su identificación con los obreros, subrayaba su prédica anticapitalista y desarrollaba ampliamente en su discurso los motivos de la justicia social. A la vez, se fueron reduciendo las reticencias de los dirigentes sindicales, quienes encontraban en los partidos democráticos un eco y un interés mucho menor que el demostrado por el coronel Perón.

La oposición democrática, que para definir su propia identidad había encontrado en el gobierno militar un enemigo mucho más adecuado que el viejo régimen oligárquico, empezó a reconstituirse a medida que el avizorado fin de la guerra hacía más difícil la intransigencia del gobierno. La liberación de París, en agosto de 1944, dio pie a una notable manifestación claramente antigubernamental y desde entonces un vigoroso movimiento social ganó la calle y revitalizó los partidos políticos. El gobierno mismo estaba en retirada: en marzo de 1945, y ante la inminencia del fin del conflicto, aceptó el reclamo de Estados Unidos —donde una nueva conducción en el Departamento de Estado prometía una relación más fácil— y declaró la guerra al Eje, condición para ser admitidos en las Naciones Unidas, que empezaban a constituirse. Al mismo tiempo, y por iguales razones, liberalizó su política interna. Los partidos opositores reclamaron la retirada lisa y llana de los gobernantes y la entrega del poder a la Corte Suprema, último vestigio de la legalidad republicana, y sellaron su acuerdo para las elecciones que veían próximas: la Unión Democrática expresaría el repudio de la civilidad a los militares y la total adhesión a los principios de los vencedores en la guerra. El frente político, que incluía a comunistas, socialistas y demoprogresistas, y contaba con el apoyo implícito de los grupos conservadores, estaba animado por los radicales, aunque un importante sector del partido, encabezado por el cordobés Amadeo Sabattini, rechazó la estrategia "unionista" y reclamó una postura intransigente y "nacional", que apostaba a algunos interlocutores en el Ejército, adversos a Perón. Esa posición no prosperó, y la Unión Democrática fue definiendo su frente y sus alianzas: en junio de 1945 un Manifiesto de la Industria y el Comercio repudiaba la legislación social del gobierno. En septiembre de 1945, una multitudinaria Marcha por la Libertad y la Constitución terminó de sellar la alianza política, pero también social,

134

que excluía a la mayoría de los sectores obreros, otrora animadores del Frente Popular.

El Ejército, presionado por la opinión pública y ganado por la desconfianza al coronel sindicalista, forzó su renuncia el 8 de octubre, pero no encontró una alternativa: el general Ávalos, nuevo ministro de Guerra, y la oposición democrática especularon con varias opciones pero no pudieron definir ningún acuerdo. En medio de esas vacilaciones un hecho novedoso volvió a cambiar el equilibrio: una multitud se concentró el 17 de octubre en la Plaza de Mayo reclamando por la libertad de Perón y su restitución a los cargos que tenía. Los partidarios de Perón en el Ejército volvieron a imponerse, el coronel habló a la multitud en la Plaza y volvió al centro del poder, ahora como candidato oficial a la presidencia.

Lo decisivo de la jornada de octubre no residió tanto en el número de los congregados —quizás inferior a los de la Marcha de la Libertad de septiembre— cuanto por su composición, definidamente obrera. Su emergencia coronaba un proceso hasta entonces callado de crecimiento, organización y politización de la clase obrera. La industrialización había avanzado sustantivamente durante la guerra, tanto para exportar a los países vecinos cuanto para sustituir las importaciones, escasas por las dificultades del comercio y también por el boicot norteamericano. Lo cierto es que la ocupación industrial había crecido, y que la masa de trabajadores industriales había empezado a engrosar con migrantes rurales, expulsados por la crisis agrícola. No fue un crecimiento visible, pues a menudo se desarrolló en la periferia de las grandes ciudades como Rosario, La Plata o Buenos Aires, pero sobre todo porque no se trataba de un actor social cuya presencia fuera esperada, ni siquiera para un observador tan sagaz como Ezequiel Martínez Estrada, que lo ignoró en su versión de 1940 de *La cabeza de Goliat*. Pero allí estaban, cada vez más compactos en torno de unos sindicatos de fuerza acrecida, cada vez más entusiasmados con la política de

Perón, y finalmente cada vez más inquietos por su renuncia. En el marco de sus organizaciones, y encabezados por sus dirigentes, quienes todavía no habían despejado todas sus dudas respecto del coronel, marcharon el 17 a la Plaza de Mayo, el centro simbólico del poder, materializando un reclamo que en primer lugar era político pero que tenía profundas consecuencias sociales. Decidieron la crisis en favor de Perón, inauguraron una nueva forma de participación, a través de la movilización, definieron una identidad y ganaron su ciudadanía política, sellando al mismo tiempo con Perón un acuerdo que ya no se rompería. Probablemente algunos de esos significados no fueron evidentes desde un principio —muchos creyeron ver en ellos a los sectores marginales de los trabajadores, la "chusma ignorante" o el "lumpenproletariado"— pero paulatinamente se fueron revelando, al tiempo que una imagen mítica y fundacional iba recubriendo y ocultando la jornada de octubre real.

Con las elecciones a la vista, Perón y quienes lo apoyaban se dedicaron a organizar su fuerza electoral. Los dirigentes sindicales, fortalecidos por la movilización de octubre, decidieron crear un partido político propio, el Laborista, inspirado en el que acababa de triunfar en Inglaterra. Su organización aseguraba el predominio de los dirigentes sindicales, y su programa recogía diversos motivos, desde los más estrictamentes socialistas hasta los vinculados con el dirigismo económico y el estado de bienestar. En el nuevo partido, Perón era, nada más o nada menos, el primer afiliado y el candidato presidencial, una posición todavía distante de la jefatura plena que asumiría luego. Quizá para buscar bases de sustentación alternativas, o para recoger apoyos más amplios fuera del mundo del trabajo, Perón promovió una escisión en el radicalismo, la UCR-Junta Renovadora, a la que se integraron unos pocos dirigentes de prestigio, de entre quienes eligió a Jazmín Hortensio Quijano —un anciano y pintoresco dirigente correntino— para acompañarlo en la fórmula. Las relaciones entre laboristas y radicales renovadores fueron malas: aquéllos pretendían que el coronel Domingo Mercante, que había secundado a Perón en la Secretaría de Trabajo, lo acompañara en la fórmula, pero debieron conformarse con colocarlo como candidato a gobernador de la provincia de Buenos Aires. Apoyaron también a Perón muchos dirigentes conservadores de segunda línea, y sobre todo lo respaldaron el Ejército y la Iglesia, que en una pastoral recomendó, con pocos eufemismos, votar por el candidato del gobierno que había perseguido al comunismo y establecido la enseñanza religiosa.

La Unión Democrática incluyó a los partidos de izquierda pero —por la impugnación de los radicales intransigentes— excluyó a los conservadores, que debieron resignarse a apoyarla desde fuera o pasarse calladamente al bando de Perón, como hicieron muchos, movidos por la vieja rivalidad con el radicalismo. Sus candidatos —José P. Tamborini y Enrique Mosca— provenían del riñón de la conducción alvearista del radicalismo. Su programa era socialmente progresista —tanto quizá como el de Perón—, pero su impacto quedó diluido por el entusiasta apoyo recibido de las organizaciones patronales. Sin embargo, para sus dirigentes y para las masas que esta coalición movilizaba, lo esencial pasaba por la defensa de la democracia y la derrota del totalitarismo, que había sucedido y en cierto modo prolongado al gobierno fraudulento. Así se había pensado la política en los últimos diez años, con la segura convicción de que, en elecciones libres, los adalides de la democracia ganarían.

Pero el país había cambiado, en forma lenta y gradual quizás, aunque el descubrimiento de esas transformaciones fue brusco y espectacular. Perón asumió plenamente el discurso de la justicia social, de la reforma justa y posible, a la que sólo se oponía el egoísmo de unos pocos privilegiados. Estas actitudes sociales, arraigadas en prácticas igualmente consistentes, se venían elaborando en los diez o veinte años anteriores, lo que explica el eco susci-

tado por las palabras de Perón, que contrapuso la democracia formal de sus adversarios a la democracia real de
la justicia social, y dividió la sociedad entre el "pueblo" y
la "oligarquía". Un segundo componente de estos cambios, las actitudes nacionalistas, emergió bruscamente como respuesta a la intempestiva intervención en la elección
del embajador norteamericano Spruille Braden, quien
reanudando el virulento ataque del Departamento de Estado contra Perón, acusado de ser un agente del nazismo,
respaldó públicamente a la Unión Democrática. La respuesta fue contundente: "Braden o Perón" agregó una segunda y decisiva antinomia y terminó de configurar el
bloque del nacionalismo popular, capaz de enfrentar a lo
que quedaba del Frente Popular.

El 24 de febrero triunfó Perón por alrededor de 300 000
votos de ventaja, equivalentes a menos del 10% del electorado. Fue un triunfo claro pero no abrumador. En las
grandes ciudades, fue evidente el enfrentamiento entre
los grandes agrupamientos de trabajadores y los de clases medias y altas, pero en el resto del país las divisiones
tuvieron un significado más tradicional, vinculado al peso de ciertos caudillos, al apoyo de la Iglesia o a la decisión de sectores conservadores de respaldar a Perón. Perón había ganado pero el peronismo estaba todavía por
construirse.

Mercado interno y pleno empleo

El nuevo gobierno mantuvo la retórica antinorteameri-
cana, que elaboró luego en la doctrina de la "tercera posición", distanciada tanto del comunismo como del capitalismo, pero estableció relaciones diplomáticas con la
URSS, e hizo lo posible para mejorar sus relaciones con
Washington. Por presión de Perón, y venciendo las reticencias de muchos antiguos nacionalistas que lo habían
acompañado, el Congreso aprobó en 1946 las Actas de

138

Chapultepec, que permitían el reingreso a la comunidad internacional, y al año siguiente el Tratado Interamericano de Asistencia Recíproca, firmado en Río. En el mismo lugar donde, cinco años antes, el país manifestara plenamente su independencia diplomática, el canciller Juan Atilio Bramuglia se limitó en la ocasión a plantear diferencias menores. Pero la hostilidad norteamericana, alimentada por viejas razones económicas —la competencia de los granjeros— y motivos políticos más recientes, no disminuyó, y Estados Unidos siguió dispuesto a hacer pagar a la Argentina por su independencia durante la guerra. El boicot fue sistemático. El bloqueo a armamentos e insumos vitales no pudo mantenerse en la posguerra, salvo en algunos casos, pero el comercio exterior era vulnerable. Las exportaciones industriales a los países limítrofes, que habían crecido mucho durante la guerra, empezaron a retroceder ante la competencia norteamericana. Las exportaciones agrícolas a Europa —que entraba a la paz literalmente hambrienta— fueron obstaculizadas por Estados Unidos, restringiendo los transportes o vendiendo a precios subsidiados. La apetencia de los países maltrechos por la guerra era demasiado grande para que esto impidiera las ventas, pero en rigor ninguno de ellos poseía ni productos para intercambiar ni divisas convertibles que el país pudiera usar para saldar sus compras en Estados Unidos, de modo que en estos años excepcionales la Argentina cosechó beneficios modestos. En 1948 se lanzó el Plan Marshall, pero Estados Unidos prohibió que los dólares aportados a Europa se usaran para importaciones de la Argentina. Ya desde 1949 las economías europeas se recuperaron, Estados Unidos inundó el mercado con cereales subsidiados y la participación argentina disminuyó drásticamente. Para el gobierno quedaba la esperanza de que una nueva guerra mundial restableciera la situación excepcional de principios de los años cuarenta, y en verdad no faltaban indicios en ese sentido, como la crisis de Berlín o la guerra de Corea, que estalló en 1950. El acotamiento del conflicto, y la rápida respuesta norteamericana para impedir una alteración del mercado mundial, acabaron con la última esperanza.

Gran Bretaña no aceptó las presiones norteamericanas para restringir sus compras en la Argentina. Además de la carne, estaban en juego las libras argentinas bloqueadas en Londres durante la guerra y las inversiones británicas radicadas en el país. La magnitud de las deudas británicas —la Argentina era sólo un acreedor menor— hacía impensable el pago de las libras. La pésima situación de las empresas ferroviarias, la descapitalización y obsolescencia, y la pérdida general de rentabilidad hacían conveniente para los británicos desprenderse de ellas. Luego de una larga y compleja negociación, se arregló la compra de los ferrocarriles por un valor similar a las libras bloqueadas, y un acuerdo sobre venta de carne, que sería en lo sucesivo pagada en libras convertibles. Tras la retórica nacionalista que envolvió esta operación —presentada como parte del programa de independencia económica y celebrada con una gran manifestación en la Plaza de Mayo— se trataba sin duda de un éxito británico, frente a un país que no tenía mejor opción. La crisis financiera británica de 1947 y el abandono de la convertibilidad de la libra acabó con la única ventaja importante obtenida.

Vender cereales fue cada vez más difícil, y vender carne, cada vez menos interesante. La consecuencia fue una reducción de la producción agropecuaria —motivada también por otros aspectos de la política económica— que se acompañó de un crecimiento sustantivo de la parte destinada al consumo interno. El lugar en el mundo que tradicionalmente tenía la Argentina, como productor privilegiado de bienes agropecuarios, fue haciéndose menos significativo y esto contribuyó a definir las opciones —económicas y políticas— que la guerra había planteado.

La guerra mundial, la crisis de los mercados y el aislamiento, acentuado por el boicot norteamericano, habían contribuido a profundizar el proceso de sustitución de importaciones iniciado en la década anterior, que extendiéndose más allá de los límites considerados "naturales" —la elaboración de materias primas locales—, avanzó en el sector metalúrgico y otros. Una empresa típica, Siam Di Tella, que había comenzado elaborando máquinas de amasar y surtidores para YPF, creció notablemente con las heladeras, a las que después sumó ventiladores, planchas y lavarropas. En algunos casos se exportó a países vecinos, que también padecían la falta de los suministros habituales; en otros, se fabricaron localmente los productos importados ausentes: se adaptaron los modelos y los procedimientos, con ingenio y quizá de manera improvisada y poco eficiente, y se usó intensivamente la mano de obra, lo que sumado a las dificultades para incorporar maquinarias hizo que los aumentos de producción implicaran caídas en la productividad laboral. Creció así, junto a las empresas industriales tradicionales, una amplia capa de establecimientos medianos y pequeños, y aumentó en forma notable la mano de obra industrial, que se nutría de la corriente de migrantes internos, cada vez más intensa.

El fin de la guerra y la conclusión de esa suerte de "vacío de poder" en el mundo, que había permitido el crecimiento de sectores industriales marginales como el argentino, planteaba distintas opciones. Abandonada definitivamente la idea de una vuelta a la "normalidad" previa a 1930 o a 1914, quienes estaban vinculados con los grupos empresarios más tradicionales, ubicados tanto en el sector exportador como en el industrial, adoptaban las ideas planteadas por Pinedo en 1940: estimular las industrias "naturales", capaces de producir eficientemente y de competir en los mercados externos, asociarse con Estados Unidos para sustentar su crecimiento, y a la vez mantener un equilibrio entre el sector industrial y el agropecuario, del cual debían seguir saliendo las divisas necesarias para la industria. La opción era difícil, no sólo por la necesidad de recomponer una relación con Estados Unidos que estaba muy deteriorada, así como de procurar firmemente recuperar los mercados de los productos agropecuarios, sino porque suponía una fuerte depuración del sector industrial, eliminar el segmento menos eficiente crecido durante la guerra al amparo de la protección natural que ésta generaba, y afrontar a la vez los costos de una difícil absorción de la mano de obra que quedaría desocupada. Una segunda alternativa había sido planteada por grupos de militares durante la guerra, y recogía tanto motivos estratégicos de las Fuerzas Armadas como ideas que arraigaban en el nacionalismo: profundizar la sustitución, extenderla a la producción de insumos básicos, como el acero o el petróleo, mediante una decidida intervención del Estado, y asegurar así la autarquía. La imagen de la Unión Soviética —que más allá del comunismo, se había convertido en un Estado poderoso— está presente en esta propuesta, y en la subsecuente retórica de los planes quinquenales. Pero, igual que en la Unión Soviética, esto implicaba un enorme esfuerzo para la capitalización, restricciones al consumo y probablemente una "generación sacrificada".

Perón venía participando de estas discusiones, que él mismo promovió en el Consejo de Posguerra constituido en 1944. Su solución fue ecléctica y también novedosa, y tuvo en cuenta principalmente los intereses inmediatos de los trabajadores, que constituían su apoyo más sólido. La inspiración autárquica de los militares se dibuja en el Primer Plan Quinquenal, que debía servir para planificar la economía pero se limitó a una serie de vagos enunciados, y también en la constitución de la empresa siderúrgica estatal SOMISA, que sin embargo todavía seguiría casi en proyecto diez años después. La presencia del sector industrial crecido en la guerra se advierte en su primer equipo económico, a cuya cabeza estaba Miguel Miranda, un fabricante de envases de hojalata, secundado por Raúl Lagomarsino, un industrial del vestido, y asesorado por José Figuerola, un destacado técnico español. Miranda, nombrado presidente del Banco Central, del poderoso Instituto Argentino de Promoción del Intercambio (IAPI) y del Consejo Económico Social, fue durante tres años el conductor de la economía. La política del Estado —dotado como se verá de instrumentos mucho más poderosos— apuntó a la defensa del sector industrial instalado, y a su expansión dentro de las pautas vigentes de protección y facilidad. Éste recibió amplios créditos del Banco Industrial, protección aduanera para eliminar competidores externos y divisas adquiridas a tipos preferenciales para equiparse. Además, las políticas de redistribución de ingresos hacia los sectores trabajadores contribuían a la expansión sostenida del consumo. En ese singular período, la alta ocupación y los salarios en alza trajeron aparejada una expansión de la demanda y una inflación cuyos niveles empezaron a elevarse, pero a la vez ganancias importantes para los empresarios.

En suma, Perón había optado por el mercado interno y por la defensa del pleno empleo. Se trataba de una verdadera "cadena de la felicidad", que pudo financiarse principalmente por la existencia de una abundante reserva de divisas, acumulada durante los prósperos años de la guerra, y que permitió en la posguerra un acelerado, desenfrenado y con frecuencia poco eficiente equipamiento industrial. Desafiando las leyes de la contabilidad, y con la esperanza puesta en una nueva guerra mundial, en esos años se gastó en el exterior mucho más de lo que entraba. Por otra parte, el IAPI monopolizó el comercio exterior y transfirió al sector industrial y urbano ingresos provenientes del campo, mediante la diferencia entre los precios pagados a los productores y los obtenidos por la venta de las cosechas en el exterior. Era un golpe fuerte al sector agropecuario, al que sin duda ya no se consideraba la "rueda maestra" de la economía, o al que quizá se suponía capaz de soportarlo todo. Los productores rurales padecían también por la falta de insumos y maquinarias —para las que no había cambio preferencial—, el congelamiento de los arrendamientos, que afectó el ciclo natural de recuperación de la fertilidad de la tierra, y el costo más alto de la mano de obra, debido a la vigencia del Estatuto del peón. Todas estas razones agudizaron la caída de la superficie cultivada, al tiempo que el aumento del consumo interno —reflejado en el trigo, y sobre todo en la carne— reducía aún más las disponibilidades para la exportación.

La política peronista se caracterizó por un fuerte impulso a la participación del Estado en la dirección y regulación de la economía; desarrolló tendencias iniciadas en la década anterior, bajo las administraciones conservadoras, pero las extendió y profundizó, según una corriente de inspiración keynesiana difundida en muchas partes durante la posguerra. A la vez, hubo una generalizada nacionalización de las inversiones extranjeras, particularmente de empresas controladas por capital británico, que se hallaba en pleno proceso de repatriación; se adjudicó a esto una gran importancia simbólica, expresada en la fórmula de la Independencia Económica, solemnemente proclamada en Tucumán el 9 de julio de 1947. A los ferrocarriles se sumaron los teléfonos, la empresa de gas y algunas compañías de electricidad del interior, sin afectar sin embargo a la legendaria CADE que servía a la Capital. Se dio fuerte impulso a Gas del Estado, construyendo el gasoducto desde Comodoro Rivadavia, a la Flota Mercante —a la que se incorporaron las naves del extenso grupo Dodero— y a la incipiente Aerolíneas Argentinas. El Estado avanzó incluso en actividades industriales, no sólo por la vía de las fábricas militares sino con un grupo de empresas alemanas nacionalizadas, que integraron el grupo DINIE. Pero la reforma más importante fue la nacionalización del Banco Central. Desde él se manejaba la política monetaria y la crediticia, y también el comercio exterior, pues los depósitos de todos los bancos fueron nacionalizados, y al Banco Central se le asignó el control del IAPI.

Así, la nacionalización de la economía y su control por el Estado fueron una de las claves de la nueva política económica. La otra —y quizá la primera— tuvo que ver con los trabajadores, con el mantenimiento del empleo y con la elevación de su nivel de vida. Esto tenía probablemente raíces políticas más importantes que las económicas: el terror a las posibles consecuencias sociales del desempleo, el recuerdo de la crisis de la primera posguerra —de la que Perón mismo tuvo una experiencia directa, cuando participó en la represión de los amotinados de Vasena— así como la misma experiencia europea de entreguerra y también de posguerra, debe haber influido no sólo en el diseño político más general sino en el privilegio, en materia de política económica, de la salvaguardia del empleo industrial primero y de la redistribución de los ingresos después. Pero a la vez, la justicia social sirvió para el sostenimiento del mercado interno. Entre 1946 y 1949 se extendieron y generalizaron las medidas sociales lanzadas antes de 1945. Por la vía de las negociaciones colectivas, garantizadas por la ley, los salarios empezaron a subir notablemente. A ello se agregaron las vacaciones pagas, las licencias por enfermedad o los sistemas sociales de medicina y de turismo, actividades en las que los sindicatos tuvieron un importante papel. Por otros caminos, el Estado benefactor contribuyó decisivamente a la elevación del nivel de vida: congelamiento de los alquileres, establecimiento de salarios mínimos y de precios máximos, mejora de la salud pública —la acción del ministro Ramón Carrillo fue fundamental—, planes de vivienda, construcción de escuelas y colegios, organización del sistema jubilatorio, y en general todo lo relativo al campo de la seguridad social.

El Estado peronista

Esta combinación de lo conseguido y lo concedido es reveladora de la compleja relación establecida entre los trabajadores y el Estado. Los términos en que ésta se había desarrollado hasta las elecciones se modificaron radicalmente enseguida después del triunfo. Justificándose en la innumerable cantidad de conflictos entre laboristas y radicales renovadores, Perón ordenó la disolución de los distintos nucleamientos que lo habían apoyado, y entre ellos el Partido Laborista, a través del cual los viejos sindicalistas aspiraban a conducir una acción política autónoma, solidaria con Perón pero independiente. La decisión —que culminaría en la creación del Partido Peronista— fue al principio resistida, pero en definitiva sólo Cipriano Reyes, el dirigente de los frigoríficos de Berisso, se enfrentó con Perón, ganándose una enconada persecución. Poco después, en enero de 1947, Perón eliminó de la dirección de la CGT a Luis Gay, veterano gremialista e inspirador del Partido Laborista, y uno de los propulsores del proyecto autónomo, y lo reemplazó por un dirigente de menor cuantía, indicando así la voluntad de subordinar al Estado la cúpula del movimiento obrero. Nuevamente, no hubo resistencias: probablemente para el grueso de los trabajadores la solidaridad con quien había hecho realidad tantos beneficios importaba más que una autonomía política cuyos propósitos, en ese contexto, no resultaban claros.

Pero a la vez, la organización obrera se consolidó firmemente. Como ha mostrado Louise Doyon, la sindicalización, escasa hasta 1943, se extendió rápidamente a los gremios industriales primero y a los empleados del Estado después, alcanzando su máximo hacia 1950. La ley de Asociaciones Profesionales aseguraba la existencia de grandes y poderosas organizaciones —un sindicato por rama de industria y una confederación única—, con fuerza para negociar de igual a igual con los representantes patronales, pero a la vez dependientes de la "personería gremial", otorgada por el Estado. Las orientaciones y demandas circulaban preferentemente desde arriba hacia abajo, y la CGT, conducida por personajes mediocres, fue la responsable de transmitir las directivas del Estado a los sindicatos y de controlar a los díscolos. Similar fue la función de los sindicatos respecto de las organizaciones de base: controlar, achicar el espacio de acción autónoma, intervenir a las secciones demasiado inquietas; a la vez, se hicieron cargo de funciones cada vez más complejas, tanto en la negociación de los convenios como en las actividades sociales, y debieron desarrollar una administración especializada, de modo que la fisonomía de los dirigentes sindicales, convertidos en una burocracia estable, se diferenció notablemente de la de los viejos luchadores. En la base, la acción sindical conservó una gran vitalidad, por obra de las comisiones internas de fábrica, que se ocuparon de infinidad de problemas inmediatos referidos a las condiciones de trabajo, negociaron directamente con patronos y gerentes, y establecieron en la fábrica un principio bastante real de igualdad. En los primeros años, hasta 1949, las huelgas fueron numerosas, y se generaron al impulso de las reformas lanzadas desde el gobierno, para hacerlas cumplir o extenderlas, con la convicción por parte de los trabajadores de que se ajustaban a la voluntad profunda de Perón.

Éste, sin embargo, se preocupaba por esa agitación sin fin y procuraba profundizar el control del movimiento sindical. Los gremialistas que lo acompañaron inicialmente fueron alejándose, reemplazados por otros elegidos por el gobierno y más proclives a acatar sus indicaciones. Las huelgas fueron consideradas inconvenientes al principio, y francamente negativas luego: se procuró solucionar los conflictos mediante los mecanismos del arbitraje, y en su defecto se optó por reprimirlos, ya sea por mano del propio sindicato o de la fuerza pública. Desde 1947 Eva Perón, esposa del presidente, se dedicó desde la Secretaría de Trabajo —el lugar dejado vacante por Perón— a cumplir las funciones de mediación entre los dirigentes sindicales y el gobierno, facilitando la negociación de los conflictos con un estilo muy personal que combinaba la persuasión y la imposición.

La relación entre Perón y el sindicalismo —crucial en el Estado peronista— fue sin duda compleja, negociada y difícilmente reducible a una fórmula simple. Pese a la fuerte presión del gobierno sobre los sindicatos y a la decisión de controlar su acción, éstos nunca dejaron de ser la expresión social y política de los trabajadores. Desde la perspectiva de éstos, el Estado no sólo facilitaba y estimulaba su organización y los colmaba de beneficios, sino que creaba una situación de comunicación y participación fluida y hasta familiar, de modo que estaban lejos de considerarlo como algo ajeno. El Estado peronista, a su vez, tenía en los trabajadores su gran fuerza legitimadora, y los reconocía como tal; y no de un modo retórico o abstracto, sino referido a sus organizaciones y a sus dirigentes, a quienes concedió un lugar destacado.

Pero a la vez, el Estado peronista procuró extender sus apoyos a la amplia franja de sectores populares no sindicalizados, con quienes estableció una comunicación profunda, aunque de índole diferente, a través de Eva Perón y de la Fundación que llevó su nombre. Financiada con fondos públicos y aportes privados más o menos voluntarios, la Fundación realizó una obra de notable magnitud: creó escuelas, hogares para ancianos o huérfanos y policlínicos; repartió alimentos y regalos navideños; estimuló el turismo y los deportes, a través de campeonatos infantiles o juveniles de dimensión nacional, bautizados con los nombres de la pareja gobernante. Sobre todo, practicó la acción directa: las unidades básicas —organizaciones celulares del Partido— detectaban los casos particulares de desprotección y transmitían los pedidos a la Fundación donde, por otra parte, la propia Eva Perón recibía cotidianamente, sin fatiga, una permanente caravana de solicitantes que obtenían una máquina de coser, una cama en el hospital, una bicicleta, un empleo o una pensión quizá, un consuelo siempre. Eva Perón resultaba así la encarnación del Estado benefactor y providente, que a través de la "Dama de la Esperanza" adquiría una dimensión personal y sensible. Sus beneficiarios no eran exactamente lo mismo que los trabajadores: muchos carecían de la protección de sus sindicatos, y todo lo debían al Estado y a su intercesora. Los medios de difusión machacaron incesantemente sobre esta imagen, entre benefactora y reparadora, replicada luego por la escuela, donde los niños se introducían a la lectura con "Evita me ama". La experiencia de la acción social directa, sumada al reiterado discurso del Estado, terminaron constituyendo una nueva identidad social, los "humildes", que completó el arco popular de apoyo al gobierno.

Según una concepción que se desarrolló más ampliamente a medida que transcurrían los años, el Estado debía vincularse con cada uno de los sectores de la sociedad, que era considerada como una comunidad y no como la suma de individuos, y aspiraba a que cada uno de ellos se organizara y constituyera su representación corporativa. Con mayor o menor fortuna, aspiró a organizar a los empresarios, reuniendo en la Confederación General Económica a todas las representaciones sectoriales, así como a los estudiantes universitarios o a los profesionales. Intentó también, con cautela, redefinir las relaciones con las grandes corporaciones tradicionales. Con la Iglesia existió un acuerdo básico, que se tradujo en el poco velado apoyo electoral de 1946. El gobierno peronista mantuvo la enseñanza religiosa en las escuelas, y concedió la conducción de las universidades a personajes vinculados con el clericalismo hispanófilo. Reservó un lugar importante en el ceremonial público a los altos prelados, como monseñor Copello, e incorporó a su elenco político a algunos sacerdotes, como el padre Benítez, confesor de Eva Perón, o el padre Virgilio Filippo, fogoso cura párroco del barrio de Belgrano, que cambió el púlpito por una banca en el Congreso. Fue sin embargo una relación algo distante: un grupo importante de eclesiásticos —entre ellos monseñor Miguel D'Andrea—, preocupados por el autoritarismo creciente, se alineó firmemente en el lado de los opositores; otros lamentaron la renuncia de Perón a las consignas nacionalistas, y otros muchos miraron con reservas algunos aspectos de la política democratizadora de las relaciones sociales, como por ejemplo la igualación de derechos entre hijos "naturales" y "legítimos".

Con respecto a las Fuerzas Armadas, aunque Perón recurrió habitualmente a oficiales para desempeñar funciones de importancia, se cuidó inicialmente tanto de inmiscuirse en su vida interna como de darles cabida institucional en el gobierno. Sobre todo, procuró conservar la identificación establecida en 1943 entre las Fuerzas Armadas y un gobierno del que se quería continuador: el 4 de junio, "olímpico episodio de la historia", siguió siendo un fausto fundador; temas centrales del gobierno, como la independencia económica, la unidad nacional y el orden, y sobre todo la imagen de un mundo en guerra donde la neutralidad se traducía en la "tercera posición", sirvieron para consolidar un campo de solidaridades común, alterado sin embargo por el estilo excesivamente plebeyo que los militares veían en el gobierno, y sobre todo por la presencia, acción y palabra, difíciles de aceptar, de la esposa del presidente.

Según la concepción de Perón, el Estado, además de dirigir la economía y velar por la seguridad del pueblo, debía ser el ámbito donde los distintos intereses sociales, previamente organizados, negociaran y dirimieran sus conflictos. Esta línea —ya esbozada en la década de 1930— se inspiraba en modelos muy difundidos por entonces, que pueden filiarse tanto en Mussolini como en el mexicano Lázaro Cárdenas, y rompía con la concepción liberal del Estado. Implicaba una reestructuración de las instituciones republicanas, una desvalorización de los espacios democráticos y representativos y una subordinación de los poderes constitucionales al Ejecutivo, lugar donde se asentaba el conductor, cuya legitimidad derivaba menos de esas instituciones que del plebiscito popular.

Paradójicamente, un gobierno surgido de una de las escasas elecciones inobjetables que hubo en el país recorrió con decisión el camino hacia el autoritarismo. Así, en 1947 reemplazó a la Corte Suprema mediante un juicio político escasamente convincente. Utilizó ampliamente el recurso de intervenir las provincias; en muchos casos —en Santa Fe, Catamarca, Córdoba, entre otros—, y en la mejor tradición argentina, lo hizo para resolver cuestiones entre sectores de su heterogénea cohorte de apoyos. Pero en un caso, en Corrientes, y sin que mediara conflicto alguno, lo usó para deponer al único gobernador no peronista elegido en 1946. Una ley acabó en 1947 con la autonomía universitaria, estableciendo que toda designación docente requería de un decreto del Ejecutivo. El Poder Legislativo fue formalmente respetado —el *corpus* legislativo elaborado en esos años fue abundante— pero se lo vació de todo contenido real: los proyectos se preparaban en oficinas de la Presidencia, y se aprobaban sin modificaciones; los opositores fueron acusados de desacato, excluidos de la Cámara o desaforados, como ocurrió en 1949 con Ricardo Balbín, y la discusión parlamentaria fue eludida recurriendo al "cierre del debate", especialidad del diputado Astorgano. En 1951, una modificación del sistema de circunscripciones electorales —diagramado por Román Subiza, secretario de Asuntos Políticos— redujo al mínimo la representación opositora en la Cámara de Diputados. El avance del Ejecutivo llegó también al "cuarto poder": con recursos diversos, el gobierno formó una importante cadena de diarios y otra de radios, que condujo desde la Secretaría de Prensa y Difusión, administrada por Raúl Alejandro Apold, a quien la oposición solía comparar con el doctor Goebbels. Los diarios independientes fueron presionados de mil maneras: cuotas de papel, restricciones a la circulación, clausuras temporarias, atentados, y en dos casos extremos —*La Prensa* y *La Nueva Provincia*, en 1951— la expropiación. La reforma de la Constitución, realizada en 1949, acabó con la última y gran salvaguardia institucional al autoritarismo y estableció la posibilidad de la reelección presidencial. Dos años después, en noviembre de 1951, Juan Domingo Perón y J. Hortensio Quijano fueron reelectos, obteniendo en la ocasión —cuando votaron por primera vez las mujeres— alrededor de las dos terceras partes de los sufragios.

Para Perón, tan importante como afirmar la preeminencia del Ejecutivo sobre el resto de las instituciones republicanas fue dar forma al heterogéneo conjunto de fuerzas que lo apoyaba, proveniente de diferentes sectores, con tradiciones diversas, y muchas veces nutrido de cuadros y militantes sin experiencia ni formación política. A todo ello había que darle un disciplinamiento y organización acordes con los principios políticos más generales del peronismo, y además evitar tanto los conflictos internos como la posibilidad de que encarnaran y transmitieran tensiones y demandas desde la base de la sociedad. Para ello recurrió a un método muy tradicional, ya practicado por Roca, Yrigoyen y Justo: el uso de la autoridad del Estado para disciplinar las fuerzas propias, y uno novedoso, la utilización de su liderazgo personal e intransferible —compartido con su esposa—, que se constituyó naturalmente pero que luego fue cuidadosamente alimentado por la maquinaria propagandística. En el Congreso, Perón exigió de cada diputado o senador una renuncia en blanco, como garantía de su disciplina. El Partido Peronista, creado en 1947, adoptó una organización totalmente vertical, donde cada escalón se subordinaba a la decisión del nivel superior, hasta culminar en el líder, presidente del país y del partido, con derecho a modificar cualquier decisión partidaria. Se trataba de una versión local del célebre *Führerprinzip* alemán, pero su aplicación fue menos dramática: el Partido —manejado por el almirante Teisaire— se limitó a organizar las candidaturas, y Perón a arbitrar en los casos difíciles o a mencionar simplemente quiénes debían ser electos. La organización se modificó varias veces y, como mostró Alberto Ciria, los organigramas, cada vez más complejos, acentuaron la verticalidad. Finalmente, el Partido fue incluido dentro del Movimiento, junto con el Partido Peronista Femenino —que organizó Eva Perón— y la CGT, a las órdenes del Jefe Supremo, a quien se subordinaban el Comando Estratégico y los Comandos Tácticos.

Además de esta terminología militar, la organización incluía un elemento revelador: en cada nivel se integraba la autoridad pública ejecutiva respectiva —intendente, gobernador o presidente— con lo cual quedaba claro, y puesto por escrito, que movimiento y nación eran considerados una misma cosa. Lo que inicialmente fue la doctrina peronista se convirtió en la Doctrina Nacional, consagrada en esos términos por la Constitución de 1949, que articulaba tanto al Estado como a la Comunidad Organizada. Estado y movimiento, movimiento y comunidad confluían en el líder, quien formulaba la doctrina y la ejecutaba, de manera elástica y pragmática, con su arte de conductor que aunque personal e intransferible podía ser enseñado a quienes asumieran los comandos subordinados. Se combinaban aquí las tradiciones del Ejército, donde la conducción es un capítulo fundamental del mando, y la de los modernos totalitarismos que, en su versión fascista, sin duda impresionaron a Perón.

Esta retórica era sin duda ajena a la tradición política principal del país, liberal y democrática, aunque su emergencia no puede resultar absolutamente extraña si se recuerda lo que fueron anteriormente las prácticas concretas: ni la identificación del partido con la nación, ni la marginación del Congreso, ni la identificación entre el jefe del Estado y el jefe del partido oficial eran novedades absolutas. Por otra parte, si el peronismo segó sistemáticamente los ámbitos de participación autónoma, ya fueran estos partidarios, sindicales o civiles, y tuvo una tendencia a penetrar y "peronizar" cualquier espacio de la sociedad civil, no es menos cierto que encarnó y concretó un vigorosísimo movimiento democratizador, que aseguró los derechos políticos y sociales de vastos sectores hasta entonces al margen, culminando con el establecimiento del voto femenino y la instrumentación de medidas concretas para asegurar a la mujer un lugar en las instituciones. Los conceptos más tradicionales de democracia no alcanzan a dar cuenta de esta forma, muy moderna, de democracia de masas.

Esta singular forma de democracia se constituía desde el Estado. Los diversos actores que conformaban su base de sustentación eran considerados como "masas", es decir un todo indiferenciado, cuya expresión autónoma o específica no era valiosa, y que debía ser moldeado, inculcándole la "doctrina". A ello se dirigía la propaganda masiva, que saturaba los medios de comunicación —utilizados por primera vez en forma sistemática— y también la escuela. El régimen tuvo una tendencia definida a "peronizar" todas las instituciones, y a convertirlas en instrumentos de adoctrinamiento. Sería difícil dudar de la eficacia de estos mecanismos, que se traducían en un sufragio masivo en favor de Perón o los candidatos por él indicados.

Pero la forma más característica y singular de la política de masas eran las movilizaciones y concentraciones. Realizadas en días fijos —1º de mayo, 17 de octubre— y en ocasiones especiales, cuando había que celebrar algo o ratificar alguna decisión política— conservaban mucho del *pathos* desafiante, espontáneo y contestatario de la movilizacion fundadora del peronismo, pero ritualizado y atemperado, más en memoria y potencia que en acto. Ya no eran espontáneas sino convocadas, con suministro de medios de transporte; ordenadas y encuadradas, hasta incluyeron controles de asistencia. Sobre todo, eran jornadas festivas, despojadas de elementos de enfrentamiento real, salvo con la metafórica "oligarquía" o "antipatria", que expresaban antes la unidad de la nación que de sus conflictos: en la "fiesta del trabajo" —según el inspirado verbo de Oscar Ivanissevich, ministro de Educación y vate oficial— los trabajadores, "unidos por el amor de Dios", se reunían "al pie de la bandera sacrosanta". En rigor, este proceso no era nuevo y la lenta transición de la jornada combativa a la festiva se inicia en la década de 1920. En rigor también, la tradición contestataria era recordada y mantenida tanto por Perón como sobre todo en las palabras ásperas, llenas de furor plebeyo y desafío clasista de Eva Perón.

Al renovar el pacto fundador entre el líder y el pueblo, las grandes concentraciones cumplían un papel fundamental en la legitimación plebiscitaria del régimen, que era considerada mucho más importante que la electoral. Además, eran el momento privilegiado en la constitución de una identidad, que resultaba tanto trabajadora y popular como peronista. Todo preparaba el momento privilegiado de la recepción del discurso del líder que, al apelar desde el "balcón" a los "compañeros", incluía tanto una definición de su lugar, más allá de las pasiones y de los conflictos, como del de quienes lo apoyaban y aceptaban su dirección —la patria, el pueblo, los trabajadores—, y de los enemigos, calificados como la antipatria y, como tales, excluidos del sistema de convivencia, pues "a los enemigos, ni justicia". Silvia Sigal y Eliseo Verón han señalado la incorporación definitiva a la cultura política popular de dos elementos difícilmente asimilables a la tradición democrática más clásica: la verticalidad y el faccionalismo, convertidos desde entonces en valores políticos.

¿Hasta qué punto esto fue responsabilidad exclusiva del peronismo? La oposición terminó ocupando el lugar asignado en este sistema. La derrota de 1946 desarticuló totalmente el proyecto de la Unión Democrática —última figuración del Frente Popular— y enfrentó a los partidos opositores con una cuestión difícil: desde dónde enfrentar a Perón. Los socialistas, apartados de toda representación política, mantuvieron su caracterización de "nazifas-

155

cismo", denunciaron los avances hacia el autoritarismo y consideraron que la prioridad era acabar con el régimen; los grupos de socialistas que intentaban una postura más comprensiva hacia los trabajadores que habían adherido al peronismo no lograron quebrar la sólida y ya anquilosada estructura partidaria. Algo similar ocurrió en el Partido Comunista: hubo un período de acercamiento y simpática comprensión, por la vía de las organizaciones de trabajadores, que culminó con la expulsión de los dirigentes que la propiciaron. Los conservadores sufrieron el cimbronazo de una cantidad de dirigentes que se "pasaron", pero finalmente se reconstituyó, en una línea de oposición frontal, fundada en la defensa de la legalidad republicana.

En el radicalismo el proceso fue más amplio. La derrota de 1946 abrió el camino a la renovación partidaria y una coalición de intransigentes renovadores y sabattinistas, críticos de la estrategia de la Unión Democrática, desplazó a los "unionistas" que venían del tronco alvearista. En 1947, en la Convención de Avellaneda, el Movimiento de Intransigencia y Renovación había formulado sus principios, que transformaban sustancialmente el programa radical, hasta entonces ambiguo e impreciso. El MIR, sin renunciar a la defensa de la Constitución y de la República, combatió al peronismo desde una posición que se presentaba como más progresista, tanto en lo social como en lo nacional, y lo hizo con más soltura a medida que el régimen, por las exigencias del gobierno, fue abandonando sus posiciones iniciales más avanzadas. Mientras el grupo unionista optaba por el desafío frontal y especulaba con un golpe militar, los intransigentes discutieron en el Congreso cada uno de los proyectos gubernamentales, coincidieron a veces, y señalaron objeciones fundadas y atendibles en muchos casos. En el grupo de los cuarenta y cuatro diputados, presidido por Ricardo Balbín y Arturo Frondizi, se formó toda la dirigencia radical posperonista. Pero no llegaron a constituirse en una verdadera oposición democrática, en parte porque entre muchos de ellos el faccionalismo era también muy fuerte, pero sobre todo porque la mayoría peronista no estaba dispuesta a convertir al Congreso en un lugar de debate, e incluso a tolerar que fuera una tribuna de los disidentes con la Doctrina Nacional. Todos los recursos se usaron para acallar sus voces y, finalmente, para ubicarlos en la posición que previamente se les había asignado.

Un conflicto cultural

La virulencia del discurso político y sobre todo los encendidos ataques a la "oligarquía", no se correspondían con una conflictividad social real ni mucho menos con una guerra social, como parecía desprenderse de aquéllos. El régimen peronista no atacó ningún interés fundamental de las clases altas tradicionales, aunque algunos segmentos de ellas pudieran verse afectados por la política agropecuaria. Las instituciones que expresaban los intereses corporativos de los propietarios —la Sociedad Rural, la Unión Industrial y otras— no se opusieron públicamente al gobierno, e incluso aceptaron discretas cooptaciones. Hubo sí, nuevas incorporaciones de empresarios exitosos, y sobre todo de quienes supieron aprovechar vinculaciones y prebendas para hacer jugosos negocios. En el imaginario social ocupó un lugar importante el "nuevo rico", el *parvenu*, que se mezcló con otros nuevos integrantes de una elite dirigente que, ciertamente, era mucho más variada que la anterior a 1945: los sindicalistas ocuparon puestos visibles, junto con una nueva camada de políticos, deportistas o artistas. Las clases medias tradicionales tuvieron quizá más motivos de queja, especialmente quienes gozaban de rentas fijas, reducidas por la inflación, o quienes perdieron sus empleos estatales. Pero en cambio se nutrieron de nuevos y vigorosos contingentes llegados por las vías más tradicionales de la sociedad argentina: la modesta prosperidad económica de los trabajadores, y la educación de sus hijos, pues una de las características salientes de estos años fue la formidable expansión de la matrícula en la enseñanza media y la no menos notable expansión de la universitaria.

Las migraciones internas habían venido modificando profundamente la fisonomía de los sectores populares. En ellas, la crisis de la agricultura pampeana operó tan fuertemente como la oferta de trabajo industrial, y estabilizada ésta, fue la mera atracción de la vida en las ciudades, que reflejaba los procesos de modernización y aparición de expectativas y aspiraciones nuevas, generalizadas por la radio y el cine. Durante los años finales de la década del treinta y el período de la guerra predominaron los migrantes de las zonas pampeanas más cercanas y luego se incorporaron los provenientes del Interior tradicional, con quienes se construyó la imagen social del "cabecita negra". Con ellos se expandieron los cinturones de las grandes ciudades —el Gran Buenos Aires, Gran Rosario, Gran Córdoba— donde se repitió una historia social ya conocida: el lote modesto, la casita precaria, construida por partes —con la novedad de los planes sociales de vivienda— y el esfuerzo societario para urbanizar el lugar.

La novedad de esta historia, que prolongaba el secular proceso de expansión de la sociedad argentina, fue la brusca incorporación de los sectores populares a ámbitos visibles, anteriormente vedados. Más allá de su significado político, el 17 de octubre fue simbólico precisamente por eso. Estimulados y protegidos por el Estado peronista, y aprovechando una holgura económica novedosa, los sectores populares se incorporaron al consumo, a la ciudad, a la política. Compraron ropas y calzados, y también radios o heladeras, y algunos las "motonetas" que el líder se encargaba de promocionar. Viajaron por el país, gracias a los planes de turismo social, y accedieron a los lugares de esparcimiento y diversión, aprovechando la generalización del sábado inglés y aun el asueto sabatino total para algunos de ellos. Se llenaron las canchas de fútbol, las plazas y parques, el Parque Retiro y los lugares de baile —como La Enramada— donde la música folclórica recordaba la vieja identidad y facilitaba la asunción de la nueva. Sobre todo, fueron al cine, la gran diversión de aquellos años. Invadieron la ciudad, incluso el centro, y lo usaron todo. Ejercieron plenamente una ciudadanía social, que nació íntimamente fusionada con la política.

El reconocimiento de la existencia del pueblo trabajador y el ejercicio de nuevos derechos estuvo asociado con la acción del Estado, y la justicia social fue una idea clave y constitutiva tanto del discurso del Estado —que derivó de ella la doctrina llamada "justicialista"— como de la nueva identidad social que se constituía. Los materiales de esta idea se habían ido conformando en las dos décadas anteriores, tanto por obra de las experiencias de los sectores populares como de diversas fuentes discursivas, del socialismo a la doctrina de la Iglesia. Todo ello había decantado en una percepción, racional y emotiva a la vez, de las injusticias de la sociedad —manifiesta tanto en un discurso de Alfredo Palacios como en una película de Tita Merello— unida a una acción racional para solucionar sus aspectos más visibles, para alcanzar mejoras, quizá modestas pero posibles e inmediatas, en las que el Estado benefactor tenía la responsabilidad principal y la propia organización de los interesados era relegada a una situación ancilar. Lo singular —ha subrayado con justeza José Luis Romero— fue la combinación de esta nueva concepción con aquella otra más espontánea y verdaderamente constitutiva de la sociedad argentina moderna: la ideología de la movilidad social. La acción del Estado no sustituía la clásica aventura individual del ascenso, sino que aportaba el empujón inicial, la eliminación de los obstáculos más gruesos, para que los mecanismos tradicionales pudieran empezar a funcionar. La justicia social venía a completar así el proceso secular de integración de la sociedad argentina, y la identidad que se constituyó en torno de ella fue a la vez obrera e integrativa. A diferencia de las décadas anteriores, todo lo referente al mundo del trabajo, y a la misma dignidad inherente a él, tuvo un significado central, reforzado por el papel de la institución obrera por excelencia —el sindicato— en innumerables ámbitos de la vida, laboral y no laboral, pues de la mano del sindicato los trabajadores tanto aseguraron su salud como accedieron al turismo o al deporte. Los trabajadores se integraron a la nación de la mano del Estado y a la vez se incorporaron a la sociedad establecida, de cuyos bienes acumulados aspiraban a disfrutar, con prácticas típicas ya desarrolladas por quienes, en épocas anteriores, habían seguido el mismo proceso de integración.

El Estado facilitó el acceso a dichos bienes. Al fuerte estímulo a la educación —particularmente en el nivel medio— se agregó la protección y promoción de las diversas actividades culturales: conciertos y representaciones teatrales a precios populares, apertura del Teatro Colón a actividades más variadas, y una fuerte protección a la industria cinematográfica, que se sumaron al crecimiento natural de la radiofonía. El Estado distribuía, y el público recibía, junto con los bienes, una dosis masiva de propaganda. La mayoría de los diarios y todas las radios fueron manejadas, directa o indirectamente, desde la Secretaría de Prensa y Difusión. El agudo Enrique Santos Discépolo o el mediocre Américo Barrios fueron las voces de una propaganda oficial que también desbordaba en los relatos deportivos de Luis Elías Sojit, y que finalmente se instaló en las escuelas, cuando *La razón de mi vida*, el libro de Eva Perón, fue establecido como texto obligatorio.

El Estado facilitaba el acceso a la cultura erudita, pero sobre todo distribuía cultura "popular", que incluía mucho de lo folclórico tradicional —como lo podían expresar Antonio Tormo o Alberto Castillo— y mucho de comercial. Pero en conjunto, distribuía en el imaginario de la sociedad los modelos sociales y culturales establecidos, de la misma manera que, décadas antes, lo había hecho la revista *El Hogar*: eso es lo que se veía en el cine de los teléfonos blancos, con su imagen convencional de las clases tradicionales, tal como las podía encarnar Zully Moreno, o en los libros escolares, donde los trabajadores eran representados en su hogar, sentados en un sillón, con saco y corbata y leyendo el diario. Distribuía también una cierta visión de la tradición nacional, manifiesta en la preocupación por develar el mítico ser nacional que debía unificar a la comunidad. Curiosamente, para este movimiento alguna vez surgido del nacionalismo, esa tradición se encarnaba en primer lugar en San Martín, el Libertador —el centenario de su muerte fue profusamente conmemorado—, que prefiguraba al segundo Libertador, y luego —conspicuamente ausente Rosas— en la más clásica tradición liberal, la de Urquiza, Mitre, Sarmiento y Roca, con cuyos nombres fueron bautizadas las líneas de los ferrocarriles nacionalizados. Ese momento fundacional se separaba del presente por un pasado negro y ominoso, de una densidad tal que el peronismo —sin perder su arraigo en la tradición— podía exhibir plenamente su dimensión fundadora y revolucionaria, legitimada en un futuro en construcción. Un pasado negro y un presente rosa, un antes y un ahora, eran los elementos centrales que organizaban los textos y discursos peronistas.

Esa construcción discursiva, y la forma elegida de difundirla, no necesitó tanto de verdaderos intelectuales como de mediadores un poco militantes y otro poco obsecuentes. Ciertamente, pese al apoyo disponible, la creación intelectual y artística fue escasa en el medio oficial, donde pueden recordarse pocas figuras notables: el filósofo Carlos Astrada, los escritores Leopoldo Marechal y María Granata, el poeta Horacio Rega Molina. Los mejores intelectuales y creadores críticos e innovadores convivieron, junto con los de la antigua cultura establecida y un poco caduca, en instituciones surgidas al margen del Estado, y animadas por un cierto fuego sagrado: Ver y Estimar, Amigos de la Música, el Colegio Libre de Estudios Superiores, que funcionó como Universidad alternativa, y la revista *Sur*, donde el esteticismo cosmopolita y apolítico hacía las veces de una ideología opositora. Quizá lo más novedoso de estos años en materia de creación cultural haya sido el auge del teatro "independiente", cultivado por artistas no profesionales, donde encontró terreno adecuado una renovada producción nacional —a partir de *El puente*, de Carlos Gorostiza, estrenado en 1949— que contrastó con la chatura repetitiva de los grandes teatros comerciales o estatales.

El peronismo había surgido, en los años de la guerra y la inmediata posguerra, en el marco de un fuerte conflicto social, alimentado desde el mismo Estado. Con el correr del tiempo, derivó por una parte en un fuerte enfrentamiento político, que separaba al oficialismo de la oposición, y por otra en un conflicto que, más que social, era cultural. El Estado había trabajado mucho para encuadrar los conflictos sociales en una concepción más general de la armonía de clases, la comunidad de intereses y la negociación, que él arbitraba, y a la vez había desplazado el conflicto al campo del imaginario de la sociedad.

Fue un conflicto cultural, infinitamente más violento que el existente entre los intereses sociales básicos, el que opuso lo "oligárquico" con lo "popular". Lo popular combinaba las dimensiones trabajadora e integrativa, y carecía de aquellos componentes clasistas que, en otras sociedades, se manifiestan en una cultura cerrada y centrada en sí misma. No se apoyó en un modelo cultural diferente del establecido sino en una manera diferente y más amplia de apropiarse de él, de participar de algo juzgado valioso y ajeno. En esa perspectiva, la oligarquía —fría y egoísta— era quien pretendía restringir el acceso a esos bienes y excluir al pueblo. Se trataba de una definición precisa en cierto sentido, sobre todo ético, pero socialmente muy difusa, y permitía combinar un violento ataque discursivo —particularmente en la voz plebeya de Eva Perón— con escasas acciones concretas en contra de los supuestos destinatarios, la "oligarquía encerrada en sus madrigueras". Inversamente, desde la oposición, la resistencia a las prácticas políticas del peronismo se combinaba con la irritación ante la forma peronista del proceso de democratización social: hubo en ellos mucho de reacción horrorizada frente a la invasión popular de los espacios antaño propios, y mucho de ira ante la pérdida de la deferencia y el respeto, que juzgaban producto de las medidas demagógicas del régimen. Su respuesta fue, junto con el ataque al régimen, la ridiculización del *parvenu*, tanto del nuevo rico como del humilde habitante urbano, incapaz de manejar con destreza los instrumentos de la nueva cultura o de comprender sus claves, y a menudo encandilado con sus manifestaciones más superficiales.

Fueron dos configuraciones culturales antagónicas y excluyentes, que se negaron mutuamente pero que compitieron por la significación de un campo común. En torno de Eva Perón se libró un combate de ese tipo. Confrontaron dos versiones antagónicas e igualmente estilizadas, frente a las cuales el verdadero personaje se fue esfumando: como ha mostrado Julie Taylor, a la Dama de la Esperanza se contrapuso la Mujer del Látigo, dos versiones de la misma imagen de la mujer y de sus funciones, elaborada por las clases medias, de la cual unos y otros pretendían apropiarse. Más visible aún fue la disputa en torno de la imagen de los "descamisados", que en la práctica aludía al acto ritual de los dirigentes de sacarse el saco en las ceremonias oficiales, quizá para lucir sus camisas de seda. Originariamente, como el *sansculotte* francés, encierra todo el prejuicioso desprecio de la gente decente frente a un comensal inesperado; pero del otro lado, en lugar de una imagen diferente que cambiara los términos del conflicto asumiendo la propia identidad obrera, hubo una asunción positiva del descamisado, una apropiación y resignificación de la imagen del otro, como si el conflicto cultural se librara en el campo ya organizado por los sectores tradicionales.

Crisis y nueva política económica

La coyuntura externa favorable en la que surgió el Estado peronista comenzó a invertirse hacia 1949: los precios de los cereales y las carnes volvieron a su normalidad y los mercados se contrajeron, mientras que las reservas acumuladas, consumidas con poca previsión, se agotaron. La situación era grave, pues el desarrollo de la industria, quizá paradójicamente, hacía al país más dependiente de sus importaciones: combustibles, bienes intermedios como acero o papel, repuestos y maquinarias, cuya falta dificultaba el desenvolvimiento de la industria y provocaba, finalmente, inflación, paro y desocupación. Los primeros signos de la crisis llevaron en 1949 a la caída de Miguel Miranda, reemplazado por un equipo de economistas profesionales —encabezado por Alfredo Gómez Morales— que se encargó de iniciar los ajustes. Las medidas no evitaron que, tres años después, la crisis del sector externo se repitiera, agravada por dos sequías sucesivas. En ese duro invierno de 1952, la gente debió consumir un pan negruzco, elaborado con mijo, faltó la carne y los cortes de luz fueron frecuentes. También en ese invierno murió Eva Perón, uno de los símbolos de la prosperidad perdida.

Precisamente en 1952 el gobierno adoptó con firmeza un nuevo rumbo económico, ratificado luego en el Segundo Plan Quinquenal, mucho más específico que el anterior, que debía tener vigencia entre 1953 y 1957. Para reducir la inflación, se restringió el consumo interno: fueron eliminados subsidios a distintos bienes de uso popular, se estableció una veda parcial al consumo de carne y se levantó el congelamiento de los alquileres; además, Perón hizo una apelación a la reducción voluntaria y consciente del consumo, de sorprendente efecto. Por otra parte, se proclamó la "vuelta al campo": el IAPI, manejado por un "ministro liquidador", invirtió su mecanismo y empezó a estimular a los productores rurales con precios retributivos, al tiempo que se daba prioridad a la importación de maquinaria agrícola. Esta política, cuyos efectos no llegaron a ser apreciables, apuntaba a aumentar la disponibilidad de divisas para seguir impulsando el desarrollo del sector industrial, clave para todo el andamiaje del peronismo.

Por entonces, el estancamiento industrial era evidente. En los años anteriores, y al amparo de una amplia política proteccionista, había proliferado un extenso sector de medianos y pequeños establecimientos, en general muy poco eficientes, que subsistía de alguna manera al amparo de las grandes fábricas y de sus elevados precios. Las ramas de alimentos y de textiles, que encabezaran el crecimiento, habían llegado al límite de sus posibilidades de crecimiento. Otras ramas, como la metalúrgica, la de electrodomésticos, caucho, papel o petroquímica, tenían todavía amplias posibilidades en el mercado interno, pero se encontraban trabadas por diversas limitaciones. El principal problema del sector industrial era su reducida eficiencia, oculta por la protección y los subsidios que por distintas vías recibía del Estado. Las causas eran varias: a la maquinaria obsoleta se sumaba el deterioro de los servicios, particularmente la escasa electricidad y los deficientes transportes, sobre todo ferroviarios, cuya renovación el Estado había abandonado. En las fábricas, ausentes los incentivos que derivan de la competencia, habían subsistido procesos productivos ineficientes y costosos. Finalmente, la industria empleaba una alta proporción de mano de obra, y el peso de los salarios resultaba particularmente alto y difícil de reducir debido a la alta ocupación y a la fuerte capacidad sindical de negociación. La expansión de la demanda, que inicialmente compensara los costos salariales altos, había perdido su efecto dinamizador, de modo que el problema comenzó a ser gravoso para los empresarios.

La nueva política económica apuntó a esos problemas. Se restringió el crédito industrial y el uso de las divisas, y se dio una nueva prioridad a las empresas grandes y sobre todo a las industrias de bienes de capital: el proyecto siderúrgico de SOMISA fue reactivado y se procuró iniciar la fabricación de tractores y automóviles. Los contratos colectivos de trabajo —piedra angular de la política sindical— fueron congelados por dos años. A principios de 1955 se convocó a empresarios y sindicalistas para discutir las cuestiones de la productividad y afloraron los temas que preocupaban a aquéllos: la ineficiencia de la mano de obra, el poder excesivo de los delegados de fábrica, el ausentismo de los lunes. También afloró una sorda inquietud gremial, expresada en parte en la reivindicación de la política originaria del régimen y en parte en huelgas, como la metalúrgica de 1954, cuidadosamente acalladas por la disciplinada prensa oficial.

El gobierno puso sus mayores esperanzas en algo que desde entonces sería el tema central de las políticas económicas: la concurrencia de capitales extranjeros, que empezaron a ser imaginados por unos como la piedra filosofal y por otros como el caballo de Troya de la economía. En 1953 el gobierno sancionó una ley de Radicación de Capitales: pese a establecer importantes resguardos respecto de repatriación de utilidades o reenvío de ganancias, suponía una modificación fundamental respecto de los postulados de la independencia económica y la tercera posición. Esto ocurrió en el marco de una visible reconciliación con Estados Unidos, jalonada por el apoyo a su política en Corea y en Guatemala —donde en 1954 la CIA derribó al presidente Árbenz—, y el entusiasta recibimiento al hermano del presidente Eisenhower. En el marco de esta política comenzaron a concretarse algunos proyectos, que madurarían plenamente luego de 1955: la FIAT italiana se interesó en tractores, autos y motores; otro grupo italiano inició una acería en Campana, la Mercedez Benz se radicó para fabricar camiones y la Kaiser instaló en Córdoba una planta de automóviles, ya obsoleta en Estados Unidos. Lo más importante fue el proyecto petrolero: en 1954 el gobierno firmó con una filial de la Standard Oil de California un contrato de explotación de 40 000 hectáreas en la provincia de Santa Cruz, con amplios derechos. Se trataba de una medida que desafiaba convicciones hondamente arraigadas —e incluso una disposición de la Constitución de 1949— y que suscitó un amplio debate público, por lo que Perón prefirió enviarlo al Congreso para su ratificación. Allí fue discutido tanto por la oposición —Arturo Frondizi publicó por entonces *Petróleo y política*— como por sectores del propio peronismo, cuya voz más visible fue el joven diputado John William Cooke, y no llegó a ser ratificado.

Los logros de la nueva política económica fueron modestos: se redujo la inflación y se reequilibró la balanza de pagos, pero no se apreciaron cambios más sustanciales en el agro y la industria. Ciertamente, esa política marcaba un rumbo nuevo, que en sus líneas básicas anticipaba la de los gobiernos posperonistas, pero su aplicación fue moderada y tuvo en cuenta la necesidad de resguardar la situación de los sectores populares, lo que en cierto sentido resultó poco compatible con la ortodoxia económica que la inspiraba: ni se recurrió a la devaluación —el gran instrumento con el que posteriormente se operaron rápidas y sustanciales transferencias de ingresos entre sectores— ni se redujo el gasto público, que en buena medida subsidiaba a los sectores asalariados. En ese sentido, esta nueva política económica se mantenía dentro de la tradición peronista.

Los comienzos de la crisis económica fueron acompañados de importantes manifestaciones de disconformidad entre dos de los principales apoyos del régimen, los sindicatos y el Ejército, cuya solución implicó un avance en el camino del autoritarismo. Hacia 1948 el Estado había logrado estabilizar y controlar el frente gremial, pero desde el año siguiente las huelgas, aunque menores en número,

fueron más duras y con una veta crecientemente opositora. En 1949, en dos ocasiones fue la FOTIA, que nucleaba
a los trabajadores azucareros de Tucumán; finalmente fue
declarada ilegal y se intervino el sindicato. Luego fueron
los bancarios, los gráficos y los ferroviarios, a fines de
1950 y principios de 1951. Estas últimas constituyeron
un fuerte desafío al régimen, por su visibilidad imposible
de ignorar y porque ocurrieron al margen de la complaciente e ineficaz dirección del sindicato; los trabajadores,
golpeados por la política de hacer menos costosos los ferrocarriles, siguieron a antiguos gremialistas opositores, y
su voluntad ni siquiera pudo ser torcida por Eva Perón,
que jugó su prestigio recorriendo patéticamente los talleres ferroviarios y reclamando a "sus" trabajadores solidaridad con Perón. Éste finalmente optó por aplicar una
dura represión: prisión a los dirigentes rebeldes y movilización militar a los obreros.

Los problemas con los militares siguieron a un avance
inicial del régimen sobre la institución, ante la que al
principio había mantenido una cierta prescindencia. El
general Franklin Lucero, nuevo ministro de Ejército, se
preocupó de ganar apoyos entre los oficiales —creció el
escalafón, los ascensos se agilizaron y hubo variadas prebendas para jefes y oficiales— y también entre los suboficiales, beneficiados con el derecho al voto —hasta entonces, una *capitis diminutio* los colocaba en el nivel de los
irresponsables—, el uso de uniforme similar a los oficiales
y un sistema de becas para educar a sus hijos, a lo que se
agregó la posibilidad de "abrir los cuadros" y permitir su
ascenso al cuerpo de oficiales. Todos estos beneficios, que
suponían también el incremento de las rivalidades y sus-
picacias internas, apuntaban a lograr un compromiso
más pleno por parte de quienes debían ser un componente central de la comunidad organizada.

El compromiso solicitado puso en evidencia todas las
reticencias y dudas que el régimen —no ya el presidente
constitucional— suscitaba entre los militares. Se pregun-

taban acerca de la solidez de un orden proclamado, pero basado en la agitación popular permanente; se indignaban ante avances flagrantes del autoritarismo, como la expropiación del diario *La Prensa*, y se irritaban sobre todo con Eva Perón, su injerencia en los asuntos del Estado y su peculiar estilo. La proclamación de su candidatura a la vicepresidencia, en el Cabildo Abierto del Justicialismo del 22 de agosto de 1951, a la que ella renunció días después, fue sin duda difícil de tolerar. Éstos y quizás otros motivos dieron el espacio mínimo para la acción de grupos de oficiales decididos a derribar a Perón, vinculados con aquellos políticos opositores embarcados ya en la misma ruta. El 28 de septiembre de 1951 el general Benjamín Menéndez encabezó un intento, notoriamente improvisado y fácilmente sofocado. Si bien se puso de manifiesto la firme posición legalista del grueso del Ejército, también constituyó un llamado de atención para un régimen que hasta entonces no había tropezado con oposición consistente alguna. Perón aprovechó la intentona —que calificó de "chirinada"— para establecer el estado de guerra interno y mantenerlo hasta 1955. Con ese instrumento se dedicó a depurar los mandos militares de adversarios, sospechosos, tibios o vacilantes. A la vez, en plena campaña electoral, restringió aún más la acción de los políticos opositores y obtuvo un aplastante triunfo en noviembre de ese año, en las primeras elecciones con sufragio femenino: logró 64% de los votos, la totalidad de los senadores y el 90% de los diputados, gracias a las ventajas del sistema de circunscripciones.

Consolidación del autoritarismo

Perón inició su segundo período visiblemente consolidado por el nuevo plan económico, que parecía tener éxito, la victoria sobre rebeldes militares y sindicalistas y el espectacular triunfo electoral. Hasta la muerte de Evita, sin duda un golpe muy duro para el régimen, fue ocasión para unos funerales convertidos en singular manifestación plebiscitaria. El fin de la etapa revolucionaria —visible en la nueva política económica y en la normalización de las relaciones con Estados Unidos, y también simbolizado por el trágico acallamiento de la voz más dura del régimen— podía hacer presuponer una marcha hacia la pacificación política y una relación más normal con los que disentían, en el marco de un cierto pluralismo. Pero había otras fuerzas que empujaban al mantenimiento y acentuación del rumbo autoritario: el propio desenvolvimiento de la maquinaria puesta en marcha, que avanzaba inexorablemente sobre las zonas no controladas, y la poca predisposición para reconstruir los espacios democráticos por parte de muchos de los opositores, jugados a la eliminación del líder.

En los tres años finales de su gobierno Perón tuvo una conducta errática. Fue evidente la dificultad para llenar el vacío dejado por la muerte de Eva Perón: tanto en la Fundación, como en el nuevo Partido Peronista Femenino o la misma CGT se advirtió un manejo burocrático y una pérdida de iniciativa. Perón mismo pareció perderla, manifestó cierto cansancio y menor concentración en el trabajo y la conducción política; pasó mucho más tiempo en la residencia de Olivos y se dedicó a exhibirse rodeado por las adolescentes de la Unión de Estudiantes Secundarios, instaladas en la misma residencia, o a encabezar desfiles juveniles en motoneta —la última novedad en sustitución de importaciones—, luciendo un llamativo gorrito de béisbol.

La Unión de Estudiantes Secundarios (UES) era precisamente una de las nuevas manifestaciones de esa vía autoritaria, que procuraba encuadrar todos los sectores de la sociedad en organizaciones controladas y "peronizadas". La máquina plebiscitaria, perfectamente organizada, producía regulares y previsibles convocatorias a la Plaza. Se avanzó en la "peronización" de la administración pública y la educación, con la exigencia de la afiliación al partido, la exhibición del "escudito" o el luto por la muerte de Eva Perón, la donación de sueldos para la Fundación y todo tipo de manifestaciones celebratorias del líder y su esposa, cuyos nombres fueron impuestos a estaciones ferroviarias, hospitales, calles, plazas, ciudades y provincias. La "peronización" llegó a las Fuerzas Armadas: hubo cursos de adoctrinamiento justicialista, y las promociones y selección de jefes obedecieron desembozadamente a razones políticas. Los espacios de la oposición fueron reducidos al mínimo, en la prensa y en el Parlamento, donde el doctor Cámpora, presidente de la Cámara de Diputados, proclamó la superioridad de la obsecuencia sobre la consecuencia.

Mientras por esa vía el régimen marchaba hacia el totalitarismo, procuraba simultáneamente —aunque con menor consecuencia— reconstruir un espacio de convivencia con los opositores, empezando por un objetivo mínimo: el reconocimiento recíproco. Encontró alguna recepción en los partidos, para quienes su situación en los bordes mismos de la ilegalidad generaba tensiones difíciles de soportar. Algunos de sus dirigentes se animaron a acercarse al gobierno y dialogar: la respuesta que encontraron fue tan cálida como dura la crítica de sus compañeros reluctantes. Primero fue, en 1951, una entrevista secreta del conservador Reynaldo Pastor. Luego, un ofrecimiento público de un grupo de dirigentes del Partido Comunista, encabezado por Juan José Real, que propuso integrarse a un Frente Popular Unido, pero chocó con el sólido anticomunismo peronista. Finalmente, a fines de 1952, fue un veterano dirigente socialista, Enrique Dickmann, quien negoció con Perón la liberación de presos políticos socialistas y la reapertura del periódico *La Vanguardia*, para ser de inmediato expulsado del partido. Con apoyo oficial, Dickmann fundó el Partido Socialista de la Revolución Nacional, que recolectó disidentes varios de la izquierda, con el que Perón proyectó infructuosamente dividir al socialismo.

Este tenue comienzo de una apertura —no declarada por ninguna de las dos partes— terminó bruscamente en abril de 1953: durante una concentración, y mientras hablaba Perón, estallaron en Plaza de Mayo bombas colocadas por grupos opositores lanzados al terrorismo y murieron varias personas. La respuesta fue en la misma clave violenta: grupos peronistas incendiaron la Casa Radical, la Casa del Pueblo socialista y el Jockey Club, centro emblemático de la ambigua y ubicua "oligarquía"; la Policía, llamativamente pasiva, tornóse activa para impedir el incendio del diario *La Nación*. A esa explosión de terror administrativo siguió una amplia e indiscriminada detención de dirigentes y personalidades opositoras, que incluía desde Ricardo Balbín a Victoria Ocampo. Pero en la segunda mitad del año el régimen se ablandó y aceptó liberar a los presos siempre que los partidos lo pidieran y dieran así prueba de reconocimiento al régimen, conducta que, discretamente, siguieron los partidos menores. En diciembre, finalmente, una ley de amnistía permitió liberar a la mayoría. Al año siguiente, 1954, la convocatoria a elecciones para designar vicepresidente —Quijano había muerto apenas reelecto— llevó a montar nuevamente el escenario y la maquinaria electoral: el almirante Teisaire —que administraba el partido— derrotó con la tradicional amplitud a Crisólogo Larralde, uno de los más destacados dirigentes de la intransigencia radical.

Por entonces el radicalismo había definido su perfil, encontrando un ángulo de oposición posible a un régimen que giraba simultáneamente al conservadurismo y al autoritarismo. Al igual que los otros partidos, los radicales debían soportar, desde 1946, una dura división interna. Los unionistas, herederos del alvearismo y la Unión Democrática, estaban totalmente jugados a la abstención, la ruptura total y el golpe militar, y los sabattinistas de Córdoba se habían plegado a esa línea. El grupo de Intransigencia y Renovación, en cambio, insistió desde el comienzo en la lucha institucional e ideológica, y siguió haciéndolo pese a la reducción casi total de los espacios. En 1954 ganó definitivamente el control del partido, cuando Arturo Frondizi alcanzó la presidencia del Comité Nacional. Acusado de "rojo" por sus enemigos internos, Frondizi había definido una imagen original de político intelectual, reforzada por la publicación de su libro *Petróleo y política*. Con él, había lanzado la propuesta de combatir al peronismo desde lo que éste tenía de más progresista, y sin renunciar a la crítica institucional, reivindicar la reforma agraria y el antiimperialismo, tema que los contratos petroleros habían tornado urticante.

Puede especularse sobre la sinceridad de esta propuesta y la posible emergencia de una clase política renovada. Pero ciertamente, en 1954 se ubicaba —como lo ha señalado Félix Luna— en el cuadro general de una cierta reapertura del debate público, que coincidía con un envejecimiento del régimen y de su líder. Por entonces, la revista *Esto Es* practicaba un periodismo abierto que se distinguió de la monótona apología de la prensa oficial; el periódico *De Frente*, de John William Cooke, pareció introducir en el peronismo un inesperado debate interno, que en ese movimiento verticalista no reconocía antecedente alguno; las revistas *Imago Mundi* y *Contorno* abrían una alternativa cultural y mostraban un renovado interés por la actualización del mundo intelectual. Ese año, la fundación del Partido Demócrata Cristiano parecía indicar —como ha dicho Tulio Halperin— que la Iglesia se sumaba a esta visión en cierto modo póstuma del régimen envejecido.

La caída

La fundación del Partido Demócrata Cristiano marcó el comienzo del conflicto entre Perón y la Iglesia, que rápidamente llevó a su caída. Pese a que había múltiples razones, no era un conflicto inevitable; dejarse llevar a él fue sin duda un grave error, y la señal de que ese hábil político —tan capaz de unificar el campo propio como de explotar las debilidades del adversario— había perdido muchas de sus capacidades.

La Comunidad Organizada —o más modestamente, la peronización de las instituciones de la sociedad— era un proyecto con una dinámica propia, ejecutado por un conjunto de funcionarios, que ya marchaba independientemente de la voluntad o el arte conductivo del líder. El Ejército, al principio resguardado en su independencia y profesionalidad, había sucumbido en su camino y las voces disconformes eran cada vez más fuertes. Pero la Iglesia, con la que inicialmente se había establecido un acuerdo mutuamente conveniente, era irreductible a él, y por eso potencialmente enemiga, máxime cuanto en la compleja institución tenían un lugar no despreciable viejos enemigos del régimen —identificados con la oposición— y nuevos disidentes, quejosos de distintos aspectos de la nueva política, como el abandono de las consignas nacionalistas. El Estado peronista y la Iglesia empezaron a chocar en una serie de campos específicos. La Iglesia era sensible a los avances de aquél en el terreno de la beneficencia, a través de la Fundación, y en el de la educación; aquí, al desagrado por el creciente culto laico al presidente de la Nación y su esposa se agregaba la preocupación por los avances del Estado en la organización de los estudiantes secundarios, en un contexto de sombrías sospechas de corrupción. Al gobierno le turbaba la conspicua intromisión de la Iglesia en la política, con la Democracia Cristiana, y la más solapada en el campo gremial que, desde el punto de vista del régimen, resultaba francamente subversiva.

El conflicto estalló en septiembre de 1954, cuando en Córdoba compitieron dos manifestaciones celebratorias del día del estudiante, una organizada por los católicos y otra por la UES. En noviembre Perón lanzó su ataque contra la Iglesia; el enfrentamiento pareció enfriarse en segui-

174

da, pero se agudizó en diciembre, luego de la multitudinaria procesión en Buenos Aires en el día de la Inmaculada Concepción. El ataque mostró la verticalidad alcanzada en el aparato político oficial: todos a una, con escasas disidencias, descubrieron los tremendos vicios de la Iglesia. Aunque se intentó limitarlo a "unos pocos curas", fue un ataque feroz, asombroso para una sociedad que desde 1930 había retrocedido tanto en su aprecio por los valores del laicismo. Se prohibieron las procesiones, se suprimió la enseñanza religiosa en las escuelas, se introdujo —en una ley en vías de aprobación referida a otra cuestión— una sorpresiva cláusula que permitía el divorcio vincular, se autorizó la reapertura de los prostíbulos y se envió un proyecto de reforma constitucional para separar la Iglesia del Estado. Muchos sacerdotes fueron detenidos y los periódicos se llenaron de denuncias públicas y comentarios groseros sobre la conducta y moralidad de prelados y sacerdotes.

La defensa de la Iglesia no fue menos eficaz y demostró su poder como institución, en una sociedad que sin embargo no se caracterizaba por su devoción. Atacada por los medios de comunicación monopolizados por el gobierno, inundó la ciudad con todo tipo de panfletos, mientras sus asociaciones laicas, y particularmente la Acción Católica, movilizaron sus cuadros, engrosados por los opositores, que encontraron finalmente la brecha en el régimen y no se sintieron inhibidos por la tonalidad clerical, nacionalista e integrista que predominaba en la acción eclesiástica. El 8 de junio, el día de Corpus, se celebró una multitudinaria procesión; el jefe de Policía —luego se demostró— hizo quemar una bandera argentina y acusó de ello a los opositores católicos. El 16 de junio se produjo un levantamiento de la Marina contra Perón.

Difícilmente la génesis del levantamiento se encontrara en este conflicto, pues la Marina era la más laica y liberal de las tres fuerzas, pero los golpistas —oficiales y políticos opositores— encontraron aquí su ocasión. El proyecto de los marinos —verdaderamente descabellado— consistía en bombardear la Casa de Gobierno para asesinar a Perón; su ejecución, totalmente defectuosa, culminó en el bombardeo y ametrallamiento de una concentración de civiles reunida en la Plaza de Mayo para apoyar a Perón, que causó unas trescientas muertes. La intentona fracasó rápidamente y el Ejército demostró otra vez su fidelidad a las instituciones legales. Como en 1953, la primera reacción del régimen fue el terror administrativo: grupos visiblemente impunes incendiaron la Curia metropolitana y varias iglesias de la Capital.

También como en ocasiones anteriores, esta explosión de furia fue seguida de una actitud conciliadora de Perón que, aunque triunfador, había perdido mucho de su libertad de maniobra, y en cierto modo era prisionero de sus salvadores militares. Súbitamente, concluyeron los ataques a la Iglesia, que molestaban profundamente a la mayoría de los jefes militares. Se ensayó una renovación de los cuadros dirigentes, excluyendo a los personajes más conflictivos y convocando a otros con mayor aptitud para el diálogo, y se llamó a la oposición a negociar. Perón declaró solemnemente que dejaba de ser el jefe de una revolución y pasaba a convertirse en el presidente de todos los argentinos. Los dirigentes opositores fueron invitados a abrir un debate público, utilizando los medios de prensa del Estado, incluyendo la cadena nacional de radiodifusión, a través de la cual pudo oírse a Arturo Frondizi invitar al gobierno a volver a la senda republicana y formular, con sobriedad, un verdadero programa de gobierno alternativo. Otros dirigentes pudieron hablar, pero al socialista Alfredo Palacios —que reclamó la renuncia del presidente— no se lo autorizó. Por entonces, Perón había concluido que la posibilidad de abrir un espacio para la discusión democrática que lo incluyera era mínima. El 31 de agosto, luego de presentar retóricamente su renuncia, convocó —por última vez— a los peronistas a la Plaza de Mayo, denunció el fracaso de la conciliación y lanzó el más duro de sus ataques contra la oposición: por cada uno de los nuestros, afirmó, caerán cinco de ellos.

Fue el canto del cisne. Poco después, el 16 de septiembre, estalló en Córdoba una sublevación militar que encabezó el general Eduardo Lonardi, un prestigioso oficial, conspirador de 1951. Aunque los apoyos civiles fueron muchos, especialmente entre los grupos católicos, las unidades del Ejército que se plegaron fueron escasas. Pero entre las fuerzas "leales" había poca voluntad de combatir a los sublevados. A ellos se sumó la Marina en pleno, cuya flota amenazó con bombardear las ciudades costeras. Perón había perdido completamente la iniciativa y tampoco manifestó una voluntad de defenderse moviendo todos los recursos de que disponía; sus vacilaciones coincidieron con una decisión de quienes hasta ese momento habían sido sus sostenes en el Ejército, que sobriamente decidieron aceptar una renuncia dudosamente presentada. El 20 de septiembre de 1955 Perón se refugió en la embajada de Paraguay y el 23 de septiembre el general Lonardi se presentó en Buenos Aires como presidente provisional de la Nación, ante una multitud tan numerosa como las reunidas por el régimen, pero sin duda distinta en su composición.

V. EL EMPATE, 1955-1966

Al día siguiente de la victoria —si no antes— se advirtió la heterogeneidad del frente que había coincidido para derribar al presidente Perón. El general Eduardo Lonardi encabezó el nuevo gobierno, que se presentó como provisional para indicar su decisión de restaurar el orden constitucional. Rodeado por los grupos católicos —lo más activo y también lo más reciente de la oposición— y por militares de tendencia nacionalista, el jefe de la Revolución Libertadora proclamó que no había ni vencedores ni vencidos y procuró establecer acuerdos con las principales fuerzas que habían sostenido a Perón, particularmente los sindicalistas. En su opinión, el proyecto nacional y popular que aquél había fundado seguía teniendo vigencia, siempre que fuera convenientemente depurado de sus elementos corruptos o indeseables. Los dirigentes sindicales se mostraron contemporizadores con el gobierno, aunque en muchas barriadas obreras —en Avellaneda, Berisso y Rosario— hubo manifestaciones espontáneas contra los militares. Pero los partidarios de Lonardi compartían el gobierno con representantes de los grupos antiperonistas más tradicionales, respaldados por la Marina, la más homogénea de las tres Fuerzas Armadas, cuya voz expresaba el vicepresidente, contralmirante Isaac F. Rojas. En el Ejército, luego de una lucha, se impusieron los partidarios de una política de abierta ruptura con el derribado régimen peronista. El 13 de noviembre, apenas dos meses después de designado, Lonardi debió renunciar, y fue reemplazado por el general Pedro Eugenio Aramburu, más afín a los sectores liberales y antiperonistas, mientras Rojas se mantenía en la vicepresidencia.

El episodio puso rápidamente de manifiesto la complejidad de la herencia del peronismo. La fórmula con la que se había constituido aquel movimiento —autoritario, nacionalista y popular, nacido en las excepcionales condiciones de la guerra y la inmediata posguerra— ya había hecho crisis hacia 1950, cuando el mundo empezó a normalizarse, y Perón mismo inició en 1952 una reorientación sustancial de sus políticas para adecuarse a las nuevas circunstancias. Las características de su movimiento, las fuerzas sociales que lo apoyaban y que él mismo había movilizado y constituido, le impidieron encarar decididamente el nuevo rumbo. Caído Perón, esas mismas fuerzas se constituyeron en un obstáculo insalvable para los intentos de sus sucesores, que declaraban querer reconstruir una convivencia democrática perdida hacía ya mucho tiempo, pero también se proponían —con menos claridad— reordenar sustancialmente la sociedad y la economía.

En 1955 ese reordenamiento era estimulado y hasta exigido por un mundo que, concluida la etapa de la reconstrucción de la posguerra y ya en plena guerra fría, planteaba desafíos novedosos. Las consignas de la Revolución Libertadora en favor de la democracia coincidían con las tendencias políticas de Occidente, donde la democracia liberal —práctica y bandera— dividía claramente las aguas con el Este totalitario. Al igual que en la Argentina peronista, en Estados Unidos y en Europa los Estados intervenían decididamente, ordenando la reconstrucción económica y organizando los vastos acuerdos entre empresas y trabajadores. Pero ese despliegue del *welfare state* —el Estado intervencionista y benefactor— acompañó a una integración y liberalización de las relaciones económicas en el mundo capitalista. En 1947, los acuerdos monetarios de Bretton Woods establecieron el patrón dólar y los capitales volvieron a fluir libremente por el mundo. Las áreas cerradas fueron desapareciendo y las grandes empresas comenzaron a instalarse en los mercados antes vedados. Para los países cuyas economías habían crecido hacia adentro y cuidadosamente protegidas, como los latinoamericanos y en particular la

Argentina, el Fondo Monetario Internacional —un ente financiero que en el nuevo contexto tuvo un enorme poder— propuso políticas llamadas "ortodoxas": estabilizar la moneda abandonando la emisión fiscal, dejar de subvencionar a los sectores "artificiales", abrir los mercados y estimular las actividades de exportación tradicionales. No obstante, progresivamente empezó a formularse una política alternativa, elaborada sobre todo en el ámbito de la Comisión Económica para América Latina (CEPAL): los países "desarrollados" podían ayudar a los "subdesarrollados" a eliminar los factores de atraso mediante adecuadas inversiones en los sectores clave, que éstos acompañarían con reformas "estructurales", como la reforma agraria. Desde entonces, la receta "monetarista" y la "estructuralista" compitieron en la opinión y en las políticas. Podía pensarse que ambas estrategias eran en última instancia complementarias, pero en lo inmediato tenían corolarios políticos muy diferentes: mientras que la primera llevaba a revitalizar los viejos aliados, los sectores oligárquicos, quizá las dictaduras, la segunda impulsaba cambios profundos: una "modernización" de la sociedad que se coronaría con el establecimiento de democracias estables, similares a las de los países desarrollados.

Para adecuarse a este mundo del capitalismo reconstituido, el liberalismo y la democracia, no bastaba con restaurar el orden constitucional y acabar con los vestigios de un régimen que se filiaba en los autoritarismos de entreguerra. Era necesario modernizar y adecuar la economía, transformar el aparato productivo. Luego de 1955, en la Argentina la apertura y la modernización fueron valores compartidos, pero las herramientas de esa transformación generaron una amplia polémica entre quienes confiaban en el capital extranjero y quienes, desde la tradición nacionalista que había alimentado el peronismo, o desde la de la izquierda antiimperialista, desconfiaban de él. Las discusiones, que dominaron las dos décadas siguientes, giraron alrededor de cómo atraerlo o de cómo controlarlo. Algunos sectores empresariales locales descubrieron las ventajas de la asociación pero otros, crecidos y consolidados al amparo de la protección estatal, y que se sentían seguras víctimas ya fuera de la competencia o del fin de la protección, aspiraron a ponerle trabas, y encontraron eco no sólo en los nacionalistas o las izquierdas, sino en la mayoría de las fuerzas políticas.

Los empresarios, nacionales o extranjeros, coincidían en que cualquier modernización debía modificar el estatus logrado por los trabajadores durante el peronismo. Como ya lo habían insinuado al final del régimen peronista, apuntaron a revisar su participación en el ingreso nacional y también a elevar la productividad, racionalizando las tareas y reduciendo la mano de obra. Esto implicaba restringir el poder de los sindicatos, y también el que los trabajadores, amparados por la legislación, habían alcanzado en plantas y fábricas. Recortar los ingresos y recuperar la autoridad patronal eran los puntos salientes de una actitud más general contra la situación de mayor igualdad social lograda por los trabajadores, la peculiar práctica de la ciudadanía en que se había fundado el peronismo; en esa actitud se combinaban las exigencias de cierta racionalidad empresarial con resentimientos más generales y menos confesables, pero ciertamente fuertes en muchos de quienes se habían coligado contra Perón.

Aquí se encontraba el mayor obstáculo. Como ha señalado Juan Carlos Torre, se trataba de una clase obrera madura, bien defendida en un mercado de trabajo que se acercaba a la situación de pleno empleo, homogénea y con una clara identidad social y política. Esto resultó decisivo, debido a la indisoluble identificación de los trabajadores con el peronismo, fuerte antes de 1955, pero definitivamente sellada después de esa fecha. En un sentido general, la exclusión del peronismo de la política —que se prolongó hasta 1973— fue para los vencedores de 1955 el requisito para poder operar esa transformación en las relaciones de la sociedad, y a la vez la fuente de las mayores dificultades. Entre las fuerzas sociales embarcadas en la transformación, que no habían terminado de definir sus objetivos, primacías y alianzas, y las antiguas, que conservaban una importante capacidad de resistencia, se produjo una situación que Juan Carlos Portantiero definió como de "empate", prolongado hasta 1966.

Tempranamente aparecía un conflicto entre la modernización y la democracia, una dificultad para conciliar las dos exigencias principales del mundo de la posguerra. Pero en lo inmediato no se lo interpretó así. La propuesta de proscribir al peronismo, que rápidamente se impuso en el gobierno de la Revolución Libertadora, se decidió no tanto en nombre de la racionalidad capitalista como en el de la regeneración democrática que el mundo alentaba. En la denuncia del totalitarismo peronista se había unido un conjunto vasto y heterogéneo de sectores, que incialmente al menos también coincidieron en el diagnóstico de que el peronismo como tal era inadmisible, pero que los antiguos peronistas, luego de un período de saneamiento, se redimirían y podrían volver a ser admitidos a la ciudadanía. La proscripción del peronismo, y con él la de los trabajadores, definió una escena política ficticia, ilegítima y constitutivamente inestable, que abrió el camino a la puja —no resuelta— entre las grandes fuerzas corporativas.

Libertadores y desarrollistas

El general Aramburu, que encabezó el gobierno provisional hasta 1958, asumió plenamente la decisión de desmontar el aparato peronista. El Partido Peronista fue disuelto y se intervinieron la CGT y los sindicatos, puestos a cargo de oficiales de las Fuerzas Armadas. Una gran cantidad de dirigentes políticos y sindicales fueron detenidos, sometidos a un prolijo escrutinio por comisiones investigadoras y finalmente proscriptos políticamente. La administración pública y las universidades fueron depuradas de peronistas y se controlaron férreamente los medios de comunicación, que en su mayoría estaban en manos del Estado. Se prohibió cualquier propaganda favorable al peronismo, así como la mera mención del nombre de quien, desde entonces, empezó a ser designado como el "tirano prófugo" o el "dictador depuesto". Por un decreto se derogó la Constitución de 1949.

Esta política fue respaldada masivamente por la Marina, convertida en bastión del antiperonismo, pero suscitó dudas y divisiones en el Ejército, donde muchos oficiales habían acompañado a Perón casi hasta el último momento. Las discrepancias entre los antiperonistas de la primera hora y de la última se agravaron por un problema profesional —la reincorporación de los oficiales dados de baja en los últimos años por razones políticas—, y las facciones se hicieron enconadas. El 9 de junio de 1956 un grupo de oficiales peronistas organizó un levantamiento; contaba con el apoyo de muchos grupos civiles y aprovechaba un clima de descontento y movilización gremial. El gobierno lo reprimió con desusada violencia, ordenando el fusilamiento de muchos civiles y de los principales jefes militares, incluyendo al general Juan José Valle. Se trató de un inusitado hecho de fría violencia, que dio la medida de la tajante división que desde el gobierno se planteaba entre peronistas y antiperonistas. Desde entonces, las depuraciones de oficiales fueron frecuentes, y poco a poco el grupo más decididamente antiperonista —los "gorilas"— fue ganando el control del Ejército. Quienes sobrevivieron se adecuaron rápidamente a las nuevas circunstancias y abrazaron el credo liberal y democrático por entonces dominante, al que agregaron un nuevo anticomunismo, a tono con la vinculación más estrecha del país con Occidente.

Los militares se propusieron compartir el gobierno con los civiles y transferírselo tan pronto como fuera posible. Proscripto el peronismo, se ilusionaron con una democracia limitada a los democráticos probados, se presentaron como continuadores de la tradición de Mayo y de Caseros —Perón fue sistemáticamente comparado con Rosas—, y convocaron a los partidos que compartían el "pacto de proscripción" a integrar la Junta Consultiva, una suerte de Parlamento sin poder de decisión, presidida por el vicepresidente Rojas. El acuerdo incluía todas las tendencias del frente civil, con excepción de los comunistas, desde las conservadoras hasta las más progresistas. Estas últimas dominaron en las universidades, pese a que el ministro de Educación era un católico tradicionalista, pero pronto se enfrentaron con el gobierno cuando éste propuso autorizar la existencia de universidades privadas, según lo demandaba la Iglesia.

En política económica hubo una parecida ambigüedad. Raúl Prebisch, mentor de la CEPAL, elaboró un plan que combinaba algunos principios de la nueva doctrina con un programa más ortodoxo de estabilización y liberalización. Ésta fue la línea seguida, aunque con vacilaciones y dudas. Los instrumentos que el Estado tenía para intervenir —el IAPI o el manejo de los depósitos bancarios— empezaron a ser desmontados. Se devaluó el peso y el sector agrario recibió un importante estímulo, con lo que se confiaba equilibrar las cuentas externas. Se aprobó el ingreso de la Argentina al FMI y al Banco Mundial, y se obtuvo la ayuda de estos organismos para los problemas más inmediatos, lo que les permitió dar al país sus contundentes recomendaciones. No hubo en cambio una legislación clara sobre el capital extranjero, cuya concurrencia —ya planteada por Perón— siguió despertando dudas. La política social fue más definida. Combinando eficiencia y represión, patrones y gerentes empezaron a recuperar autoridad en las plantas. Las convenciones colectivas fueron suspendidas, y en el marco de una fuerte crisis cíclica en 1956, los salarios reales cayeron fuertemente en 1957.

Allí se encuentra una de las fuentes de la firme resistencia de los trabajadores. Algunos se limitaron a cantar la marcha peronista en los estadios de fútbol o a escribir en las paredes "Perón vuelve". Pero también las huelgas fueron numerosas y combativas, sobre todo en 1956, y fue frecuente el sabotaje o el terrorismo, con rudimentarios artefactos de fabricación casera. Sindicalistas y terroristas adherían en el fondo a estrategias divergentes y hasta enfrentadas, pero en el clima de la común represión que sufrieron unos y otros estas divergencias no afloraron. La política de los vencedores, exitosa entre otros sectores de la sociedad, que abandonaron su militancia peronista, logró en cambio soldar definitivamente la identificación entre los trabajadores y un peronismo que de momento tenía más de sentimiento que de movimiento orgánico. No variaron los elementos básicos de su ideología: el nacionalismo popular y la idea del papel arbitral y benefactor del Estado. Como en la década anterior, no se trataba de una doctrina revolucionaria o subversiva, pero se hizo más definidamente obrera; la nostalgia del paraíso perdido implicaba a la vez una utopía, que solía materializarse en la expectativa del retorno de Perón, imaginado en un "avión negro". Como ha señalado Daniel James, simplemente aspiraban a un funcionamiento normal y correcto de los mecanismos capitalistas, que incluían el Estado benefactor y la justicia social. Sólo que, confrontada esa aspiración con un contexto tan sustancialmente adverso, terminaba generando una reacción dura y difícilmente asimilable. Ésta fue la primera novedad del peronismo en la era del antiperonismo. La otra fue el surgimiento de una capa de nuevos dirigentes sindicales, formados no en la cómoda tutela del Estado sino en las duras luchas de esos años, y por ello mucho más templados para el combate. El gobierno libertador hizo lo posible por desplazarlos, pero fracasó por completo y debió resignarse a tolerarlos y a que progresivamente ganaran las elecciones en los sindicatos que se normalizaban. En septiembre de 1957 se reunió el Congreso Normalizador de la CGT y los peronistas, nucleados en las 62 Organizaciones, accedieron a su control, aunque compartiéndolo con algunos núcleos independientes.

Proscripto el peronismo, estas organizaciones sindicales asumieron simultáneamente la representación gremial y la política y fueron, desde entonces, la "columna vertebral" del movimiento. Desde su exilio —en Asunción, Caracas, Santo Domingo y finalmente en Madrid— Perón conservaba todo su poder simbólico, pero en lo concreto debió dejar hacer y tolerar las desobediencias para no ser negado, aunque reservándose cierto poder de veto. Perón se dedicó a reunir a todos cuantos aceptaran invocar su nombre, alentándolos y empujándolos a unos contra otros, para reservarse así la última palabra en cualquier negociación. Aprendió una nueva técnica de conducción y la utilizó admirablemente.

Para el gobierno y las fuerzas políticas que lo apoyaban, el "pacto de proscripción" planteaba un problema para el futuro, mediato o inmediato: qué hacer con el peronismo. Algunos aceptaron la exclusión *sine die*, confiando vagamente en que la "educación democrática" —tal el nombre de una nueva materia de la escuela media— terminaría surtiendo su efecto. Otros aspiraban a comprender y redimir a los peronistas, y los más prácticos, sencillamente a recibir su apoyo electoral, y a través de él a "integrarlos". Las distintas opciones dividieron a todas las fuerzas políticas. En la derecha, optaron por acercarse al peronismo algunos de los viejos nacionalistas y los conservadores "populares". En la izquierda, la política represiva del gobierno libertador apartó pronto a muchos de un bloque antiperonista en el que hasta entonces habían convivido con sus enemigos naturales. Su misión era dirigir a la clase obrera y ésta era peronista y no dejaba de serlo, lo que planteaba un serio problema a quienes seguían creyendo en la naturaleza burguesa o aun fascista de ese movimiento. El Partido Socialista se dividió en 1956 entre quienes se mantenían fieles a la línea antiperonista y se vincularon cada vez más con los grupos de derecha, y quienes creyeron que el partido debía construir una alternativa de izquierda para los trabajadores, más atractiva que la del peronismo. Algunos intelectuales, de la izquierda o del nacionalismo popular, se identificaron con el peronismo, mientras que para muchos otros, el radical Arturo Frondizi empezó a representar una alternativa atractiva.

El ascenso de Frondizi en la Unión Cívica Radical provocó su ruptura. Desde antes de 1955 los intransigentes convivían con dificultad con los unionistas y sabattinistas, más cercanos a los grupos golpistas y conspirativos. Después de la caída de Perón el radicalismo se dividió: quienes seguían a Ricardo Balbín se identificaron con el gobierno libertador, mientras que Arturo Frondizi eligió la línea de acercamiento con el peronismo, basándose en el tradicional programa nacional y popular del radicalismo, así como en su constitutiva oposición a las "uniones democráticas". Para atraer a los peronistas, reclamó del gobierno el levantamiento de las proscripciones y el mantenimiento del régimen legal del sindicalismo. En noviembre de 1956 —cuando las elecciones presidenciales eran cosa remota— la UCR proclamó la candidatura presidencial de Frondizi, lo que aceleró la ruptura, y el viejo partido se dividió en dos: la UCR Intransigente y la UCR del Pueblo.

En 1957, acosado por dificultades económicas y una creciente oposición sindical y política, el gobierno provisional empezó a organizar su retiro y a cumplir con el compromiso de restablecer la democracia. Se convocó una Convención Constituyente, en parte para legalizar la derogación de la Constitución de 1949 y actualizar el texto de 1853, y en parte para auscultar los resultados de la futura elección presidencial. Perón ordenó votar en blanco y esos votos —alrededor de 24%— fueron los más numerosos, aunque ciertamente muchos menos de los que el peronismo cosechaba cuando estaba en el gobierno, y casi iguales a los de la UCR del Pueblo, que era el partido oficialista. En tercer lugar, a no mucha distancia, se colocó la UCR Intransigente. La Convención resultó un fracaso y se disolvió luego de introducir enmiendas menores —una ampliación del artículo 14, que incluía el derecho de huelga—, pero las enseñanzas de los resultados electorales fueron claras: quien atrajera a los votantes peronistas tenía asegurado el triunfo, siempre que el peronismo siguiera proscripto. Esta condición era garantizada por el gobierno libertador.

Arturo Frondizi se lanzó al juego, ciertamente riesgoso. Con un discurso moderno, referencias claras a los problemas estructurales del país y una propuesta novedosa, que llenaba de contenidos concretos los viejos principios radicales, nacionales y populares, se había convertido sin dificultades en la alternativa para las fuerzas progresistas y para un sector amplio de la izquierda. Su vinculación con Rogelio Frigerio introdujo un sesgo importante en su discurso, al subrayar la importancia del desarrollo de las fuerzas productivas y el papel que en ello debían cumplir los empresarios. La maniobra más audaz consistió en negociar con el propio Perón su apoyo electoral, a cambio del futuro levantamiento de las proscripciones. La orden de Perón fue acatada —salvo por unos 800 000 reluctantes— y Frondizi se impuso en las elecciones del 23 de febrero de 1958, con algo más de 4 millones de votos, contra 2,5 millones que obtuvo Ricardo Balbín.

Frondizi presidió el gobierno entre mayo de 1958 y marzo de 1962. En la nueva versión de su programa —que decepcionaba a sus seguidores de izquierda— Frondizi aspiraba a renovar los acuerdos, de raigambre peronista, entre los empresarios y los trabajadores; éstos eran convocados a abandonar su actitud hostil e integrarse y compartir, en un futuro indeterminado, los beneficios de un desarrollo económico impulsado por el capital extranjero. Esta retórica incorporaba el novedoso tema del desarrollo, asociado con las inversiones extranjeras, y lo unía a la condena del viejo imperialismo británico. Todas las fuerzas del país moderno eran convocadas a unirse en la común oposición a los intereses, locales y foráneos, forjados en la etapa agroexportadora. Además de trazar el prospecto de un país en crecimiento y sin conflictos, la retórica, deliberadamente imprecisa, servía para justificar las arriesgadas maniobras tácticas del presidente. Se legitimaba así a los equipos técnicos que encabezaba Rogelio Frigerio —supuestamente representante de la "burguesía nacional"— así como el pacto con Perón y el acuerdo con los sindicatos. La confianza en la eficiencia de este programa justificaba las concesiones a otros "factores de poder", en cuestiones juzgadas secundarias, como a la Iglesia, en el campo de la enseñanza, y a los militares, entre quienes sin embargo, se aspiraba a desarrollar una tendencia adicta, "nacional" y desarrollista.

El realismo político del presidente incluía una tendencia a inclinarse por la negociación táctica con las grandes corporaciones, y consecuentemente una escasa valoración de la escena política, que acababa de ser formalmente restaurada. Es cierto que los partidos —y en particular la UCR del Pueblo— manifestaron un rechazo *a priori* de cualquier cosa que hiciera un presidente cuya victoria consideraban ilegítima, así como escaso aprecio por las instituciones democráticas y poca fe en el valor de la continuidad institucional, al punto de especular con la posibilidad de un golpe militar. Pero el estilo político de Frondizi y su grupo —convencidos de la verdad intrínseca de sus propuestas— era de por sí poco inclinado a la discusión programática, la persuasión o la búsqueda de acuerdos políticos, ni siquiera en el ámbito de sus propios partidarios.

El nuevo gobierno tenía amplia mayoría en el Congreso y controlaba la totalidad de las gobernaciones, no obstante lo cual su poder era claramente precario. Los votos eran prestados, y la ruptura con Perón y sus seguidores era una posibilidad muy real. Las Fuerzas Armadas no simpatizaban con quien había roto el compromiso de la proscripción, ganando con los votos peronistas, y desconfiaba tanto de los antecedentes izquierdistas de Frondizi como de su reciente conversión hacia el capitalismo progresista. Los partidos políticos, escasamente interesados en la legalidad constitucional, no llegaban a conformar una red de seguridad para las instituciones, y el propio partido oficial, dirigido desde la presidencia, era incapaz de cualquier iniciativa autónoma. Quizá por eso Frondizi apostó a obrar con prontitud, mientras pudiera hacerlo libremente, e introducir en forma inmediata cambios tales que configuraran una escena más favorable. Un aumento de salarios del 60%, una amnistía y el levantamiento de las proscripciones —que sin embargo no incluían a Perón ni al Partido Peronista—, así como la sanción de la nueva ley de Asociaciones Profesionales, casi igual a la de 1945, que la Revolución Libertadora había derogado, fueron parte de la deuda electoral. Frondizi asumió personalmente lo que llamó la "batalla del petróleo", esto es, la negociación con compañías extranjeras de la exploración y puesta en explotación de las reservas, y simultáneamente anunció la autorización para el funcionamiento de universidades no estatales, lo que generó un profundo debate entre los defensores de la enseñanza "laica" y los de la "libre", en su mayoría católicos. En los cálculos del presidente ambos debates —el del petróleo y el de la enseñanza— acabarían neutralizándose.

El meollo de la política económica fueron las leyes de radicación de capitales extranjeros y de promoción industrial, sancionadas antes de que terminara 1958. Por ellas se aseguraba a los inversores extranjeros libertad para remitir ganancias y aun para repatriar el capital. Se establecía un régimen especial a las inversiones en sectores juzgados clave para la nueva etapa de desarrollo: la siderurgia, la petroquímica, celulosa, automotriz, energía, y naturalmente el petróleo, al que todos los diagnósticos señalaban como el mayor cuello de botella del crecimiento industrial. Habría trato preferencial en materia de derechos aduaneros, créditos, impuestos, suministro de energía y compras del Estado, así como en la protección arancelaria del mercado local, todo ello manejado con un alto grado de discrecionalidad, manifiesto notoriamente en los contratos petroleros, que el presidente negoció en forma personal y secreta. Los resultados de esta política fueron notables: las inversiones extranjeras, de alrededor de 20 millones de dólares en 1957, subieron a 248 en 1959, y 100 más en los dos años siguientes. La producción de acero y automotores creció de modo espectacular y casi se llegó al autoabastecimiento de petróleo.

La fuerte expansión hizo probablemente más intensa la crisis cíclica trienal —las anteriores fueron las de 1952 y 1956—, anunciada a fines de 1958 por una fuerte inflación y dificultades serias en la balanza de pagos. En diciembre de 1958 se pidió ayuda al FMI y se lanzó un Plan de Estabilización, cuya receta recesiva se profundizó en junio de 1959, cuando Frondizi convocó al ministerio de Economía al ingeniero Álvaro Alsogaray. Se trataba de uno de los voceros principales de las corrientes liberales y aplicó un ortodoxo programa de devaluación, congelamiento de salarios y supresión de controles y regulaciones estatales cuyas consecuencias fueron una fuerte pérdida en los ingresos de los trabajadores y una desocupación generalizada. Esta segunda política, liberal y ortodoxa, era contradictoria con la desarrollista inicial, que se filiaba en las propuestas estructuralistas, pero en cierto modo complementaba y reforzaba sus efectos. Sin embargo, su adopción marcó el final de la ilusión integracionista y puso en evidencia la necesidad de enfrentar el obstáculo sindical.

El Plan de Estabilización puso fin a una precaria convivencia entre el gobierno y los sindicatos peronistas, que hasta entonces habían apreciado medidas gubernamentales como el fin de las proscripciones, y sobre todo, la ley de Asociaciones Profesionales, que establecía el sindicato único y el descuento por planilla. Pero los efectos de la política de estabilización y la dureza con que el gobierno reprimió las protestas, a partir de la huelga del Frigorífico Lisandro de la Torre de enero de 1959, pusieron a los sindicatos en pie de guerra. Las huelgas se intensificaron en los meses siguientes, y luego recrudeció el sabotaje. El gobierno respondió interviniendo los sindicatos y empleando al Ejército para reprimir —según lo establecía el plan CONINTES—, al tiempo que los empresarios, aprovechando la recesión, despedían a los cuadros más combativos de cada planta.

El año 1959 fue un punto de inflexión. La intensa ola de protesta sindical iniciada a la caída de Perón concluyó con una derrota categórica. La racionalización laboral pudo avanzar libremente, mientras que en los sindicatos se consolidaba un nuevo tipo de dirección, menos comprometida en la lucha cotidiana y más preocupada por controlar las complejas estructuras sindicales, recurriendo incluso a la corrupción o al matonismo para acallar las disidencias. Reconocieron que no podían sostener una lucha frontal y se dedicaron, más pragmáticamente, a golpear —sobre todo al gobierno—, para en seguida negociar. Augusto Vandor, jefe del sindicato metalúrgico, fue la figura principal y arquetípica de esta nueva burocracia sindical, especializada en administrar la desmovilización, con paros generales duros de palabra pero escasamente combativos y negociaciones permanentes con todos los factores de poder. En momentos en que se debilitaba en el terreno de la negociación específicamente laboral, este nuevo sindicalismo adquirió una enorme fuerza en la escena política.

Esa fuerza provenía de la persistencia de un problema político pendiente e insoluble —la proscripción peronista—, pero sobre todo del fuerte hostigamiento que el gobierno sufría a manos de los militares. Éstos vieron con

193

desconfianza el triunfo de Frondizi y se dedicaron a vigilarlo, y en particular a controlar sus relaciones con los peronistas. Se dividieron según sus diferentes opiniones acerca de cuánto debía haber de respeto a las instituciones constitucionales y cuánto de presión corporativa, que tomaba la forma de "planteo" al presidente para que adoptara determinada medida. La Marina fue más homogénea en su rechazo a la política presidencial, pero en el Ejército dominó un faccionalismo creciente, que amplificaba las divisiones anteriores. El gobierno intentó alentar en el Ejército una tendencia que lo apoyara, pero cuando el conflicto estallaba fue incapaz de sostener a sus eventuales partidarios. A lo largo de los casi cuatro años de su presidencia, Frondizi soportó treinta y dos "planteos" militares, algunos exigían cambios en su línea política y otros estaban destinados a ganar terreno en la propia institución. A todos cedió. En junio de 1959 llegó a la Comandancia en Jefe del Ejército Carlos Severo Toranzo Montero, el más duro de los jefes antiperonistas, que durante dos años ejerció una tutela pretoriana sobre el presidente. Fue el período del ministerio de Alsogaray y del Plan CONINTES, y sin duda la época de mayor represión social y política.

Las tendencias pretorianas de las Fuerzas Armadas terminaron de cristalizar con la Revolución Cubana. El triunfo de Fidel Castro de 1959 había sido celebrado por demócratas y liberales, pero hacia 1960 su acercamiento al bloque socialista dividió profundamente las aguas. Las izquierdas, vacilantes ante la cuestión del peronismo, encontraron en el apoyo a la algo lejana experiencia cubana un campo de coincidencias propicio: a principios de 1961 el socialista Alfredo Palacios ganó una banca de senador en la Capital polarizando las fuerzas progresistas y de izquierda. El anticomunismo, en cambio, prendió fuertemente en la derecha, en el liberalismo antiperonista y también en la Iglesia. América Latina y la Argentina entraban en el mundo de la guerra fría y los militares, duramente interpelados por sus colegas norteamericanos, asumieron con decisión una postura anticomunista que, so pretexto de la seguridad interior, venía a legitimar el pretorianismo. Los militares asociaron con el comunismo tanto al peronismo como al grupo que orientaba Rogelio Frigerio o a los estudiantes universitarios. En momentos en que Estados Unidos empezaba a reclamar alineamiento y solidaridad contra Cuba, los militares encontraron otro espacio para presionar a Frondizi. El presidente, que había adherido con entusiasmo a las consignas de la Alianza para el Progreso del presidente Kennedy, era reacio a condenar a Cuba, así como a perder cierta libertad de maniobra internacional que le brindaba la existencia de una alternativa socialista en el continente. Algunos tibios gestos de independencia horrorizaron a los militares y al frente antiperonista y anticomunista: el acuerdo con el sospechoso presidente brasileño Janio Quadros en abril de 1961; su entrevista con Ernesto Guevara, a la sazón ministro de Industrias de Cuba en agosto de ese año, y sobre todo la abstención argentina en la Conferencia de Cancilleres de Punta del Este, que expulsó a Cuba del sistema interamericano. El hecho de que los ministros de Relaciones Exteriores que acompañaban tales medidas fueran notorios dirigentes conservadores como Adolfo Mugica o Miguel Ángel Cárcano no amilanó a los militares, que presionaron duramente al presidente hasta que, un mes después de la abstención, el gobierno rompió relaciones con Cuba.

Por entonces, la marcha del proceso político y electoral acercaba al débil gobierno de Frondizi a su catástrofe final. Las elecciones de 1960, con el peronismo proscripto, habían mostrado que sus votos seguían siendo decisivos, más allá de oscilaciones menores entre el oficialismo y la principal oposición. Las elecciones de principios de 1962 debían ser más riesgosas, pues habrían de elegirse gobernadores provinciales. Para enfrentarlas con mayores posibilidades, Frondizi despidió a principios de 1961 a

Alsogaray y a Toranzo Montero, dio por terminada la estabilización, adoptó una política social más flexible y se lanzó a la ardua tarea de enfrentar electoralmente a los peronistas, cuya proscripción no podía mantener sin riesgo de que éstos apoyaran a cualquiera de sus enemigos.

Como en otras ocasiones, se esbozaron distintas alternativas, según hubiera proscripción o no. Una de ellas, la que generaba más preocupación, era el apoyo a alguna de las fuerzas de izquierda, con quienes la Revolución Cubana había creado un campo de solidaridad y entendimiento. La sola existencia de esta alternativa, a la que el sindicalismo era profundamente reacio, mostraba que el peronismo empezaba a ser trabajado por una fuerte renovación ideológica. Pero el deseo general de los dirigentes era levantar la abstención, concurrir a elecciones y recuperar espacios en las legislaturas, las municipalidades y las provincias, y el mismo Perón debió aceptarlo. Lo deseaban muchos caudillos provinciales, que suponían que no serían vetados por los militares, y lo querían particularmente los sindicalistas, dueños de la única estructura formal existente en el peronismo. A través de las 62 Organizaciones dominaron el aparato electoral y pusieron sus hombres a la cabeza de las listas. Más allá del resultado mismo de las elecciones, habían ganado la puja interna: el peronismo era el movimiento obrero, y éste a su vez era su direccion sindical, que encabezaba y administraba Vandor.

En el plano nacional, un triunfo peronista seguía siendo inadmisible para quienes habían suscripto en 1955 el tácito pacto de proscripción, incluyendo el propio Frondizi, quien antes de las elecciones declaró que, frente a un eventual triunfo peronista, no les entregaría el poder. Pero nadie quería asumir los costos de la proscripción y el gobierno, alentado por algunos éxitos electorales, corrió el riesgo de enfrentar al peronismo en elecciones abiertas. El 18 de marzo los candidatos peronistas ganaron ampliamente en las principales provincias, incluyendo el distrito clave de Buenos Aires. En los agitados días siguientes Frondizi hizo lo imposible para capear la situación: intervino las provincias donde habían triunfado los peronistas, quienes se mostraron muy prudentes, cambió todo su gabinete y encargó a Aramburu una mediación con los partidos políticos, que se negaron a respaldarlo y se declararon totalmente indiferentes ante la suerte del presidente y del sistema institucional mismo. Ésta era la señal que los militares esperaban, y el 28 de marzo de 1962 depusieron a Frondizi, quien conservó la serenidad como para organizar su reemplazo por el presidente del Senado, José María Guido, y salvar así un jirón de institucionalidad.

Crisis y nuevo intento constitucional

Muchos de quienes habían acompañado a Frondizi en su último tramo rodearon al presidente Guido y a la frágil institucionalidad por él representada, buscando negociar una alternativa política que de alguna manera tuviera en cuenta a los peronistas. Pero apenas tres meses después, los militares, que habían asumido por completo su función tutelar, impusieron un gabinete definidamente antiperonista. La crisis política y la crisis económica cíclica coincidieron y se potenciaron mutuamente, dando lugar a medidas erráticas. En un fugaz ministerio de quince días, Federico Pinedo dispuso una espectacular devaluación, que favoreció en general a los grupos agropecuarios y en particular a sus amigos, según se dijo. En seguida fue reemplazado por Álvaro Alsogaray quien repitió su receta estabilizadora, que esta vez golpeó además al sector industrial local, que había crecido durante el período frondicista.

La inestabilidad política de esos meses de 1962 reflejaba sobre todo las opiniones contrastantes de los distintos sectores de las Fuerzas Armadas, dueños no asumi-

dos del poder. Mientras que los grupos de oficiales antiperonistas más duros controlaban el gobierno y seguían
buscando una salida basada en una infinita fuga hacia
adelante —la proscripción categórica del peronismo—,
una posición alternativa empezó a dibujarse en el Ejército. Se constituyó en torno de los jefes y oficiales del arma de Caballería, que mandaban los regimientos de blin-
dados y el estratégico acantonamiento de Campo de
Mayo. Reflejaba en parte una competencia profesional
interna pero sobre todo una apreciación diferente sobre
las ventajas y costos de una participación tan directa del
Ejército en la conducción política. El grupo de Campo de
Mayo descubría que el costo pagado por ello —la exacerbación facciosa, la división del Ejército, su creciente
debilidad ante otras fuerzas— era demasiado alto y que
convenía refugiarse en una actitud más prescindente,
que en términos políticos significaba un acatamiento mayor a las autoridades constitucionales. Así, el legalismo
esgrimido era en realidad, antes que una manifestación
de creencias cívicas, una expresión de estricto profesionalismo. Creían además que la asociación de peronismo
con comunismo era simplista y exagerada y que, dada su
tradición nacional y conciliadora, el peronismo podía incluso aportar algo al frente anticomunista. Esta posición
se fue perfilando a lo largo de sucesivos enfrentamientos
con la facción "gorila", que hicieron crisis en el mes de
septiembre, cuando unos y otros —azules y colorados,
según la denominación que entonces adoptaron— sacaron las tropas a la calle y hasta amagaron combatir. Los
azules triunfaron en la contienda militar y en la de la
opinión pública, a la que se dirigieron sus asesores civiles: explicaron a través de sucesivos comunicados la
preocupación de la facción por la legalidad, el respeto
institucional y la búsqueda de una salida democrática.
Poco después, grupos vinculados con ellos promovieron
la aparición de una revista singular —*Primera Plana*—
para defender su posición.

El triunfo azul en septiembre llevó al Comando en Jefe al general Juan Carlos Onganía, y al gobierno a quienes, al igual que Frondizi, habían tratado de estructurar un frente político que de alguna manera integrara a los peronistas. Se trataba de un grupo de políticos provenientes de la democracia cristiana y el nacionalismo, y algunos del propio desarrollismo, a la busca de una fórmula que reuniera militares, empresarios y sindicalistas. Disponían de varias estructuras electorales vacantes —entre ellas la Unión Popular, un partido neoperonista— pero no del candidato, que eventualmente podría haber sido el propio general Onganía. Pero las condiciones para esta alternativa todavía no habían madurado: la mayoría de los empresarios desconfiaban de los peronistas y en general de cualquier política que no fuera estrictamente liberal; los peronistas desconfiaban de los frondicistas, mientras que las fuerzas tradicionalmente antiperonistas, como la UCR del Pueblo, denunciaban indignadas la nueva alternativa espuria e ilegítima. También se oponía la Marina, ausente de los enfrentamientos de septiembre, que el 2 de abril de 1963 realizó su propia sublevación. Esta vez el enfrentamiento con el Ejército fue violento, hubo bombardeos y cuarteles destruidos; la Marina fue derrotada, pero su impugnación tuvo éxito. Al término del episodio, el comunicado final de los azules retomaba las posturas antiperonistas y se declaraba en favor de la proscripción del peronismo.

Los frentistas insistieron en encontrar la fórmula alquímica, esta vez sin los militares, reuniendo a frondicistas, democristianos y nacionalistas. En estas negociaciones, y en las anteriores, los sindicalistas hicieron valer su poder, practicando hasta sus últimas consecuencias el "doble juego", que no los comprometía definitivamente con ninguna alternativa y les permitía sacar provecho de todas. En enero de 1963 lograron que la CGT fuera normalizada, con lo que terminaron de redondear su estructura sindical, e inmediatamente comenzaron a presionar al gobierno con una Semana de Protesta. Pero a la vez jugaron la carta política, negociando su participación en el Frente, en competencia cada vez más evidente con Perón. Las negociaciones no terminaron bien: cuando Perón proclamó candidato a Vicente Solano Lima, un veterano político conservador que desde 1955 se había acercado al peronismo, se apartó el grueso de la UCR Intransigente y también otros grupos menores, al tiempo que el gobierno vetaba la fórmula, apelando a la legislación proscriptiva del peronismo de 1955.

Así se llegó a julio de 1963 en una situación muy parecida a las elecciones de 1957. Los peronistas decidieron votar en blanco, pero una proporción de sus votos emigró en favor del candidato de la UCR del Pueblo, Arturo Illia, quien con 25% de los sufragios obtuvo la primera minoría, y luego la nominación en el Colegio Electoral. Probablemente haya influido en ese apoyo sorpresivo la presentación como candidato del general Aramburu, que estaba siendo postulado desde 1958 para distinto tipo de alternativas, y que definió su posición en términos decididamente antiperonistas.

Arturo Illia gobernó entre octubre de 1963 y junio de 1966. Esta segunda experiencia constitucional posperonista se inició con peores perspectivas que la primera. Las principales fuerzas corporativas, incapaces por el momento de elaborar una alternativa a la democracia constitucional, habían hecho un alto pero estaban lejos de comprometerse con el nuevo gobierno. El partido ganador, la UCR del Pueblo, había obtenido una magra parte de los sufragios, y si bien tenía la mayoría en el Senado, sólo controlaba algo más de la mitad de las gobernaciones, y no tenía mayoría en la Cámara de Diputados donde, debido al sistema de voto proporcional, estaba representado un amplio espectro de fuerzas políticas. A diferencia de Frondizi, el nuevo gobierno radical le dio mucha más importancia al Congreso y a la escena política democrática, tanto por auténtica convicción como por su escasa propensión o capacidad para negociar con las principales corporaciones. La vida parlamentaria tuvo más actividad y brillo, pero el radicalismo no logró estructurar allí una alianza consistente, ni tampoco comprometer auténticamente a las fuerzas políticas en la defensa de la institucionalidad.

Arturo Illia, un político cordobés de la línea sabattinista, no era la figura más destacada de su partido, y es probable que su candidatura derivara de la escasa fe en el triunfo de los principales dirigentes. Dentro del abanico de tendencias del radicalismo, tenía simpatías por las posiciones más progresistas, pero debió negociar con los otros sectores, que ocuparon posiciones importantes en su gobierno. Su presidencia se definió por el respeto de las normas, la decisión de no abusar de los poderes presidenciales y la voluntad de no exacerbar los conflictos y buscar que éstos decantaran naturalmente. Las críticas se centraron en esta modalidad, tachada de irrealista e ineficiente, revelando el escaso aprecio que en la sociedad argentina existía por las formas democráticas e institucionales.

La política económica tuvo un perfil muy definido, dado por un grupo de técnicos con fuerte influencia de la CEPAL. Los criterios básicos del populismo reformista que la UCR del Pueblo heredaba del viejo programa de los intransigentes radicales —énfasis en el mercado interno, políticas de distribución, protección del capital nacional— se combinaban con elementos keynesianos: un Estado muy activo en el control y en la planificación económica. El gobierno se benefició además de la coyuntura favorable que siguió a la crisis de 1962-1963, la recuperación industrial y particularmente de dos años de buenas exportaciones. Los ingresos de los trabajadores se elevaron y el Congreso votó una ley de Salario Mínimo. El gobierno controló los precios y avanzó con decisión en algunas áreas conflictivas, como la comercialización de los medicamentos. Frente al capital extranjero, sin hostilizarlo, procuró reducir la discrecionalidad de las medidas de promoción. Un caso especial fueron los contratos petroleros, que habían sido un caballito de batalla en la lucha contra Frondizi, y que fueron anulados y renegociados.

Esta política económica y social intentaba desandar parte del camino seguido después de 1955 y despertó enconadas resistencias entre los sectores empresariales, expresadas tanto por los voceros desarrollistas, que se quejaban de la falta de alicientes a la inversión extranjera, como sobre todo por los liberales, que reaccionaban contra lo que juzgaban estatismo y demagogia, y se preocupaban por los avances de los sindicatos y la pasividad del gobierno ante ellos.

Éste había intentado aplicar los recursos de la ley de Asociaciones para controlar a los dirigentes sindicales, especialmente en el manejo de los fondos y de las elecciones internas, con la esperanza de que surgiera una corriente de dirigentes que rompiera el monolitismo peronista. Los sindicalistas respondieron con un Plan de Lucha que consistió en la ocupación escalonada, entre mayo y junio de 1964, de 11 000 fábricas, en una operación que involucró a casi 4 millones de trabajadores, realizada con una planificación exacta, sin desbordes ni amenazas a la propiedad, y desmontada con igual celeridad y pulcritud. Aunque desde la derecha y desde la izquierda se quiso ver en esto el comienzo de un asalto al sistema, fue sólo una expresión, de rara perfección, de la estrategia impulsada por Vandor, capaz de obtener los máximos frutos con una movilización controlada y restringida. Tal despliegue estaba dirigido en parte a obtener concesiones del gobierno —particularmente el fin de la presión sobre los sindicatos— pero sobre todo a hacer ver que éstos constituían un actor insoslayable y de real peso en cualquier negociación seria, esto es, la que mantuvieran con los militares, los empresarios y el mismo Perón.

El vandorismo aprovechaba así su cabal dominio de los sindicatos y también de las organizaciones políticas del peronismo, para actuar simultánea o alternativamente en los dos frentes y practicar su arte de la negociación. En el primer semestre de 1964, y alentados por un eventual levantamiento de la proscripción, los sindicatos encabezaron una reorganización del Partido Justicialista —nuevo nombre del Peronista—, que realizaron a su estilo, pues una afiliación relativamente baja les permitió un perfecto control. Esto los fue llevando a un enfrentamiento creciente con Perón, amenazado en su liderazgo. La disputa entre ambos no podía superar ciertos límites, pues ni Perón podía prescindir de los sindicalistas más representativos ni éstos podían renegar del liderazgo simbólico de Perón. La competencia consistió en un tironeo permanente, en el que Vandor fue ganando posiciones. A fines de 1964 la dirigencia local organizó el retorno de Perón al país, una provocación al gobierno y quizás al propio Perón, de envergadura similar a la de una presentación electoral, que ponía sobre el tapete los pactos tácitos de proscripción. El Operativo Retorno suscitó una gran expectativa entre los peronistas y avivó nostalgias y fantasías. Perón tomó un avión, pero antes de que el gobierno se viera obligado a decidir qué hacer, las autoridades de Brasil lo detuvieron y enviaron de nuevo a España. No está claro quién perdió más con este resultado, si el gobierno, Vandor o el propio Perón —los acontecimientos posteriores hicieron irrelevante el balance—, pero lo cierto es que Perón estaba dispuesto a jugar sus cartas para evitar cualquier acuerdo que lo excluyera. Por entonces empezó a cobijar y alentar a los incipientes sectores críticos de la dirección sindical e inclinados a una política más dura, o incluso a seguir la senda de la Revolución Cubana.

La principal preocupación de Perón se hallaba en el campo electoral, donde podía competir mejor con Vandor. En marzo de 1965 se realizaron las elecciones de renovación parlamentaria. El gobierno proscribió al Partido Justicialista pero autorizó a los peronistas a presentarse tras rótulos menos conflictivos, como la Unión Popular, controlados por el sindicalismo vandorista o por caudillos provinciales "neoperonistas", que interpretaban de manera muy amplia y flexible el liderazgo de Perón. Los resultados fueron buenos para el peronismo pero no aplastantes, pues sumando todos los segmentos obtuvieron alrededor del 36% de los votos. Lograron constituir un fuerte grupo parlamentario, que encabezó un *a látere* de Vandor, y empezaron a prepararse para las elecciones de 1967, en las que —como en 1962— se competiría por los gobiernos de provincia. Si Vandor imponía sus candidatos en las principales provincias y lograba reunir a los grupos neoperonistas provinciales, habría logrado institucionalizar al peronismo sin Perón y armar una poderosa fuerza disidente. De alguna manera implícita, Perón y el gobierno concurrieron a enfrentarlo.

En los últimos meses de 1965 Perón envió a la Argentina a su esposa María Estela, conocida como Isabel, como su representante personal. Isabel reunió a todos los grupos sindicales adversos o refractarios al liderazgo de Vandor, tanto de izquierda como de derecha, y motorizó una división en las 62 Organizaciones; aunque la encabezó el propio secretario general de la CGT, José Alonso, fracasaron en su intento de ganar la conducción sindical. Pero a principios de 1966, cuando se celebraba la elección de gobernador de Mendoza, Isabel apoyó una candidatura peronista alternativa a la que propiciaba Vandor, y la superó ampliamente en votos. Así, a mediados de 1966 la competencia entre Perón y Vandor concluía con un empate: aquél se imponía en el escenario electoral y éste en el sindical. Quizá por eso Vandor haya descartado de momento el escenario electoral, dirigiendo sus pasos hacia los grandes actores corporativos.

Las Fuerzas Armadas no miraban con demasiada simpatía el gobierno de Illia —donde tenían predicamento los derrotados militares colorados— pero se abstuvieron de hacer planteos o de presionar. En el Ejército, la prioridad del comandante Onganía y del grupo de oficiales de Caballería que lo rodeaba era la reconstrucción de la institución, el establecimiento del orden y la disciplina, largamente quebrados en los años siguientes a 1955, y la consolidación de la autoridad del comandante. Más que de respeto a las instituciones constitucionales, se trataba de la convicción de que, dadas las características de la escena política, cualquier intervención parcial provocaría divisiones facciosas. Progresivamente, las Fuerzas Armadas no hablaron más que a través de sus comandantes en jefe, y de entre ellos Onganía fue adquiriendo una primacía nacional. En 1965, en una reunión de jefes de Ejército americanos en West Point, manifestó su adhesión a la llamada "doctrina de la seguridad nacional": las Fuerzas Armadas, apartadas de la competencia estrictamente política, eran sin embargo la garantía de los valores supremos de la nacionalidad, y debían obrar cuando éstos se vieran amenazados, particularmente por la subversión comunista. Poco después completó esto enunciando —esta vez en el Brasil donde los militares acababan de deponer al presidente Goulart— la doctrina de las "fronteras ideológicas", que en cada país dividía a los partidarios de los valores occidentales y cristianos de quienes querían subvertirlos. Entre esos valores centrales no figuraba el sistema democrático —que había sido la bandera de los militares luego de 1955— lo que revela un cambio no sólo interno sino internacional: la era inaugurada por el presidente Kennedy terminaba, Estados Unidos retomaba en Santo Domingo su clásica política de intervención y los militares comenzaban a derrocar a los gobiernos democráticos sospechosos de escasa militancia anticomunista. En este renovado discurso de las Fuerzas Armadas, que no se mostraban ansiosas por sacar de él los corolarios obvios, la democracia empezaba a aparecer como un lastre para la seguridad. Desde esa perspectiva también lo sería, finalmente, para la modernización económica, que necesitaba de eficiencia y autoridad.

La economía entre la modernización y la crisis

El programa que en 1958 sintetizó de manera convincente Arturo Frondizi expresaba una sensibilidad colectiva y un conjunto de convicciones e ilusiones compartidas acerca de la modernización económica. En parte ésta debía surgir de la promoción planificada por el Estado, y de una renovación técnica y científica hacia la cual de 1955 en adelante se volcaron muchos esfuerzos. Así surgieron el Instituto Nacional de Tecnología Agropecuaria (INTA), de incidencia importantísima en su campo, y el menos influyente Instituto Nacional de Tecnología Industrial (INTI). La investigación básica y la tecnológica fueron promovidas desde el Consejo Nacional de Investigaciones Científicas y Técnicas, creado en 1957, o desde la Comisión Nacional de Energía Atómica, que frecuentemente actuaron asociados con las universidades. El Consejo Federal de Inversiones debía regular las desigualdades regionales mientras que el Consejo Nacional de Desarrollo, creado en 1963, asumiría la planificación global y la elaboración de planes nacionales de desarrollo. En suma, un conjunto de instituciones debían poner en movimiento, planificadamente, la palanca de la inversión pública, la ciencia y la técnica.

Pero la mayor fe estaba puesta en los capitales extranjeros. Estos llegaron en cantidades relativamente considerables entre 1959 y 1961; luego se retrajeron, hasta que en 1967 se produjo un segundo impulso, aunque en él pesaron mucho las inversiones de corto plazo. Pero su influencia excedió largamente la de las inversiones directas. Los inversores tuvieron una gran capacidad para aprovechar los mecanismos internos de capitalización, ya sea de créditos del Estado o simplemente del ahorro particular, que juzgaba conveniente canalizarse a través de las empresas extranjeras. También se instalaron por la vía de la compra o la asociación con empresas nacionales existentes o su compra, o simplemente por la concesión de patentes o marcas. Su influencia se notó en la transformación de los servicios o en las formas de comercialización —los supermercados fueron al principio lo más característico— y en general en una modificación de los hábitos de consumo, estimulada por lo que podía llegar a verse y apetecerse a través de la televisión. La presencia creciente del idioma inglés atestigua el grado de adaptación a los estilos mundiales que alcanzó la vida económica.

En estos primeros años su efecto fue traumático. En la industria, las nuevas ramas —petróleo, acero, celulosa, petroquímica, automotores— crecieron aceleradamente, por efectos de la promoción y aprovechando la existencia de un mercado insatisfecho, mientras que las que habían liderado el crecimiento en la etapa anterior —textil, calzado, y aun electrodomésticos— se estancaron o retrocedieron, en parte porque su mercado se había saturado o incluso retrocedía, y en parte también porque debían competir con nuevos productos, como fue el caso del hilado sintético, que lo hizo con el algodón en el sector de los textiles. Por otro lado, aumentó la concentración, sobre todo en la industria, modificando la estructura relativamente dispersa heredada de la etapa peronista. En las ramas nuevas, donde pesaron los capitales extranjeros, esto se debió a la magnitud de las inversiones iniciales requeridas así como a las condiciones mismas de la promoción estatal, que con excepción de los automotores garantizaban esa concentración. En las actividades antiguas, tradicionalmente dispersas, y en un contexto de contracción, algunas empresas con mayor capacidad de adaptación lograron, gracias a un crédito o a una asociación ventajosa, crecer a expensas de otras.

En suma, se creó una brecha entre un sector moderno y eficiente de la economía, en progresiva expansión, ligado a la inversión o al consumo de los sectores de mayor capacidad, y otro tradicional, más bien vinculado al consumo masivo, que se estancaba. La brecha tenía que ver con la presencia de empresas extranjeras, o su asociación con ellas, de modo que para muchos empresarios locales la experiencia fue fuertemente negativa. Lo fue, sobre todo, para muchos de los trabajadores. El empleo industrial tendió a estancarse, sin que el aumento en las nuevas empresas compensara la pérdida en las tradicionales, y se deterioraron los ingresos de los asalariados por razones tanto económicas como políticas: un mayor desahogo empresarial en el mercado de trabajo, debido a los frutos de la racionalización y la contracción, se sumaba a un recorte en la capacidad de negociación de las organizaciones sindicales, sobre todo en el ámbito específico de la empresa y la planta. Así, la participación relativa de capital y trabajo en el producto bruto interno varió sensiblemente, revelando la consistencia de la fase acumulativa que se había puesto en marcha: la porción de los asalariados cayó aproximadamente del 49% del PBI en 1954 —pico máximo de la etapa peronista— a un 40% hacia 1962.

El efecto traumático debía compensarse con otro renovador más fuerte y persistente, que sin embargo se relativizó bastante. Aun en el caso de las actividades modernas, los inversores nuevos debían moverse en un contexto de características singulares y arraigadas: el tipo de fábricas heredado de la etapa peronista se caracterizaba por su escala pequeña, alta integración vertical, elevados costos y escasa preocupación por la competitividad. Eran más bien grandes talleres que verdaderas fábricas modernas. Las empresas nuevas —particularmente las de automotores— tuvieron que adecuar su tecnología y sus formas de organización a estas realidades, de las que no podían desentenderse, de modo que —como estudió Jorge Katz— su eficiencia fue mucho menor que en los países de origen. Muchas empresas vinieron a aprovechar la crema de un mercado protegido y largamente insatisfecho, antes que a realizar una instalación de riesgo con perspectivas de largo plazo. Tal lo que ocurrió con las 21 terminales de automotores existentes en 1965. Pero aun las que tenían planes de largo alcance no estuvieron dispuestas a sacrificar la protección concedida, que les garantizaba el dominio del mercado local pero las condenaba a limitarse a él.

En esos años la sociedad argentina, dominada por la problemática del desarrollo, la dependencia y el imperialismo, discutió mucho más la magnitud y destino de las ganancias de estas empresas que su aporte —ciertamente relativo— a la modernización y competitividad de la economía y particularmente del sector industrial. Lo cierto es que los capitales extranjeros contribuyeron a mantener algunos de los mecanismos básicos, tal como se habían conformado en los años treinta y reforzado en la guerra y la posguerra. Su horizonte siguió siendo el mercado interno, y al igual que sus antecesoras nacionales, no fue prioritario alcanzar acá una eficiencia que les permitiera competir en mercados externos, a los que abastecían desde otras filiales, salvo con estímulos específicos. Atraídos con regímenes de promoción, pugnaron por mantener las situaciones de privilegio y hasta extenderlas, y así —junto con las empresas nacionales que pudieron seguirlos en esa línea— contribuyeron a fortalecer la injerencia de un Estado que debía garantizar las ventajas especiales.

Pese a que el gobierno había desarrollado una serie de organismos de planificación, sus políticas de promoción no tuvieron en cuenta cuestiones clave, como cuándo dejar de promover, para estimular la competitividad, o la forma de compatibilizar las necesidades fiscales con la promoción, que generalmente consistía en la exención de impuestos. Sobre todo, fue una política errática: hubo bruscas oscilaciones, determinadas en parte por la capacidad de presión de cada uno de los interesados —como cuando el ministro Pinedo dispuso en 1962 una devaluación del 80%— y en parte por razones políticas generales —como cuando el gobierno de Illia anuló los contratos petroleros—, que reforzó en las empresas la actitud contraria de consolidar los privilegios obtenidos.

En los diez años que siguieron al fin del peronismo, la economía no sólo se transformó sustancialmente sino que, en conjunto, creció, aunque probablemente menos de lo que se esperaba. En el sector industrial, esto fue el resultado de un promedio entre el crecimiento de los sectores nuevos —muchos de los cuales tenían un ciclo de maduración largo— y la retracción de los tradicionales. En el sector agrícola empezaron a sentirse algunos efectos de los incentivos cambiarios ocasionales, de las mejoras tecnológicas impulsadas por el INTA o por grupos de empresarios innovadores, o de la mayor difusión de los tractores, producidos por plantas industriales recientemente instaladas. Sin ser espectaculares, los resultados permitieron que la producción alcanzara en promedio los niveles de 1940, antes del comienzo de la gran contracción. Hubo también algunas mejoras relativas en el comercio exterior. Todo ello fue la base de una etapa de crecimiento general sostenido pero moderado, sustentado principalmente en el mercado interno, iniciada en los años del gobierno de Illia, que se prolongaría hasta mediados de la década siguiente. Perceptible a la distancia, esta bonanza relativa permaneció oculta a los contemporáneos, cuya perspectiva estuvo dominada por los ciclos de expansión y contracción, y las violentas crisis que los separaban.

Las crisis estallaron con regularidad cada tres años —1952, 1956, 1959, 1962, 1966— y fueron puntualmente seguidas por políticas llamadas de estabilización. Desde un punto de vista estrictamente económico, expresaban las limitaciones que desde 1950 experimentaba el país para un crecimiento sostenido. La·expansión del sector industrial y del comercial y de servicios ligados al mercado interno dependía en último término de las divisas con las que pagar los insumos necesarios para mantenerlo en movimiento. Éstas eran provistas por un sector agropecuario con escasas posibilidades de expandirse, que afrontaba difíciles condiciones en los mercados mundiales y que era habitualmente usado, a través de las políticas cambiarias y de precios relativos, para solventar al sector interno. De ese modo, todo crecimiento de éste significaba un aumento de las importaciones y concluía en un déficit serio de la balanza de pagos. El endeudamiento externo, creciente en la época, y la necesidad de cumplir con los servicios, agregaba un elemento adicional a la crisis y un motivo de interés para los acreedores y sus agentes. Los planes de estabilización, que recogían la normativa estándar del Fondo Monetario Internacional —a quien se recurría en la emergencia—, consistían en primer lugar en una fuerte devaluación, y luego en políticas recesivas —suspensión de créditos, paralización de obras públicas—, que reducían el empleo industrial y los salarios, y con ellos las importaciones, hasta recuperar el equilibrio perdido, creando las condiciones para un nuevo crecimiento.

Cada uno de estos ciclos de avance, detención y nuevo avance —capaces de justificar el difundido pesimismo acerca del futuro de la economía— se inscribía en el contexto de la puja por el ingreso entre los distintos sectores, que a su vez formaba parte de la puja política más general, pues al empate político correspondía un empate económico. En una negociación entre varias partes, los beneficiados y perjudicados cambiaban en forma permanente, así como las alianzas y los enfrentamientos. En las fases ascendentes, los intereses de empresarios y trabajadores industriales podían coincidir, a costa de los sectores exportadores: esta coincidencia, que fue una de las bases de la alianza peronista, explica el margen de negociación logrado por los sindicatos luego de 1955. Otras veces —y en estos años fue más frecuente— los empresarios aprovecharon la coyuntura para capitalizarse intensamente. Con la crisis y la devaluación había en primer lugar una traslación de ingresos del sector urbano al rural, pero también de los trabajadores a los empresarios, pues los salarios reales retrocedían ante la fuerte inflación. También solían perder las empresas chicas a manos de las grandes, y en esas coyunturas la concentración de la propiedad avanzó a saltos.

En suma, la crisis potenció la puja por el ingreso entre aquellos sectores con capacidad corporativa para negociar y creó la posibilidad de aprovechar una coyuntura, un cambio de las reglas del juego, producidas desde el poder, y quedarse con la parte del otro. Se trataba de un juego en el que no había reglas racionales y previsibles, ni un sector capaz de imponérselas al otro. Si bien la acción del Estado era decisiva, no se trazaban desde allí políticas autónomas sino que estaba a disposición de quien pudiera capturarlo un instante, y utilizarlo para sacar el mayor provecho posible. Hubo entre los sectores propietarios quienes advirtieron las posibilidades que ofrecía un funcionamiento tan anormal para los parámetros del capitalismo y descubrieron las ventajas de la indisciplina. Hubo otros, en cambio, cuyas mejores posibilidades estaban en el establecimiento del orden y la racionalidad y empezaron a reclamar la presencia, en el poder político, de quien pudiera cumplir esa tarea.

Las masas de clase media

La modernización económica introdujo algunos cambios profundos en la sociedad, pero también dio nuevo impulso a transformaciones que venían de antaño, de modo que los efectos potencialmente conflictivos de aquéllas no se manifestaron de inmediato. La fuerte migración del campo a la ciudad, que caracterizó este período, en realidad formaba parte de una tendencia iniciada en la década de 1940. Cambió en parte el lugar de origen: de las tradicionales zonas pampeanas, donde ya la crisis agrícola había completado su obra de expulsión, se desplazó a las zonas tradicionalmente pobres del nordeste y el noroeste, golpeadas además por la crisis de sus economías regionales, como el algodón o el azúcar. También comenzaron las de los países limítrofes. Siguieron llegando al Gran Buenos Aires, que en esos años, con un 36% de la población total, alcanzó el pico de su crecimiento relativo, pero también a otros grandes centros urbanos, entre los que empezó a despuntar Córdoba.

Quizá la mayor novedad estuvo en la forma de incorporación a las ciudades. El empleo industrial, que había sido la gran vía durante la década peronista, se estancó y aun retrocedió, y su lugar fue ocupado por la construcción —las obras públicas, a cargo de grandes empresas, y también la construcción particular, dominada por el pequeño empresario—, que junto al pequeño comercio y algunas actividades de servicios absorbieron a los migrantes internos y también a los contingentes de bolivianos, paraguayos o chilenos, cuya migración contribuyó a ampliar la masa de trabajadores.

No era sólo la posibilidad del empleo, en general precario, lo que movilizaba a los migrantes, sino también el deseo de disfrutar de los atractivos de la vida urbana, y en ese sentido las migraciones forman parte del proceso social de la Argentina expansiva, de permanente incorporación a los beneficos del progreso, reforzado por la difusión de las comunicaciones, y particularmente la televisión. El resultado fue un fenómeno, muy común en toda América Latina, de la nueva marginalidad: un cinturón de "villas miserias" en las grandes ciudades y sus alrededores, donde se combinaban, de manera sorprendente para los observadores, casas de lata y antenas de televisión.

El mundo de los trabajadores urbanos experimentó cambios profundos. El número de asalariados industriales se mantuvo estable, y en consecuencia perdió importancia relativa. Fueron en general víctimas de las políticas sociales regresivas que dominaron en estos años, salvo durante el período de Illia, aunque los cambios económicos produjeron una gran dispersión de los ingresos y claras ventajas en favor del sector de los trabajadores de empresas modernas. Los sindicatos organizaron una eficaz resistencia y se anotaron buenos tantos en la puja distributiva, los suficientes como para no quedar descolocados ante sus bases, y contribuyeron a mantener la homogeneidad de la clase obrera, sindicalizada y peronista. El mayor crecimiento se registró entre los obreros de la construcción, y sobre todo entre los trabajadores por cuenta propia, ligados a los servicios o al pequeño comercio. Su expansión correspondía todavía a las necesidades de la economía, y antes que desempleo disfrazado, se trataba de trabajo complementario, normalmente remunerado, aunque precario y carente de la protección sindical. El sector de los desprotegidos, que se expandió precisamente cuando el Estado de bienestar renunciaba a algunas de sus responsabilidades, comenzó a constituir, progresivamente, una de las fuentes de tensión de la sociedad.

Nuevos contingentes engrosaron el impreciso pero bien real sector de las clases medias, prolongando y culminando el proceso secular de expansión, diversificación y movilidad de la sociedad. Pero esta apreciación global incluye importantes cambios internos, que matizan fuertemente su sentido. Según los análisis de Susana Torrado, los pequeños empresarios manufactureros se redujeron drásticamente por obra de la concentración industrial, y aunque aumentó el número de comerciantes, en conjunto los sectores medios autónomos fueron menos numerosos. Creció en cambio el número de los asalariados de clase media, presentes en todos los sectores de la economía e especialmente en la industria, donde las nuevas empresas demandaron técnicos y profesionales.

Su presencia puso de relieve el papel decisivo que en esta etapa siguió teniendo la educación, la vía de ascenso por excelencia de los sectores medios. Consolidada la primaria, se prolongó la expansión de la enseñanza media, cuya matrícula creció en forma espectacular en la década peronista, y luego la universitaria, donde se empezaron a plantear los problemas de la masividad. Viejas y nuevas expectativas confluían en este crecimiento: la tradicional búsqueda del prestigio anejo al título, el deseo de participar —a través de las nuevas carreras— en el proceso de modernización de la economía y de la ciencia, y luego, también, el deseo de incorporarse a uno de los foros intelectuales y políticos más activos. Pero la mecánica tradicional empezaba a revelar fallas: los egresados universitarios aumentaron mucho más rápidamente que los empleos —uno de los signos de la debilidad de la modernización anunciada— mientras que, progresivamente, se producía una pérdida de valor de los títulos, y, por ejemplo, para determinadas posiciones no bastaba ya el de bachiller. Aquí también empezaba a anunciarse uno de los focos de tensión de la nueva sociedad.

Entre las clases altas, los cambios completaron los anunciados en la década peronista. Pese a la caída del régimen odiado, las viejas clases altas no recuperaron su antiguo prestigio: la posesión de un apellido, o la frecuentación de las secciones de sociales de *La Prensa* o *La Nación*, no aseguraban por sí ni riqueza ni poder. Las elites siguieron diversificándose y se nutrieron de nuevos empresarios, militares —con frecuencia también devenidos dirigentes de empresa— y hasta algún gremialista particularmente exitoso.

Lo más característico de estos años fue la emergencia y visibilidad de la capa de los así llamados ejecutivos, que según su nivel se ubicaban entre las clases altas o las medias. Eran por una parte la expresión de la modernización económica, el signo de que las empresas dejaban de ser manejadas por los hijos de las familias fundadoras y pasaban a manos de funcionarios expertos, dueños de la eficacia y de una cultura internacional. Como tales, fueron glorificados como héroes civilizadores. Pero también aparecieron como la nueva versión del *parvenu*, un poco "rastacuero", por la exhibición agresiva de la riqueza y por lo que era juzgado como la usurpación de los signos del estatus.

Contenían la grandeza y la miseria de la modernización.

Los cambios en las formas de vida fueron notables, sobre todo en las grandes ciudades. La píldora anticonceptiva, y en general una actitud más flexible sobre las conductas sexuales y sobre las relaciones familiares, modificó la relación entre hombres y mujeres, aunque tales cambios reflejaron sólo mínimamente —en una sociedad todavía pacata y tradicionalista— los que se estaban produciendo en los países centrales. El voseo empezó a imponerse en el trato cotidiano y la conversación se nutrió de términos tomados de la sociología y del psicoanálisis, una de las pasiones de los sectores medios, que constituyeron en Buenos Aires una de las mayores comunidades psicoanalíticas del mundo. Al igual que en el resto del mundo, los cambios en el consumo empezaron a resultar claves en la diferenciación social. Era significativo que los nuevos sectores populares, a diferencia de sus antecesores de la primera mitad del siglo, no pusieran sus esperanzas en la casa propia —símbolo mismo de la movilidad social— sino en el televisor, en parte porque aquélla se había tornado inalcanzable, en parte por la singular combinación de placer inmediato y prestigio que proporcionaba el televisor, y luego el aparato electrónico o la motocicleta. Entre las clases medias, fue el automóvil lo que colmó sus expectativas e ilusiones, pero también los libros entrarán en el círculo del consumo masivo, y los *bestsellers* comenzarán a constituir una referencia.

Fuerzas poderosas impulsaban la expansión y homogeneización del consumo: la producción en masa, la propaganda, las técnicas del *marketing*, pero también tendencias más profundas a la democratización de las relaciones sociales y al acceso generalizado a bienes tradicionalmente considerados como propios de las clases altas. Todos consumieron muchos más productos novedosos. En cada ciudad, el viejo "centro" perdió importancia, y los nuevos centros comerciales se esparcieron por todos los barrios; el *jean* se convirtió en prenda universal, y en su aspecto al menos, las ciudades aparecieron habitadas por vastas masas de clases medias. Pero si el *jean* homogeneizaba todo e impedía que las diferencias sociales cristalizaran en apariencias fijas, generaba de inmediato un movimiento inverso: la recurrencia a marcas exclusivas y caras, visibles en etiquetas conspicuas, que rápidamente era absorbido por la falsificación o la vulgarización de esas etiquetas. Así, frente a la homogeneización de las apariencias, las clases medias acomodadas y los sectores altos de la sociedad, estimulados por una polarización creciente de los ingresos, buscaron formas originales de diferenciación a través de una exclusividad que debía cambiar permanentemente de referencias, antes de que la vulgarización las atrapara. Saber en cada circunstancia qué es lo que marcaba esa diferencia, y conocer el momento en que lo *in* se convertía en *out*, y lo *distinguido* en *mersa* o *cache* —según el curioso código del humorista Landrú—, pasó a ser una ciencia apreciada y el tema de los más leídos semanarios.

Uno de ellos, *Primera Plana*, cumplió una función esencial en la educación de los nuevos sectores medios y altos. Apareció en 1962, para servir de vocero a los grupos que empezaban a nuclearse detrás del general Onganía y de la evanescente fórmula del "frente". Pero además —o quizá precisamente por eso— asumió con entusiasmo y una cierta ingenuidad la tarea de difundir la modernidad entre unos lectores que, gracias a la profusión de claves para iniciados que su lectura demandaba, debían ser ellos mismos una minoría, reclutada entre las nuevas capas profesionales y los ejecutivos eficientes. Para ellos se revelaban los secretos de lo que debía saberse sobre la "vida moderna", las últimas conquistas de la ciencia o la nueva literatura latinoamericana, cuyo *boom* recibió un decisivo impulso, así como de todo aquello cuyo consumo marcara la diferencia. En otro registro, un personaje de historieta que iba a conquistar la inmortalidad —Mafalda, de Quino— expresó toda otra gama del imaginario de las clases medias, combinando la ilusión del auto —un modesto Citroën— y de las breves vacaciones anuales con las preocupaciones por el pacifismo, la ecología o la democracia, comunes a la ola de disconformismo y renovación que se insinuaba en el mundo. Quizá por eso Mafalda alcanzó difusión internacional, y pese a expresar una sensibilidad tan distinta, coincidió con *Primera Plana* en mostrar cuán cerca del mundo estaba el país por entonces.

La Universidad y la renovación cultural

Los intelectuales antiperonistas —y entre ellos quienes habían logrado identificarse tanto con el rigor científico cuanto con las corrientes estéticas y de pensamiento de vanguardia— pasaron a regir las instituciones oficiales y el campo de la cultura todo, dominado por la preocupación de la apertura y la actualización. Viejos grupos, como el Colegio Libre de Estudios Superiores o Sur, perdieron relevancia, desplazados por nuevas instituciones y muchas veces debilitados por las escisiones internas. Las vanguardias artísticas se concentraron en el Instituto Di Tella, combinando bajo el amparo de una empresa por entonces pujante y modernizada la experimentación con la provocación. Quienes animaban esa experiencia —y en particular Jorge Romero Brest— estaban convencidos de recrear en Buenos Aires un verdadero centro internacional del arte, y si el diagnóstico quizás era excesivamente optimista, lo cierto es que, como pocas otras veces, la creatividad local se vinculó con la del mundo. Ubicado en el centro mismo de la ciudad, en la llamada "manzana loca", y cerca de la Facultad de Filosofía y Letras, el Di Tella se convirtió en punto de referencia de otras corrientes, emergentes y medianamente contestatarias, pero ciertamente provocativas, como el hippismo.

El principal foco de la renovación cultural estuvo en la Universidad. La designación en 1955 de José Luis Romero como rector de la de Buenos Aires, con el respaldo del poderoso movimiento estudiantil, marcó el rumbo de los diez años siguientes. Estudiantes e intelectuales progresistas se propusieron en primer lugar "desperonizar" la Universidad —esto es eliminar a los grupos clericales y nacionalistas, de ínfimo valor académico, que la habían dominado en la década anterior— y luego modernizar sus actividades, acorde con la transformación que la sociedad toda emprendía.

Según la utopía del desarrollo dominante, la ciencia debía convertirse en palanca de la economía, lo que planteó un largo debate acerca de las prioridades: ciencias básicas, que trabajaran según los estándares internacionales, o tecnología aplicada, mirando los problemas específicos de nuestra economía y atendiendo a la formación del personal calificado que ésta podía requerir. Frente a la vieja Universidad profesional surgió una nueva, orientada a la biología, la bioquímica, la física, la agronomía o la computación; las facultades se nutrieron con laboratorios y científicos con dedicación exclusiva a la enseñanza e investigación, y los egresados marcharon masivamente a completar su formación en el exterior. Incluso las viejas carreras cambiaron: la economía y la administración de empresas —escuela de ejecutivos— empezaron a reemplazar la vieja formación de los contadores públicos.

En las ciencias sociales —una idea de por sí moderna— la modernización se asoció con dos nuevas carreras: psicología y sociología. En la escuela fundada por Gino Germani, la teoría de la modernización, fácilmente integrable con la del desarrollo económico y hasta con el marxismo, constituía a la vez un diagnóstico y un programa, mutuamente potenciados: las sociedades marchaban todas por un camino similar, de lo tradicional a lo moderno, y la ciencia indicaba el camino para que la Argentina recorriera esas etapas y por esa vía se incorporara al mundo. La sociología suministraba a la vez una filosofía de la historia, un vocabulario —frecuentemente malas traduccio-

nes del inglés— y otros signos de modernidad, y una vasta
camada de nuevos profesionales, que podían dedicarse al
marketing o a las relaciones industriales en las empresas,
o a trabajar en los distintos organismos de planeamiento
e investigación desarrollados por el Estado. Antes de que
los subocupados o desocupados predominaran entre
ellos, los sociólogos constituyeron, con psicólogos, economistas, científicos y técnicos industriales toda una cohorte de nuevos sectores medios, adalides de la modernización y consumidores privilegiados de sus productos.

Desde 1955, la Universidad se gobernó según los
principios de la Reforma Universitaria de 1918, verdadera ideología de estudiantes e intelectuales progresistas: autonomía y gobierno tripartito de profesores, egresados y alumnos. Desde el comienzo, sus relaciones con
los gobiernos fueron conflictivas y la ruptura se produjo
cuando el presidente Frondizi decidió autorizar las universidades privadas —eufemísticamente llamadas "libres"— en igualdad de condiciones con las del Estado.
El debate de 1958 entre los partidarios de la enseñanza
"libre" —básicamente los ligados a la Iglesia— y la "laica" —que nucleaba todo el arco liberal y progresista—,
fue notable, aunque la masividad del apoyo a "la laica"
no logró cambiar la determinación de Frondizi de entre-
gar ese botín a uno de los factores de poder que reconocía. La confrontación —renovada posteriormente en los
reclamos por mayor presupuesto— mostró cómo la
Universidad se convertía en un polo crítico no sólo del
gobierno sino de tendencias cada vez más fuertes en la
sociedad y la política, y a la vez cómo se procesaba internamente ese cuestionamiento, político pero no partidario y preocupado por mantener —más allá de los avatares
de la política nacional— el arco de las solidaridades progresistas: en primer lugar la fe en la ciencia, y luego la
confianza en el progreso de la humanidad, ejemplifica-
do en la amplia solidaridad despertada por la Revolución Cubana. En ese sentido, y gracias a su autonomía,

220

la Universidad se convirtió en una "isla democrática" en un país que lo era cada vez menos y —lo que es peor— que creía cada vez menos en la democracia, de modo que la defensa misma de la "isla" contribuyó a consolidar las solidaridades internas.

No se trataba, sin embargo, de una isla con voluntad de encierro. Mientras germinaban en ella multitud de propuestas políticas que luego se transferirían al debate de la sociedad, la Universidad se preocupó intensamente, aunque con éxito desigual, por la extensión de sus actividades a la sociedad toda. El ejemplo más exitoso de ello fue Eudeba, la editorial fundada por la Universidad de Buenos Aires y organizada primero por Arnaldo Orfila Reynal —*alma mater* de dos editoriales mexicanas de honda influencia en el mundo intelectual, el Fondo de Cultura Económica y Siglo XXI— y luego por Boris Spivacow, que recreó en la década del sesenta los grandes poyectos editoriales populares de los años treinta y cuarenta. Lo singular de Eudeba fue su combinación de política de ventas agresiva y novedosa —libros muy baratos, quioscos en las calles— puesta al servicio de la difusión de lo más moderno en el campo de las ciencias. Sus tiradas —vendió 3 millones de ejemplares entre 1959 y 1962— muestran tanto la realidad de la ampliación del público lector como el decisivo papel de la Universidad y su editorial para conformarlo.

En este polo de modernidad concentrado en la Universidad empezaron a manifestarse tensiones crecientes. El valor absoluto de la ciencia universal —ya presente en las discusiones sobre ciencia básica o tecnología— fue cuestionado a la luz de las necesidades nacionales. Se debatió primero el financiamiento de muchos grupos de científicos por fundaciones internacionales —que solían estar vinculadas con grandes empresas, como la Fundación Ford, o con los mismos gobiernos— suponiendo que tal financiamiento orientaba las investigaciones en una dirección irrelevante o directamente contraria a los intereses del pueblo y la nación. De allí se pasó al cuestionamiento de los paradigmas científicos mismos, postulando una manera "nacional" de hacer ciencia, diferente de la que se identificaba con los centros internacionales de dominación, y a la larga se cuestionaría la necesidad misma de la ciencia. El llamado a mirar al país, o a Latinoamérica, entroncaba con la cuestión del compromiso de los intelectuales con su realidad, un viejo debate —lo habían animado en los años de 1920 los partidarios de Boedo y Florida— que encontraba nuevos motivos. Si bien el compromiso era un valor compartido entre el conjunto de los intelectuales progresistas —que no vacilaban en manifestarse masivamente en favor de la Cuba agredida—, había quienes cuestionaban la supuesta neutralidad de la ciencia —defendida por los "cientificistas"— e insistían en su carácter siempre valorativo. Una discusión similar planteaban en el campo artístico quienes cuestionaban la frivolidad y falta de compromiso del Di Tella y contraponían por ejemplo el teatro realista de Roberto Cossa o German Rozenmacher —que tematizaban las perplejidades de las clases medias ante el peronismo— con el teatro del absurdo de la "manzana loca".

Por entonces, y pese al voluntarismo de los núcleos modernizadores, la realidad nacional no hacía sino mostrar la superficialidad de los cambios, así como el vigor de las resistencias que esos cambios despertaban en la sociedad tradicional. Pero sobre todo, fue el giro a la izquierda de buena parte del núcleo progresista el que reveló la imposibilidad de mantener los acuerdos en los que esa experiencia se había fundado.

La política y los límites de la modernización

La radicalización de los sectores progresistas y la formación de una nueva izquierda —cuya trayectoria han reconstruido Oscar Terán y Silvia Sigal— tuvo en la Universidad su ámbito privilegiado antes de partir, luego de 1966, hacia destinos más amplios. Pero hasta esa fecha su penetración en otros círculos fue escasa —los gremiales estaban celosamente custodiados por un sindicalismo siempre hostil— y fue en la Universidad y sus debates donde los intelectuales construyeron y reconstruyeron sus interpretaciones y sus discursos, que posteriormente encauzarían en una amplia gama de opciones políticas.

La ruptura entre el sector más progresista de los intelectuales y sus aliados más conservadores del frente antiperonista, anunciada desde antes de 1955, cristalizó casi de inmediato, por obra de la política antipopular y represiva del gobierno libertador, y sobre todo por una suerte de culpa ante la incomprensión de unas mayorías populares cuya persistencia en el peronismo, más allá de la acción del aparato estatal, quedó demostrada en las elecciones de 1957. Desde Sur hasta el Partido Socialista, las agrupaciones y partidos que habían cobijado a la oposición antiperonista sufrieron todo tipo de fracturas. La atracción que ejerció Frondizi entre los progresistas independientes y aun entre militantes de los partidos de izquierda tradicionales obedecía a que proponía la apertura al peronismo sin renunciar a la propia identidad; se debía al enérgico tono antiimperialista —un valor por entonces en alza—, y sobre todo a la modernidad y eficacia que informaba su estilo político, que combinaba las ilusiones de la época con las tentaciones, más propias de los intelectuales, de acercarse al poder sin pasar por los filtros de los partidos. La desilusión, que sobrevino pronto, inició una etapa de reflexión, crítica y discusión que culminó en la formación de la "nueva izquierda".

Se formó mirando al peronismo primero, y luego a la Revolución Cubana. Se caracterizó por la espectacular expansión del marxismo, fuente de las creencias básicas: se era marxista o no se lo era. Dentro de él, las variedades eran infinitas; la ortodoxia stalinista retrocedió frente a nuevas fuentes doctrinarias: Lenin, cuyo lugar cen-

223

tral se mantuvo por sus tesis sobre el imperialismo, Sartre, Gramsci, Trotsky, Mao, de las que se derivaban todas las interpretaciones imaginables —desde condenar al peronismo hasta abrazarse con él—, legitimadas en un Marx que daba para todos. Paralelamente, se expandió el antiimperialismo, recogiendo una ola mundial que partía de los movimientos de descolonización de la posguerra, seguía con los países de "Tercer Mundo", continuaba con la guerra de Argelia y culminaba con la incipiente lucha de Vietnam, todo lo cual parecía anunciar la inminente crisis de los imperios. La desilusión con Frondizi, y con su equivalente brasileño Juscelino Kubitschek, el asesinato de Kennedy y la intervención norteamericana en Santo Domingo, en 1965, diluyeron las ilusiones en la Alianza para el Progreso, y las teorías del desarrollo dejaron paso a las de la dependencia, que reelaboraba los motivos anteriores pero subordinando las raíces del atraso a situaciones políticas, frente a las cuales la opción era una alianza nacional para la liberación. Este populismo tendió un puente hacia sectores cristianos, que releyendo los evangelios en clave popular, se interesaron en dialogar con el marxismo, mientras que el antiimperialismo vinculó estas corrientes con sectores del nacionalismo, también en intenso proceso de revisión. De Hernández Arregui —cuyo libro *La formación de la conciencia nacional* fue clave en esta amalgama— a José María Rosa, intelectuales nacionalistas incorporaron el marxismo —en su vertiente más crudamente economicista— rehaciendo un camino que, en sentido opuesto, habían recorrido Rodolfo Puiggrós y Jorge Abelardo Ramos, autores de otros dos libros de enorme influencia: *Historia crítica de los partidos políticos* y *Revolución y contrarrevolución en Argentina*. A su vez, las izquierdas revisaron su interpretación liberal de la historia —en la que Rosas encarnaba el feudalismo y Rivadavia el capitalismo— y empezaron a releerla a la luz del revisionismo, un camino que les permitía, al final, asignar al peronismo un lugar legítimo en el progreso de la humanidad.

La amalgama fue difícil y la polémica intensa. La Revolución Cubana —en cuyo apoyo todos coincidieron— tuvo la virtud de resumir la mayoría de esos sentidos. Mostraba a América Latina alzada contra el imperialismo, sobre todo luego de la expansión de la guerrilla en Venezuela, Colombia y Perú, y llevaba a una revalorización cultural que iba desde las fuerzas telúricas hasta la "nueva novela". La conexión estrecha entre marxismo y revolución, que se desdibujaba al contemplar los grandes partidos europeos o la propia Unión Soviética, se manifestaba con toda su fuerza en Cuba. Antes de que se extrajeran de ella recetas políticas específicas, Cuba consagró la idea misma de revolución, la convicción de que, pese a sus pesadas determinaciones, la realidad era plástica y que la acción humana organizada podía modificarla. Esa transformación, cuya posibilidad era reforzada por su necesidad histórica, era una cuestión política, que se jugaba en el poder y postergaba o subordinaba otras cuestiones como el crecimiento económico, el progreso científico o la modernización cultural. Para la vertiente nacionalista, el sujeto de esta transformación seguía siendo, en clave romántica, el pueblo, mientras que para la izquierda lo era el trabajador, detrás de quien, como ha dicho con agudeza Terán, no se vislumbraba todavía al guerrero.

Efectivamente, la nueva izquierda todavía no tenía claro qué hacer. Miraba con avidez al peronismo, alentaba sus variantes "duras" —algunos militantes sindicales, o John William Cooke, que venía de una larga residencia en Cuba—, especulaba con su vuelco a la izquierda, y empezaba a jugar con diversas alternativas: el leninismo —que privilegiaba la acción de masas—, el foquismo —que buscaba constituir un polo de poder a través de la guerra irregular—, o el "entrismo", decidido a ganar al peronismo desde adentro. Nada estaba definido en 1966, salvo

225

el rechazo cada vez más categórico de la tradición liberal y democrática. Para la nueva izquierda —que no separaba los principios más generales de la inmediata experiencia argentina— la democracia era apenas una forma, las libertades individuales una farsa, e ilusionarse con ellas era sólo encubrir la opresión.

En realidad, nadie tenía demasiada fe en la democracia, ni siquiera los partidos políticos que debían defenderla. Ciertamente se trataba de una democracia ficticia y de escasa legitimidad, pero los interesados directos en su supervivencia y mejora la dieron por caduca sin lucha, hasta que el final anunciado llegó. Si las izquierdas creían que se trataba de un opio burgués, el frondicismo prefería apostar a la eficiencia tecnocrática mientras que los radicales del Pueblo y sus aliados no vacilaron, en ocasiones, en preferir un golpe militar a un gobierno que abriera demasiado el juego a los peronistas. Éstos —los menos responsables, dada su exclusión— fluctuaban en la apuesta a las elecciones o a la negociación directa con los factores de poder. La derecha, por su parte, no lograba organizar un partido capaz de hacer atractivos sus intereses al conjunto de la sociedad, en parte por los problemas ya crónicos de estas fuerzas, que sólo funcionaron eficazmente cuando se las articuló desde el poder, y en parte porque, en el seno mismo de los sectores propietarios, subsistían los conflictos y no se había llegado a conformar una propuesta que fuera válida para todos ellos, y mucho menos para un sector mayoritario de la sociedad.

Los sectores más concentrados de la economía, en los que el capital extranjero tenía un peso decisivo, se movían con más comodidad en la escena corporativa, donde sus intereses eran formulados con precisión y claridad por un grupo de bien entrenados economistas y técnicos. Allí dialogaban con los factores de poder reales —los sindicalistas, las Fuerzas Armadas, y en menor medida la Iglesia— que por distintos motivos tampoco tenían mayor interés en fortalecer la escena democrática. Los sindicalistas, dirigidos por Vandor, habían probado sin suerte la arena electoral, donde Perón los había derrotado; los militares estaban cada vez más consustanciados con su papel tutelar del Estado y defensor de los valores occidentales y cristianos. Se trataba, sin embargo, de una negociación empantanada, a mitad de camino entre la democracia y el autoritarismo, donde ninguno de los actores tenía la fuerza para volcar en su favor la situación, pero podía vetar eficazmente cualquier alternativa que lo excluyera.

Las voces para romper el empate empezaron a multiplicarse. Para los militares, la democracia resultaba un obstáculo en el combate contra un enemigo comunista imaginado, que veían cada vez más amenazador. Si habían llegado a admitir que el grueso del sindicalismo peronista era de momento rescatable, en cambio lo veían enseñoreado en la Universidad, desde donde se intentaba fascinar al peronismo; se alarmaban por la atracción que ejercía la Revolución Cubana y les horrorizaba el cuestionamiento de los valores tradicionales de la sociedad y la convivencia, pues en el fondo la libertad sexual, la revolución y el arte de vanguardia les parecían distintos aspectos de un mismo desafío a los valores occidentales y cristianos.

Esta reacción, que iba de lo político a lo cultural y de ahí a los ámbitos más privados, encontró amplio eco en la sociedad, revelando que los avances de la modernización no eran tales. Era alimentada desde los sectores más tradicionales de la Iglesia, de gran predicamento entre militares y empresarios. Para el catolicismo integrista, el cuestionamiento de los valores sustantivos de la sociedad —la familia, la tradición, la propiedad— arrancaba con la Revolución Francesa —cuando no de la Reforma—, y suponía una condena del mundo moderno y en particular de la democracia liberal, así como una reivindicación de la sociedad organicista, donde los auténticos intereses sociales estuvieran directamente representados a través de sus corporaciones. Esta postura ultramontana resultaba bien acogida por quienes, por otros motivos, encontraban en el escenario democrático y sus callejones sin salida las raíces del desorden económico y reclamaban un Estado fuerte, con capacidad para ordenar la vida económica, disciplinar a sus actores y superar los bloqueos para una alternativa eficiente. Todos reclamaban más autoridad y orden, unos con tradición y otros con eficacia.

En torno de esta idea, divulgada desde los más diversos ámbitos, empezó un rápido aglutinamiento de fuerzas que, como se advertía, habían tomado la restauración constitucional como un interludio que permitiera retomar lo que había empezado a esbozarse en 1962. El gobierno de Illia fue condenado por ineficiente por *Primera Plana*, vocero de este grupo, ya en septiembre de 1963, un mes antes de que el nuevo presidente asumiera, y desde entonces la propaganda se ensañó con él. Objetivos distintos pero no contradictorios —la eficiencia, el orden, la modernización y hasta el "destino de grandeza— confluían en la crítica al gobierno y en una propuesta definida, de manera algo vaga como corresponde a una propuesta política, como el "cambio de estructuras" que se entendía se refería a las políticas. Esta idea fue sistemáticamente desarrollada por un elenco de propagandistas, muchos de ellos expresamente contratados para ello, dedicados a desprestigiar al gobierno, y al sistema político en general, y a exaltar la figura de Onganía —quien pasó a retiro a fines de 1965—, modelo de eficiencia pero, sobre todo, "última alternativa de orden y autoridad", como escribía Mariano Grondona en *Primera Plana*. Durante los seis meses finales del gobierno de Illia se tenía la impresión de que buena parte del país —que "estaba en el golpe"— emprendía, sin disimulo alguno, con paciencia y con confianza, el camino que llevaría a la redención. Quienes no participaban de esa fe parecían en cambio compartir el diagnóstico, a juzgar

por sus mínimos intentos para defender el sistema institucional que se derrumbaba. El 28 de junio de 1966 los
comandantes en jefe depusieron a Illia y entregaron la
presidencia al general Onganía. Con la caída de la democracia limitada terminó el empate, las opciones se definieron y los conflictos de la sociedad, hasta entonces disimulados, pudieron desplegarse plenamente.

VI. Dependencia o liberación, 1966-1976

El ensayo autoritario

Un amplio consenso acompañó al golpe del 28 de junio de 1966: los grandes sectores empresarios y también los medianos y pequeños, la mayoría de los partidos políticos —con excepción de los radicales, socialistas y comunistas— y hasta muchos grupos de extrema izquierda, satisfechos del fin de la democracia "burguesa". Perón abrió una carta de crédito, aunque recomendó "desensillar hasta que aclare", los políticos peronistas fueron algo más explícitos y los sindicalistas se mostraron francamente esperanzados y concurrieron a la asunción del nuevo presidente, especulando con la persistencia del tradicional espacio para la negociación y la presión, y quizá con las posibles coincidencias con un militar que —como aquel otro— ponía el acento en el orden, la unidad, un cierto paternalismo y un definido anticomunismo.

Este crédito amplio y variado tenía que ver con la indefinición inicial entre las diversas tendencias que coexistían en el gobierno. El estado mayor de las grandes empresas —el *establishment* económico— tenía interlocutores directos en muchos jefes militares. Otros —sobre todo los que rodeaban al general Onganía— se nutrían en cambio de una concepción mucho más tradicional, derivada en parte del viejo nacionalismo pero sobre todo de las doctrinas corporativistas u organicistas que se estaban abriendo paso entre la nueva derecha. Las contradicciones profundas entre corporativistas y liberales (que ni creían en las libertades individuales ni en el liberalismo económico ortodoxo) se disimulaban en una red de contactos sociales e ideas mezcladas, tejidas en la Escuela de Economía de la Universidad Católica, el Instituto de

Ciencias Políticas de la Universidad del Salvador o en los cursillos de cristiandad que la Iglesia —lanzada a la conquista de los grupos dirigentes y hábil para disimular las diferencias— organizaba para militares, jóvenes empresarios o "tecnócratas de sacristía".

Así, de momento privaron las coincidencias. Era necesario reorganizar el Estado, hacerlo fuerte, con autoridad y recursos, y controlable desde su cima. Para unos, era la condición de un reordenamiento económico que usara las tradicionales herramientas keynesianas para romper los bloqueos del crecimiento. Para otros, era la condición de un reordenamiento de la sociedad, de sus maneras de organización y representación, que liquidara las formas políticas del liberalismo, juzgadas nefastas, y creara las bases para otras, naturales, orgánicas y jerárquicas.

La primera fase del nuevo gobierno se caracterizó por un "*shock* autoritario". Se proclamó el comienzo de una etapa revolucionaria, y a la Constitución se le adosó un Estatuto de la Revolución Argentina, por el cual juró el general Juan Carlos Onganía, presidente designado por la Junta de Comandantes, que se mantuvo en el poder hasta junio de 1970. Se disolvió el Parlamento —el presidente concentró en sus manos los dos poderes— y también los partidos políticos, cuyos bienes fueron confiscados y vendidos, para confirmar lo irreversible de la clausura de la vida política. Los militares mismos fueron cuidadosamente apartados de las decisiones políticas, aunque en cuestiones de seguridad se institucionalizó la representación de las armas por la vía de sus Comandantes. Los ministerios fueron reducidos a cinco, y se creó una suerte de Estado Mayor de la Presidencia, integrado por los Consejos de Seguridad, Desarrollo Económico y Ciencia y Técnica, pues en la nueva concepción el planeamiento económico y la investigación científica se consideraban insumos de la seguridad nacional.

Unificadas las decisiones, se comenzó a encorcetar la sociedad. La represión del comunismo —uno de los temas que unía a todos los sectores golpistas— se extendió a todas aquellas expresiones del pensamiento crítico, de disidencia o hasta de diferencia. El blanco principal fue la Universidad, que era vista como el lugar típico de la infiltración, la cuna del comunismo, el lugar de propagación de todo tipo de doctrinas disolventes y el foco del desorden, pues se consideraba que las manifestaciones en reclamo de mayor presupuesto eran un caso de gimnasia subversiva. Las universidades fueron intervenidas y se acabó con su autonomía académica. El 29 de julio de 1966, en la "noche de los bastones largos", la policía irrumpió en algunas facultades de la Universidad de Buenos Aires y apaleó a alumnos y profesores. A este impromptu, grave, simbólico y premonitorio, siguió un movimiento importante de renuncias de docentes. Muchos de ellos continuaron con sus trabajos en el exterior y otros procuraron trabajosamente reconstruir, subterráneamente, las redes intelectuales y académicas, por lo general en espacios recoletos, que alguien comparó con las catacumbas. Mientras tanto en las universidades reaparecieron los grupos tradicionalistas, clericales y autoritarios que habían predominado antes de 1955.

La censura se extendió a las manifestaciones más diversas de las nuevas costumbres, como las minifaldas o el pelo largo, expresión de los males que, según la Iglesia, eran la antesala del comunismo: el amor libre, la pornografía, el divorcio. Al igual que en el caso de la Universidad, venía a descubrirse que amplias capas de la sociedad coincidían con el diagnóstico de los militares o de la Iglesia acerca de los peligros de la modernización intelectual y con la necesidad de usar la autoridad para extirpar los males.

Los gestos de autoridad se repitieron en ámbitos elegidos arbitrariamente, donde más visible era la generosidad del Estado, o su debilidad frente a las presiones corporativas. Antes de que se hubiera definido una política económica, se procedió a reducir drásticamente el personal en la administración pública y en algunas empresas del Estado, como los ferrocarriles, y se realizó una sustancial modificación de las condiciones de trabajo en los puertos, para reducir los costos. Otra medida espectacular fue el cierre de la mayoría de los ingenios azucareros en la provincia de Tucumán, que venían siendo ampliamente subsidiados, con el propósito de racionalizar la producción. En todos los casos la protesta sindical, que fue intensa, resultó acallada con violencia, y si bien no se derogó la ley de Asociaciones Profesionales —se trataba del punto principal de la disputa entre corporativistas y liberales— se sancionó una de Arbitraje Obligatorio, que condicionaba la posibilidad de iniciar huelgas. Poco quedaba de las esperanzas de los sindicalistas, rudamente golpeados por la política autoritaria. En febrero de 1967 lanzaron un Plan de Acción, que recordaba el Plan de Lucha montado contra Illia. Pero en la ocasión tropezaron con una respuesta muy fuerte: despidos masivos, retiros de personería sindical, intervenciones a los sindicatos y el uso de todos los resortes que la ley le daba al Estado para controlar al gremialismo díscolo. El paro tuvo por otra parte escasa repercusión y la CGT debió reconocer su derrota total y suspender las medidas.

El gobierno había encontrado la fórmula política adecuada para operar la gran reestructuración de la sociedad y la economía. Con la clausura de la escena política y la corporativa había puesto fin a la puja sectorial, dejando descolocado al sindicalismo vandorista, protagonista principal de ambas escenas, y hasta al propio Perón, que se tomó unas vacaciones políticas. Acallado cualquier ámbito de expresión de las tensiones de la sociedad, y aun de las mismas opiniones, podía diseñar sus políticas con tranquilidad, sin urgencias —la revolución no tiene plazos, se decía— y con un instrumento estatal poderoso en sus manos.

Pero en los seis primeros meses, y más allá de aquellas acciones espectaculares, no se había adoptado un rumbo claro en materia económica pues el equipo designado —de orientación vagamente social cristiana— estaba lejos de conformar al *establishment*. El conflicto se resolvió en diciembre de 1966 en favor de los llamados liberales. El general más afín a ellos, Julio Alsogaray —hermano de Álvaro— fue designado comandante en jefe del Ejército, y Adalbert Krieger Vasena, ministro de Economía y Trabajo. Se trataba de un economista surgido del riñón mismo de los grandes grupos empresarios, con excelentes conexiones con los centros financieros internacionales y de capacidad técnica reconocida. Krieger ocupó el centro del gobierno —su influencia se extendía a los ministerios de Obras Públicas y de Relaciones Exteriores—, pero debió seguir enfrentándose con los grupos corporativistas, que se concentraron en el Ministerio de Interior —donde se manejaba la educación, tema clave para la Iglesia— y la Secretaría General de la Presidencia.

El plan de Krieger Vasena, lanzado en marzo de 1967, coincidiendo con la debacle de la CGT, apuntaba en primer término a superar la crisis cíclica —menos aguda que la de 1962-1963—, y a lograr una estabilización prolongada que eliminara una de las causas de la puja sectorial. Más a largo plazo, se proponía racionalizar el funcionamiento de la economía toda y facilitar así el desempeño de las empresas más eficientes, cuya imposición sobre el conjunto acabaría definitivamente, en este terreno, con empates y bloqueos.

Contaba para ello con las poderosas herramientas de un Estado perfeccionado en sus orientaciones intervencionistas. En el caso de la inflación se recurrió a la autoridad estatal para regular las grandes variables, asegurar un período prolongado de estabilidad y desalentar las expectativas inflacionarias. Sometidos los sindicatos, se congelaron los salarios por dos años, luego de un módico aumento, y se suspendieron las negociaciones colectivas. También se congelaron tarifas de servicios públicos y combustibles, y se estableció un acuerdo de precios con las empresas líderes. El déficit fiscal se redujo con las racionalizaciones de personal y una recaudación más estricta, pero sobre todo porque se estableció una fuerte devaluación del 40% y una retención similar sobre las exportaciones agropecuarias. Con esta medida, la más importante en lo inmediato, se logró a la vez arreglar las cuentas del Estado, evitar el alza de los alimentos, impedir que la devaluación fuera aprovechada por los sectores rurales y asegurar un período prolongado de estabilidad cambiaria, reforzado por préstamos del Fondo Monetario y una importante corriente de inversiones de corto plazo. Todo ello permitió establecer el mercado libre de cambios. En lo inmediato, los éxitos de esta política de estabilización fueron notables: a mediados de 1969 la inflación se había reducido drásticamente, aunque seguía siendo elevada para los niveles de los países centrales, y las cuentas del Estado estaban equilibradas, lo mismo que la balanza de pagos.

Otros poderosos instrumentos de intervención estatal fueron utilizados para mantener el nivel de la actividad económica y estimular a los sectores juzgados más eficientes. No hubo restricción monetaria ni crediticia. Las inversiones del Estado fueron considerables, particularmente en obras públicas: la represa hidroeléctrica de El Chocón, que debía solucionar el fuerte déficit energético, puentes sobre el Paraná, caminos y accesos a la Capital, a lo que se sumó un impulso similar de la construcción privada. Las exportaciones no tradicionales fueron beneficiadas con reintegros de impuestos a insumos importados. Se estimuló la eficiencia general de la economía mediante una reducción, ciertamente selectiva, de los aranceles y la eliminación de subsidios a economías regionales, como la azucarera tucumana o la algodonera chaqueña. También aquí los éxitos globales fueron notables: creció el producto bruto, sosteniendo la tendencia de los años anteriores, la desocupación fue en general baja —aunque las reestructuraciones crearon bolsones de alto desempleo—, los salarios no cayeron notablemente y la inversión fue en general alta, aunque concentrada en obras públicas. No hubo un movimiento inversor privado sostenido, de modo que hacia 1969 el crecimiento parecía alcanzar su techo.

El sector más concentrado —predominantemente extranjero— resultó el mayor beneficiario de esta política, que además de estabilizar, apuntaba a reestructurar profundamente el mundo empresario y a consolidar de modo definitivo los cambios esbozados desde 1955. Muchas de las empresas instaladas en la época de Frondizi empezaron por entonces a producir a pleno, pero además hubo compras de empresas nacionales por parte de extranjeras —se notó en bancos o tabacaleras— de manera que la desnacionalización de la economía se hizo más manifiesta. Sin renunciar a las ventajas de los regímenes de promoción con que se instalaron, estas empresas se beneficiaron con la situación de estabilidad, en la cual podían hacer pesar sus ventajas en organización, planeamiento y racionalidad. Las grandes obras públicas realizadas en esta etapa generalmente solucionaban sus problemas de transporte o energía, a la vez que creaban oportunidades atractivas para las que empezaban a operar como contratistas del Estado, un rubro llamado a crecer considerablemente.

En cambio, la lista de perjudicados fue amplia. A la cabeza estaban los sectores rurales; si bien se los estimuló a la modernización y tecnificación —a eso apuntaba el temido impuesto a la "renta potencial"— se sintieron perjudicados por lo que consideraban un despojo: las fuertes retenciones a la exportación. Los sectores empresarios nacionales —que hacían oír su voz a través de la Confederación General Económica— se quejaban de falta de protección y se lamentaban de la desnacionalización. Economías provinciales enteras —Tucumán, Chaco, Misiones— habían recibido verdaderos mazazos al suprimirse protecciones tradicionales. La lista de maltrechos se completaba con amplios sectores medios, perjudicados de formas varias, desde la liberación de los alquileres urbanos hasta el avance de los supermercados en la comercialización minorista, y naturalmente con los trabajadores.

La nueva política modificaba profundamente los equilibrios —cambiantes pero estables— de la etapa del empate, y volcaba la balanza en favor de los grandes empresarios. La utilización del más tradicional de los instrumentos de política económica —la transferencia de ingresos del sector rural tradicional al sector urbano— operaba de un modo nuevo: en lugar de alimentar a éste por la vía del mayor consumo de los trabajadores y la expansión del mercado interno —clásica en las alianzas distribucionistas entre empresarios y trabajadores— lo hacía por la expansión de la demanda autónoma: inversiones, exportaciones no tradicionales, y un avance en la sustitución de importaciones. Como ha señalado Adolfo Canitrot, se trataba del proyecto propio y específico de la gran burguesía, que sólo en estas circunstancias sociales y políticas podía ser propuesto. Sostenido por quienes gustaban de llamarse liberales, era en realidad una política que si bien achicaba las funciones del Estado benefactor, conservaba y aun expandía las del Estado intervencionista. Ni los empresarios querían renunciar a esa poderosa palanca, ni los militares hubieran aceptado el achique de aquellas partes del Estado con las que más fácilmente se identificaban: las empresas militares orientadas de una u otra manera a la Defensa y las mismas empresas del Estado, que con frecuencia eran llamados a administrar. En estos años la expansión del Estado parecía perfectamente funcional con la reestructuración del capitalismo, pero probablemente no se ocultaban a sus beneficiarios los peligros potenciales de conservar activa una herramienta tan poderosa.

A lo largo de 1968 empezaron a notarse los primeros indicios del fin de la *pax romana*. En marzo, un grupo de sindicalistas contestarios, encabezados por Raimundo Ongaro, dirigente gráfico de orientación social cristiana, ganó la conducción de la CGT, aunque de inmediato los dirigentes más tradicionales la dividieron. Pero a lo largo de 1968 la CGT de los Argentinos —en torno de la cual se reunieron activistas de todo tipo— encabezó un movimiento de protesta que el gobierno pudo controlar combinando amenazas y ofrecimientos. Esta emergencia contestataria reunió a dos grupos de dirigentes hasta ese momento enfrentados: el tradicional núcleo vandorista, carente de espacio para su política, y los llamados "participacionistas", dispuestos a aceptar las reglas del juego impuestas por el régimen y a asumir su función de expresión corporativa, ordenada y despolitizada, del sector laboral de la comunidad. En ellos centraban sus ilusiones quienes rodeaban a Onganía: concluida la reestructuración económica —pensaban—, era posible iniciar el "tiempo social", con el apoyo de una CGT unida y domesticada. Esta corriente, con representación en el Ejército, pero fuerte sobre todo por su cercanía a la Presidencia, se sumó a otra alimentada por las protestas cada vez más generales de la sociedad. Los sectores rurales eran fácilmente escuchados por los jefes militares, y también los sectores del empresariado nacional, capaces de tocar una fibra todavía sensible en ellos: frente a la política económica imperante hay otra alternativa, decían; es posible un desarrollo más nacional, algo más popular y más justo.

Todas estas voces, poco orquestadas todavía, pusieron en tensión la relación entre el presidente y su ministro de Economía. A mediados de año, Onganía relevó a los tres Comandantes y reemplazó a Julio Alsogaray —conspicuo liberal— por Alejandro Lanusse, de momento menos definido. Las voces del *establishment* salieron a defender a Krieger Vasena, comenzaron a quejarse del excesivo autoritarismo de Onganía, de sus veleidades corporativistas y autoritarias, y empezaron a pensar en una salida política, para la que se ofrecía el general Aramburu y hacía su aporte el nuevo delegado personal de Perón, Jorge Daniel Paladino. Cuando en mayo de 1969 estalló el breve pero poderoso movimiento de protesta —el Cordobazo—, el único capital de Onganía, el mito del orden, se desvaneció.

La primavera de los pueblos

El estallido ocurrido en Córdoba en mayo de 1969 vino precedido de una ola de protestas estudiantiles en diversas universidades de provincias —en Córdoba murió un estudiante, Santiago Pampillón—, y de una fuerte agitación sindical en Córdoba, centro industrial donde se concentraban las principales fábricas de automotores. Activismo estudiantil y obrero —componentes principales de la ola agitativa que se iniciaba— se conjugaron el 29 de mayo de 1969. La CGT local realizó una huelga general y grupos de estudiantes y obreros —con aportes masivos de las fábricas automotrices— ganaron el centro de la ciudad, donde se sumó mucha otra gente. La fortísima represión policial generó un violento enfrentamiento: hubo barricadas, hogueras para combatir los gases lacrimógenos y asaltos a negocios, aunque no pillaje. La multitud, que controló varias horas el casco central de la ciudad, no tenía consignas ni organizadores —sindicatos, partidos o centros estudiantiles fueron desbordados por la acción— pero se comportó con rara eficacia, dispersándose y reagrupándose. Finalmente intervino el Ejército, con llamativa demora, y recuperó el control, salvo en algunos reductos —como el barrio universitario del Clínicas— donde francotiradores jaquearon a los militares un día más, mientras los manifestantes reaparecían en los suburbios, armando barricadas o asaltando comisarías. Lentamente, el 31 de mayo se restableció el orden. Habían muerto entre veinte y treinta personas, unas quinientas fueron heridas y otras trescientas detenidas. Consejos de Guerra condenaron a los principales dirigentes sindicales —como Agustín Tosco— en quienes se hizo caer la responsabilidad.

Como acción de masas, el Cordobazo sólo puede ser comparado con la Semana Trágica de 1919, o con el 17 de octubre, con la diferencia de que en este último caso la policía apoyó y custodió a los trabajadores. Como éste, fue el episodio fundador de una ola de movilización social que se prolongó hasta 1975. Por eso, su valor simbólico fue enorme, aunque de él se hicieron lecturas diversas, desde el poder, desde las estructuras sindicales o políticas existentes o desde la perspectiva de quienes, de una u otra manera, se identificaban con la movilización popular y extraían sus enseñanzas de la jornada. Pero cualquiera fuera la interpretación, un punto era indudable: el enemigo de la gente que masivamente salió a la calle era el poder autoritario, detrás del cual se adivinaba la presencia multiforme del capital.

La ola de movilización social que inauguró el Cordobazo se expresó de maneras diversas. Una de ellas fue un nuevo activismo sindical, que se manifestó primero en la zona de Rosario o sobre todo en Córdoba, donde se destacaban las plantas de las grandes empresas establecidas luego de 1958, especialmente las automotrices. Con obreros estables, especializados y relativamente bien pagos, los conflictos no se limitaron a lo salarial —donde se agotaba el sindicalismo tradicional— y se extendieron a las condiciones de trabajo, los ritmos, los sistemas de incentivos, las clasificaciones y categorías. Estas cuestiones, vitales para las grandes empresas, lo eran sobre todo para las automotrices, que después de una instalación masiva e improvisada debían afrontar, desde 1965, un duro proceso de racionalización, de modo que los motivos de conflicto eran permanentes. Esas mismas empresas —empeñadas en debilitar el control sindical— habían logrado autorización del gobierno para negociar particularmente

241

sus convenios de trabajo —eludiendo el convenio nacional— e incluso para crear sindicatos por planta, como ocurrió con las de Fiat. Inicialmente esto debilitó a las organizaciones sindicales, pero a la larga permitió que surgieran conducciones con orientaciones marcadamente diferentes de las del sindicalismo nacional, tanto en sus objetivos como en sus métodos. Mientras aquél se limitaba a negociar los salarios y afirmaba su control en la desmovilización, la cooptación y el matonismo, los nuevos dirigentes gremiales ponían el acento en la honestidad, la democracia interna y la atención de los problemas de la planta.

Una movilización que escapaba a los límites y controles de las burocracias gremiales y un tipo de demandas novedoso fueron configurando un sindicalismo singular, circunscripto al principio a los centros industriales nuevos pero extendido, hacia 1972, a las zonas más tradicionales del Gran Buenos Aires, hasta entonces mejor controladas por el aparato gremial puesto en discusión. En ese ámbito era posible pasar de las reivindicaciones concretas a un cuestionamiento más amplio de las relaciones sociales y de la misma propiedad. Los sindicalistas de SITRAC y SITRAM —los sindicatos de la automotriz Fiat— o de SMATA, el gremio de los mecánicos, en Córdoba, fueron espontáneamente "clasistas" antes de que el cúmulo de militantes de izquierda, de las tendencias más variadas, que se congregó en torno de ellos le diera a esta acción una definición más extensa. Pero además, era una acción gremial fuertemente transgresora, al borde de la "violencia", que incluía ocupaciones de plantas y toma de rehenes, y con una gran capacidad para movilizar al resto de la sociedad, sobre todo en las ciudades, donde la fábrica ocupaba un lugar muy visible, y cuando en un paro activo los trabajadores salían a la calle convocando a la solidaridad.

Por entonces, ya muchos salían a la calle. Poco después del Cordobazo hubo episodios similares en Rosario

—el Rosariazo— y en Cipolletti, en la zona frutícola del Valle del Río Negro; los episodios se repitieron luego en Córdoba en 1971, en Neuquén y en General Roca, y adquirieron una magnitud notable en Mendoza en julio de 1972. La misma agitación se advertía en las zonas rurales, sobre todo en las no pampeanas, como el Chaco, Misiones o Formosa, donde arrendatarios y colonos, presionados por los desalojos o los bajos precios del algodón o la yerba, se organizaban en las Ligas Agrarias. Las explosiones urbanas se prolongaron en manifestaciones callejeras, a las que se sumaban los estudiantes universitarios en permanente estado de ebullición, y en acciones más cotidianas de reclamo en barrios o villas de emergencia. Estas formas originales de protesta —que recordaban los "furores" o los motines preindustriales— eran desencadenadas por algún episodio ocasional: un impuesto, un aumento de tarifas, un funcionario particularmente desafortunado, pero expresaban un descontento profundo y un conjunto de demandas que, puesto que el poder autoritario había cortado los canales establecidos de expresión, se manifestaban en espacios sociales recónditos, en villas, barrios o pequeñas ciudades, y emergían poniendo en movimiento extensas y difusas redes de solidaridad. Surgidas de cuestiones que hacían a la vida cotidiana antes que laborales —la vivienda, el agua, la salud—, movilizaban a sectores mucho más vastos que los obreros sindicalizados: desde trabajadores ocasionales, no agremiados y desprotegidos, hasta sectores medios cuya participación era uno de los datos más novedosos, y que se manifestaba también en las huelgas de maestros y profesores, empleados públicos, funcionarios judiciales, o en los *lock out* de pequeños comerciantes e industriales.

Se trataba de un coro múltiple, heterogéneo pero unitario, regido por una lógica de la agregación, al que se sumaban las voces de otros intereses heridos, como los grandes productores rurales o los sectores nacionales del empresariado. Unos y otros se legitimaban recíprocamente y conformaron un imaginario social sorprendente, una verdadera "primavera de los pueblos", que fue creciendo y cobrando confianza —hasta madurar plenamente en 1973— a medida que descubría la debilidad de su adversario, por entonces incapaz de encontrar la respuesta adecuada. Según una visión común, que progresivamente iba definiendo sus perfiles y simplificando los matices, todos los males de la sociedad se concentraban en un punto: el poder autoritario y los grupos minoritarios que lo apoyaban, responsables directos y voluntarios de todas y cada una de las formas de opresión, explotación y violencia de la sociedad. Frente a ellos se alzaba el pueblo, hermandad solidaria y sin fisuras, que se ponía en movimiento para derrotarlos y resolver todos los males, aun los más profundos, pues la realidad toda parecía ser transparente y lista para ser transformada por hombres y mujeres impulsados a transitar el camino entre las reivindicaciones inmediatas y la imaginación de mundos distintos. Cuáles eran estos mundos y cómo se llegaba a ellos eran cuestiones que empezaban a discutirse en otros ámbitos.

No era difícil encontrar por entonces en todo el mundo señales confirmatorias de esa primavera. Los vastos acuerdos sociales que habían presidido el largo ciclo de prosperidad posterior a la Segunda Guerra Mundial estaban agotándose, como se advertía en la ola de descontento que recorría a la sociedad, y sobre todo en la rebelión de su grupo más sensible, los estudiantes. Se expresó en Praga, México o Berkeley, y culminó en París en mayo de 1968, clamando contra el autoritarismo y por el poder de la imaginación. La expresión más notoria del poder autoritario —el imperialismo— trastabillaba visiblemente frente a la ola de movimientos emancipatorios: la sorprendente capacidad de resistencia del pueblo de Vietnam mostró la imagen derrotada de un gigante que, además, debía lidiar en su propio frente interno con estudiantes, negros y una sociedad entera que reclamaba sus derechos.

Si la Unión Soviética —develadora de la primavera de Praga— había dejado hacía ya mucho tiempo de encarnar una utopía, la China y su Revolución Cultural proclamaban la posibilidad de otro comunismo, a la vez nacional y antiautoritario. La imagen del presidente Mao, así como la de Fidel Castro, oscilaban entre el mundo socialista y un Tercer Mundo —cuyos representantes se congregaron en 1965 en la Conferencia Tricontinental de La Habana— cada vez más volcado a la izquierda, en el que distintas expresiones nacionales del socialismo podían encontrar un campo común de reconocimiento y acción.

En América Latina, donde los prospectos de la Alianza para el Progreso y el apoyo a las democracias habían quedado definitivamente archivados, los campos estaban bien delimitados: si para el poder autoritario el desarrollo era un fruto de la seguridad nacional, para quienes lo enfrentaban la única alternativa a la dependencia era la revolución, que conduciría a la liberación. Cuba constituía un ejemplo fundamental, no tanto por la propia experiencia —de la que se conocía poco— como por su papel activo en lo que sus enemigos llamaban la exportación de la revolución. La acción del Che Guevara en Bolivia mostró las posibilidades y límites del "foco" revolucionario, pero sobre todo su muerte —una imagen que recorrió el mundo— dio origen al símbolo más fuerte de quienes luchaban, de una u otra manera, por la liberación. En el mismo frente, unidos por el enemigo, se alineaban las guerrillas urbanas del Brasil o del Uruguay —los románticos Tupamaros—, los partidos marxistas chilenos que llevaron a Salvador Allende a la presidencia por la vía electoral, o militares nacionalistas y populistas como el boliviano Torres, el panameño Torrijos o el peruano Velasco Alvarado. Hasta la Iglesia, tradicional baluarte de los sectores oligárquicos, se sumaba, al menos en parte, a esta primavera. Al calor de los cambios institucionales introducidos primero por Juan XXIII, y por el Concilio Vaticano II después, parte de la Iglesia latinoamericana hizo una lectura singular de sus propuestas. En 1967 los obispos del Tercer Mundo, encabezados por el brasileño Helder Camara, proclamaron su preocupación prioritaria por los pobres —reales, y no sólo de espíritu—, así como la necesidad de comprometerse activamente en la reforma social y asumir las consecuencias de ese compromiso. Esta línea quedó parcialmente legitimada cuando en 1968 se reunió en Medellín, con la presencia del Papa, la Conferencia Episcopal Latinoamericana. Una "teología de la liberación" adecuó el tradicional mensaje de la Iglesia a los conflictos de la hora, y la afirmación de que la violencia "de abajo" era consecuencia de la violencia "de arriba" autorizó a franquear el límite, cada vez más estrecho, entre la denuncia y la acción. Ése era el camino que ya había seguido el sacerdote y guerrillero colombiano Camilo Torres, muerto en 1966, figura tan emblemática como la del Che Guevara.

Esta tendencia tuvo rápidamente expresión en la Argentina. Desde 1968, los religiosos que se reunieron en el Movimiento de Sacerdotes del Tercer Mundo, y los laicos que lo acompañaban, militaron en las zonas más pobres, particularmente las villas de emergencia, promovieron la formación de organizaciones solidarias e impulsaron reclamos y acciones de protesta, que incluían huelgas de hambre. Su lenguaje evangélico fue haciéndose rápidamente político. La violencia de abajo —decían— se legitimaba por la injusticia social, que también era una forma de violencia. La solidaridad con el pueblo —cuyo rostro, a diferencia de los "clasistas", veían más bien en los marginales desprotegidos que en los trabajadores industriales sindicalizados— llevaba inevitablemente a identificarse con lo que era su creencia básica: el peronismo. Los sacerdotes tercermundistas facilitaron la incorporación a la política y a la militancia de vastos contingentes de jóvenes, educados en los colegios religiosos y formados inicialmente en el nacionalismo católico. Asumieron la solidaridad y el compromiso con los pobres, y también el peronismo, y aunque entraron en contacto con ideas provenientes de la izquierda, continuando la tendencia al "diálogo entre cristianos y marxistas", conservaron una fuerte impronta de su matriz ideológica original.

Por esa y otras vías, contingentes de jóvenes se incorporaron rápidamente a un activismo cuyo perfil resultaba irreconocible para muchos. La tradicional política universitaria cambió de forma y de sentido luego de que el poder autoritario destruyó la "isla democrática" que se había construido desde 1955, en la que era posible combinar la excelencia académica con la militancia, y el compromiso con algún distanciamiento crítico frente a las opciones concretas. Desde antes de 1966 ambos términos se hallaban en fuerte tensión, pero fue la represión la que tronchó lo mejor de ese pensamiento crítico o lo lanzó a una actividad totalmente subordinada a la política —una ciencia que diera puntualmente cuenta de la "dependencia" y contribuyera de modo directo a la liberación—, y zambulló directamente en la acción a los disidentes, al punto de que las universidades, cada vez más descalificadas desde la perspectiva académica, se fueron convirtiendo en centros de agitación y de reclutamiento.

Para muchos, y muy especialmente para los jóvenes sin experiencias políticas anteriores, ejerció una atracción muy fuerte el peronismo, proscripto y resistente, donde encontraban el mejor espacio para la contestación. Del peronismo pasado y presente —y del propio Perón— podían derivarse muchas imágenes, y los nuevos militantes también construyeron una. En su exilio de Madrid, y algo apartado de los problemas cotidianos, el líder había ido actualizando su discurso, incluyendo temas varios que iban desde De Gaulle y el europeísmo hasta el tercermundismo —que asoció con su tercera posición—, la dependencia, la liberación y también las cuestiones ecológicas o alimentarias, que preocuparon al Club de Roma. Mientras Perón iba sintonizando, de ese cúmulo de elementos, los que mejor cuadraban a su papel de jefe de iglesia, obligado a ser uno para muchos, quienes en la Argentina lo proclamaban su líder seleccionaban aquellos elementos que mejor se adaptaban a su propia percepción de la realidad. Silvia Sigal y Eliseo Verón encontraron en esta capacidad para la "lectura estratégica" una explicación del espectacular crecimiento de quienes la cultivaron, y también la raíz del hondo drama que siguió.

En sus nuevos portadores, y a falta de quien legitimara una única ortodoxia, el peronismo resultó permeable a múltiples discursos, provenientes del catolicismo y el nacionalismo, del revisionismo histórico y también de la izquierda, sobre todo en la medida de que ésta iba resolviendo sus perplejidades ante lo que John William Cooke llamó el "hecho maldito". Definida como se vio por la vía revolucionaria, y admitido el hecho de que los trabajadores —elemento inexcusable para la construcción del socialismo— eran irrevocablemente peronistas, buena parte de las corrientes de izquierda aceptó profesar la religión, algunos con sinceridad y otros con reservas de conciencia, para fusionarse con el "pueblo peronista", esperando ser reconocidos como su vanguardia. No fueron todos: la experiencia del Cordobazo vitalizó a las corrientes que, en una perspectiva más clásica, confiaban en las posibilidades de la acción de las masas y privilegiaron la "clase" por sobre "el pueblo".

Los que optaron por el peronismo terminaron de redondear su revisión ideológica y de encontrar el lugar que ese movimiento ocupaba en el gran proceso de construcción del socialismo. Algunos que provenían del marxismo —como Jorge Abelardo Ramos y Rodolfo Puiggrós— y otros del nacionalismo —como Juan José Hernández Arregui, Arturo Jauretche o José María Rosa—, terminaron por crear —al menos a los ojos de quienes los leían— una vía intermedia, donde las exigencias del socialismo se complementaban con las de la liberación nacional, un tema al que tanto aportaban el viejo nacionalismo como el leninismo. Al igual que la política, la historia se leyó en clave maniquea, y se buscó descifrar, tras el ocultamiento de la "historia oficial", el recuerdo soterrado de las luchas populares por la nación y la liberación, en las que el peronismo prolongaba la acción de las montoneras federales, Rosas e Yrigoyen. En otras versiones, la "línea" incorporaba actores diversos: unos ponían al general Roca y otros a los anarquistas o socialistas. Pero todos compartían la convicción —expresada con fuerza y fortuna por el revisionimo histórico— de que había una línea, que separaba la historia en dos bandos inconciliables y eternamente enfrentados, que culminaba con el enfrentamiento entre el poder autoritario y el pueblo peronista.

El peronismo había sido en la posguerra el ámbito para una primera emergencia del pueblo —en el contexto de la industrialización, la burguesía nacional, el Estado nacionalista— y lo sería para una segunda emergencia, que se preparaba, donde el contexto llevaría a redefinir las banderas históricas hacia la emancipación del imperialismo y al socialismo. Podía discutirse —y así ocurría— sobre quiénes eran los aliados del pueblo, integrantes del frente nacional, y aun sobre qué cosa era ese pueblo, en el que algunos encontraban a la clase obrera segura y orgullosa y otros a los miserables oprimidos, necesitados de una guía paternal y autoritaria. En el ámbito de la izquierda y del activismo, urgido por explicar el fenómeno presente de la movilización popular masiva, estas discusiones fueron intensas. Pero por sobre ellas privó la exigencia de la acción, que en el nuevo contexto —tan distinto en ese sentido al clásico de la izquierda— tenía total prioridad sobre la reflexión.

La revolución era posible. Así lo mostraban Cuba, el Cordobazo y la movilización social, tan intensa como carente de dirección y programa. Encontrarlos en la acción misma fue la pretensión del nuevo activismo. La alternativa democrática —desprestigiada para los viejos militantes y carente de sentido para los más jóvenes— estuvo totalmente ausente de las discusiones. La izquierda ofreció una lectura clásica de la movilización y sus posibilidades, a través del "clasismo" sindical, fuerte sobre todo en Córdoba. En 1971 SITRAC-SITRAM propusieron un programa que debía reunir a toda la izquierda, convertida en vanguardia del proletariado más consciente, pero descubrieron que los trabajadores no estaban dispuestos a acompañarlos en una propuesta que, cuestionando las relaciones sociales y la propiedad, desbordaba ampliamente los límites reivindicativos de sus reclamos. Al igual que con anarquistas y radicales a principios de siglo, los trabajadores de Córdoba seguían a los clasistas en lo gremial, pero en política continuaban siendo peronistas.

En cambio los discursos políticos predominantes, que mezclaban elementos del marxismo revolucionario con otros del nacionalismo o el catolicismo tercermundista, se nutrieron en la experiencia de la primavera, potenciaron el imaginario popular y lo reforzaron y legitimaron con referencias teóricas. Aunque cortaran la realidad y la sociedad de distintas maneras, todos ellos la dividían tajantemente en dos campos enfrentados: amigos y enemigos. La clave de la opresión, la injusticia y la entrega se encontraba en el poder, monopolizado por unos pocos —nacionalistas y trotzkistas legitimaban esta visión conspirativa—, y así como todo era posible desde el poder, el fin único de la acción política era su captura. La falta de condiciones y posibilidades reales podía ser suplida con la voluntad, y en primer lugar con la violencia, lo que era abonado desde el leninismo, el guevarismo o el fascismo. Por uno u otro camino, todo llevaba a interpretar la política con la lógica de la guerra, y naturalmente quienes mejor se adecuaron a esta lógica privaron en el debate de los activistas e imprimieron su sello a la movilización popular.

Las primeras organizaciones guerrilleras habían surgido —sin mayor trascendencia— al principio de los años de 1960, al calor de la experiencia cubana, y se reactivaron con la acción de Guevara en Bolivia, pero su verdadero caldo de cultivo fue la experiencia autoritaria y la convicción de que no había alternativas más allá de la acción armada. Desde 1967 —y en el ámbito de la izquierda o del peronismo— fueron surgiendo distintos grupos: las Fuerzas Armadas Peronistas, Descamisados, las Fuerzas Armadas Revolucionarias (FAR), las Fuerzas Armadas de Liberación, y hacia 1970 las dos que tuvieron más trascendencia: la organización Montoneros, surgida del integrismo católico y nacionalista y devenida peronista, y el Ejército Revolucionario del Pueblo (ERP), vinculado al grupo trotskista del Partido Revolucionario de los Trabajadores. Su acta oficial de nacimiento a la vida pública fue el secuestro y asesinato del general Aramburu, en mayo de 1970 por obra de Montoneros. Poco después las FAR "coparon" la pequeña ciudad de Garín, a pocos kilómetros de la Capital, y los Montoneros hicieron lo mismo con La Calera, en Córdoba. Desde entonces, y hasta 1973, los actos de violencia fueron en crecimiento, tanto en número como en espectacularidad. Aunque su sentido no siempre era claro, muchos tenían que ver con el equipamiento de las organizaciones: armas, dinero, material médico. Otros, como los copamientos, eran demostraciones de poder, que desnudaban la impotencia del Estado, y no faltaron acciones de "expropiación" y reparto entre los pobres, al estilo Robin Hood. En muchos casos las acciones procuraban insertarse en los conflictos sociales y profundizarlos, por ejemplo secuestrando empresarios o gerentes en medio de una huelga. Lo más espectacular fueron los asesinatos: antes que Aramburu, había muerto Augusto Vandor —aunque sus autores no se revelaron— y luego José Alonso, otro dirigente sindical destacado. En 1972, casi simultáneamente, fueron asesinados un importante empresario italiano y un general de alta graduación.

El caso de Aramburu reúne todas las explicaciones y significaciones de esta práctica: venganza —o justicia—

por los fusilamientos de 1956, caída en un dirigente particularmente odiado por los peronistas, pero también liquidación —*stricto sensu*— de una alternativa política que los grupos liberales venían preparando ante el desgaste de Onganía. Ciertos contactos entre los dirigentes Montoneros y miembros del equipo de Onganía hicieron pensar en una conspiración desde el poder y llevaron a algunos a reflexionar tempranamente sobre el carácter manipulativo de la vía armada.

Entre todas las organizaciones había grandes diferencias teóricas y políticas, pero privaba un espíritu común. Todas aspiraban a transformar la movilización espontánea de la sociedad en un alzamiento generalizado, y todas coincidían en una cultura política que retomaba y potenciaba la de los grupos de izquierda, pero que de alguna manera tomaba la de sus adversarios. La lógica de la exclusión —esa constante de la política en el siglo XX— era llevada hasta sus últimas consecuencias: el enemigo —lacayos del imperialismo, Ejército de ocupación— debía ser aniquilado. Las organizaciones eran la vanguardia de la movilización popular, cuya representación consistía en la acción violenta. La unidad, el orden, la jerarquía y la disciplina eran —igual que en el Ejército, igual que en el cuerpo social imaginado por la Iglesia y los corporativistas— los atributos de la organización armada. La violencia no sólo se justificaba por la del adversario: era glorificada como la partera del orden nuevo. Los atributos del verdadero militante eran el heroísmo y la disposición a una muerte gloriosa y redentora, camino de la verdadera trascendencia, "entre los héroes de la patria amada". Como ha señalado Juan José Sebreli, no es el Guevara vivo sino su cadáver el faro de quienes, desde orígenes diversos y por distintos caminos, coincidían en vivar a la muerte.

Tan revelador de la cultura política de la sociedad era que un amplio grupo de jóvenes hiciera del asesinato un arma política, como la forma en que el resto de la sociedad lo recibía, con una mezcla de simpatía por la justicia consumada, de satisfacción por haber golpeado duramente al enemigo o de intriga, en muchos casos, por las verdaderas razones de crímenes que no se terminaban de entender, pero de cuya razonabilidad, ya fuera ética o táctica, nadie dudaba. Esa simpatía general, irreflexiva y boba, como pronto se vería, hizo de momento que cualquier propuesta de represión sistemática estuviera destinada al fracaso.

Del cúmulo de organizaciones guerrilleras, fue Montoneros la que mejor se adecuó al clima del país, y la que fue absorbiendo a casi todas las otras, con la excepción del ERP. Fueron ellos los que privilegiaron en términos absolutos la acción y los que menos se sentían atados por tradiciones o lealtades políticas previas, lo que les permitió funcionar con plena eficiencia como aparato militar. También triunfaron, dentro del peronismo, en la difícil competencia de la "lectura estratégica" de Perón, ganando espacios para su acción autónoma, y a la vez el reconocimiento del líder, que también había adquirido maestría en el arte de "utilizar sus dos manos". Eran también, por su formación y tradición, los menos orientados al movimiento obrero y los más propensos a buscar sus apoyos y su legitimación en los amplios sectores marginales cultivados por los sacerdotes tercermundistas. Desde 1971 aprovecharon el clima creado por la salida política y el retorno de Perón, se volcaron a la organización y movilización de esos y otros sectores, en barrios, villas, universidades y, en menor medida, en sindicatos, a través de la Juventud Peronista, que creció notablemente.

Militares en retirada

La movilización popular fue identificándose cada vez más con el peronismo y con el propio Perón, que hacia 1971 había llegado a ocupar en la política argentina una posición casi tan central como la que tenía cuando era presidente. Impotentes y desconcertadas, las Fuerzas Armadas fueron advirtiendo que debían buscar una salida al callejón en que estaban metidas. En retirada, debían negociar sus términos con diversas fuerzas sociales y políticas, y en definitiva con Perón mismo. Pese a que el calvario era inevitable, los caminos posibles eran varios.

A su manera, Onganía inició la búsqueda. En mayo de 1969 su autoridad se resintió tanto por la impotencia frente al desafío social cuanto por las vacilaciones del Ejército para reprimirlo. Sintió también el impacto en el área económica, donde se produjo una apresurada salida de capitales extranjeros y una reaparición de las expectativas de inflación. Onganía intentó sortear las dificultades con modificaciones menores —sacrificó a Krieger Vasena y lo reemplazó por un técnico de menor perfil pero parecida orientación— y una apertura más decidida a "lo social", particularmente con la CGT y sus dirigentes "participacionistas". Pero el clima había cambiado: los sindicalistas eran menos dóciles y los empresarios manifestaban abiertamente su desconfianza por los escarceos populistas. Un sector hasta entonces sacrificado —los productores rurales— elevó su protesta y mantuvo un duro entredicho con los frigoríficos extranjeros, aparentemente protegidos por el gobierno. Onganía estaba cada vez más aislado de las Fuerzas Armadas, pero se benefició de su indecisión y perplejidades. Había grupos que querían probar la vía del nacionalismo, y quizás el populismo, mientras que los liberales dudaban entre una dictadura más extrema o la negociación de la salida política, empresa que se asociaba con el nombre del general Aramburu. El 29 de mayo de 1970, a un año exacto del Cordobazo, Aramburu fue secuestrado y pocos días después se encontró su cadáver. Muchos sospecharon, con algún fundamento, que ciertos círculos que rodeaban al presidente estaban de alguna manera implicados. Lo cierto es que el episodio despejó las dudas de los militares: a principios de junio de 1970 depusieron a Onganía y designaron un presidente— mandatario de la Junta de Comandantes, que se reservaba la autoridad para intervenir en las principales cuestiones de Estado. El designado fue el general Roberto Marcelo Levingston, figura poco conocida y a la sazón ausente del país.

Levingston, que gobernó hasta marzo de 1971, reveló tener ideas propias, muy diferentes de las del general Lanusse, figura dominante en la Junta, y acordes con las del grupo, minoritario pero influyente, de oficiales nacionalistas. Designó ministro de Obras Públicas y luego de Economía a Aldo Ferrer, destacado economista de tendencia cepalina, que había ocupado cargos durante la administración de Frondizi. Ferrer se propuso reeditar la fórmula nacionalista y populista, en los modestos términos posibles luego de las transformaciones de los anteriores diez años. Un ministro de Trabajo de extracción peronista negoció con la CGT y hubo un impulso salarial distribucionista. Se protegió a los sectores nacionales del empresariado, por la vía del crédito y de los contratos de las empresas del Estado. El "compre argentino" y la "argentinización del crédito" sintetizaban esa política, quizá modesta pero original en su contexto. Sus estrategas confiaban en que, en un plazo que estimaban en cuatro o cinco años, se crearían las condiciones para una salida política adecuada y una democracia "auténtica". Levingston confirmó la caducidad de los "viejos" partidos y alentó la formación de otros "nuevos", y quizá de un Movimiento Nacional que asumiera la continuidad de la transformación, para lo que agitó vagas consignas antiimperialistas e intentó atraer a políticos de segunda línea de los partidos tradicionales, junto con dirigentes de fuerzas políticas menores. La aspiración a movilizar al "pueblo" desde el gobierno militar resultaba ingenua, pero de cualquier modo fue el primer reconocimiento formal de la necesidad de una salida política.

Convocándola a negociar, el gobierno reflotó la alicaída CGT. Los dirigentes sindicales, presionados por demandas sociales crecientes y la inflación que había reaparecido, y estimulados por la reapertura del espacio de presión creado por la debilidad del gobierno, lanzaron en octubre de 1970 un plan de lucha que incluyó tres paros generales, no contestados por el gobierno. Los partidos tradicionales por su parte, con el aliento del general Lanusse, también reaparecieron en el escenario. A fines de 1970 la mayoría de ellos firmó un documento, La Hora del Pueblo, cuyos artífices fueron Jorge Daniel Paladino, delegado personal de Perón, y Arturo Mor Roig, veterano político radical, y que fue la base de su acción conjunta hasta 1973. Allí se acordaba poner fin a las proscripciones electorales y asegurar, en un futuro gobierno electo democráticamente, el respeto a las minorías y a las normas constitucionales. Radicales y peronistas deponían las armas que tradicionalmente habían esgrimido y ofrecían a la sociedad la posibilidad de una convivencia política aceptable. El documento incluía también algunas definiciones sobre política económica, moderadamente nacionalistas y distribucionistas, que permitieron el posterior acercamiento tanto de la CGT como de la CGE, las organizaciones sindical y empresaria, que por su parte acordaron también un pacto de garantías mínimas.

El resurgimiento del sindicalismo organizado y de los partidos políticos se debía en parte a la apertura del juego por un gobierno que buscaba su salida, pero fundamentalmente a la emergencia social, que en forma indirecta los revitalizaba y a la vez los convertía en posibles mediadores. Levingston resultó incapaz de manejar el espacio de negociación que se estaba abriendo. Era hostilizado por el *establishment* económico —a quien el gobierno, cultivando una retórica nacionalista, calificaba de "capitalismo apátrida"—, y estaba enfrentado con los partidos políticos, con quienes no quería negociar, con la CGT y hasta con los "empresarios nacionales". Los jefes militares apreciaron que Levingston era tan poco capaz como Onganía de encontrar la salida, y cuando en marzo de 1971 se produjo una nueva movilización de masas en Córdoba —el "viborazo", donde las organizaciones armadas se hicieron claramente presentes— decidieron su remoción y su reemplazo por el general Lanusse, quien por entonces aparecía como el único jefe militar con envergadura política para conducir el difícil proceso de la retirada.

En marzo de 1971 Lanusse anunció el restablecimiento de la actividad política partidaria y la próxima convocatoria a elecciones generales, subordinadas sin embargo a un Gran Acuerdo Nacional, sobre cuyas bases había venido negociando con los dirigentes de La Hora del Pueblo. Finalmente, las Fuerzas Armadas optaban por dar prioridad a la salida política y con ella aspiraban a reconstruir el poder y la legitimidad de un Estado cada vez más jaqueado. Mientras la cuestión del desarrollo quedaba postergada, seguía siendo acuciante la de la seguridad, que los militares ya no podían garantizar. Las discrepancias sobre cómo enfrentar a las organizaciones armadas y a la protesta social eran crecientes y anunciaban futuros dilemas: mientras se creó un fuero antisubversivo y tribunales especiales para juzgar a los guerrilleros, algunos sectores del Estado y las Fuerzas Armadas iniciaron una represión ilegal: secuestro, tortura y desaparición de militantes, o asesinatos a mansalva, como ocurrió con un grupo de guerrilleros detenidos en la base aeronaval de Trelew en agosto de 1972. Similares vacilaciones había con la política económica, hasta que se optó por renunciar a cualquier rumbo y se disolvió el Ministerio de Economía, repartido en secretarías sectoriales que se confiaron a representantes de cada una de las organizaciones corporativas. Así, en un contexto de inflación desatada, fuga de divisas, caída del salario real y desempleo, agravado por la ola generalizada de reclamos, el tironeo sectorial se instaló en el gobierno mismo, presto a conceder lo que cada uno pedía.

Para el gobierno, el centro de la cuestión estaba en el Gran Acuerdo Nacional (GAN), que empezó siendo una negociación amplia y se convirtió en un tironeo entre Lanusse y Perón, bajo la mirada pasiva del resto. La propuesta inicial del gobierno contemplaba una condena general de la "subversión", garantías sobre la política económica y el respeto a las normas democráticas, y que se asegurara a las Fuerzas Armadas un lugar institucional en el futuro régimen, desde donde tutelar la seguridad. Pero lo principal era acordar una candidatura presidencial de transición, para la que el propio general Lanusse se ofrecía. Algunos de los puntos, sobre el programa económico y las normas democráticas, ya habían sido establecidos en La Hora del Pueblo. Asegurar el lugar institucional de las Fuerzas Armadas era imposible, dado el clima del momento. Los otros dos puntos —la condena de la subversión y el acuerdo de la candidatura— tenían que ver principalmente con la táctica de Perón.

En noviembre de 1971 Perón relevó a Paladino —que había negociado hasta entonces los acuerdos con los radicales y militares— y lo reemplazó por Héctor J. Cámpora, cuya principal virtud era la total subordinación a la voluntad del líder exiliado. Perón se propuso conducir la negociación sin renunciar a ninguna de sus cartas. Como además se hacía cargo del clima social y político del país, no resignó su papel de referente de la ola de descontento social ni renunció al apoyo proclamado por buena parte de las organizaciones armadas. Más aún, las alentó y legitimó permanentemente, y cuando en 1972 se organizó la Juventud Peronista, incluyó a su dirigente más notorio, Rodolfo Galimberti, en su propio Comando estratégico. Al mismo tiempo, alentó a La Hora del Pueblo y organizó su propio GAN, el Frente Cívico de Liberación Nacional, con partidos aliados y luego la CGT-CGE. En verdad, nadie sabía a dónde quería llegar Perón.

Lanusse planteó al principio que el Acuerdo era condición para las elecciones, pero progresivamente tuvo que reducir sus exigencias, vista la imposibilidad de obligar a Perón a negociar. En el mes de julio de 1972, y convencido de que nada podía esperarse de Perón, Lanusse optó por asegurar la condición mínima: que Perón no sería candidato, a cambio de su propia autoproscripción. Tácitamente, Perón aceptó las condiciones. En noviembre de 1972 regresó al país, por unos pocos días. No trató con el gobierno pero dialogó con los políticos y particularmente con el jefe del radicalismo, Ricardo Balbín, sellando el acuerdo democrático. Cultivó su imagen pacificadora, habló de los grandes problemas del mundo, como los ecológicos, y evitó cualquier referencia urticante. Finalmente, organizó su combinación electoral: el Frente Justicialista de Liberación, con una serie de partidos menores, al que impuso la fórmula presidencial: Héctor J. Cámpora, su delegado personal, y Vicente Solano Lima, un político conservador que desde 1955 acompañaba fielmente a los peronistas.

Perón mantuvo su juego pendular, entre la provocación y la pacificación. La fórmula constituía un desafío a los políticos de La Hora del Pueblo y sobre todo a los sindicalistas, a quienes excluyó de la negociación, y un aval al ala contestataria del movimiento, que ya rodeaba a Cámpora y le dio a la campaña electoral un aire desafiante. "Cámpora al gobierno, Perón al poder", su lema, señalaba el carácter ficticio de la representación política, por lo que resultaba ser una suerte de transacción entre los partidarios de la salida electoral y quienes la desdeñaban, en pro de las propuestas de liberación nacional. Los radicales, con la candidatura de Balbín, aceptaban el triunfo peronista y su futuro papel de minoría legitimadora, mientras que a derecha e izquierda surgieron otras fórmulas de escasa significación. La Juventud Peronista dio el tono a la campaña electoral, que permanentemente rozó los límites de los acuerdos de garantías entre los partidos y constituyó una verdadera culminación de la polarización de la sociedad contra el poder militar.

El clima se prolongó luego del triunfo electoral del 11 de marzo de 1973 —cuando el peronismo triunfó con casi el 50% de los votos— hasta el 25 de mayo siguiente, fecha de la asunción de Cámpora. Ese día memorable asistieron el presidente chileno Salvador Allende y el cubano Osvaldo Dorticós. Bajo la advocación de las dos experiencias socialistas del continente, la sociedad movilizada y sus dirigentes escarnecieron a los militares, transformando la retirada en huida, y liberaron de la cárcel a los presos políticos condenados por actos de subversión. Las formas institucionales fueron salvadas por una inmediata ley de amnistía dictada por el Congreso. Para muchos, parecía llegada la hora del "argentinazo". Otros, más cautamente, tomaban nota del relevo de Galimberti ordenado por Perón, luego de que este dirigente amenazara con la formación de "milicias populares". Esos y otros diagnósticos —pues todo era virtualmente posible aquel 25 de mayo— pasaban por los designios, secretos pero sin duda geniales, de Perón, identificado como el salvador de la nación.

Este fenómeno, sin duda singular, de ser a la vez tantas cosas para tantos, tenía que ver con la heterogeneidad del movimiento peronista y con la decisión y habilidad de Perón para no desprenderse de ninguna de sus partes. Pero era más que eso: como ha escrito José Luis Romero, la figura simbólica de Perón, una y muchas a la vez, había llegado a reemplazar a su figura real. Para todos, Perón expresaba un sentimiento general de tipo nacionalista y popular, de reacción contra la reciente experiencia de desnacionalización y privilegio. Para algunos —peronistas de siempre, sindicalistas y políticos— esto se encarnaba en el líder histórico, que, como en 1945, traería la antigua bonanza, distribuida por el Estado protector y munificente. Para otros —los más jóvenes, los activistas de todos los pelajes— Perón era el líder revolucionario del Tercer Mundo, que eliminaría a los traidores de su propio movimiento y conduciría a la liberación, nacional o social, potenciando las posibilidades de su pueblo. Inversamente otros, encarnando el ancestral anticomunismo del movimiento, veían en Perón a quien descabezaría con toda la energía necesaria la hidra de la subversión social, más peligrosa y digna de exterminio en tanto usurpaba las tradicionales banderas peronistas. Para otros muchos —sectores de las clases medias o altas, quizá los más recientes descubridores de sus virtudes— Perón era el pacificador, el líder descarnado de ambiciones, el "león herbívoro" que anteponía el "argentino" al "peronista", capaz de encauzar los conflictos de la sociedad, realizar la reconstrucción y encaminar al país por la vía del crecimiento, hacia la "Argentina potencia". El fenómeno sorprendente de 1973, la maravilla del carisma de Perón, fue su capacidad para sacar a la luz tantos anhelos insatisfechos, mutuamente excluyentes pero todos encarnados con alguna legitimidad en el anciano líder que volvía al país. El 11 de marzo de 1973 el país votó masivamente contra los militares y el poder autoritario y creyó que se iban para no volver. Pero no votó por alguna de estas opciones, todas ellas contenidas en la fórmula ganadora, sino por un espacio social, político y también militar, en el que los conflictos todavía debían dirimirse.

1973: *un balance*

Para sus protagonistas, las raíces de esos conflictos, sin duda violentos, se hallaban en una economía exasperante por su sucesión de arranques y detenciones, de promesas no cumplidas y frustraciones acumuladas. Sin embargo, visto desde una perspectiva más amplia —y sin duda mejorada por posteriores calamidades, todavía no imaginadas en 1973— la economía del país tuvo un desempeño medianamente satisfactorio, que se habría de prolongar hasta 1975, y que no justificaba los pronósticos apocalípticos, aunque tampoco las fantasías de la Argentina potencia.

Lo más notable fue el crecimiento del sector agropecuario pampeano, que revirtiendo el largo estancamiento y retroceso anterior se inició a principios de los años sesenta y se prolongó hasta el comienzo de los ochenta. En estos años prósperos, el mundo se encontraba en condiciones de transformar al menos parte de su necesidad de alimentos en demanda efectiva, y se abrieron nuevos mercados para los granos y aceites argentinos, particularmente en los países socialistas —que purgaban el fracaso de su agricultura— y en los que estaban disfrutando de los buenos precios del petróleo o comenzaban su crecimiento industrial.

El sector agrario pampeano se transformó sustancialmente, así como diversos islotes modernos en el interior tradicional, como el Valle del Río Negro. El Estado promovió el cambio de diversas maneras —hubo créditos y subsidios para las inversiones, y una acción sistemática del INTA— aunque no cambió su tradicional política de transferir recursos a la economía urbana, que se mantuvo con apenas algunas modificaciones en los métodos. Pero lo decisivo fueron los efectos de la modernización general de la economía. La fabricación local de tractores y cosechadoras, y también silos y otras instalaciones, permitió una mecanización total de la tarea y cambios sustanciales en las formas del almacenaje y el transporte. Las empresas agroquímicas —en general filiales de grandes empresas extranjeras— introdujeron las semillas híbridas: a principios de la década de 1970 se obtuvieron éxitos espectaculares con el maíz, y luego con el sorgo granífero, el girasol, el trigo y la soja. Posteriormente fueron los plaguicidas y herbicidas, y finalmente los fertilizantes sintéticos. En la organización de la explotación fueron introduciéndose criterios empresariales modernos, facilitados por una flexibilización del sistema de arrendamientos y la incorporación a la explotación de empresarios que no poseían tierra. Hacia 1985, punto final de esta onda expansiva, la superficie cultivada en la región pampeana se había extendido en alrededor del 30% respecto de 1960, sobre todo por conversión de explotaciones ganaderas en agrícolas, pero la productividad de la tierra se había duplicado y la de la mano de obra cuadruplicado.

Esta verdadera revolución productiva permitió el crecimiento de las exportaciones de granos y aceites, mientras que los mercados para la carne continuaron estancados o en retroceso. También crecieron las exportaciones industriales: maquinaria agrícola, máquinas herramienta, automotores, productos siderúrgicos y químicos pudieron competir en los países vecinos, aprovechando a veces las oportunidades de la Asociación Latinoamericana de Libre Comercio. Así, poco a poco la fuerte constricción que el sector externo representaba para el conjunto de la economía se fue atenuando, el impacto de las crisis cíclicas disminuyó y el margen para el crecimiento industrial aumentó. La fase traumática dejó lugar a una expansión suave y sostenida, que arrancó de los años de la presidencia de Illia y se mantuvo pese a los cambios de gobierno y a los avatares de las políticas económicas.

Como mostraron Gerchunoff y Llach, el producto industrial creció en forma sostenida luego de la gran crisis de 1963, sin ningún año de retroceso hasta 1975. Parte de ese crecimiento corresponde a la maduración de muchas de las inversiones realizadas luego de 1958, pero también contribuyó a él un conjunto variado de empresas nacionales, de ramas dinámicas o vegetativas, grandes o medianas, que repuntaron luego de soportar el primer impacto de la instalación de las empresas extranjeras: algunas captaron un segmento dinámico y no explotado del mercado, otras crecieron a costa de la competencia, apoyadas en una mayor eficiencia, pero también por un sostenido crecimiento del mercado interno, que dio nueva vida a los sectores más tradicionales como el textil, el de alimentos o el de electrodomésticos. Las empresas nacionales, luego de sufrir una fuerte depuración, se adecuaron a las nuevas condiciones, acomodaron sus posibilidades al espacio que le dejaban las grandes empresas extranjeras, absorbieron lo que podían de los nuevos socios o encontraron formas de asociación, como el uso de patentes y licencias o el suministro de partes para las grandes plantas de montaje. Simultáneamente, aprovecharon un terreno en el que se movían con facilidad: el uso de los créditos subsidiados o de los mecanismos de promoción del Estado. En un proceso que Jorge Katz denominó de "maduración", aumentaron su escala —las fábricas reemplazaron a los talleres— y luego hicieron un esfuerzo para hacer más eficiente su organización y sus procesos. Este impulso a la racionalización —que requirió de muchos ingenieros, administradores y ejecutivos en general, corazón de los nuevos sectores medios— fue común por entonces a las empresas nacionales y a muchas de las extranjeras, como las automotrices, que en su instalación se habían apartado de las normas de funcionamiento de sus matrices. Los efectos de estas políticas se advirtieron en las reacciones de los trabajadores y en su creciente sensibilidad a los problemas de las plantas.

Al igual que la agricultura, la industria se modernizó y se acercó, como nunca antes y después, a los estándares internacionales. Como se señaló, su crecimiento se relaciona en parte con los procesos de concentración y depuración, y también con el aumento de la inversión del Estado, las compras de las empresas públicas o las nuevas obras de infraestructura, o la expansión de un sector consumidor pudiente, dispuesto a cambiar su automóvil cada dos años. Pero también, invirtiendo la tendencia iniciada en 1955, hubo un crecimiento del mercado interno debido al aumento del empleo industrial y sobre todo de la construcción, junto con una recuperación en los ingresos de los asalariados. La tendencia de la fase traumática se invirtió y su participación en el producto se elevó —con excepción de los agitados años de 1971 y 1972— hasta superar el 45% del PBI. Más allá de las políticas racionalizadoras, los sindicatos conservaron su eficacia en la defensa de sus representados, aunque probablemente esto no valió para la masa sin duda vasta de trabajadores no sindicalizados, de donde provenían muchos de los protagonistas de las nuevas formas de protesta social.

Hacia 1973 esa expansión ya se acercaba a los límites de la capacidad instalada, que por falta de una importante inversión privada no había crecido sustancialmente. La fuerte conflictividad social, sustentada en un ciclo de crecimiento y de elevación de las expectativas, no podría ser satisfecha con una fácil redistribución, según la fórmula histórica del peronismo. Pero esta fórmula contenía otros elementos apreciados por quienes depositaban su fe en Perón: una regulación estatal mayor de las relaciones entre las partes, y un lugar más amplio para los excluidos en la mesa de la negociación. En suma, la iniciativa para la paz social pasaba al Estado.

Pese al declamado liberalismo de los sectores propietarios, desde 1955 no habían disminuido ni los atributos del Estado ni su capacidad para definir las reglas del juego. Por allí pasaban grandes decisiones, como la transferencia de ingresos del sector exportador agrario al industrial, pero también otras más específicas, a través del uso del crédito subsidiado, la promoción, las compras de empresas estatales o los contratos de las obras públicas. Para los empresarios todo ello representaba la posibilidad de ganancias más fáciles y seguras que las derivadas de mejorar la eficiencia o la competitividad, así como de pérdidas igualmente fáciles y rápidas, de modo que el control de sus políticas era una cuestión vital.

Pero ni ellos ni nadie controlaban plenamente el conjunto de sus estructuras, crecidas a veces por agregación y escasamente subordinadas a una única voluntad ejecutiva. La experiencia del general Onganía —la más sistemática para poner en pie lo que Guillermo O'Donnell llamó el "Estado burocrático autoritario"— muestra esas dificulcultades aun para las Fuerzas Armadas, proclives a identificar su propia estructura institucional con la del Estado. Los otros actores corporativos —los *lobbies* empresarios, los sindicatos, la Iglesia—, protagonistas principales de la puja sectorial, solían concluir sus conflictos en empates o bloqueos recíprocos, como el logrado por el sindicalismo ante los intentos de reducir la dimensión del Estado benefactor. El sorprendente poder conservado por el sindicalismo después de 1955 muestra otro aspecto de ese Estado incontrolable: las frecuentes alianzas entre dos competidores —industriales y gremialistas, por ejemplo—, para sacar beneficio a costa de un tercero o de la comunidad toda.

Beneficios inmediatos podían traer aparejadas complicaciones futuras. A través de la reiterada convocatoria a los sindicalistas para participar de la puja, los sectores subordinados tuvieron desde 1945 algún acceso al Estado y a sus decisiones. Durante el gobierno de Perón, su poder y su voluntad de controlar a cualquier fuerza social o política aseguró la disciplina. Después de 1955, la conducción vandorista de los sindicatos fue para los empresarios una garantía de la desmovilización de los trabajadores y de la negociación siempre posible. La ruptura de ese equilibrio luego de 1966, la fuerte movilización social y el desborde de cualquier instancia mediadora, así como la incapacidad demostrada por los militares para custodiar el poder, mostraron el peligro de que porciones importantes de los resortes del Estado cayeran en manos dudosas. Quienes en 1973 confiaron su suerte a Perón esperaban que fuera capaz, como en 1945, de controlar la movilización social, y a la vez de disciplinar a quienes, como aprendices de hechiceros, apelaran en la puja corporativa a su capacidad de presión. Unos y otros debían ser organizados y disciplinados en el Estado mismo. El acuerdo entre la CGE y la CGT empezó a dibujar la figura del pacto social y la gran negociación entre las principales corporaciones.

En 1973 podía vislumbrarse un futuro para la escena corporativa, en la que Perón había demostrado saber manejarse con soltura. Sobre la escena democrática, en cambio, había muchas más dudas, pese a la espectacular experiencia electoral de marzo. Los partidos políticos que debían ocuparla no entusiasmaban mayormente. El Partido Justicialista apenas existía en el conjunto de lo que se llamaba, un poco eufemísticamente, el Movimiento, y Perón nunca lo consideró como otra cosa que una fachada. Los restantes, luego de tanto tiempo de inactividad o de actividad sólo parcial, eran un conjunto de direcciones anquilosadas, verdaderas cliques vacías, con pocas ideas y con muy escasa capacidad para representar los intereses de la sociedad. La Hora del Pueblo, que cumplió un importante papel en la salida electoral, no llegó a constituir un espacio de discusión y negociación reconocido; más allá de los acuerdos iniciales, Perón sólo la usó como escenario para mostrar a la sociedad su fisonomía pacificadora, y a lo sumo para garantizar el respeto de las formas constitucionales. El resto de los partidos, empezando por la Unión Cívica Radical, participaron del embeleso general con Perón o se sintieron abrumados por la culpa de la proscripción y se limitaron a aceptar sus términos, renunciando de entrada a su función de control y alternativa. La idea misma de democracia, de representación política de los intereses sociales, de negociación primero en el ámbito de cada partido y luego en los espacios políticos comunes, de constitución colectiva del poder, tenía escaso prestigio en una sociedad largamente acostumbrada a que cada una de sus partes negociara por separado con el poder constituido. La política parecía una ficción que servía para velar la verdadera negociación entre los factores reales de poder. Los sectores propietarios se sentían mucho más cómodamente expresados por sus organizaciones corporativas. Los sectores populares, por su parte, que podrían haber estado interesados en la constitución de un ámbito específicamente político, no encontraron para ello ni representación ni voceros entre los actores políticos, ni mucho menos entre los corporativos.

Esto fue crucial para el destino de la experiencia que se iniciaba en 1973 con una elección donde la voluntad popular se expresó tan libre y acabadamente como en 1946. La ola de movilización, que estaba llevando el enfrentamiento social a un punto extremo, contenía en sus orígenes un importante elemento de participación, visible en cada uno de los lugares de la sociedad donde se gestaba, desde una sociedad vecinal a un aula universitaria o una fábrica. Pero sus elementos potencialmente democráticos se cruzaban con toda una cultura política espontánea —acuñada en largos años de autoritarismo y democracia fingida— que llevaba a identificar el poder con el enemigo y la represión, a menos que se lo "tomara", para reprimir a su vez al enemigo. Mientras los partidos políticos carecían de fuerza o de convicción para hacerse oír entre ellos, los activistas formados en las matrices del peronismo, el catolicismo o la izquierda tendieron a acentuar y dar forma a esta cultura espontánea y a incluirla —como se vio— en la lógica de la guerra. Así, no fue difícil que las organizaciones armadas se insertaran en el movimiento popular, en los barrios, en las fábricas, en el movimiento estudiantil, llenando un vacío que debía ser ocupado. Los Montoneros, particularmente, tuvieron una enorme capacidad para combinar la acción clandestina con el trabajo de superficie, que realizaron a través de la Juventud Peronista. Pero al hacerlo introdujeron un sesgo en el desarrollo del movimiento popular: lo encuadraron, lo sometieron a una organización rígida, cuya estrategia y tácticas se elaboraban en otras partes, y eliminaron todo lo que la movilización tenía de espontáneo, de participativo, de plural. Convertida en parte de una máquina de guerra, la movilización popular fue apartada de la alternativa democrática y llevada a dar en otro terreno el combate final.

La vuelta de Perón

El 25 de mayo de 1973 asumió el gobierno el presidente Héctor J. Cámpora y el 20 de junio retornó al país Juan Domingo Perón. Ese día, cuando se había congregado en Ezeiza una inmensa multitud, un enfrentamiento entre grupos armados de distintas tendencias del peronismo provocó una masacre. El 13 de julio Cámpora y el vice-presidente Solano Lima renunciaron; ausente el titular del Senado, asumió la presidencia el de la Cámara de Diputados, Raúl Lastiri, que era yerno de José López Rega, el secretario privado de Perón y a la vez ministro de Bienestar Social. En septiembre se realizaron las nuevas elecciones y la fórmula Perón-Perón, que el líder compartió con su esposa Isabel (*née* María Estela Martínez) alcanzó el 62% de los votos. El 1° de julio del año siguiente murió Perón e Isabel lo reemplazó, hasta que fue depuesta por los jefes militares el 24 de marzo de 1976. Los tres años de la segunda experiencia peronista, verdaderamente prodigiosos por la concentración de acontecimientos y sentidos, clausuraron —de manera desdichada y tenebrosa— toda una época de la historia argentina.

Es difícil saber en qué momento de su exilio Perón dejó de verse a sí mismo como el insobornable jefe de la resistencia, dispuesto a desbaratar las tentaciones provenientes del poder, y se consideró el destinado a pilotear el vasto proyecto de reconstrucción que asumió como última misión de su vida. Puede dudarse, incluso, de si se trató de una decisión deliberada o si resultó arrastrado por circunstancias incontrolables aun para su inmenso talento táctico. Lo cierto es que, puesto en el juego, armó su proyecto —parecido pero distinto al de 1945— sobre tres bases: un acuerdo democrático con las fuerzas políticas, un pacto social con los grandes representantes corporativos y una conducción más centralizada de su movimiento, hasta entonces desplegado en varios frentes y dividido en estrategias heterogéneas. Para que funcionara, Perón necesitaba que la economía tuviera un desempeño medianamente satisfactorio —las expectativas eran buenas— y que pudiera reforzarse el poder del Estado, tal como lo reclamaba la mayoría de la sociedad. Éste era un punto débil: los mecanismos e instrumentos estaban desgastados y resultaron ineficaces, y el control que Perón podía tener no era pleno, pues las Fuerzas Armadas se mostraban reticentes, pese a la rehabilitación mutua que se concedieron con Perón; el gobierno, finalmente, resultó corroído por la formidable lucha desencadenada dentro del movimiento. Así, una de las premisas de su acción falló de entrada. El pacto social funcionó mal casi desde el principio y terminó hecho añicos, mientras que el pacto democrático, aunque funcionó formalmente bien y se respetaron los acuerdos, finalmente resultó irrelevante pues no sirvió ni para constituir una oposición eficiente ni para suministrar de por sí, cuando los otros mecanismos fallaron, el respaldo necesario para el mantenimiento del gobierno constitucional.

El Programa de Reconstrucción y Liberación Nacional, presentado en mayo de 1973, pese a la concesión al clima de época que había en su título, consistía en un intento de superar las limitaciones al crecimiento de una economía cuyos rasgos básicos no se pensaba modificar. No había en él nada que indicara una orientación hacia el "socialismo nacional", y tampoco un intento de buscar nuevos rumbos al desarrollo del capitalismo. Como en 1946, Perón recurrió para pilotearlo a un empresario exitoso, en este caso ajeno al peronismo: José Ber Gelbard, jefe de la Confederación General Económica, donde se nucleaba la mayoría de las empresas de capital básicamente nacional. Sus objetivos, acordes con los cambios ya consolidados en la estructura económica del país, eran fuertemente intervencionistas y en menor medida nacionalistas y distribucionistas, y no implicaban un ataque directo a ninguno de los intereses establecidos.

Siguiendo las tendencias de la década anterior, se esperaba apoyar el crecimiento de la economía tanto en una expansión del mercado interno —según la tradición de los empresarios que apoyaban a ambos partidos mayoritarios— cuanto en el crecimiento de las exportaciones. Las perspectivas de las exportaciones tradicionales eran excelentes: muy buenos precios y posibilidad de acceder a nuevos mercados, como la Unión Soviética; la nacionalización del comercio exterior apuntaba a asegurar la transferencia de parte de los beneficios al sector industrial, aunque a la vez se cuidó mucho de preservar los ingresos de los sectores rurales, cuya productividad se quiso incrementar combinando alicientes y castigos. Uno de ellos —la posibilidad de expropiar las tierras sin cultivar, incluido en el proyecto de ley Agraria— desencadenó a la larga un fuerte conflicto. Pero sobre todo se trató de continuar expandiendo las exportaciones industriales a través de convenios especiales, como el realizado con Cuba para vender automóviles y camiones.

Las empresas nacionales, que también deberían participar de los beneficios de las exportaciones, fueron respaldadas con líneas especiales de crédito y con el mecanismo del compre argentino en las empresas públicas; para lograr mayor eficiencia y control, éstas se integraron en una Corporación de Empresas Nacionales. Por otra parte, se apoyó especialmente a algunos grandes proyectos industriales, de "interés nacional", mediante importantes subvenciones. Muchos resortes pasaban por las manos del Estado: el manejo centralizado del crédito y también el control de precios, fundamental para la política de estabilización. Pero además, el Estado aumentó considerablemente sus gastos a través de obras sociales e incrementó el número de empleados públicos y de empresas del Estado; contribuyó así a activar la economía interna, aunque a costa de un déficit creciente.

La clave del programa residía en el pacto social, con el que se procuraba solucionar el problema clásico de la economía, ante el cual habían fracasado los sucesivos gobiernos desde 1955: la capacidad de los distintos sectores, empeñados en la puja distributiva, para frenarse mutuamente. Mientras Onganía había fracasado en su intento de cortar el nudo con la pura autoridad, Perón recurría a la concertación, un mecanismo muy común en la tradición europea, pero además fácilmente filiable en su propia concepción de la comunidad organizada. El Estado debía disciplinar a los actores combinando persuasión y autoridad. Hubo concertaciones sectoriales y una mayor, que las subsumía a todas, suscripta por la CGE y la CGT, que estableció el congelamiento de los precios y la supresión por dos años de las convenciones colectivas o paritarias. Esto era duro de aceptar para el sindicalismo y fue compensado con un inmediato aumento del 20% general en los salarios, muy distante sin embargo de las expectativas generadas por el advenimiento del gobierno popular.

Los primeros resultados de este programa de estabilización fueron espectaculares. La inflación, desatada con intensidad en 1972, se frenó bruscamente, mientras que la excelente coyuntura del comercio exterior permitió superar la angustiante situación de la balanza de pagos y acumular un buen superávit, y las mejoras salariales y el incremento de gastos del Estado estimulaban el aumento de la actividad interna. Por esa vía, se llegó pronto a estar cerca de la plena utilización de la capacidad instalada. Pero desde diciembre de 1973 comenzaron a acumularse problemas. El incremento del consumo hizo reaparecer la inflación, mientras que el aumento del precio del petróleo en el mundo —que ya anunciaba el fin del ciclo de prosperidad de la posguerra— encareció las importaciones, empezó a complicar las cuentas externas e incrementó los costos de las empresas. Finalmente, el Mercado Común Europeo se cerró para las carnes argentinas. Se trataba de una crisis cíclica habitual, pero su resolución clásica estaba vedada a un gobierno que había hecho de la "inflación 0" una bandera y que sabía que una devaluación tropezaría con fuertes resistencias. El pacto social debía servir para encontrar la manera equitativa y razonable de repartir los mayores costos, pero las reglamentaciones cada vez más frondosas a las que se apeló, que se cumplieron escasamente, no sólo revelaron las dificultades de la persuasión sino las crecientes falencias del Estado para hacer valer su autoridad. Así, antes de que el gobierno popular hubiera cumplido un año, estaba nuevamente planteada en forma abierta la lucha sectorial, cuyas condiciones, sin embargo, existían desde el mismo comienzo de esta experiencia populista.

Los actores del pacto social demostraron escasa capacidad y poca voluntad para cumplirlo. La CGE, investida de la delegación global de los empresarios, los representaba mal, y aun a sus instituciones primarias, que en muchos casos habían sido forzadas a encuadrarse en ella, de acuerdo con las concepciones organicistas de Perón. Es probable que en muchos casos, por las mismas razones, hayan firmado los acuerdos, sin mucha convicción, esperando que el paso del tiempo trajera condiciones mejores. Pero sobre todo, se descubrió que no podían asegurar que sus miembros cumplieran lo acordado. Los empresarios —y muy en especial los chicos o medianos, difícilmente controlables— encontraron muchas maneras de violar el pacto: desabastecimiento, sobreprecios, mercado negro, exportaciones clandestinas; también hallaron una forma de manifestar su escaso entusiasmo: la inversión privada fue relativamente magra.

La CGT no se hallaba cómoda y a gusto con un gobierno peronista con el cual no servía su táctica clásica de golpear y negociar sin comprometerse, la única que sabían manejar cabalmente. No sólo Perón debía subordinar —como siempre— a quienes lo apoyaban, sino que los sindicalistas carecían de tradición, instrumentos y objetivos para cogobernar. Por otra parte, la movilización de los trabajadores, que los ponía en jaque, les impedía negociar con libertad. El triunfo electoral avivó las expectativas de la sociedad y dio un nuevo estímulo a la "primavera de los pueblos"; en las fábricas, se tradujo en un generalizado incremento de las reivindicaciones y en un estilo de lucha que incluía ocupaciones de plantas, que rebasó las direcciones sindicales y hasta cuestionó la autoridad de los gerentes y patrones. Antes de que las organizaciones guerrilleras llegaran a tener un papel activo, según Juan Carlos Torre, las fábricas estuvieron, por obra de la movilización sindical, "en estado de rebeldía".

En la mayoría de los casos esa movilización concluía con ventajas salariales directas o encubiertas, lo que aumentaba la amenaza sobre los dirigentes nacionales obligados a atarse al pacto. Perón se dedicó a fortalecerlos; desde que retornó al país los halagó de mil maneras distintas, reivindicando su imagen pública, amenazada por la izquierda peronista, y reinstalándolos simbólicamente en el centro mismo del movimiento. Una modificación de la ley de Asociaciones Profesionales reforzó la centralización de los sindicatos, aumentó el poder de sus autoridades y prolongó sus mandatos, de modo que pudieron enfrentar el desafío antiburocrático, pero no impidió que reclamaran la convocatoria a paritarias y exigieran periódicos ajustes salariales. Violado de uno y otro lado, el pacto se fue desgastando ante la impotencia de las autoridades. El propio gobierno, que había congelado las tarifas públicas, tuvo interés en una renegociación, que se produjo en marzo de 1974, con una ronda general de aumentos que no satisfizo a nadie. La puja continuó. El 12 de junio Perón convocó a una concentración masiva en la histórica Plaza de Mayo, dramáticamente pidió a las partes disciplina y amenazó con renunciar. Fue la última aparición en público antes de su muerte.

En la segunda fase del gobierno peronista, los actores cambiaron de estrategia y la puja recuperó sus formas clásicas. En la CGT se impusieron los partidarios de la negociación dura, en la mejor tradición vandorista, encarnada precisamente por su sucesor entre los metalúrgicos, Lorenzo Miguel. Isabel Perón —alrededor de cuya figura simbólica. todas las fuerzas concertaron una tregua tácita— se lanzó a construir una base propia de poder, rodeada de un grupo de fieles, de escasa tradición en el peronismo, que encabezaba la extraña y siniestra figura de José López Rega, a quien apodaban "el Brujo" por su gusto por las prácticas esotéricas. Pese a que Isabel se dedicó a parodiar las fórmulas y gestos del líder muerto para capitalizar su herencia simbólica, su política se apartó totalmente de la que aquél había trazado en sus últimos años. Isabel se propuso homogeneizar el gobierno, colocando a amigos e incondicionales en los puestos clave y rompiendo una a una las alianzas que había tejido Perón, que en el futuro esperaba reemplazar por otras nuevas, con los militares y empresarios. En algunos de esos propósitos, Isabel y los sindicalistas coincidieron. Así, provocaron la renuncia del ministro Gelbard, y aprovechando los mecanismos de la nueva ley de Asociaciones y de la ley de Seguridad, desalojaron sistemáticamente a las cabezas del sindicalismo opositor: Raimundo Ongaro, Agustín Tosco y Renée Salamanca perdieron sus sindicatos y la agitación gremial disminuyó considerablemente en 1975.

Pero básicamente se enfrentaron alrededor de los restos del pacto social. En 1975 la crisis económica urgía a tomar medidas drásticas, que terminarían de liquidarlo: los problemas de la balanza de pagos eran muy graves, la inflación estaba desatada, la puja distributiva era encarnizada y el Estado estaba totalmente desbordado. En ese contexto, el gobierno debió acceder a la tradicional demanda de la CGT y convocó a paritarias, de modo que el ajuste inminente debía realizarse en el momento mismo en que éstas se encontraban discutiendo los ajustes salariales, lo que generó una situación inmanejable. A fines de marzo, la mayoría de los gremios había acordado aumentos del 40%; el 2 de junio, el nuevo ministro de Economía, Celestino Rodrigo, del equipo de López Rega, provocó un *shock* económico al decidir una devaluación del 100% y un aumento de tarifas y combustibles similar o superior. El "rodrigazo" echó por tierra los aumentos acordados; los sindicalistas volvieron a exigir en las paritarias y los empresarios concedieron —con llamativa facilidad— aumentos que llegaban al 200%. La presidenta decidió no homologarlos y generó una masiva resistencia de los trabajadores, que culminó en movilizaciones en la Plaza de Mayo y un paro general de 48 horas. El hecho era notable porque, contra toda una tradición, la CGT encabezaba la acción contra un gobierno peronista. Isabel cedió, López Rega y Rodrigo renunciaron, los aumentos fueron homologados y devorados por la inflación en sólo un mes. En medio de una crisis económica galopante, el gobierno entró en su etapa final.

La lucha en torno del pacto social fue paralela a la que se libró en el seno del peronismo, involucrando al gobierno y hasta al mismo Estado, y sobre todo definiendo la suerte del movimiento popular. Esa lucha estaba implícita en las equívocas relaciones entre Perón y quienes, alrededor de Montoneros y la Juventud Peronista, constituían la llamada "tendencia revolucionaria" del peronismo. Hasta 1973, unidos en la lucha común contra los militares, ni uno ni los otros tenían interés en hacerlas explícitas. Perón cimentaba su liderazgo en su capacidad de incluir a todos los que invocaran su nombre, desde los jóvenes revolucionarios hasta los sindicalistas, los políticos provinciales más conservadores o los grupos de choque de extrema derecha. Su estrategia de enfrentamiento con quienes lo expulsaron del poder consistía en utilizar a los jóvenes, y a los sectores populares que ellos movilizaban, para hostigarlos, y a la vez para presentarse como el único capaz de contenerlos. En ese sentido, repetía su estrategia de 1945 del "bombero piromaníaco".

Montoneros y la Juventud Peronista aprovecharon su proclamada adhesión a Perón para insertarse más profundamente en el movimiento popular y servirse de su espectacular crecimiento luego de 1973, cuando la sociedad entera pareció entrar en una etapa de rebelión y creatividad. En la cultura política de estos sectores, masivamente incorporados al peronismo, podían reconocerse dos grandes concepciones. Una de ellas se apoyaba en la vieja tradición peronista, nacionalista y distribucionista, alimentada durante la larga exclusión por la ilusión del retorno del líder, y con él, mágicamente, de los buenos tiempos en los que la justicia social coronaba el ascenso individual. Quienes permanecieron fieles a lo que sin duda era la capa más profunda y sólida de la cultura política popular adherían al viejo estilo político, autoritario, faccioso, verticalista y visceralmente anticomunista. La otra, menos precisa, arraigó en una parte importante de los sectores populares, pero sobre todo en quienes se agregaron tardíamente al peronismo, e incorporó la crítica radical de la sociedad, condensada en la consigna "liberación o dependencia". Ambas concepciones, en un contexto de guerra, se definieron en consignas de batalla: la "patria peronista" o la "patria socialista". Los Montoneros, que aspiraban al principio a encarnar a ambas, terminaron identificados con la segunda, mientras el sindicalismo y los grupos de extrema derecha se convirtieron en abanderados de la primera.

El triunfo de 1973 acabó con los equívocos dentro del peronismo y abrió la lucha por la conducción real y simbólica del movimiento y del pueblo. Otros grupos revolucionarios no tuvieron los dilemas de los Montoneros. El trotskista Ejército Revolucionario del Pueblo, la otra gran organización armada, no creía ni en la vocación revolucionaria del peronismo ni en la democracia misma, de modo que, pasada la breve tregua de 1973, fácilmente retomó la lucha en los mismos términos que contra los militares. Otras líneas revolucionarias dentro del peronismo nunca habían contado con el posible apoyo de Perón, y estaban dispuestas a una guerra larga y de posiciones, en la que la victoria electoral de 1973 era apenas una etapa y una circunstancia. Para Montoneros, que había crecido identificándose plenamente con Perón y el peronismo, el triunfo de marzo abría una lucha decisiva por el control del poder y del discurso peronista, ambos indivisibles, y concentraron todas sus energías en dominar a ambos, expulsando a los enemigos "infiltrados y traidores" —una amplia categoría en la que cabían los políticos, las organizaciones sindicales, los empresarios y los colaboradores directos de Perón— y ganando para su causa al propio Perón, presionado a ratificar la imagen que de él habían construido y que el propio Perón había alentado.

A principios de 1973, empujados por la euforia electoral y estimulados por el espacio que les había abierto el propio Perón —quien marginó de las listas electorales a los sindicalistas— los militantes de la Tendencia se lanzaron a ocupar espacios de poder en el Estado, quizá suponiendo que el poder real estaba al alcance de la mano. Aliados o simpatizantes suyos ocupaban varias gobernaciones —incluyendo las claves de Buenos Aires, Córdoba y Mendoza—, dos o tres ministerios, las universidades, que fueron la gran base de movilización de la Juventud Peronista, y muchas otras instituciones y departamentos gubernamentales. Pero pronto se restablecieron las relaciones de fuerza reales. A partir de la renuncia de Cámpora, el 13 de julio de ese año, una a una perdieron las posiciones ocupadas. Primero fueron los ministerios. En enero de 1974, luego de que el ERP realizara un ataque importante contra una guarnición militar en la provincia de Buenos Aires, Perón aprovechó para exigir la renuncia de su gobernador, y poco después promovió un golpe palaciego contra el de Córdoba; la operación siguió después de su muerte, en julio de 1974, cuando cayeron los gobernadores restantes, así como muchos sindicalistas disidentes, y las universidades fueron entregadas para su depuración a sectores de ultraderecha.

Desplazada de las posiciones de poder en el gobierno, la Tendencia revolucionaria se lanzó a la lucha de aparatos, en competencia con el sindicalismo y con los grupos de derecha que rodeaban a Perón. Se trataba de demostrar, de diversas maneras, quién tenía más poder, quién movía más gente y quién pegaba más duro. Dentro de la tradición del peronismo, la movilización callejera y la concentración en la Plaza de Mayo, lugar de la representación mítica del poder, constituían la expresión del poder popular y el ámbito donde el líder recogía los impulsos del pueblo. En el clima de movilización y enfrentamiento de tendencias, la vieja fiesta popular dominguera se transformó en una demostración de fuerza, donde las vanguardias debían exhibir su capacidad para organizar al pueblo y convertirlo en una máquina de guerra lanzada a la lucha contra otras falanges igualmente organizadas. Los manifestantes se encolumnaban disciplinadamente y competían por los lugares más visibles o más cercanos al líder, los carteles o las consignas. En cada una de esas jornadas se libraba una batalla real, como el 20 de junio de 1973, en Ezeiza, donde ante dos millones de personas reunidas para recibir a Perón se peleó a tiros por los espacios, o el 1° de mayo de 1974, cuando los militantes de la Tendencia se enfrentaron con sus competidores y con el mismo Perón y luego abandonaron la Plaza de Mayo dejándola semivacía.

Simultánemente, la guerra de aparatos se desarrolló bajo la terrible forma del terrorismo, y en particular de los asesinatos, que podían ser, en proporción variable, estratégicos, justicieros o ejemplarizadores. Montoneros se dedicó a eliminar personajes conspicuos, como José Rucci, secretario general de la CGT y pieza importante en la estrategia de Perón con los sindicalistas, asesinado pocos días después de la elección plebiscitaria de Perón. Contra ellos se constituyó otro terrorismo, con aparatos parapoliciales —nutridos de matones sindicales, cuadros de los grupos fascistas del peronismo y empleados a sueldo del Ministerio de Bienestar Social— que operaban con el rótulo de Acción Anticomunista Argentina, o más sencillana, o más sencillamente Triple A. Los asesinatos se multiplicaron y cobraron víctimas en personas relativamente ajenas al combate, pero que servían para demostrar el poder de cada organización.

Finalmente, la competencia se desenvolvió en el ámbito del discurso. Los Montoneros habían hablado en nombre de Perón pero, como han mostrado Sigal y Verón, en el peronismo no cabía más que un solo enunciador, aunque tuviera infinitos traductores, más o menos traidores. Maestros en esa traducción cuando Perón estaba en Madrid, los Montoneros debieron enfrentarse con el problema de un líder vuelto al país que, abandonando su cultivada ambigüedad, empezaba a hablar inequívocamente, recordando la ortodoxia peronista, que poco tenía que ver con la "socialista" y denunciando a los "apresurados" e infiltrados. Desde el 20 de junio el conflicto era público, pero durante un año los Montoneros lograron soslayar la definición: mientras concentraban toda su artillería en los "traidores", ajenos al peronismo, reinterpretaron hasta donde era posible la palabra de Perón, sostenían que se trataba de desvíos puramente tácticos, muestras de la genialidad de un líder que no los desautorizaba explícitamente, elaboraron la teoría del "cerco" o el "entorno" que impedía a Perón conocer la verdadera voluntad de su pueblo, y se aferraron a la imagen de una "Evita montonera" que debía legitimar su ortodoxia en los orígenes mismos del peronismo. El 1º de Mayo de 1974 se llegó a la ruptura: al abandonar una Plaza de donde el propio Perón los expulsaba, renunciaban a hablar en nombre del Movimiento. Reaparecieron una vez más, apenas dos meses después, en los fantásticos funerales de Perón, y luego pretendieron asumir su herencia, fundando el Partido Peronista Auténtico, sin mayor éxito: la magia se había roto y sólo los seguían los militantes.

Pronto optaron por volver a la vieja táctica y pasaron a la clandestinidad. Hubo más asesinatos, secuestros espectaculares para mejorar sus finanzas —el de Jorge Born les reportó 60 millones de dólares—, intervención en conflictos sindicales, donde la fuerza armada era usada para volcar en favor de los trabajadores las negociaciones con los patrones, y acciones militares de envergadura, pero fracasadas. En ese camino los siguió el ERP, que desde 1974 había instalado un foco en el monte de Tucumán. Contra ambos creció la represión clandestina, que se cebó sobre todo en quienes —intelectuales, estudiantes, obreros, militantes de villas o barrios— habían acompañado la movilización pero no pudieron pasar a la clandestinidad. Desde febrero de 1975, el Ejército, convocado por la presidenta, asumió la tarea de reprimir la guerrilla en Tucumán. El genocidio estaba en marcha.

Por entonces, el gobierno peronista se acercaba a su final. El "rodrigazo" había desatado una crisis económica que hasta el final resultó imposible de dominar: inflación galopante, "corridas" hacia el dólar, aparición de los mecanismos de indexación y, en general, escasas posibilidades para controlar la coyuntura desde el poder. La crisis económica preparó la crisis política. En julio de 1975, ni las Fuerzas Armadas ni los grandes empresarios —a cuyo apoyo había apostado Isabel— hicieron nada para respaldar a la presidenta, a quien ya miraban póstumamente. Los empresarios cedieron con facilidad a los reclamos de los sindicalistas, como si se complacieran en fomentar el caos de la economía. Rotos los acuerdos que había construido Perón, los grandes empresarios se separaron de la CGE y atacaron decididamente al gobierno. Hasta entonces, los militares se habían acomodado a los distintos climas del gobierno, sin enfrentarlo: con Cámpora practicaron el populismo y confraternizaron con la Juventud Peronista; con Perón tuvieron a su frente a un profesional apolítico, y con Isabel a otro que simpatizaba con los grupos derechistas del régimen. Pero luego de julio, cuando López Rega cayó en desgracia, comenzaron a prepararse para el golpe. El general Videla, nuevo comandante en jefe, al tiempo que se negaba a respaldar políticamente al gobierno en crisis, le puso plazos —como tantas veces habían hecho antes los militares—, esperó que la crisis económica y la política sumadas consumaran su deterioro y preparó su reemplazo.

Luego de la renuncia de López Rega y Rodrigo, una alianza de políticos y sindicalistas ensayó una salida: Italo Luder, presidente del Senado, reemplazó brevemente a Isabel y se especuló con que el cambio fuera definitivo, por renuncia o juicio político. Antonio Cafiero, un economista respetado y bien relacionado con los sindicalistas, intentó capear la crisis pero la inflación desatada, a la que se sumaba una fuerte recesión y desocupación, hicieron imposible restablecer el acuerdo entre gremialistas y empresarios. El Congreso, de quien se esperaba que encontrara el mecanismo para remover a la presidenta, tampoco pudo reunir el respaldo necesario. El retorno de Isabel a la presidencia clausuró la posibilidad y a la vez agravó la crisis política que, sumada a la económica, creó una situación de tensión insoportable y una aceptación anticipada de cualquier salida. Muchos peronistas se convencieron de que la caída de Isabel era inevitable, y pensando en el futuro prefirieron evitar divisiones, acompañándola hasta el fin, el 24 de marzo de 1976, cuando los comandantes militares la depusieron y arrestaron. Como en ocasiones anteriores, el grueso de la población recibió el golpe con inmenso alivio y muchas expectativas.

VII. El Proceso, 1976-1983

El genocidio

El 24 de marzo de 1976 la Junta de Comandantes en Jefe, integrada por el general Jorge Rafael Videla, el almirante Emilio Eduardo Massera y el brigadier Orlando Ramón Agosti, se hizo cargo del poder, dictó los instrumentos legales del llamado Proceso de Reorganización Nacional y designó presidente de la Nación al general Videla, quien además continuó al frente del Ejército hasta 1978.

El caos económico de 1975, la crisis de autoridad, las luchas facciosas y la muerte presente cotidianamente, la acción espectacular de las organizaciones guerrilleras —que habían fracasado en dos grandes operativos contra unidades militares en el Gran Buenos Aires y Formosa—, el terror sembrado por la Triple A, todo ello creó las condiciones para la aceptación de un golpe de Estado que prometía restablecer el orden y asegurar el monopolio estatal de la fuerza. La propuesta de los militares —quienes poco habían hecho para impedir que el caos llegara a ese extremo— iba más allá: consistía en eliminar de raíz el problema, que en su diagnóstico se encontraba en la sociedad misma y en la naturaleza irresoluta de sus conflictos. El carácter de la solución proyectada podía adivinarse en las metáforas empleadas —enfermedad, tumor, extirpación, cirugía mayor—, resumidas en una más clara y contundente: cortar con la espada el nudo gordiano.

El tajo fue en realidad una operación integral de represión, cuidadosamente planeada por la conducción de las tres armas, ensayada primero en Tucumán —donde el Ejército intervino oficialmente desde 1975— y luego ejecutada de modo sistemático en todo el país. Así lo estableció la investigación realizada en 1984 por la Comisión

Nacional sobre la Desaparición de Personas, la CONADEP, que creó el presidente Raúl Alfonsín, y luego la Justicia, que juzgó a los militares implicados y condenó a muchos de ellos. Los mandos militares concentraron en sus manos toda la acción y los grupos parapoliciales de distinto tipo que habían operado en los años anteriores se disolvieron o se subordinaron a ellos. Las tres armas se asignaron diferentes zonas de responsabilidad y hasta mantuvieron una cierta competencia para demostrar mayor eficacia, lo que dio a la operación una fisonomía anárquica y faccional que, sin embargo, no implicó acciones casuales, descontroladas o irresponsables, y lo que pudo haber de ello formó parte de la concepción general de la horrenda operación.

La planificación general y la supervisión táctica estuvo en manos de los más altos niveles de conducción castrense, y los oficiales superiores no desdeñaron participar personalmente en tareas de ejecución, poniendo de relieve el carácter institucional de la acción y el compromiso colectivo. Las órdenes bajaban, por la cadena de mandos, hasta los encargados de la ejecución, los Grupos de Tareas —integrados principalmente por oficiales jóvenes, con algunos suboficiales, policías y civiles—, que también tenían una organización específica. La ejecución requirió también un complejo aparato administrativo, pues debía darse cuenta del movimiento —entradas, traslados y salidas— de un conjunto muy numeroso de personas. Cada detenido, desde el momento en que era considerado sospechoso, era consignado en una ficha y un expediente, se hacía un seguimiento, una evaluación de su situación y se tomaba una decisión final que correspondía siempre al más alto nivel militar. La represión fue, en suma, una acción sistemática realizada desde el Estado.

Se trató de una acción terrorista, dividida en cuatro momentos principales: el secuestro, la tortura, la detención y la ejecución. Para los secuestros, cada grupo de operaciones —conocido como "la patota"— operaba preferentemente de noche, en los domicilios de las víctimas, a la vista de su familia, que en muchos casos era incluida en la operación. Pero también muchas detenciones fueron realizadas en fábricas o lugares de trabajo, en la calle, y algunas en países vecinos, con la colaboración de las autoridades locales. La operación se realizaba con autos sin patente pero bien conocidos —los fatídicos "Falcon verdes"—, mucho despliegue de hombres y armamento pesado, combinando el anonimato con la ostentación, todo lo cual aumentaba el buscado efecto aterrorizador. Al secuestro seguía el saqueo de la vivienda, perfeccionado posteriormente cuando se obligó a las víctimas a ceder la propiedad de sus inmuebles, con todo lo cual se conformó el botín de la horrenda operación.

El destino primero del secuestrado era la tortura, sistemática y prolongada. La "picana", el "submarino" —mantener sumergida la cabeza en un recipiente con agua— y las violaciones sexuales eran las formas más comunes; se sumaban otras que combinaban la tecnología con el refinado sadismo del personal especializado, puesto al servicio de una operación institucional de la que no era raro que participaran jefes de alta responsabilidad. La tortura física, de duración indefinida, se prolongaba en la psicológica: sufrir simulacros de fusilamiento, asistir al suplicio de amigos, hijos o esposos, comprobar que todos los vínculos con el exterior estaban cortados, que no había nadie que se interpusiera entre la víctima y el victimario. En principio la tortura servía para arrancar información y lograr la denuncia de compañeros, lugares, operaciones, pero más en general tenía el propósito de quebrar la resistencia del detenido, anular sus defensas, destruir su dignidad y su personalidad. Muchos morían en la tortura, se "quedaban"; los sobrevivientes iniciaban una detención más o menos prolongada en alguno de los trescientos cuarenta centros clandestinos de detención —los "chupaderos"— que funcionaron en esos años y cuya existencia fue reiteradamente negada por las autoridades. Se encontraban en unidades militares —la Escuela de Mecánica de la Armada, Campo de Mayo, los Comandos de Cuerpo— pero generalmente en dependencias policiales, y eran conocidos con nombres de macabra fantasía: el Olimpo, el Vesubio, la Cacha, la Perla, la Escuelita, el Reformatorio, Puesto Vasco, Pozo de Bánfield... La administración y control del movimiento de este enorme número de centros da idea de la complejidad de la operación y de la cantidad de personas involucradas, así como de la determinación requerida para mantener su clandestinidad. En esta etapa final de su calvario, de duración imprecisa, se completaba la degradación de las víctimas, a menudo mal heridas y sin atención médica, permanentemente encapuchadas o "tabicadas", mal alimentadas, sin servicios sanitarios. Muchas detenidas embarazadas dieron a luz en esas condiciones, para ser luego despojadas de sus hijos, de los cuales en muchos casos se apropiaban sus secuestradores. No es extraño que, en esa situación verdaderamente límite, algunos secuestrados hayan aceptado colaborar con sus victimarios, realizando tareas de servicio o acompañándolos para individualizar en la calle a antiguos compañeros, todavía libres. Pero para la mayoría el destino final era el "traslado", es decir su ejecución.

Ésta era la decisión más importante y se tomaba en el más alto nivel operacional, como la jefatura de cada uno de los cuerpos de Ejército, después de un análisis cuidadoso de los antecedentes, potencial utilidad o "recuperabilidad" de los detenidos. Pese a que la Junta Militar estableció la pena de muerte, nunca la aplicó, y todas las ejecuciones fueron clandestinas. A veces los cadáveres aparecían en la calle, como muertos en enfrentamientos o intentos de fuga. En algunas ocasiones se dinamitaron pilas enteras de cuerpos, como espectacular represalia a alguna acción guerrillera. Pero en la mayoría de los casos los cadáveres se ocultaban, enterrados en cementerios como personas desconocidas, quemados en fosas colectivas que eran cavadas por las propias víctimas antes de ser fusiladas, o arrojados al mar con bloques de cemento, luego de ser adormecidos con una inyección. De ese modo, no hubo muertos sino "desaparecidos".

Las desapariciones se produjeron masivamente entre 1976 y 1978, el trienio sombrío, y luego se redujeron a una expresión mínima. Fue un verdadero genocidio. La Comisión que las investigó documentó nueve mil casos, pero indicó que podía haber muchos otros no denunciados, mientras que las organizaciones defensoras de los derechos humanos reclamaron por treinta mil desaparecidos. Se trató en su mayoría de jóvenes, entre quince y treinta y cinco años. Algunos pertenecían a las organizaciones armadas: el ERP fue diezmado entre 1975 y 1976, y a la muerte de Roberto Santucho, en julio de ese año, poco quedó de la organización. La organización Montoneros, que también experimentó fuertes bajas en sus cuadros, siguió operando, aunque tuvo que limitarse a acciones terroristas —hubo algunos asesinatos de gran resonancia, como el del jefe de la Policía Federal— desvinculadas de la práctica política, mientras su conducción y cuadros principales emigraron a México. Lo cierto es que cuando la amenaza real de las organizaciones cesó, la represión continuó su marcha. Cayeron militantes de organizaciones políticas y sociales, dirigentes gremiales de base, con actuación en las comisiones internas de fábricas —algunos empresarios solían requerir al efecto la colaboración de los responsables militares—, y junto con ellos militantes políticos varios, sacerdotes, intelectuales, abogados relacionados con la defensa de presos políticos, activistas de organizaciones de derechos humanos, y muchos otros, por la sola razón de ser parientes de alguien, figurar en una agenda o haber sido mencionados en una sesión de tortura. Pero más allá de los accidentes y errores, las víctimas fueron las queridas: con el argumento de enfrentar y destruir en su propio terreno a las organizaciones armadas, la operación procuraba eliminar todo activismo, toda protesta social —hasta un modesto reclamo por el boleto escolar—, toda expresión de pensamiento crítico, toda posible dirección política del movimiento popular que se había desarrollado desde mediados de la década anterior y que entonces era aniquilado. En ese sentido los resultados fueron exactamente los buscados.

Las víctimas fueron muchas, pero el verdadero objetivo eran los vivos, el conjunto de la sociedad que, antes de emprender su transformación profunda, debía ser controlada y dominada por el terror y la palabra. El Estado se desdobló: una parte, clandestina y terrorista, practicó una represión sin responsables, eximida de responder a los reclamos. La otra, pública, apoyada en un orden jurídico que ella misma estableció, silenciaba cualquier otra voz. No sólo desaparecieron las instituciones de la República, sino que fueron clausuradas autoritariamente la confrontación pública de opiniones y su misma expresión. Los partidos y la actividad política toda quedaron prohibidos, así como los sindicatos y la acción gremial; se sometió a los medios de prensa a una explícita censura, que impedía cualquier mención al terrorismo estatal y sus víctimas, y artistas e intelectuales fueron vigilados. Solo quedó la voz del Estado, dirigiéndose a un conjunto atomizado de habitantes.

Su discurso, masivo y abrumador, retomó dos motivos tradicionales de la cultura política argentina y los desarrolló hasta sus últimas y horrorosas consecuencias. El adversario —de límites borrosos, que podía incluir a cualquier posible disidente— era el no ser, la "subversión apátrida" sin derecho a voz o a existencia, que podía y merecía ser exterminada. Contra la violencia no se argumentó en favor de una alternativa jurídica y consensual, propia de un Estado republicano y de una sociedad democrática, sino de un orden que era, en realidad, otra versión de la misma ecuación violenta y autoritaria.

El terror cubrió la sociedad toda. Clausurados los espacios donde los individuos podían identificarse en colectivos más amplios, cada uno quedó solo e indefenso ante el Estado aterrorizador, y en una sociedad inmovilizada y sin reacción se impuso —como ha señalado Juan Corradi— la cultura del miedo. Algunos no aceptaron esto y emigraron al exterior —por una combinación variable de razones políticas y profesionales— o se refugiaron en un exilio interior, en ámbitos recoletos, casi domésticos, practicando el mimetismo a la espera de la brecha que permitiera volver a emerger. La mayoría aceptó el discurso estatal, justificó lo poco que no podía ignorar de la represión con el argumento del "por algo será", o se refugió en la deliberada ignorancia de lo que sucedía a la vista de todos. Lo más notable, sin embargo, fue una suerte de asunción e internalización de la acción estatal, traducida en el propio control, en la autocensura, en la vigilancia del vecino. La sociedad se patrulló a sí misma, se llenó de *kapos*, ha escrito Guillermo O'Donnell, asombrado por un conjunto de prácticas que —desde la familia a la vestimenta o las creencias—, revelaban lo profundamente arraigado que en ella estaba el autoritarismo que el discurso estatal potenciaba.

El gobierno militar nunca logró despertar entusiasmo ni adhesión explícita en el conjunto de la sociedad, pese a que lo intentó, a mediados de 1978, cuando se celebró el Campeonato Mundial de Futbol y las máximas jerarquías asistieron a los estadios donde la Argentina obtuvo el título, y a fines de ese año cuando, agitando el más turbio sentimiento chauvinista, poco faltó para iniciar una guerra con Chile. Sólo obtuvo pasividad, pero le alcanzó para encarar las transformaciones profundas que —en su prospecto— habrían de eliminar definitivamente los conflictos de la sociedad, y cuyas primeras consecuencias —la fiebre especulativa— contribuyeron por otra vía a la atomización de la sociedad y a la eliminación de cualquier posible respuesta.

La economía imaginaria: la gran transformación

Esa transformación fue conducida por José Alfredo Martínez de Hoz, ministro de Economía durante los cinco años de la presidencia de Videla. Cuando asumió, debía enfrentar una crisis cíclica aguda —inflación desatada, recesión, problemas en la balanza de pagos—, complicada por la crisis política y social y el fuerte desafío de las organizaciones armadas al poder del Estado. La represión inicial, que descabezó la movilización popular, sumada a una política anticrisis clásica —más o menos similar a todas las ejecutadas desde 1952— permitió superar la coyuntura. Pero esta vez las Fuerzas Armadas y los sectores del *establishment* que las acompañaban habían decidido ir más lejos. En su diagnóstico, la inestabilidad política y social crónica nacía de la impotencia del poder político ante los grandes grupos corporativos —los trabajadores organizados pero también los empresarios— que alternativamente se enfrentaban, generando desorden y caos, o se combinaban, unidos por una lógica peculiar, para utilizar en beneficio mutuo las herramientas poderosas del Estado intervencionista y benefactor. Una solución de largo plazo debía cambiar los datos básicos de la economía y así modificar esa configuración social y política crónicamente inestable. No se trataba de encontrar la fórmula del crecimiento —pues se juzgaba que a menudo allí anidaba el desorden— sino la del orden y de la seguridad. Invirtiendo lo que hasta entonces —de Perón a Perón— habían sido los objetivos de las distintas fórmulas políticas, se buscó solucionar los problemas que la economía ponía a la estabilidad política, si era necesario a costa del propio crecimiento económico.

Según un balance que progresivamente se imponía, cuyas implicaciones ha puesto en evidencia Adolfo Canitrot, el Estado intervencionista y benefactor, tal como se había constituido desde 1930, era el gran responsable del desorden social; en cambio, el mercado parecía el instrumento capaz de disciplinar por igual a todos los actores, premiando la eficiencia e impidiendo los malsanos comportamientos corporativos. Este argumento, que como se verá llegó a dominar en los discursos y en el imaginario, oscureció lo que fue, en definitiva, la solución de fondo: al final de la transformación que condujo Martínez de Hoz, el poder económico se concentró de tal modo en un conjunto de grupos empresarios, trasnacionales y nacionales, que la puja corporativa y la negociación ya no fueron siquiera posibles. Esta transformación no fue el producto de fuerzas impersonales y automáticas: requirió de una fuerte intervención del Estado, para reprimir y desarmar a los actores del juego corporativo, para imponer las reglas que facilitaran el crecimiento de los vencedores y aun para trasladar hacia ellos, por la clásica vía del Estado, recursos del conjunto de la sociedad que posibilitaron su consolidación.

La ejecución de esa transformación planteaba un problema político, que ha expuesto Jorge Schvarzer: la conducción económica debía en primer lugar durar en el poder un tiempo suficientemente prolongado, y luego crear una situación que, más allá de su permanencia, fuera irreversible. El ministro de Economía y su grupo permanecieron durante cinco años: la irreversibilidad de la situación que crearon se manifestó inmediatamente después de su salida, cuando sus sucesores intentaron cambiar algo el rumbo y fracasaron rotundamente.

Martínez de Hoz contó inicialmente con un fuerte apoyo, casi personal, de los organismos internacionales y los bancos extranjeros —que le permitió sortear varias situaciones difíciles— y del sector más concentrado del *establishment* económico local. La relación con los militares fue más compleja, en parte por sus profundas divisiones —entre las armas y aun entre facciones— que se expresaban en apoyos, críticas o bloqueos a su gestión, y en parte por el peso que entre ellos tenían muchas ideas y concepciones que en el plan del ministro debían ser cambiadas, y con las que tuvo que encontrar algún punto de acuerdo. Fue una relación conflictiva, de potencia a potencia. Los militares juzgaban que el descabezamiento del movimiento popular, la eliminación de sus grandes instrumentos corporativos y la fuerte reducción de los ingresos de los sectores trabajadores debía equilibrarse, por razones de seguridad, con el mantenimiento del pleno empleo, de modo que la receta recesiva más clásica estaba descartada. También tenían los militares una visión más tradicional de la cuestión del Estado, o al menos de la parte de él que aspiraban a manejar en beneficio personal o corporativo. Pero muchos de los que aceptaron la propuesta básica de eliminar la participación del Estado en la transferencia de ingresos exigieron en cambio la supervivencia de las empresas estatales —generalmente conducidas por oficiales superiores— y la expansión del gasto público, lo que también bloqueó la clásica receta recesiva y supuso a la larga un fracaso en el plan del ministro. Las relaciones con los empresarios tampoco fueron fáciles, debido a la cantidad de intereses sectoriales que debían ser afectados; para imponerse, fue decisiva la inflexibilidad del ministro, unida a su capacidad de predicador, mostrando la tierra prometida al final de la travesía del desierto, con una seguridad mayor cuanto más la realidad parecía desmentir sus pronósticos. Pero su arma de triunfo principal fue haber colocado durante varios años a la economía en una situación de inestabilidad tal que sólo era posible seguir avanzando, guiados por el mismo piloto, so riesgo de una catástrofe; cuando esto dejó de funcionar, la concentración y el endeudamiento ya habían creado los mecanismos definitivos de disciplinamiento y control.

Las primeras medidas del equipo ministerial, que cubrieron largamente el primer año, no dieron idea del rumbo futuro. Luego de intervenir la CGT y los principales sindicatos, reprimir a los militantes, intervenir militarmente muchas fábricas, suprimir las negociaciones colectivas y prohibir las huelgas, se congelaron los salarios por tres meses con lo que —dada la fortísima inflación— cayeron en términos reales alrededor de un 40%. El Estado pudo superar su déficit y las empresas acumular, lo que sumado a los créditos externos rápidamente otorgados permitió superar la crisis cíclica sin desocupación.

Desde mediados de 1977 —y a medida que la conducción se afirmaba— comenzaron a plantearse las grandes reformas, que supusieron trastornar las normas básicas con que había funcionado la Argentina desde 1930. La reforma financiera acabó con una de las herramientas del Estado para la transferencia de ingresos entre sectores: la regulación de la tasa de interés, la existencia de crédito a tasas negativas y la distribución de este subsidio según normas y prioridades fijadas por las autoridades. Profundizando un mecanismo que ya operaba desde 1975, se liberó la tasa de interés, se autorizó la proliferación de bancos e instituciones financieras y se diversificaron las ofertas —títulos y valores indexados de todo tipo, emitidos por el Estado, se sumaron a los depósitos a plazo fijo, preferidos por los ahorristas— de modo que, en un clima altamente especulativo, la competencia mantuvo alta las tasas de interés, y con ella la inflación, que el equipo económico prácticamente nunca pudo o quiso reducir. En la nueva operatoria se mantuvo una norma de la vieja concepción: el Estado garantizaba no sólo los títulos que emitía sino los depósitos a plazo fijo, tomados a tasa libre por entidades privadas, de modo que ante una eventual quiebra devolvía el depósito a los ahorristas. Esta combinación de liberalización, eliminación de controles y garantía generó un mecanismo que llevó pronto a todo el sistema a la ruina.

La segunda gran modificación fue la apertura económica y la progresiva eliminación de los mecanismos clásicos de protección a la producción local, vigentes desde

1930. Se disminuyeron los aranceles, aunque en forma
despareja y selectiva, y como posteriormente se agregó la
sobrevaluación del peso, la industria local debió enfrentar
la competencia avasallante de una masa de productos importados de precio ínfimo. La fiebre especulativa ganó a
toda la población, que para defender el valor de su salario debía colocarlo a plazo fijo por unos pocos días o en-
sayar alguna otra martingala más arriesgada; junto con el
alud de productos importados de precio mínimo fueron
los fenómenos salientes de esta transformación profunda
y profundamente destructiva.

La transformación se completó con la llamada "pauta
cambiaria", una medida de importancia adoptada en diciembre de 1978, poco después de que el general Videla
fuera confirmado por la Junta Militar por tres años en la
presidencia, aventando amenazas sobre la estabilidad del
ministro. El gobierno fijó una tabla de devaluación men-
sual del peso, gradualmente decreciente hasta llegar en algún momento a cero. Se adujo que se buscaba reducir la
inflación y establecer alguna previsibilidad, pero como la
inflación subsistió, el peso se revaluó considerablemente
respecto del dólar. La adopción de la pauta cambiaria
coincidió con una gran afluencia de dinero del exterior,
originado en el reciclamiento que los bancos internacionales debían hacer de los dólares generados por el aumento de los precios del petróleo, que en 1979 volvieron
a subir notablemente. El flujo de dólares —origen del
fuerte endeudamiento externo— fue común en toda América Latina y en muchos países del Tercer Mundo, pero
en la Argentina lo estimuló la posibilidad de tomarlos y
colocarlos sin riesgo aprovechando las elevadas tasas de
interés internas, pues el Estado aseguraba la estabilidad
del valor con que serían recomprados. Pero la "tablita"
—tal el nombre popular de la pauta cambiaria— no bastó para reducir ni las tasas de interés ni la inflación, en
buena medida por la incertidumbre creciente a medida
que la sobrevaluación del peso anticipaba una futura y

necesaria gran devaluación. Mientras se constituía la base de la deuda externa, esta "bicicleta" se agregaba a la "plata dulce" y los "importados coreanos" para configurar la apariencia folclórica de una modificación sustancial de las reglas de juego de la economía.

Su verdadero corazón se hallaba ahora en el sector financiero, donde se concentraron los beneficios. Se trataba de un mercado altamente inestable, pues la masa de dinero se encontraba colocada a corto plazo y los capitales podían salir del país sin trabas, si cambiaba la coyuntura, de modo que, antes que la eficiencia o el riesgo empresario, allí se premiaba la agilidad y la especulación. Muchas empresas compensaron sus fuertes quebrantos operativos con ganancias en la actividad financiera; muchos bancos se convirtieron en el centro de una importante red de empresas, generalmente endeudadas con ellos y compradas a bajo precio. Muchas empresas tomaron créditos en dólares, los emplearon en reequiparse o los colocaron en el circuito financiero, y para devolverlos recurrieron a nuevos créditos, una cadena de la felicidad que, como era previsible, en un momento se cortó.

El momento llegó a principios de 1980. Mientras la economía imaginaria del mercado financiero rodaba hacia la vorágine, la economía real agonizaba. Las altas tasas de interés eran inconciliables con las tasas de beneficio, de modo que ninguna actividad era rentable ni podía competir con la especulación. Todas las empresas tuvieron problemas, aumentaron las quiebras, y los acreedores financieros, que comenzaron a ver acumularse los créditos incobrables, buscaron solucionar sus problemas captando más depósitos, elevando así aún más la tasa de interés, lo que ponía en evidencia las consecuencias de garantizar los depósitos y a la vez eliminar los controles a las instituciones financieras. En marzo de 1980, finalmente, el Banco Central decidió la quiebra del banco privado más grande y de otros tres importantes, que a su vez eran cabezas de sendos grupos empresarios. Hubo una espectacular corrida bancaria, que el gobierno logró frenar a costa de asumir todos los pasivos de los bancos quebrados, que en un año llegaron a representar la quinta parte del sistema financiero.

El problema financiero se agravó a lo largo de 1980, y desde entonces hasta el fin del gobierno militar la crisis fue una constante. En marzo de 1981 debía asumir el nuevo presidente, general Roberto Marcelo Viola. Se vislumbraba que Martínez de Hoz dejaría el ministerio, y con él cesaría la vigencia de la "tablita", prenunciada por una masiva emigración de divisas. El gobierno debió endeudarse para cubrir sus obligaciones —la deuda pública empezó a sumarse a la privada— y finalmente tuvo que abandonar la paridad cambiaria sostenida. A lo largo de 1981, y ya con la nueva conducción económica, el peso fue devaluado en un 400%, mientras la inflación recrudecida llegaba al 100% anual. La devaluación fue catastrófica para las empresas endeudadas en dólares y el Estado, que ya había absorbido las pérdidas del sistema bancario, terminó en 1982 nacionalizando la deuda privada de las empresas, muchas de las cuales los propios empresarios ya habían cubierto con salidas de dólares no declaradas.

La era de la "plata dulce" terminaba; probablemente muchos de sus beneficiarios no sufrieron las consecuencias del catastrófico final, pero la sociedad toda debió cargar con las pérdidas. La suba de las tasas de interés en Estados Unidos indicó la aparición de un fuerte competidor en la captación de fondos financieros. En 1982 México anunció que no podía pagar su deuda externa y declaró una moratoria. Fue la señal. Los créditos fáciles para los países latinoamericanos se cortaron, mientras los intereses subían espectacularmente, y con ellos el monto de la deuda. En 1979, ésta era de 8 500 millones de dólares; en 1981 superaba los 25 000 y a principios de 1984 los 45 000. Los acreedores externos comenzaron a imponer condiciones. Deshecho el mecanismo financiero, la deuda externa ocupó su lugar como mecanismo disciplinador.

La economía real: destrucción y concentración

En cuanto a la economía "real", hubo un giro total respecto de las políticas aplicadas en las décadas anteriores. El valor asignado al mercado interno fue cuestionado y se reclamó prioridad para las actividades en las que el país tenía ventajas comparativas y podía competir en el mercado mundial. El criterio de proteger la industria —a la que se achacó su falta de competitividad— fue reemplazado por el del premio a la eficiencia, y fue abandonada la idea de que el crecimiento económico y el bienestar de la sociedad se asociaban con la industria. Se trataba de un cuestionamiento similar al del resto del mundo capitalista, pero la respuesta local fue mucho más destructiva que constructiva.

La estrategia centrada en el fortalecimiento del sector financiero, la apertura, el endeudamiento y —como se verá— el crecimiento de algunos grupos instalados en distintas actividades, no benefició particularmente a ninguno de los grandes sectores de la economía. Por el contrario, Martínez de Hoz mantuvo conflictos con todos, aunque no encontró ninguna resistencia consistente. El sector agropecuario se encontraba en 1976 en situación óptima: culminaba su formidable expansión productiva en momentos en que se abrían nuevos mercados, particularmente el de la Unión Soviética, afectada por el embargo cerealero norteamericano, al tiempo que el gobierno eliminaba las retenciones a la exportación. Pero la sobrevaluación del peso llevó a los productores a una pérdida de ingresos y a una situación crítica, que culminó en 1980-1981. Los ingresos del sector agropecuario pampeano, que en etapas anteriores subsidiaban a la industria, en la ocasión se trasladaron al sector financiero y a través de él a la compra de dólares o de artículos importados. Luego, cuando la debacle cambiaria los volvió a colocar en buenas condiciones, la modificación de las condiciones en los mercados internacionales prolongó su crisis.

Por la pérdida de su tradicional protección, la industria sufrió la competencia de los artículos importados, que se sumó al encarecimiento del crédito, la supresión de la mayoría de los mecanismos de promoción y la reducción del poder adquisitivo de la población. El producto industrial cayó en los primeros cinco años alrededor de un 20%, y también la mano de obra ocupada. Muchas plantas fabriles cerraron y en conjunto el sector experimentó una verdadera involución. Lo más grave fue que la reestructuración de la actividad, en lugar de mejorar la eficiencia supuso, como planteó Jorge Katz, una verdadera regresión. Los sectores más antiguos e ineficientes, como el textil y el de confecciones, fueron barridos por la competencia, pero también resultaron muy golpeados aquellos nuevos, como el metalmecánico o el electrónico, que habían progresado notablemente. En momentos en que en esos campos se producía en el mundo un avance tecnológico notable, la brecha que separaba a la Argentina, que se había reducido en los veinte años anteriores, volvió a ensancharse de manera irreversible. Las ramas industriales que crecieron y se beneficiaron con la reestructuración fueron sobre todo las que elaboraban bienes intermedios: celulosa, siderurgia, aluminio, petroquímica, petróleo, cemento, que emplean intensamente recursos naturales —mineral de hierro, carbón, madera— y tienen un efecto dinamizador interno mucho menor que las anteriores. Las escasas empresas dedicadas a estas actividades, sumadas a las automotrices, se beneficiaron de los regímenes de promoción establecidos antes de 1975 y que el nuevo gobierno mantuvo, y también de una protección arancelaria *ad hoc*, en el caso del papel de diario o de los automotores. Proyectadas en un tiempo en que se suponía que el crecimiento industrial se iba a profundizar, estas empresas se encontraron limitadas por la dimensión del mercado interno, y en muchos casos se convirtieron en exportadoras.

Si bien el sector industrial perdió mucha mano de obra, en el conjunto de la economía la desocupación fue escasa, tal como la conducción militar le había requerido al ministro. Hubo transferencias de trabajadores, en algunos casos de las grandes empresas —con más posibilidades de reducir sus costos laborales— hacia las medianas y pequeñas, y de la industria hacia los servicios: hubo muchos trabajadores que cambiaron su empleo asalariado por la actividad por cuenta propia. La mayor expansión se produjo en la construcción y sobre todo en las obras públicas: el gobierno se embarcó en una serie de grandes proyectos, algunos relacionados con el Campeonato Mundial de Fútbol y otros con el mejoramiento de la infraestructura urbana, como las autopistas de la Capital, aprovechando los créditos externos baratos. En los primeros años el gobierno hizo un esfuerzo sistemático para mantener los salarios bajos, pese a la escasa desocupación: hubo una fuerte caída del salario real y de la participación del ingreso personal en el producto, que pasó del 45% en 1974 al 25% en 1976, para subir al 39% en 1980. Por entonces, el gobierno permitió una mayor libertad a los trabajadores para pactar sus condiciones, pero sin la presencia sindical, lo que estimuló el aumento de las diferencias entre actividades y empresas. A partir de 1981, la crisis, la inflación y la recesión hicieron descender dramáticamente tanto la ocupación como el salario real. En vísperas de dejar el poder, los gobernantes militares no podían exhibir en este campo ningún logro importante.

Cuando la burbuja financiera se derrumbó, quedó en evidencia que la principal consecuencia de la brutal transformación había sido —junto con la deuda externa— una fuerte concentración económica. A diferencia del anterior proceso de concentración, entre 1958 y 1963, el principal papel no correspondió a las empresas extranjeras. No hubo en estos años nuevas instalaciones de importancia, y en cambio algunas grandes empresas se retiraron, y otras vendieron sus activos, aunque se reservaron el papel de proveedoras de partes y de tecnología, como en el caso de algunas de las fábricas de automotores. A diferencia de veinte años atrás, el mercado interno, en franca contracción, resultaba escasamente atractivo; por otra parte, para estas empresas cuya ventaja residía en la posibilidad de planificar su actividad a un plazo mediano o largo no era fácil manejarse en forma eficiente en un medio altamente especulativo, en el que las decisiones diarias significaban grandes ganancias o grandes pérdidas y donde los empresarios locales tenían ventaja. Lo cierto es que, junto con algunas trasnacionales, crecieron de modo espectacular unos cuantos grandes grupos locales, directamente ligados a un empresario o una familia empresarial exitosos, como Macri, Pérez Companc, Bulgheroni, Fortabat, o trasnacionales pero con fuerte base local como Bunge y Born o Techint. Así, el *establishment* económico adquirió una fisonomía original.

En algunos casos esto fue el resultado de la concentración en una rama de actividad, que coincidió con la reestructuración y racionalización de la producción y el cierre de plantas ineficientes. Así ocurrió con el acero, y también con los cigarrillos, una actividad donde tres empresas extranjeras reunieron toda la actividad. Pero los casos más espectaculares fueron los de los conglomerados empresariales, que combinaron actividades industriales, de servicio, comerciales y financieras, tanto por una estrategia de largo plazo de diversificación y reducción del riesgo como —en el contexto fuertemente especulativo— por la búsqueda de distintos negocios de rápido rendimiento. Los grupos que crecieron contaron habitualmente con un banco o una institución financiera que les permitió manejarse en forma rápida e independiente en el sector donde, por unos años, se obtuvieron las mayores ganancias; pero muchos de los grupos que hicieron del banco el centro de su actividad desaparecieron luego de 1980. Sobrevivieron los que capitalizaron sus beneficios comprando empresas en dificultades, con las que constituyeron los conglomerados. Lo decisivo fue, sin embargo, establecer en torno de alguna de las empresas una relación ventajosa con el Estado.

En los años en que Martínez de Hoz condujo la economía, el Estado realizó importantes obras públicas —desde autopistas a una nueva central eléctrica atómica— para las que contrató a empresas de construcción o de ingeniería. Por otra parte, las empresas del Estado adoptaron como estrategia privatizar parte de sus actividades, contratando con terceros el suministro de equipos —como con los teléfonos— o la realización de tareas, como hizo YPF en las tareas de extracción, y en torno de esas actividades se constituyeron algunas de las más poderosos empresas nuevas. Las empresas contratistas del Estado se beneficiaron primero con las condiciones pactadas y luego con el mecanismo de ajustar los costos al ritmo de la inflación que, dada la magnitud de ésta y las dificultades del gobierno para cumplir puntualmente con sus compromisos, terminaba significando un beneficio mayor aún que el de la obra misma. Otras empresas aprovecharon los regímenes de promoción, que aunque en general se redujeron, continuaron existiendo para proyectos específicos. Esos regímenes posibilitaban importantes reducciones impositivas, avales para créditos baratos, seguros de cambio para los créditos en dólares, monopolización del mercado interno, decisivo en el caso del papel de diario, o suministro de energía a bajo costo, muy importante para las acerías o la fábrica de aluminio. De ese modo muchos grupos empresarios, a menudo sin experiencia importante en el campo, podían constituir su capital con mínimos aportes propios.

Esta política implicaba notables excepciones respecto de las políticas más generales, en beneficio de empresarios específicos, y era el resultado de capacidades también específicas para negociar con el Estado, obtener ventajas en los contratos, mecanismos adicionales de promoción, concesiones en los acuerdos por "mayores costos", todo lo cual era el resultado de nuevas formas de colusión de intereses. Gracias a ellos, estos grupos pudieron crecer sin riesgos, al amparo del Estado, y en un contexto general de estancamiento. Acumularon una fuerza tal, que en el futuro resultaría muy difícil revertir las condiciones en que actuaban, y junto con los acreedores extranjeros se convirtieron en los nuevos tutores del Estado.

Achicar el Estado y silenciar a la sociedad

La reducción de funciones del Estado, su conversión en "subsidiario", fue uno de los propósitos más firmemente proclamados por el ministro Martínez de Hoz, recogiendo un argumento que circulaba con fuerza creciente en todo el mundo capitalista, donde estaban en plena revisión los principios del Estado dirigista y benefactor, constituido en la Argentina, sucesivamente, en 1930 y en 1945. Tradicionalmente defendido por los sectores rurales, el liberalismo económico nunca había encontrado eco ni entre los empresarios —generalmente beneficiarios del apoyo estatal— ni entre los militares, en quienes pesaba mucho la impronta del estatismo y la autarquía. El ministro obtuvo una importante victoria argumentativa cuando logró ensamblar la prédica de la lucha antisubversiva con el discurso contra el Estado, e incluso contra el industrialismo. Un Estado fuerte y regido democráticamente resultaba un peligroso instrumento si estaba, aunque fuera parcialmente, en manos de los sectores populares, como lo mostraba la experiencia peronista; pero aun sin ser democrático, generaba inevitablemente relaciones espurias entre grupos de empresarios y sindicatos, lo que por otra vía llevaba al mismo resultado. La historia de las últimas cuatro décadas ofrecía abundantes ejemplos para este argumento, que implícitamente terminaba encontrando la raíz del poder de los trabajadores —el gran obstáculo para lo que se estimaba un funcionamiento normal de la sociedad— en el desarrollo industrial, artificial y subsidiado por la sociedad a través del Estado. La panacea consistía en reemplazar la dirección del Estado por la del mercado —automático, limpio, impersonal—, que mediante la racional asignación de recursos, de acuerdo con la eficiencia de cada uno, destruiría toda posibilidad de colusión entre corporaciones. Paradójicamente, el ministro se propuso utilizar todo el poder del Estado para imponer por la fuerza la receta liberal y redimensionar al Estado mismo.

Así, buena parte de la política de Martínez de Hoz entre 1976 y 1981, cuando el gobierno militar pudo operar con escasas resistencias, tuvo como propósito desmontar los instrumentos de dirección, regulación y control de la economía que se habían construido desde 1930: el control de cambios, la regulación del crédito y la tasa de interés, y la política arancelaria. Cuando la influencia del ministro declinó, y el gobierno todo se vio sumido en una crisis, correspondió a los acreedores externos la vigilancia y presión sobre los gobiernos para que mantuvieran la política de apertura y liberalización. Como buena parte de los militares eran reacios a que el Estado se desprendiera de las empresas de servicios públicos o de aquellas otras ligadas con sus criterios de autarquía, la política fue en ese terreno menos directa, combinando una descalificación genérica —se afirmaba que el Estado las administra ineficientemente— con su deliberada corrupción y destrucción: los mejores cuadros de su administración fueron alejados por los bajos sueldos, se toleró todo tipo de colusiones con los dirigentes sindicales, y las bajas tarifas que se establecieron crearon un desastre financiero, agravado posteriormente por la recurrencia sistemática a créditos externos. La llamada privatización periférica, realizada sin control ni regulación alguna, permitió crecer a su costa a los competidores privados —con frecuencia sus directivos eran puestos al frente de las empresas públicas—, y capacitarlos en un negocio en el cual la empresa estatal les transfería su larga experiencia. Así las empresas de servicios, hasta entonces relativamente eficientes, se deterioraron, se endeudaron y sirvieron para hacer crecer a las contratistas privadas, mientras que por otra parte el Estado se hacía cargo de infinidad de empresas y bancos quebrados por obra de su política económica.

Se trataba de una manera paradójica de achicar el Estado. El ministro liberalizador ejerció una verdadera dictadura sobre la economía, conducida con una unidad de criterio que contrastaba con la anárquica fragmentación del poder militar. La libertad de mercado se construía por la fuerza, y la violencia era la *ultima ratio*. Pero si ése era el verdadero objetivo, los resultados fueron no sólo magros sino hasta exactamente contrarios. Antes que estimular la eficiencia, el Estado premió a los que sabían obtener de él distintos tipos de prebendas, por mecanismos no demasiado diferentes de los que se había criticado, aunque naturalmente el actor sindical había sido eliminado. Ni siquiera mejoró la eficiencia del Estado en el campo que le era intrínseco e intransferible: la recaudación y asignación de recursos fiscales. Pese a la proclamada aspiración a lograr el equilibrio presupuestario, central desde la perspectiva adoptada para contener la inflación, el gasto público creció en forma sostenida, alimentado primero con la emisión y luego con el endeudamiento externo. Una parte importante tuvo como beneficiario directo a las Fuerzas Armadas, que se reequiparon con vistas al conflicto con Chile primero y con Gran Bretaña por las Malvinas después, y otra también considerable se destinó a programas de obras públicas de dimensión faraónica. Los espacios para las negociaciones espurias se multiplicaron debido a que las tres Fuerzas Armadas se repartieron prolijamente la administración del Estado y la ejecución de las obras públicas, multiplicando las demandas de recursos. Se gastaba por varias ventanillas a la vez, sin coordinación entre ellas —un aspecto más de la falta de unidad de conducción política—, lo que sumado a la inflación, que tornaba imprevisible lo que efectivamente cada uno recibiría, hizo borrosa la misma existencia de un presupuesto del Estado.

El Estado se vio afectado de forma más profunda aún. El llamado Proceso de Reorganización Nacional supuso la coexistencia de un Estado terrorista clandestino, encargado de la represión, y otro visible, sujeto a normas, establecidas por las propias autoridades revolucionarias pero que sometían sus acciones a una cierta juridicidad. En la práctica, esta distinción no se mantuvo, y el Estado ilegal fue corroyendo y corrompiendo al conjunto de las instituciones del Estado y a su misma organización jurídica.

La primera cuestión oscura era dónde residía realmente el poder, pues pese a que la tradición política del país era fuertemente presidencialista, y a que la unidad de mando fue siempre uno de los principios de las Fuerzas Armadas, la autoridad del presidente —al principio el primero entre sus pares, y luego ni siquiera eso— resultó diluida y sometida a permanente escrutinio y limitación por los jefes de las tres armas. El Estatuto del Proceso y las actas institucionales complementarias —que suprimieron el Congreso, depuraron la Justicia y prohibieron la actividad política— crearon la Junta Militar, con atribuciones para designar al presidente y controlar una parte importante de sus actos, pero las atribuciones respectivas de una y otro no quedaron totalmente deslindadas, y fueron más bien el resultado del cambiante equilibrio de fuerzas. También se creó la Comisión de Asesoramiento Legislativo, para discutir las leyes, integrada por tres representantes de cada arma, que obedecían órdenes de sus mandos, de modo que dicha Comisión se convirtió en una instancia más de los acuerdos y confrontaciones. Cada uno de los cargos ejecutivos, desde gobernadores a intendentes, así como el manejo de las empresas del Estado y demás dependencias, fue objeto del reparto entre las fuerzas, y quienes los ocupaban dependían de una doble cadena de mandos: del Estado y de su Arma, de modo que el conjunto pudo asimilarse a la anarquía feudal antes que a un Estado cohesionado en torno del poder.

La misma anarquía existió respecto de las normas legales que el propio gobierno se daba. Como demostró Enrique Groisman, existió confusión sobre su naturaleza —se mezclaron sin criterio leyes, decretos y reglamentos—, sobre quién las dictaba y sobre su alcance. Hubo una notoria reticencia a explicitar sus fundamentos, y en ocasiones hasta se mantuvo en secreto su misma existencia. Se prefirieron las normas legales omnicomprensivas, y habitualmente se otorgaron facultades amplias a los órganos de aplicación, pero además se toleró su permanente violación o incumplimiento. Contaminado por el Estado terrorista clandestino, todo el edificio jurídico de la República resultó así afectado, al punto que prácticamente no hubo límites normativos para el ejercicio del poder, que funcionó como potestad omnímoda del gobernante. La corrupción se extendió a la administración pública, de la que fueron apartados los mejores elementos: los criterios de arbitrariedad fueron asumidos por los funcionarios inferiores, convertidos en pequeños autócratas sin control, y a la vez sin capacidad para controlar.

En suma, la Reorganización no se limitó a suprimir los mecanismos democráticos constitucionales o a alterar profundamente las instituciones republicanas, como había ocurrido con los regímenes militares anteriores. Desde dentro mismo se realizó una verdadera revolución contra el Estado, afectando la posibilidad de ejercer incluso aquellas funciones de regulación y control que, según las concepciones liberales, le eran propias.

La fragmentación del poder, las tendencias centrífugas y la anarquía derivaban de la escrupulosa división del poder entre las tres fuerzas, al punto de no existir una instancia superior a ellas que dirimiera los conflictos, pero también de la existencia de definidas facciones en el propio ejército, donde con la represión surgieron verdaderos señores de la guerra, que casi no reconocían autoridad sobre sí. En torno de los generales Videla y Viola —su segundo en el Ejército—, se constituyó la facción más fuerte, pero que distaba de ser dominante. Estos jefes respaldaban a Martínez de Hoz —muy criticado por los militares más nacionalistas, que abundaban entre los cuadros jóvenes— pero reconocían la necesidad de encontrar en el futuro alguna salida política; mantenían comunicación con los dirigentes de los partidos políticos, que se ilusionaban creyendo ver en ellos al sector más civilizado y hasta progresista de los militares, quizá porque reconocían la necesidad de regular de alguna manera la represión.

Otro grupo, cuyas figuras más preeminentes eran los generales Luciano Benjamín Menéndez y Carlos Suárez Mason, comandantes de los cuerpos de Ejército III y I, con sede en Córdoba y Buenos Aires, a los que se asociaba el general Ramón J. Camps, jefe de la policía de la Provincia de Buenos Aires y figura clave en la represión, afirmaban que la dictadura debía continuar *sine die*, y que la represión —que ejecutaban de manera especialmente sanguinaria— debía llevarse hasta sus últimas consecuencias. En conflicto permanente con el comando del arma —con Videla y sobre todo con Viola— Menéndez se insubordinó de hecho varias veces —en ocasión del conflicto con Chile en 1978 estuvo a punto de iniciar la guerra por su cuenta— y en forma explícita una vez, en 1979, que forzó su retiro.

El tercer grupo lo constituyó la Marina de Guerra, firmemente dirigida por su comandante Emilio Massera, quien confiando en sus talentos políticos se propuso encontrar una salida que legitimara popularmente al Proceso y a la vez lo llevara a él mismo al poder. Massera —que desde la Escuela de Mecánica de la Armada ejecutó una parte importante de la represión y ganó sus méritos en esa tenebrosa competencia— desarrolló siempre un juego propio; jaqueó a Videla, para acotar su poder, y tomó distancia de Martínez de Hoz. Se preocupó por encontrar banderas para lograr alguna adhesión popular al gobierno: el Campeonato Mundial de Fútbol —disputado en el país en 1978, y cuya organización fue presidida por el almirante Lacoste— y luego el conflicto con Chile, que preludió la guerra de Malvinas, también promovida por la Armada. Cuando pasó a retiro, Massera montó una fundación de estudios políticos, un diario propio, un centro de promoción internacional en París, un partido —de la democracia social— y hasta un fantástico *staff* integrado por miembros de las organizaciones armadas secuestrados en la Escuela de Mecánica y que, en lugar de ser ejecutados, accedían a colaborar en los proyectos políticos del almirante.

La puja era sin duda mucho más compleja, pero poco manifiesta. El grupo de Videla y Viola fue avanzando gradualmente en el control del poder, pero en mayo de 1978 Massera se anotó un triunfo cuando logró que se separaran las funciones de presidente de la Nación y de comandante en jefe del Ejército, pese a que Videla fue confirmado como presidente hasta 1981 y Viola lo sucedió como jefe del Ejército. El desplazamiento de Menéndez fue un triunfo importante de Videla, aunque poco después Viola pasó a retiro y lo reemplazó en el mando del Ejército el general Leopoldo Fortunato Galtieri. En septiembre de 1980 Videla pudo imponer en la Junta de Comandantes la designación de Viola como su sucesor, pero a costa de una compleja negociación, que auguró el prolongado jaqueo a que sería sometido el segundo presidente del Proceso.

En suma, podría decirse que la política de orden empezó fracasando con las propias Fuerzas Armadas, pues la corporación militar se comportó de manera indisciplinada y facciosa, y poco hizo para mantener el orden que ella misma pretendía imponer a la sociedad. A pesar de eso, durante cinco años lograron asegurar una paz relativa, como la de los sepulcros, debido a la escasa capacidad de respuesta del conjunto de la sociedad, en parte golpeada o amenazada por la represión y en parte dispuesta a tolerar mucho de un gobierno que, luego del caos, aseguraba un orden mínimo. Sólo hacia el fin del período de Videla, estimulados por el descontento que generó la crisis económica, así como por las crecientes dificultades que encontraba el gobierno militar y sus fuertes disensiones intestinas, las voces de protesta, todavía tímidas y confusas, comenzaron a elevarse.

Esta transición del silencio a la palabra varió según los casos. Los empresarios apoyaron al Proceso desde el comienzo, pero a la distancia. Pese a las coincidencias generales —sobre todo en lo relativo a la política laboral— había desconfianzas recíprocas: los militares atribuían a los empresarios parte de la responsabilidad del caos social que se habían propuesto modificar, y éstos, por su parte, divididos en sus intereses, no eran capaces de formular orientaciones o reclamos claros y homogéneos. Aquellos empresarios específicamente beneficiados todavía no constituían un grupo orgánico, institucionalizado y con voz propia. Las voces corporativas —la Sociedad Rural, la Unión Industrial— criticaban aspectos específicos de las políticas económicas que los afectaban, y algunos generales como la elevada inflación, pero más allá de eso carecían de unidad y fuerza para presionar corporativamente, y sólo empezaron a hacerlo cuando el régimen militar dio, a la vez, signos de debilidad y de disposición a la apertura. El general Viola, buscando tomar distancia de la política de Martínez de Hoz, convocó específicamente a los voceros de los grandes sectores empresarios y los integró en su gabinete, pero la participación concluyó con su caída, y desde entonces los empresarios, muy golpeados por la crisis, fueron integrando con creciente entusiasmo el frente opositor.

El movimiento sindical recibió duros golpes. La represión afectó a los activistas de base y a muchos dirigentes de primer nivel, que fueron encarcelados. Las principales fábricas fueron ocupadas militarmente, hubo "listas negras", para mantener alejados a los activistas, y control ideológico para los aspirantes a empleo. La CGT y la mayoría de los grandes sindicatos fueron intervenidos, se suprimieron el derecho de huelga y las negociaciones colectivas y los sindicatos fueron separados del manejo de las obras sociales. Privados casi de funciones, reducidos como consecuencia de los cambios en el empleo, que afectó sobre todo a los industriales, los sindicatos hicieron oír poco su voz.

El gobierno mantuvo una mínima comunicación con los sindicalistas, casi limitada a la conformación de la delegación que anualmente debía concurrir a la asamblea de la Organización Internacional del Trabajo en Ginebra. Esto les permitió una cierta actividad y algún espacio para denunciar en el exterior las duras condiciones de los trabajadores y, por esa vía, para plantear al gobierno cuestiones acerca de salarios, convenios y huelgas. Los sindicalistas se agruparon, de manera cambiante, en dos tendencias: los dialoguistas y los combativos. En abril de 1979, cuando la represión había menguado algo, los combativos realizaron un paro general de protesta, que los dialoguistas no acataron, y que concluyó con una fuerte represión y prisión para la mayoría de los dirigentes que lo encabezaron. A fines de 1980, los dirigentes más combativos reconstituyeron la CGT y eligieron como secretario general a un miembro poco conocido de un pequeño sindicato: Saúl Ubaldini. En 1981, aprovechando la mayor tolerancia del gobierno, la CGT realizó una nueva huelga general, con consecuencias similares a la de 1979, y en el mes de noviembre una marcha obrera hacia la Iglesia de San Cayetano —patrono de los desocupados—, reclamando "pan, paz y trabajo". Por entonces, sus quejas se unían a las de otros sectores, como los estudiantes o algunos grupos de empresarios regionales. Las huelgas parciales se hicieron más frecuentes e intensas; el 30 de marzo de 1982 la CGT convocó, por primera vez desde 1975, a una movilización en la Plaza de Mayo, que el gobierno reprimió con violencia: hubo 2 000 detenidos en Buenos Aires y un muerto en Mendoza.

También la Iglesia modificó su comportamiento a medida que el régimen militar empezaba a dar muestras de debilidad. Inicialmente tuvo una actitud complaciente, y a la vez el gobierno estableció una asociación muy estrecha con los obispos, asegurándoles importantes ventajas personales. La jerarquía eclesiástica —con algunas conspicuas excepciones, como el obispo de La Rioja, Angelelli, probablemente asesinado— aprobó la asociación que en sus expresiones públicas los militares hacían entre terrorismo de Estado y virtudes cristianas, calló cualquier crítica, justificó de manera poco velada la llamada erradicación de la subversión atea, y hasta toleró que algunos de sus miembros participaran directamente en ella, según denunció y probó la CONADEP. Pero progresivamente esta respuesta inicial, que revelaba el triunfo del sector local más tradicional, fue dejando paso a otra más elaborada, influida por la orientación conservadora impuesta a la Iglesia romana por el nuevo papa Juan Pablo II. Revisando sus anteriores posiciones, que habían alentado el desarrollo de los sectores progresistas y particularmente de los tercermundistas, la Iglesia se propuso renunciar a la injerencia directa en las cuestiones sociales o políticas y consagrarse a evangelizar y volver a sacralizar una sociedad que se había tornado excesivamente laica. En 1979 el Arzobispado constituyó el equipo de pastoral social, para reconstruir el vínculo entre Iglesia y trabajadores, siguiendo el ejemplo del sindicato polaco Solidaridad, y estrechó relaciones con sindicalistas como Ubaldini. También se ocupó de los jóvenes, para captar y organizar los brotes de nueva religiosidad, manifiestos en las concurridas peregrinaciones a pie a Luján, y llenar el lugar vacante por la desaparición de los activistas que tan intensamente lo habían ocupado en los años anteriores. Las preocupaciones por las cuestiones morales o por la familia se extendían hacia los derechos de las personas, desde la vida hasta el trabajo, y también por las políticas: el documento "Iglesia y comunidad nacional", de 1981, afirmó los principios republicanos, indicó la opción de la Iglesia por la democracia, su apartamiento del régimen militar y su vinculación con los crecientes reclamos de la sociedad.

El más notable de ellos fue el de los derechos humanos. En medio de lo más terrible de la represión, un grupo de madres de desaparecidos —forma con la que comenzó a denominarse a las víctimas del terrorismo de Estado— empezó a reunirse todas las semanas en la Plaza de Mayo, marchando con la cabeza cubierta por un pañuelo blanco, reclamando por la aparición de sus hijos. Al pedir cuentas, combinando lo dolorosamente testimonial con lo ético, en nombre de principios como la maternidad, que los militares no podían cuestionar ni englobar en la "subversión", atacaron el centro mismo del discurso represivo y empezaron a conmover la indiferencia de la sociedad. Pronto, las Madres de Plaza de Mayo —víctimas ellas mismas de la represión— se convirtieron en la referencia de un movimiento cada vez más amplio y fueron instalando una discusión pública, fortalecida desde el exterior por la prensa, los gobiernos y las organizaciones defensoras de los derechos humanos. Desde fines de 1981 los militares se vieron obligados a dar alguna respuesta a un tema que pretendían archivar sin discusión, y aunque en general coincidieron en que la cuestión debía darse por concluida, mostraron diferencias y contradicciones que agudizaron sus anteriores disensiones y ampliaron un poco más la brecha por la que la opinión pública, largamente acallada, comenzaba a reaparecer.

Este clima empezó a insuflar algo de vida a los partidos políticos, a los que el régimen militar había prohibido el funcionamiento público. La veda política, impuesta en 1976, congeló la actividad partidaria y a la vez prorrogó las dirigencias que, carentes de impulsos vitales, tuvieron una actitud escasamente crítica. La prohibición política terminó de hecho en 1981. Los dispersos grupos de derecha fueron convocados para constituir una fuerza política oficialista por el propio gobierno, que ensayó su apertura política, mientras peronistas y radicales entablaban conversaciones con otros partidos menores que culminaron, a mediados de 1981, con la constitución de la Multipartidaria, integrada por el radicalismo, el peronismo, y otros partidos: el desarrollismo, la democracia cristiana y los intransigentes. Esta organización no tenía mayor vitalidad que la escasa de los partidos que la integraban. Se trataba de organizaciones anquilosadas y escasamente representativas, cuyos dirigentes eran los mismos de 1975. Ricardo Balbín, el veterano político radical que animó este intento, murió en 1981 —su entierro convocó la primera gran manifestación callejera de esos años—, poniendo más en evidencia la vacancia de dirección del incipiente movimiento. Los partidos se comprometían a no colaborar con el gobierno en una salida electoral condicionada ni a aceptar una democracia sometida a la tutela militar. Se trataba de un acuerdo mínimo, revelador de las dificultades para plantear alternativas políticas que movilizaran la opinión. Pero también ellos, progresivamente, fueron elevando su tono, se reclamaron los únicos depositarios de la legitimidad política, e incorporaron las protestas de empresarios y sindicalistas o las vinculadas con los derechos humanos, aunque cuidando de dejar abierta la puerta para una salida concertada. Junto con las otras voces —sindicalistas, empresarios, estudiantes, religiosos, intelectuales, y sobre todo defensores de derechos humanos— fueron formando un coro que a principios de 1982 era difícil de ignorar.

La guerra de Malvinas y la crisis
del régimen militar

Desde 1980 los dirigentes del Proceso discutían la cuestión de la salida política. Les preocupaba la crisis económica, el aislamiento, la adversa opinión internacional —en la que pesaban cada vez más los reclamos por los derechos humanos, que el gobierno intentaba minimizar tachándolos de "campaña antiargentina"—, y sobre todo los enfrentamientos intestinos, que a la vez dificultaban los acuerdos necesarios para la salida buscada. Las disidencias se habían manifestado públicamente con la designación de Viola —a la que se opuso la Marina—, se agudizaron en el largo período que medió hasta su asunción, en marzo de 1981, y maduraron cuando fue evidente la decisión del nuevo presidente de modificar el rumbo de la política económica.

Viola procuró aliviar la situación de los empresarios locales, golpeados por la crisis financiera y la violenta devaluación de la moneda —el Estado se hizo cargo de parte de sus deudas— y a la vez trató de concertar la política económica, incorporándolos al gabinete. Tomó contacto con distintos políticos —los "amigos" del Proceso— y discutió con ellos las alternativas para una eventual y lejana transición, pero no logró organizar ningún apoyo consistente, ni tampoco atenuar la crisis económica desencadenada por la violenta devaluación del peso y la acelerada inflación. Lo hostigaban los sectores que habían rodeado a Martínez de Hoz, y distintos grupos militares lo acusaban de falta de firmeza en la conducción. A fines de 1981, una enfermedad de Viola dio la ocasión para su derrocamiento y reemplazo por el general Leopoldo Fortunato Galtieri, que retuvo su cargo de comandante en jefe del Ejército, modificando así la precaria institucionalidad que los mismos jefes militares habían establecido.

Galtieri, un general que a diferencia de Viola era poco ducho en política, se presentó como el salvador del Proceso, el dirigente vigoroso capaz de conducirlo a una victoria que por entonces parecía remota. En la formación de esa imagen había sido decisiva su reciente estancia en Estados Unidos, donde fue asiduamente cultivado por miembros de la administración de Reagan —que en 1981 había sucedido a Carter—, preocupados por encontrar aliados para su compleja política exterior. Galtieri se manifestó dispuesto a alinear categóricamente al país con Estados Unidos, y a apoyarlo en la guerra encubierta que libraba en América Central. El país contribuyó por entonces con asesores y armamentos y obtuvo de Estados Unidos, junto con una cálida adhesión personal, el levantamiento de las sanciones que la administración anterior había impuesto al país por las violaciones a los derechos humanos. Probablemente fue allí cuando Galtieri concibió su destino de conductor de la Argentina hacia el mundo de las grandes potencias, el Primer Mundo, donde el país —protegido por su poderoso aliado— podría jugar el juego de los grandes.

Designado presidente, Galtieri se lanzó a la política activa e intentó, en forma más enérgica y personal que Viola, armar un movimiento en el que los "amigos políticos" sustentaran su propio liderazgo, mientras anunciaba vagamente, sin fechas ni plazos precisos, la futura institucionalización. Encargó la conducción de la economía a Roberto Alemann, destacado economista del *establishment*, quien rodeado de buena parte del equipo de Martínez de Hoz retornó a la senda inicial, y de acuerdo con las nuevas circunstacias creadas por la crisis y la deuda, definió sus prioridades en torno de "la desinflación [sic], la desregulación y la desestatización". En lo inmediato, la recesión se agudizó, y con ella las protestas de sindicatos y empresarios; para el largo plazo, anunció un plan de privatizaciones, particularmente del subsuelo, que suscitó resistencias incluso en sectores del gobierno. Así, el ímpetu de Galtieri chocó pronto con resistencias cada vez más enconadas, con voces cada vez más altisonantes, y hasta con movilizaciones callejeras, como la lanzada por la CGT el 30 de marzo de 1982.

Fue en ese contexto cuando se concibió y lanzó el plan de ocupar las islas Malvinas, que aparecía como la solución para los muchos problemas del gobierno. La Argentina reclamaba infructuosamente a Inglaterra esas islas desde 1833, cuando fueron ocupadas por los británicos. En 1965 las Naciones Unidas habían dispuesto que ambos países debían negociar sus diferencias, pero los británicos poco habían hecho para avanzar en el sentido de los reclamos argentinos, coincidentes con las tendencias generales del mundo hacia la descolonización. Existía, pues, un reclamo nacional unánime en su fondo, aunque no en las formas y medios para lograrlo. Desde la perspectiva de los militares, una acción militar que condujera a la recuperación de las islas permitiría unificar a las Fuerzas Armadas tras un objetivo común y ganar, de un golpe, la cuestionada legitimidad ante una sociedad visiblemente disconforme.

Una acción militar tendría una segunda ventaja: posibilitaría encontrar una salida al atolladero que había creado la cuestión con Chile por el canal del Beagle. En 1971, los presidentes Lanusse y Allende habían acordado someter a arbitraje la cuestión de la posesión de tres islotes que dominan el paso por aquel canal, que une los océanos Atlántico y Pacífico. En 1977, el laudo arbitral los otorgó a Chile, y el gobierno argentino lo rechazó. En 1978, ambos países parecían dispuestos a dirimir la cuestión por las armas cuando, casi en el último minuto, decidieron aceptar la mediación del Papa, por intermedio del cardenal Samoré. A fines de 1980, el Vaticano comunicó reservadamente su propuesta, que en lo sustantivo mantenía lo establecido en el laudo, y el gobierno argentino —imposibilitado tanto de rechazarla como de aceptarla— optó por dilatar la respuesta y retomar la situación de activa hostilidad con Chile.

Por entonces había cobrado forma definida entre los militares y sus amigos una corriente de opinión belicista, que arraigaba en una veta del nacionalismo argentino y se alimentaba con vigorosos sentimientos chauvinistas. Diversas fantasías largamente acuñadas en el imaginario histórico de la sociedad —la "patria grande", los "despojos" de los que el país había sido víctima— se sumaban a la nueva fantasía de "entrar en el Primer Mundo" mediante una política exterior "fuerte". Todo ello se sumaba al ya tradicional mesianismo militar y a la ingenuidad de sus estrategas, ignorantes de los datos más elementales de la política internacional. La agresión a Chile, bloqueada por la mediación papal, fue desplazada hacia Gran Bretaña, el tradicional imperio, que se suponía viejo y achacoso. Ya en 1977, la Marina había planteado la propuesta de ocupar las islas, vetada por Videla y Viola, que retomó apenas Galtieri asumió la presidencia. La idea era sencilla y atractiva. Luego del golpe de mano, que presentaba pocas dificultades, se contaba con el apoyo norteamericano y la reluctante reacción de Gran Bretaña, que finalmente admitiría la ocupación, a cambio de todas las concesiones y compensaciones necesarias. En ninguna de las hipótesis entraba la posibilidad de una guerra.

El 2 de abril de 1982, las Fuerzas Armadas desembarcaron y ocuparon las Malvinas, luego de vencer la débil resistencia de las escasas tropas británicas. El hecho, sorprendente para casi todos, suscitó un amplio apoyo: la gente se reunió espontáneamente en la Plaza de Mayo, y volvió a hacerlo, en forma multitudinaria, allí y en las capitales provinciales, cuando fue convocada, una semana después, en ocasión de la visita del secretario de Estado norteamericano Alexander Haigh. Ese día el presidente Galtieri tuvo la satisfacción de arengar a la multitud desde el histórico balcón. Todas las instituciones de la sociedad —colectividades extranjeras, clubes deportivos, asociaciones culturales, sindicatos, partidos políticos— manifestaron su adhesión sin reserva. Los dirigentes políticos viajaron, junto con los jefes militares, para asistir a la asunción del nuevo gobernador militar de las islas, general Mario Benjamín Menéndez, y a la imposición de su nuevo nombre a su capital, Puerto Stanley, rebautizada como Puerto Argentino. Los dirigentes de la CGT, que habían sido fuertemente reprimidos apenas tres días atrás, trataron de diferenciar su adhesión a la acción de un eventual apoyo al gobierno, pero esta distinción no era fácil de explicar. El gobierno militar había obtenido una cabal victoria política al identificarse con una reivindicación de la sociedad que arraigaba en un profundo sentimiento, alimentado por una tradicional cultura política nacionalista y antiimperialista, que ya parecía archivada pero resurgió vigorosamente. También había captado las formas pueriles y superficiales en que esos sentimientos se manifestaban, el torpe chauvinismo con que se mezclaba, así como el fácil triunfalismo y el belicismo acrítico —fue sorprendente que prácticamente nadie discutiera la licitud de los medios—, revelador de una desintegración de convicciones políticas que otrora habían sido más sólidas y profundas. La sociedad que había festejado el triunfo argentino en el Campeonato Mundial de Fútbol ahora se alegraba de haber ganado una batalla, y con la misma inconciencia se disponía a avanzar, si era necesario, hacia una guerra. Si triunfaban, los militares habrían saldado sus deudas con la sociedad, al solo precio de conceder una mayor libertad para que se expresaran voces no regimentadas, que sin embargo, cuando se apartaban del libreto oficial —por ejemplo reclamando el abandono de la política económica liberal y la adopción de una "economía de guerra"— eran fácilmente descartadas.

La reacción fue sorprendentemente dura en Gran Bretaña, donde los pacifistas perdieron la discusión y triunfaron los sectores más conservadores, encabezados por la primera ministra Margaret Thatcher, que al igual que los militares aspiraba a utilizar una victoria militar para consolidarse internamente. De inmediato se alistó una fuerza naval de importancia, que incluía dos portaaviones y contingentes para el desembarco; el 17 de abril la Fuerza de Tareas se había reunido en la isla Ascensión, en el Atlántico, e iniciaba su marcha hacia las Malvinas; en torno de las islas se declaró una zona de exclusión, dentro de la cual se atacaría a cualquier fuerza enemiga.

Gran Bretaña obtuvo rápidamente la solidaridad de la Comunidad Europea, que se sumó a las sanciones económicas dispuestas por el Commonwealth, y el apoyo del Consejo de Seguridad de las Naciones Unidas, que votó una resolución declarando a la Argentina nación agresora y obligando al cese de las hostilidades y al retiro de las tropas. El poderoso bloque que apoyaba a los británicos apenas era contrapesado por el latinoamericano, ampliamente solidario en lo declarativo pero de poco peso militar, por una distante simpatía de la Unión Soviética y por la actitud relativamente equidistante del gobierno norteamericano, que intentaba mediar entre sus dos aliados.

Sin respaldos consistentes, y aun ignorando sus reglas, el gobierno militar se lanzó al juego grande del Primer Mundo, suponiendo que, luego del hecho consumado, la cuestión se resolvería por medio de una negociación, de modo que la reacción inglesa no sólo resultó inesperada sino improcedente. Estados Unidos, por medio del general Haigh, secretario de Estado, trató de encontrar una salida negociada y una fórmula transaccional. Propuso una retirada militar argentina y una administración tripartita conjunta con Estados Unidos, que permitiera restablecer las negociaciones. Ambas condiciones eran aceptables para el gobierno argentino si se le agregaba el compromiso a plazo fijo de reconocimiento británico de la soberanía sobre las islas —cosa inaceptable para los británicos—, pues el gobierno militar, dispuesto a transar en cualquier otro tema, no podía aparecer resignando aquello que había proclamado como su objetivo fundamental. Sólo así la operación podía ser presentada como una victoria ante la sociedad y ante la multitud que se reuniría en la plaza, cuya magia ya habían experimentado los militares. En los términos en que ellos mismos habían planteado la operación, cualquier otro resultado equivalía a una derrota. Así, los gobernantes argentinos quedaron apresados por la movilización patriótica que ellos mismos habían lanzado, y los más prudentes debieron ceder ante las voces de los más exaltados.

Persiguiendo un objetivo imposible, el gobierno argentino fue víctima de un aislamiento diplomático creciente, que resultaba agravado por sus antiguos pecados, pues quienes le habían reprochado las violaciones a los derechos humanos consideraron, con razón, que esta aventura bélica, si resultaba triunfante, significaría convalidar todo su desempeño anterior. El envío de empresarios, sindicalistas y políticos al exterior para explicar la posición argentina no sirvió para modificar esto, y en muchos casos le dio a sus opositores una tribuna donde, defendiendo los intereses nacionales, hacían conocer sus críticas al gobierno.

El gobierno militar había intentado presionar a Estados Unidos utilizando los mecanismos de la Organización de Estados Americanos, y sobre todo el Tratado Interamericano de Asistencia Recíproca, que anteriormente Estados Unidos había empleado para alinear tras de sí a sus vecinos en sus conflictos contra el Eje o contra Cuba. Los países latinoamericanos mantuvieron su respaldo a la Argentina, pero la resolución que votaron a fines de abril fue lo suficientemente amplia y general como para no implicar un compromiso militar. Luego de un mes de intentar infructuosamente convencer a la Junta Militar, y en momentos en que empezaba el ataque británico a las islas, Estados Unidos abandonó su mediación; el Senado votó sanciones económicas a la Argentina y ofreció a Gran Bretaña apoyo logístico. Cada vez más solo, el gobierno argentino buscó aliados imposibles —los países del Tercer Mundo, la Unión Soviética y hasta Cuba— que lo alejaban definitivamente de la ilusión de entrar al

Primer Mundo. Mientras tanto, la batalla militar se acercaba inexorablemente.

En los últimos días de abril la Fuerza de Tareas británica, que había llegado a la zona de Malvinas, recuperó las islas Georgias. El 1° de mayo comenzaron los ataques aéreos a las Malvinas, y al día siguiente un submarino británico hundió al crucero argentino General Belgrano, ubicado lejos de la línea de batalla, con lo que la flota argentina optó por alejarse definitivamente del frente de combate. Siguió luego un largo combate aeronaval: la aviación argentina bombardeó la flota británica y le causó importantes daños, incuyendo un blanco perfecto de un misil teledirigido sobre el crucero Sheffield, que de alguna manera compensó el hundimiento del Belgrano, pero no la detuvo ni logró impedir que las islas quedaran aisladas del territorio continental. En ellas, los jefes militares habían ubicado cerca de 10 000 soldados, en su mayoría bisoños —por algún motivo, se prefirió destinar la tropa más entrenada a la frontera con Chile—, escasos de abastecimientos, sin equipos ni medios de movilidad, y sobre todo sin planes, salvo resistir. En Buenos Aires, la figura del Alcázar de Toledo, su heroica resistencia y la posibilidad de que se produjera algún cambio en el equilibrio de fuerzas en el mundo, ocupó el imaginario de los militares. En las islas, en cambio, sometidas a un demoledor ataque de artillería y aviones, las dudas fueron trocándose en desmoralización.

Un cambio similar se dio en la opinión pública, demorado en parte por la total manipulación de las informaciones, que además llegaban a un público dispuesto a creer que la Argentina estaba ganando la guerra. En medio del clima triunfalista empezaron a aparecer voces críticas: algunos hablaban en nombre de Estados Unidos y reclamaban contra una guerra y un alineamiento imposibles; otros, desde la izquierda, exigían profundizar los aspectos antiimperialistas del conflicto y atacar a los representantes locales de los agresores. En los actos de la CGT por el 1° de Mayo volvieron a alzarse las voces agrias, mientras que dentro del radicalismo, cuya conducción oficial había aceptado mansamente los términos de la cuestión puestos por el gobierno, Raúl Alfonsín, que dirigía el sector opositor, propuso la constitución de un gobierno civil de transición, que encabezaría el ex presidente Illia. Así, entre protestas crecientes por la falta de información, el tema del país luego de la guerra se instaló en la opinión pública, y refirmó a los militares en su convicción inicial: no había otra salida que la victoria.

El 24 de mayo los ingleses desembarcaron y establecieron una cabecera de puente en San Carlos. El 29 se libró un combate importante en el Prado del Ganso, donde varios cientos de argentinos se rindieron. El 10 de junio Galtieri pudo dirigirse por última vez a la gente reunida en la Plaza de Mayo, y dos días después llegó el Papa Juan Pablo II, en parte para compensar su anterior visita a Inglaterra, en parte, quizá, para preparar los ánimos ante la inminente derrota. Antes de que finalizara su breve estadía, comenzó el ataque final a Puerto Argentino, donde se había atrincherado la masa de las tropas. La desbandada fue rápida y la rendición, prácticamente incondicional, se produjo el 14 de junio, 74 días después de iniciado el conflicto, que dejó más de 700 muertos o desaparecidos y casi 1 300 heridos. Los gobernantes convocaron al día siguiente al pueblo a la Plaza de Mayo, sólo para reprimir en forma extremadamente violenta a aquellos que, convencidos por los medios de difusión de que la victoria estaba cercana, no podían ni entender ni admitir la rendición. Por entonces, los generales exigían a Galtieri su renuncia.

La vuelta de la democracia

La derrota agudizó la crisis del régimen militar, planteada desde el descalabro financiero de 1981, e hizo públicos los conflictos hasta entonces disimulados. La cuestión de la responsabilidad de la derrota —que unos a otros se atribuían— se resolvió provisionalmente achacándola a los jefes operativos, aunque luego salieron a la luz fallas más sustanciales, que involucraban a los altos mandos; finalmente, el informe de una comisión investigadora, presidida por un general muy prestigioso, responsabilizó a la propia Junta Militar y la llevó a un juicio que, posteriormente, concluyó en la condena a los comandantes. En lo inmediato, las tres fuerzas no se pusieron de acuerdo sobre el sucesor de Galtieri, y aunque el Ejército pudo imponer a su candidato, el general Reinaldo Bignone, la Marina y la Aeronáutica se retiraron de la Junta Militar, creando una situación institucional insólita: un presidente designado por el comandante en jefe del Ejército. Quizá hubiera sido el momento para que un vigoroso movimiento civil desplazara a las Fuerzas Armadas, pero tal movimiento estaba lejos de existir, y el designado presidente logró afirmarse gracias a un consenso mínimo de las fuerzas políticas para un programa de reinstitucionalización sin plazos definidos. Pasado el momento más agudo de la crisis, se produjo una recomposición interna, se renovaron los comandos de la Armada y la Aeronáutica y se reconstituyó la Junta.

La salida electoral propuesta sirvió para calmar los reclamos de las fuerzas políticas. Pero el gobierno se proponía negociarla y asegurar que su retirada no sería un desbande. Se intentó lograr el acuerdo de los partidos para una serie de cuestiones, futuras y pasadas: la política económica, la presencia institucional de las Fuerzas Armadas en el nuevo gobierno, y sobre todo una garantía de que no se investigarían ni actos de corrupción o enriquecimientos ilícitos ni responsabilidades en lo que los militares empezaban a llamar la "guerra sucia", con un eufemismo comparable al de "desaparecidos". Por entonces, todo ello empezaba a ser hecho público de manera casi sensacionalista por una prensa que había decidido olvidar la censura. Las aspiraciones militares se incluyeron en una propuesta, presentada en noviembre de 1982 y rechazada por la opinión pública en general y por los partidos, que convocaron poco después a una marcha civil en defensa de la democracia. La asistencia fue masiva, y casi de inmediato, el gobierno fijó la fecha de elecciones, para fines de 1983, aunque siguió buscando lo que constituía su objetivo fundamental: clausurar cualquier cuestionamiento futuro al desempeño pasado de los militares. Un documento final debía clausurar el debate sobre los desaparecidos, con la afirmación de que no había sobrevivientes y de que todos los muertos habían caído combatiendo; una ley estableció una autoamnistía, eximiendo a los responsables de cualquier eventual acusación.

Quizá la dirigencia política se hubiera avenido a un acuerdo que implicara correr un telón sobre el pasado y asegurar una transformación no traumática del régimen militar en otro civil, pero lo impidió tanto la movilización cada vez más intensa de la sociedad como la propia debilidad de las Fuerzas Armadas, corroídas por la creciente conciencia de su ilegitimidad y por sus propios conflictos internos. Quienes estaban al frente del gobierno y negociaban la reinstitucionalización eran incapaces de controlar el aparato represivo que habían montado —el que cobró algunas nuevas víctimas, que la sociedad, sensibilizada, registró con horror— y aun de asegurar que no serían derrocados por algún grupo de oficiales, porque de hecho las Fuerzas Armadas habían entrado en estado deliberativo, tanto acerca del pasado como del futuro. Los militares debían enfrentarse con la evidencia de su fracaso como administradores de un país desquiciado y como conductores de una guerra absurda, que los había llevado a luchar contra los que querían sus aliados y a unirse con un Tercer Mundo del que siempre habían desconfiado. Debían contemplar cómo sus antiguos aliados —los grandes empresarios, la Iglesia, Estados Unidos—, ganados por una nueva fe democrática, renegaban de los antiguos acuerdos, o cómo los otrora disciplinados jueces llevaban a los tribunales a oficiales acusados de distintos actos de corrupción. Sobre todo, debían enfrentarse con una sociedad que, después de años de ceguera, se enteraba de la existencia de vastos enterramientos de personas desconocidas, con seguridad víctimas de la represión, de centros clandestinos de detención, de denuncias realizadas por ex agentes, todo lo cual revelaba una historia siniestra, de la que hasta entonces pocos habían querido enterarse. En esas condiciones, el intento de recomponer las antiguas alianzas, que había guiado al último gobierno de las Fuerzas Armadas, difícilmente hubiera podido fructificar.

Después de un largo letargo, la sociedad despertaba, y encontraban nueva resonancia voces que nunca se habían acallado, como la de los militantes de las organizaciones defensoras de los derechos humanos, y muy especialmente las Madres de Plaza de Mayo. Su incontrastable manera de desafiar el poder militar se combinaba con una forma original de activismo, más laxa y menos facciosa que las tradicionales, que no inhibía otras pertenencias. Las marchas de los jueves, con escasa concurrencia en los años duros de la represión, se convirtieron luego de la guerra de Malvinas en nutridas "marchas por la vida", que identificaban con eficacia al enemigo con la muerte. Las organizaciones de derechos humanos no sólo colocaron la cuestión de los desaparecidos en el centro mismo del debate, poniendo a los militares a la defensiva, sino que impusieron a toda la práctica política una dimensión ética, un sentido del compromiso y una valoración de los acuerdos básicos de la sociedad por encima de las afiliaciones partidarias que, en el contexto de las experiencias anteriores, era verdaderamente original.

A medida que la represión retrocedía y perdía legitimidad el discurso represivo —tan eficaz para la autocensura—, empezaron a constituirse protagonistas sociales de distinto tipo, algunos nuevos y otros que habían podido sobrevivir ocultándose. La crisis económica generó motivos legítimos y movilizadores: los impuestos elevados, los efectos de la indexación, la elevación de los alquileres, o las deudas impagas dejadas por una quiebra bancaria; y al reclamar y movilizarse cuestionaban tanto la política económica como la clausura de lo público. En otros casos era todo un pequeño fragmento de sociedad —un barrio, un pueblo— el que se organizaba sobre la base de solidaridades amplias tanto para reclamar —quizá con violencia, como en los "vecinazos" del Gran Buenos Aires a fines de 1982— como para buscar una solución a sus problemas al margen de las autoridades, bajo la forma de cooperativas, asociaciones de fomento o ligas de amas de casa. La nueva actividad de la sociedad se manifestaba también en los campos más diversos: los grupos culturales, como los que en Teatro Abierto organizaron desde 1980 la demostración de una vital cultura no oficial, convertida en verdadero acto político, los jóvenes que animaban grupos de trabajo en las parroquias, los que nutrían las multitudinarias peregrinaciones a Luján o los gigantescos recitales de rock nacional, que a su manera también resultaban actos políticos. El activismo renació en las universidades, al calor de los reclamos contra los cupos de ingreso o el arancelamiento, y en las fábricas y lugares de trabajo, donde empezaron a reconstituirse las comisiones internas y a reaparecer la práctica de la participación sindical.

De alguna manera, la sociedad experimentaba una nueva primavera: el enemigo común, algo menos peligroso pero aún temible, estimulaba la solidaridad y alentaba una organización y una acción de la que se esperaban resultados concretos. Nuevamente, los conflictos de la realidad aparecían transparentes, y posible la solución de los problemas, si los hombres y mujeres de buena voluntad se organizaban en una fuerza consistente. Pero a diferencia de la anterior primavera, no sólo había un repudio total de la violencia o de cualquier forma velada de guerra, sino también menos confianza en la posibilidad de encontrar una gran solución, única, radical y definitiva, y menos seguridad de que el amplio conjunto de demandas planteadas definieran un gran protagonista, un actor único de la gesta, como lo había sido, por mucho tiempo, el "pueblo peronista". Precisamente los límites de este despertar de la sociedad se encontraron en la dificultad para agregar las demandas, integrarlas, darles continuidad y traducirlas en términos específicamente políticos.

En alguna medida, su integración debía darse también en la movilización sindical, que fue intensa: los sindicalistas sacaron la gente a la calle para reclamar contra la crisis económica y en favor de la democracia. A lo largo de 1982 y 1983 hubo una serie de paros generales y abundantes huelgas parciales, en las que se destacaron, por su nueva y aguerrida militancia, los gremios estatales. Pero en verdad, los sindicalistas pusieron sus esfuerzos en la recuperación del control de los sindicatos intervenidos, la "normalización", que negociaron con el gobierno combinando la presión y el acuerdo. En esa estrategia concurrieron los dos grandes nucleamientos en que se encontraban divididos, más bien por razones tácticas, la combativa CGT de la calle Brasil, que encabezaba Saúl Ubaldini, y la negociadora CGT Azopardo. Su acción movilizadora fue perdiendo especificidad y confluyó en la lucha más general por aquello que concentraba las mayores ilusiones: la recuperación de la democracia.

La democracia fue en primer lugar una ilusión: la tierra prometida, alcanzada sin esfuerzo por una sociedad que, muy poco antes, adhería a los términos y opciones planteados por los militares. Luego del doble sacudón de la crisis económica y la derrota militar, la democracia aparecía como la llave para superar desencuentros y frustraciones, no sólo creando una fórmula de convivencia política sino también solucionando cada uno de los problemas concretos. Varias décadas sin una práctica real hacían necesario un nuevo aprendizaje de las reglas del juego, y también de sus valores y principios más generales, incluyendo los que tenían que ver, más allá de la democracia, con la misma república. Fue precisamente ese conocimiento vago y aproximativo el que permitió que se encabalgaran en la nueva ilusión quienes nunca habían creído en ella, sobre todo los que estaban abandonando rápidamente el barco del Proceso. Pero se la aprendió con intensidad, y se la puso en práctica pronto. La afiliación a los partidos políticos —luego de que el gobierno levantó definitivamente la veda— fue tan masiva que uno de cada tres electores pertenecía a un partido. Las movilizaciones en defensa de la democracia recordaron por su número a las de diez años atrás, pero a diferencia de aquéllas no eran ni fiestas ni ejercicios para la toma del poder sino la expresión de una voluntad colectiva, el mostrarse y el reconocerse como integrantes de la civilidad. Esa diferencia se expresó también en los lugares de concentración elegidos: junto con la tradicional Plaza de Mayo, la de la República, el Cabildo o los Tribunales, indicador éste del papel central que, según se esperaba, debía cumplir la justicia.

La afiliación masiva transformó a los partidos políticos. Hubo un amplio deseo de participación y se animaron los comités o unidades básicas, donde empezaron a volcarse las demandas de la sociedad. También se renovaron los cuadros dirigentes, y se incorporaron los que en los últimos años habían militado en organizaciones juveniles o estudiantiles, como en el caso de la Coordinadora radical, así como muchos intelectuales, que trajeron a la política nuevos temas —muchos surgidos de las inquietudes que estaba planteando la sociedad, y otros de la experiencia de las sociedades democráticas más avanzadas— y también formas más modernas de plantearlos. Los viejos cuadros dirigentes se vieron desafiados por otros que desde los márgenes habían planteado posiciones discrepantes, de modo que la renovación fue amplia e integral.

Las transformaciones del peronismo fueron notables, pues el viejo movimiento, siempre en tensión con la democracia, se convirtió en un aceptable partido. La cuestión del verticalismo, que había signado su existencia, quedó superada por la notoria falencia del vértice —Isabel Perón sólo ocupó simbólicamente la presidencia—, y la estructura partidaria pudo también absorber a los sectores con fuerte organización corporativa, como los sindicalistas. Las formas participativas fueron adoptadas para regular la competencia interna, y los modernos temas y preocupaciones democráticas, que nunca habían sido el fuerte del movimiento, aparecieron en forma razonable. La renovación, sin embargo, no fue completa: los viejos caudillos provincianos siguieron manteniendo un lugar importante, al igual que los dirigentes sindicales. El metalúrgico Lorenzo Miguel —el sucesor de Vandor, a quien los militares rehabilitaron a principios de 1983— volvió a conducir las 62 Organizaciones, rama gremial del peronismo, y gracias a su control de las afiliaciones llegó a ocupar la presidencia real del partido. Detrás de él ganaron espacios importantes caudillos sindicales de trayectoria poco clara, como Herminio Iglesias, que alcanzó la candidatura a gobernador de la provincia de Buenos Aires. La candidatura a presidente recayó en Ítalo Luder, un jurista de prestigio pero con escaso poder real en el partido, que debía expresar el equilibrio entre las nuevas y viejas tendencias internas, pero que no pudo disipar la desconfianza que el peronismo despertaba en sectores importantes de la sociedad.

El radicalismo se renovó por impulso de Raúl Alfonsín, que en 1972 había creado el Movimiento de Renovación y Cambio para disputar el liderazgo a Ricardo Balbín. Durante el Proceso se distinguió del resto de los políticos, pues criticó a los militares con mucha energía, asumió la defensa de detenidos políticos y el reclamo por los desaparecidos y evitó envolverse en la euforia de la guerra de Malvinas. Desde el fin de la guerra su ascenso fue vertiginoso, derrotando en la puja interna a los herederos de Balbín. Hizo de la democracia su bandera, y la combinó con un conjunto de propuestas de modernización de la sociedad y el Estado, una reivindicación de los aspectos éticos de la política y un discurso ganador, muy distinto del tradicional radical, que atrajeron al partido una masa de afiliados y simpatizantes.

Radicales y peronistas cosecharon amplios apoyos y dejaron poco espacio para otros partidos. A la derecha, siguió siendo difícil unificar fuerzas diversas, muchas de las cuales se habían comprometido demasiado con el Proceso como para resultar atractivas. El ingeniero Alsogaray constituyó un nuevo partido, la Unión del Centro Democrático, que empezó a beneficiarse con el impulso mundial hacia las concepciones ortodoxamente liberales, pero su cosecha mayor la haría años después. La izquierda padeció tanto por la dura represión de los años del Proceso como por la desactualización de sus propuestas, muchas de las cuales fueron tomadas por el radicalismo alfonsinista, aunque el Partido Intransigente logró reunir un amplio espectro de simpatizantes, en buena medida nostálgicos de la política de 1973.

Alimentados por la movilización de la sociedad y por esta segunda y apacible primavera de los pueblos, sin embargo los partidos tuvieron dificultades para dar plena cabida a las múltiples demandas y al deseo de participación, que fue diluyéndose lentamente o se mantuvo al margen de ellos, como en las organizaciones de derechos humanos, cada vez más intransigentes en una demanda que los partidos intentaban traducir en términos aceptables para el juego político. La misma dificultad se manifestó respecto de los intereses sociales más estructurados, como los sindicales o los empresarios, cuyas demandas discurrieron por los cauces corporativos y prescindieron de los partidos para su expresión o negociación. De ese modo, el crecimiento de los partidos no supuso una eficaz intermediación y negociación de las demandas de la sociedad.

Tal situación, sin embargo, no preocupaba demasiado, pues la sociedad estaba adhiriendo con entusiasmo a una democracia que entendía como la primacía de la civilidad. Las formas de hacer política del pasado reciente —la intransigencia de las facciones, la subordinación de los medios a los fines, la exclusión del adversario, el conflicto entendido como guerra— dejaban paso a otras en las que se afirmaba el pluralismo, los acuerdos sobre formas y una subordinación de la práctica política a la ética. Celebrando la novedad —en rigor, hacía seis décadas que se había dejado de lado este juego democrático— se valoró y hasta sobrevaloró la eficacia de este instrumento. Para cuidarlo, nutrirlo y fortalecerlo, se puso sobre todo el acento en el consenso alrededor de las reglas y en la acción conjunta para la defensa del sistema. Quizá por eso se postergó una dimensión esencial de la práctica política: la discusión —civilizada y plural— de programas y opciones, que necesariamente implican conflictos, ganadores y perdedores, y se confió en el poder y la capacidad de la civilidad unida para solucionar cualquier problema. Esta combinación de la valoración de la civilidad con un fuerte voluntarismo derivó en un cierto facilismo, en una especie de "democracia boba", aséptica y conformista.

Los problemas derivados de esto se verían más adelante. De momento, la civilidad vivió plenamente su ilusión, y acompañó al candidato que mejor captó ese estado de ánimo colectivo. El peronismo encaró su campaña con mucho del viejo estilo, convocando a la liberación contra la dependencia —con tan poca convicción que uno de sus candidatos, en un revelador lapsus, equivocó en un discurso público la opción positiva— y apeló a lo peor del folclore del movimiento para denostar a su adversario. Raúl Alfonsín, en cambio, ganó su candidatura en la UCR primero, y las elecciones presidenciales luego, apelando en primer lugar a la Constitución, cuyo Preámbulo —seguramente escuchado por primera vez por muchos de sus jóvenes adherentes— era un "rezo laico". Agregó una apelación a la transformación de la sociedad, que definía como moderna, laica, justa y colaborativa. Estigmatizó al régimen, aseguró que se haría justicia con los responsables y denunció en sus adversarios sus posibles continuadores, por obra del pacto entre militares y sindicalistas. Sobre todo aseguró que la democracia podía resolver no sólo los problemas de largo plazo —los cincuenta años de decadencia— sino satisfacer la enorme masa de demandas acumuladas y prestas a plantearse. La sociedad le creyó y el radicalismo, con más de la mitad de los votos, superó holgadamente al peronismo, que por primera vez en su historia perdía una elección nacional. Una alegría profunda y sustantiva, aunque un poco inconsciente, envolvió a sus seguidores y en alguna medida a toda la civilidad, que por un momento olvidó cuántos problemas quedaban pendientes y qué poco margen de maniobra tenía el nuevo gobierno.

VIII. El impulso y su freno, 1983-1993

La ilusión democrática

El nuevo presidente, Raúl Alfonsín, asumió el 10 de diciembre de 1983 y convocó a una concentración en la Plaza de Mayo; para marcar las continuidades y las rupturas con la tradición política anterior, desechó los "históricos balcones" de la Casa Rosada y eligió los del Cabildo. Como en 1916, la multitud que se volcó a las calles sentía que la civilidad había alcanzado el poder. Pronto se puso de relieve no sólo la capacidad de resistencia de los enemigos juzgados vencidos, sino la dificultad para satisfacer el conjunto de demandas de todo tipo que la sociedad había venido acumulando y que esperaba ver resueltas de inmediato, quizá porque a la clásica imagen del Estado providente se sumaba la convicción —alimentada por el candidato triunfante— de que el retorno a la democracia suponía la solución de todos los problemas.

Pero éstos subsistían, y sobre todo los económicos, aunque en la campaña electoral se habló poco de ellos. Más allá de sus problemas de fondo, la economía se encontraba desde 1981 en estado de desgobierno y casi de caos: inflación desatada, deuda externa multiplicada y con fuertes vencimientos inmediatos, y un Estado carente de recursos, sin posibilidad de atender a los variados reclamos de la sociedad, desde la educación o la salud a los salariales de sus mismos empleados, y aun con una fuerte limitación en su capacidad para dirigir la crisis.

Esa incertidumbre acerca de la capacidad del gobierno democrático se extendía a los otros campos, donde los poderes corporativos —los militares, la Iglesia, los sindicatos— habían demostrado tener una enorme fuerza. Pero casi todos ellos habían quedado comprometidos con el régimen caído, o salpicados por su derrumbe, y se encontraban a la defensiva. Sus viejas solidaridades estaban rotas y faltaba un centro político que articulara sus voces, de modo que debieron mantenerse a la expectativa, sumándose al coro de alabanzas a la democracia restaurada y rindiendo homenaje al nuevo poder democrático. El adversario político principal del radicalismo gobernante, el peronismo, vivía una fuerte crisis interna, latente desde antes de la elección pero agudizada luego de lo que fue, en toda su historia, la primera derrota electoral. Mientras el sindicalismo peronista se separaba de la conducción partidaria y ensayaba su propia estrategia para enfrentar los embates del gobierno, el peronismo político buscaba sin éxito definir su perfil, atacándolo desde la derecha o la izquierda, o desde ambos lados a la vez, como lo hacía el senador Saadi.

El poder que administraba el presidente Alfonsín era, a la vez, grande y escaso. El radicalismo había alcanzado una proporción de votos sólo comparable con los grandes triunfos plebiscitarios de Yrigoyen o Perón, y tenía mayoría en la Cámara de Diputados, pero había perdido en el interior tradicional y no controlaba la mayoría del Senado. Si el liderazgo de Alfonsín en su partido era fuerte, la UCR constituía una fuerza no demasiado homogénea, donde se discutieron y hasta se obstaculizaron muchas de las iniciativas del presidente, quien prefirió rodearse de un grupo de intelectuales y técnicos recientemente acercados a la vida política, y de un grupo radical juvenil, la Coordinadora, que avanzó con fuerza en el manejo del partido y del gobierno. Fuerte en la escena política, el radicalismo no tenía en cambio —más allá de las adhesiones que inicialmente cosecha todo triunfador—, muchos apoyos consistentes en el ámbito de los poderes corporativos, un territorio donde sus adversarios peronistas se movían en cambio con toda fluidez. El Estado —que debía librar sus combates contra esos poderes y al que el gobierno no controlaba totalmente— carecía de eficiencia y aun de credibilidad para la sociedad.

Pero cuando asumió el gobierno, el presidente Alfonsín tenía detrás de sí una enorme fuerza, cuya capacidad era aún una incógnita: la civilidad, identificada toda ella, más allá de sus opciones políticas, con la propuesta de construir un Estado de derecho, al cual esos poderes corporativos debían someterse, y consolidar un conjunto de reglas, capaces de zanjar los conflictos de una manera pacífica, ordenada, transparente y equitativa. Era poco y muchísimo: se trataba de una identidad política fundada en valores éticos, que subsumía los intereses específicos de sus integrantes, en muchos casos representados precisamente por aquellas corporaciones, pero que en el entusiasmo de la recuperación democrática quedaban postergados. Mucho más aún que los gobernantes, la civilidad vivió la euforia y la ilusión de la democracia, poderosa y "boba" a la vez. Con estos respaldos, en cierto sentido fuertes y en otros débiles, el presidente debía elegir entre gobernar activamente, tensando al máximo el polo de la civilidad, lo que implicaba confrontar con intereses establecidos y aun introducir fisuras en su frente de apoyo, o privilegiar las soluciones consensuadas, los acuerdos con los poderes establecidos, lo que implicaba postergar los problemas que requerían definiciones claras. El gobierno eligió en general la primera línea, pero debió aceptar la segunda cuando algunos fuertes golpes le demostraron los límites de su poder. No obstante, hasta 1987 el gobierno mantuvo la iniciativa, buscando caminos alternativos y presentando ante cada contraste nuevas propuestas, que Alfonsín sacaba —decían muchos observadores— como de la galera de un mago.

En el diagnóstico de la crisis, los problemas económicos parecían por entonces menos significativos que los políticos: lo fundamental era eliminar el autoritarismo y encontrar los modos auténticos de representación de la voluntad ciudadana. El gobierno atribuyó una gran importancia, simbólica y real, a la política cultural y educativa, destinada en el largo plazo a remover el autoritarismo que anidaba en las instituciones, las prácticas y las conciencias, representado en la difundida imagen del "enano fascista". Coincidiendo con los deseos de la sociedad de participación y de ejercicio de la libertad de expresión y de opinión, largamente postergada, las consignas generales fueron la modernización cultural, la participación amplia y sobre todo el pluralismo y el rechazo de todo dogmatismo.

En este terreno se avanzó inicialmente con facilidad: se desarrolló un programa de alfabetización masiva, se atacaron los mecanismos represivos que anidaban en el sistema escolar y se abrieron los canales para discutir contenidos y formas —a veces puestas en práctica con una alta dosis de utopismo y voluntarismo—, lo que debía culminar en un Congreso Pedagógico que, como el de cien años atrás, determinaría qué educación quería la sociedad. En el campo de la cultura y de los medios de comunicación manejados por el Estado, la libertad de expresión, ampliamente ejercida, permitió un desarrollo plural de la opinión y un cierto "destape", para algunos irritante, en las formas y en los temas. En la Universidad y en el sistema científico del Estado volvieron los mejores intelectuales y científicos, cuya marginación había comenzado en 1966. Aunque en muchas universidades los cambios no fueron significativos, en otras, como la de Buenos Aires, hubo profundas transformaciones. Estas instituciones, que debieron resolver el problema planteado por un masivo deseo de los jóvenes de ingresar a ella, se reconstruyeron sobre la base de la excelencia académica y el pluralismo, alcanzando en algunos casos niveles de calidad similares a los de su época dorada a principios de la década de 1960.

Además de volver a la vida académica, los intelectuales se incorporaron a la política, y la política se intelectualizó. Su presencia fue habitual en los medios de comunicación. Alfonsín recurrió a ellos, como asesores o funcionarios técnicos, y su discurso, que traducía en clave política lo que los académicos elaboraban, resultó moderno, complejo y profundo, a tono con lo que en el mundo se esperaba de un estadista. No fue el único —su más notorio compañero en ese camino fue el peronista Antonio Cafiero— y la discusión política adquirió brillo, y en menor medida, profundidad.

El punto culminante de esta modernización cultural fue la aprobación de la ley que autorizaba el divorcio vincular —un tema tabú— y posteriormente la referida a la patria potestad compartida, que completaba el proyecto de modernización de las relaciones familiares, campo en el que la Argentina estaba sensiblemente atrasada respecto de las tendencias mundiales. La ley sobre divorcio fue sancionada a principios de 1987, luego de una breve pero intensa discusión. Los sectores más tradicionales de la Iglesia católica intentaron oponerse, no sólo con los mecanismos habituales de presión sino hasta con manifestaciones —la Virgen de Luján fue sacada a la calle— que fracasaron, por el alto grado de consenso existente alrededor de la nueva norma, incluso entre sectores católicos, preocupados quizá por las consecuencias familiares de una práctica ya habitual en sus propios círculos. En cambio, la Iglesia se movilizó con éxito alrededor del Congreso Pedagógico —cuestión que le interesaba directa y profundamente, por su fuerte participación en la educación privada— defendiendo paradójicamente, contra un supuesto avance estatal, el pluralismo y la libertad de conciencia.

La Iglesia, que en 1981 se había definido por la democracia —aunque sin hacer la crítica de su íntima relación con el gobierno militar— fue evolucionando hacia una creciente hostilidad al gobierno radical y a un cuestionamiento del régimen democrático mismo. Le irritaba lo que juzgaba su poca injerencia en el área clave de la enseñanza privada, la sanción de la ley de divorcio y el tono en general laico del discurso cultural que circulaba por las instituciones y medios del Estado. Fue determinante un cambio en el equilibrio interno del episcopado local, pero lo decisivo fue la orientación general impresa a la Iglesia por el Papa Juan Pablo II, decidido a dar una batalla por la integridad de la comunidad católica que tenía precisamente su centro en lo cultural. Ese combate, asumido por los obispos locales más conservadores, les permitió empezar a reconstruir su arco de solidaridades con otros integrismos deseosos de volver. Enfrentados de manera creciente con el gobierno radical —el presidente respondió enérgicamente en un templo a las opiniones políticas de un obispo, que además era vicario castrense—, estos sectores de la Iglesia, que paulatinamente empezaban a dominar en ella, asumieron el papel de censor social, con un discurso de combate en el que la democracia —decían— resultaba ser el compendio de los males del siglo: la droga, el terrorismo, el aborto o la pornografía.

El discurso ético, centrado en los valores de la democracia, la paz, los derechos humanos, la solidaridad internacional y la independencia de los estados, fue puesto al servicio de una reinserción del país en la comunidad internacional, que recientemente había censurado y hasta aislado al régimen militar. Pronto, la oveja negra se convirtió en el hijo pródigo; los éxitos en este terreno, expresados en la gran popularidad alcanzada por el presidente en distintos lugares del mundo, fueron utilizados para afianzar y fortalecer las instituciones democráticas locales, todavía precarias. Con esos criterios se encararon las principales cuestiones pendientes, con Chile por el Beagle y con Gran Bretaña por las Malvinas. En el primer caso, el laudo papal, que los militares habían considerado inaceptable pero sin atreverse a rechazarlo, fue asumido como la única solución posible por el gobierno democrático, que necesitaba refirmar los valores de la paz y eliminar una situación de conflicto que podía mantener vivo el militarismo. Para doblegar las resistencias internas a su aprobación —nutridas en el tradicional nacionalismo y en un reluctante belicismo— se convocó a un referéndum popular no vinculante que corroboró el amplio consenso existente para esa solución pacífica e inmediata. Aun así, la aprobación por el Senado —donde el peronismo tenía la mayoría— se logró por el mínimo margen de un voto. En el caso de las Malvinas, donde la torpeza militar había llevado a la pérdida de lo largamente ganado en la opinión pública internacional y en las negociaciones bilaterales, también se recuperó terreno: las votaciones en las Naciones Unidas, instando a las partes a la negociación, fueron cada vez más favorables, incluyeron a las principales potencias occidentales y aislaron al gobierno británico. Sin embargo, la expectativa de que ello sirviera para convencerlo de la conveniencia de iniciar una negociación que incluyera de alguna manera el tema de la soberanía resultó totalmente defraudada.

Asociada con otros países que acababan de retornar a la democracia —Uruguay, Brasil, Perú—, la Argentina se propuso mediar en el conflicto en Centroamérica, y sobre todo en la cuestión de Nicaragua. Se trataba de aplicar los principios éticos y políticos generales, y también de evitar los riesgos internos que podía acarrear uno de los episodios finales de la guerra fría. Discrepando con Estados Unidos, pero aprovechando su buena voluntad hacia las democracias restauradas, logró que finalmente se alcanzara una solución relativamente equitativa. Actuando con independencia, dialogando con los países no alineados, reivindicando los principios pero absteniéndose de los enfrentamientos más duros —por ejemplo, constituir un "club de deudores" para negociar la deuda externa— el gobierno mantuvo una buena relación con el norteamericano, que respaldó con firmeza las instituciones democráticas, cortando cualquier vinculación con militares nostálgicos, y apoyó luego los diversos intentos de estabilización de la economía.

La corporación militar y la sindical

En el terreno cultural y en el de las relaciones exteriores el gobierno radical pudo avanzar con relativa facilidad, pero el camino se hizo más empinado cuando afrontó los problemas de las dos grandes corporaciones cuyo pacto había denunciado en la campaña electoral: la militar y la sindical. En ambos terrenos pronto quedó claro que el poder del gobierno era insuficiente para forzar a ambas a aceptar sus reglas.

El grueso de la sociedad, que había empezado condenando a los militares por su fracaso en la guerra, se enteró de manera abrumadora de aquello que hasta entonces había preferido ignorar: las atrocidades de la represión, puestas en evidencia por un alud de denuncias judiciales, por los medios de comunicación y, sobre todo, por el cuidadoso informe realizado por la Comisión Nacional para la Desaparición de Personas (CONADEP), constituida por el gobierno y presidida por el escritor Ernesto Sábato, cuyo texto, difundido masivamente con el título de *Nunca más*, resultó absolutamente incontrovertible, aun para quienes querían justificar a los militares. En la sociedad se manifestaron algunas confusiones y ambigüedades: ¿eran culpables de haber hecho la guerra de Malvinas, o simplemente de haberla perdido?; ¿eran culpables de haber torturado, o simplemente de haber torturado a inocentes? Pero la inmensa mayoría los repudió masivamente, se movilizó y exigió justicia, amplia y exhaustiva, quizás un Nuremberg.

La derrota en la guerra de Malvinas, el rotundo fracaso político, las divisiones entre las fuerzas, los propios cuestionamientos internos, que afectaban la organización jerárquica, todo ello debilitaba la institución militar, que sin embargo no había sido expulsada del poder. Como se repetía por entonces, en la Argentina no había habido una toma de la Bastilla. Pronto, la solidaridad corporativa de los militares se reconstituyó en torno de lo que reivindicaban como su éxito: la victoria en la "guerra contra la subversión". Rechazaron la condena de la sociedad, recordaron que su acción contó con la complacencia generalizada, incluso de los políticos luego sumados al coro de los detractores, y a lo sumo estaban dispuestos a admitir "excesos" propios de una "guerra sucia".

El presidente Alfonsín había estado, en los años del Proceso, entre los más enérgicos defensores de los derechos humanos, y había hecho de ellos una bandera durante la campaña, en la que también fustigó duramente a la corporación militar. Sin duda compartía los reclamos generalizados de justicia, pero se preocupaba también de encontrar la manera de subordinar las Fuerzas Armadas al poder civil, de una vez para siempre. Para ello proponía algunas distinciones, lógicas pero difíciles de ser admitidas por la sociedad movilizada: separar el juicio a los culpables del juzgamiento a la institución, que era y seguiría siendo parte del Estado, y poner límite a aquel juicio, deslindando responsabilidades y distinguiendo entre quienes dieron las órdenes que condujeron al genocidio, quienes se limitaron a cumplirlas y quienes se excedieron, cometiendo delitos aberrantes. Se trataba de concentrar el castigo en las cúpulas y en las más notorias *bêtes noires* y aplicar al resto el criterio de la obediencia debida. Sobre todo, el gobierno confiaba en que las propias Fuerzas Armadas se comprometieran con esta propuesta, intermedia entre las demandas de la civilidad y la postura dominante entre los militares, que asumieran la crítica de su propia acción y procedieran a su depuración, castigando a los máximos culpables. Para ello, se procedió a reformar el Código de Justicia Militar, estableciendo una primera instancia castrense y otra civil, y se dispuso el enjuiciamiento de las tres primeras Juntas Militares, a las que se sumó la cúpula de las organizaciones armadas ERP (de hecho extinguida) y Montoneros.

Se trataba de transitar un difícil camino, entre dos intransigencias. El primer contratiempo sobrevino cuando se hizo evidente que los militares se negaban a revisar su acción y a juzgar a sus jefes: a fin del año 1984, cuando se sentían los primeros remezones en los cuarteles, los tribunales castrenses proclamaron la corrección de lo actuado por las Juntas, y entonces las causas judiciales fueron pasadas por el Ejecutivo a los tribunales civiles; en abril de 1985, en un clima mucho más agitado aún, comenzó el juicio público de los ex comandantes. El juicio, que duró hasta fin de año, terminó de revelar las atrocidades de la represión, pero mostró una cierta pérdida de militancia de la civilidad, mientras las organizaciones defensoras de los derechos humanos hacían oír una voz cada vez más dura e intransigente. Comenzaron a escucharse otras voces, hasta entonces prudentemente silenciadas, que defendieron la acción de los militares y reclamaron su amnistía. A fin de 1985, poco después de que el gobierno ganara las elecciones legislativas, se conoció el fallo, que condenó a los ex comandantes, negó que hubiera habido guerra alguna que justificara su acción, distinguió entre las responsabilidades de cada uno de ellos, y dispuso continuar la acción penal contra los demás responsables de las operaciones. La justicia había certificado la aberrante conducta de los jefes del proceso, había descalificado cualquier justificación y los militares habían quedado sometidos a la ley civil —circunstancia absolutamente excepcional— y en ese sentido fue un fallo ejemplar. Pero no clausuraba el problema pendiente entre la sociedad y la institución militar, sino que lo mantenía abierto.

De ahí en más, la justicia siguió activa, dando curso a las multiples denuncias contra oficiales de distinta graduación, citándolos y encausándolos. La convulsión interna de las Fuerzas Armadas, y muy especialmente del Ejército, tuvo un nuevo eje: ya no se trataba tanto de la reivindicación global como de la situación de los citados por los jueces, oficiales de menor graduación, que no se consideraban los responsables sino los ejecutores de lo imputado. El gobierno, por su parte, inició un largo y desgastante intento de acotar y poner límites a la acción judicial, para así contener ese clima de fronda que fermentaba en los cuarteles, alimentado por una solidaridad horizontal que desbordaba la estructura jerárquica. Se trataba de una decisión política, ni ética ni jurídica, basada en un cálculo de fuerzas que demostró ser bastante ajustado, materializada sucesivamente en las leyes llamadas de Punto Final y de Obediencia Debida. La primera, sancionada a fines de 1985, ponía un límite temporal de dos meses a las citaciones judiciales, pasado el cual ya no habría otras nuevas. Nadie acompañó al gobierno en la sanción de esta ley: la derecha, peronista y liberal, por ser partidarios de una amnistía completa; los sectores progresistas, incluyendo al peronismo renovador, por no cargar con sus costos políticos. Éstos fueron altos, y sus resultados terminaron siendo contraproducentes, pues sólo se logró un alud de citaciones judiciales y enjuiciamientos, que en lugar de aligerar el problema lo agudizaron.

En ese contexto se llegó al episodio de Semana Santa de 1987. Un grupo de oficiales, encabezado por el teniente coronel Aldo Rico, se acuarteló en Campo de Mayo, exigiendo una solución política a la cuestión de las citaciones y, en general, una reconsideración de la conducta del Ejército, a su juicio injustamente condenado. No se trataba de los típicos levantamientos de los anteriores cincuenta o sesenta años, pues los oficiales amotinados no cuestionaban el orden constitucional sino que le pedían al gobierno que solucionara el problema de un grupo de oficiales. Tampoco tuvieron, a diferencia de todos aquellos levantamientos anteriores, el respaldo de sectores de la sociedad civil, que normalmente eran los motores de los golpes. Cuestionaban en cambio, y con vehemencia, la propia conducción del Ejército: los generales que descargaban sus responsabilidades en los subordinados, y que además eran responsables de la derrota en

Malvinas y de la "entrega" del país a los intereses extranjeros, pues los amotinados asumieron las consignas del nacionalismo fascistizante, así como formas de acción verdaderamente subversivas del orden militar, movilizando a las bases —es decir a los oficiales de baja graduación— y proclamándose como la conducción del auténtico Ejército nacional.

Frente a ellos, la reacción de la sociedad civil fue unánime y masiva. Todos los partidos políticos y todas las organizaciones de la sociedad —patronales, sindicales, culturales, civiles de todo tipo— manifestaron activamente su apoyo al orden institucional, firmaron un Acta de Compromiso Democrático —que incluía desde las organizaciones empresarias a los dirigentes de izquierda— y rodearon al gobierno. La reacción masiva e instantánea permitió evitar deserciones o ambigüedades, y cortó toda posibilidad de apoyo civil a los amotinados. La civilidad se movilizó, llenó las plazas del país y se mantuvo en vigilia durante los cuatro días que duró el episodio. Muchos de ellos estaban dispuestos a marchar sobre Campo de Mayo. La tensión del polo civil —que en el fondo era el gran respaldo del gobierno— fue máxima. Alcanzó para parar un ataque directo a la institucionalidad, pero no fue suficiente para que los militares se doblegaran ante la sociedad. Aunque el motín suscitó pocas adhesiones explícitas entre los militares, en el fondo todos acordaban con sus camaradas "carapintadas": ninguno de ellos estuvo dispuesto a disparar un tiro para obligarlos a deponer su actitud.

Durante las cuatro tensas jornadas hubo muchas negociaciones, pero éstas no se concretaron hasta que Alfonsín —quien presidía la gran concentración cívica de la Plaza de Mayo— no se entrevistó con los amotinados en Campo de Mayo. Se llegó a un extraño acuerdo. El gobierno sostuvo que haría lo que ya había decidido hacer —lo que sería la ley de Obediencia Debida, que exculpaba masivamente a los subordinados— y los amotinados no impusieron ninguna condición y aceptaron la responsabilidad de su acción. Pero para todos apareció como una claudicación, en parte porque así lo presentaron tanto los "carapintadas" amotinados como la oposición política, que no quisó asumir ninguna responsabilidad en el acuerdo. Pero pesó mucho más el desencanto, la evidencia del fin de la ilusión: la civilidad era incapaz de doblegar a los militares. Para la sociedad, era el fin de la ilusión de la democracia. Para el gobierno, el fracaso de su intento de resolver de manera digna el enfrentamiento del Ejército con la sociedad, y el comienzo de un largo y desgastante calvario.

Comparativamente, el combate con la corporación sindical, que tuvo resultados similares, fue mucho menos heroico. El poder de los sindicalistas, restaurado en parte al final del gobierno militar, se hallaba debilitado por la derrota electoral del peronismo —en cuya conducción los dirigentes sindicales tenían un peso importante— y en general por el repudio de la sociedad a las viejas prácticas de la corporación, que habían aflorado durante la campaña, a lo que debía sumarse la profunda división existente entre los dirigentes. Por otra parte, su situación era institucionalmente precaria: buena parte de la legislación que normaba la acción gremial había sido barrida por el régimen militar; muchos sindicatos estaban intervenidos, y en otros los dirigentes sólo tenían títulos provisionales, o mandatos prorrogados desde 1975, de modo que la normalización electoral debía ser inmediata.

El gobierno se propuso aprovechar esa debilidad relativa, así como el respaldo de la civilidad que, según juzgaban, debía incluir sectores no desdeñables de trabajadores, cuya voluntad participativa se manifestaba claramente, y se lanzó a democratizar los sindicatos, para abrir las puertas a un espectro más amplio de corrientes. El ministro Mucci —un veterano sindicalista de origen socialista— proyectó una ley de normalización institucional de los sindicatos que incluía el voto secreto, directo y obligatorio, la representación de las minorías, la limitación de la reelección, y sobre todo la fiscalización de los comicios por el Estado. Se trataba de un desafío frontal, ante el cual se unificaron todas las corrientes del peronismo, gremial y político: en marzo de 1984 la ley fue aprobada en la Cámara de Diputados, pero el Senado la rechazó, por un único pero decisivo voto. De inmediato el gobierno arrió banderas, puso a funcionarios más flexibles al frente de la negociación con los gremialistas y acordó con ellos nuevas normas electorales. A mediados de 1985 se habían normalizado los cuerpos directivos de los sindicatos, y aunque las listas de oposición habían ganado algunos lugares, en lo esencial las viejas direcciones resultaron confirmadas.

El impulso civil y democrático había experimentado un temprano y fuerte contraste ante el poder sindical reconstituido, que apoyándose en las crecientes dificultades económicas se enfrentó sistemáticamente con el gobierno. Entre 1984 y 1988, cuando decidió concentrar su atención en la campaña electoral, la CGT organizó trece paros generales contra el gobierno constitucional, cifra que contrastaba con la escasa movilización en tiempos del anterior gobierno militar. Salvo el breve período posterior a junio de 1985, cuando el gobierno obtuvo un respaldo importante de la sociedad para su plan económico, convalidado en la excelente elección de noviembre, la presión de la CGT fue intensa. Se apoyó en las indudables tensiones sociales generadas por la inflación —que llevaba a una permanente lucha por mantener el salario real— y los comienzos del ajuste del sector estatal, que movilizó particularmente a los empleados públicos, pero su carácter fue dominantemente político. Los sindicalistas lograron expresar de manera unificada el descontento social, e integrar a sectores no sindicalizados, como los jubilados, pero también hicieron alianza con los empresarios, la Iglesia y los grupos de izquierda. Los reclamos fueron poco coherentes —incluían desde las aspiraciones más liberales del *establishment* económico hasta pedidos de ruptura con el Fondo Monetario— pero se unificaban en un común ataque contra el gobierno, que incluyó en algún momento de exaltación el reclamo de que "se vayan".

La CGT no rehusó participar en las instancias de concertación que abrió el gobierno, pero lo hizo con el estilo que había desplegado exitosamente entre 1955 y 1973: negociar y golpear, conversar y abandonar la negociación con un "portazo", lo cual permitió unir y galvanizar las fuerzas propias, que en otros aspectos presentaban profundas diferencias. Saúl Ubaldini, dirigente de un pequeño sindicato y secretario general de la CGT, fue la figura caracterísística de esta etapa, no sólo por su peculiar estilo, adecuado para sellar el arco de alianzas del mundo del trabajo y la pobreza, sino sobre todo porque su escasa fuerza propia lo convertía en punto de equilibrio entre las distintas corrientes en que se dividía el sindicalismo.

El gobierno, que abrió permanentemente los espacios para el diálogo y la concertación, pero sin discutir los lineamientos de la política económica, pudo resistir bien el fuerte embate sindical, pese a los inconvenientes que significaba para la estabilización económica, en tanto contó con el apoyo consistente de la civilidad y la escasa presión de otras fuerzas corporativas. La apertura de distintos frentes de oposición, y muy particularmente el militar, impulsaron al gobierno a una maniobra audaz: concertar con un grupo importante de sindicatos —los "15", que incluían a los más importantes de la actividad privada y de las empresas del Estado— y nombrar a uno de sus dirigentes en el cargo de ministro de Trabajo. El acuerdo era transparente y casi grosero, e incluía la sanción del conjunto de leyes que organizaba la actividad sindical —de asociaciones profesionales, de convenciones colectivas, de obras sociales, controladas por los sindicatos— en términos similares a los de 1975. A cambio de esas importantes concesiones, el gobierno —que sacrificaba principios enunciados largamente— obtenía poco: una relativa tregua social, pues la oposición sindical quedó profundamente dividida, y un eventual apoyo político, que en rigor nunca se concretó. Quizá también, un respaldo frente al embate de la corporación militar, que no debía darse por descontado. Luego de la victoria del peronismo en la elección de septiembre de 1987, el gobierno prescindió de su ministro-sindicalista, pero mantuvo los compromisos. Con la nueva legislación, el poder de la corporación sindical quedaba plenamente reconstituido y la ilusión de la civilidad democrática de someterlos a sus reglas se desvanecía.

El Plan Austral

En la estrategia seguida ante el poder sindical se había optado inicialmente por el enfrentamiento, desdeñando la posibilidad de concertar con él soluciones a la crisis económica. En verdad, aunque al principio pareció mucho menos urgente que los problemas políticos, esta cuestión era extremadamente grave. La inflación, desatada desde mediados de 1982, estaba institucionalizada, y todos los actores habían incorporado a sus prácticas el supuesto de la incertidumbre y la especulación, incluso para defender modestos ingresos. Junto con el déficit fiscal y la deuda externa, que seguía creciendo, constituían la parte más visible del problema, que se prolongaba en una economía estancada desde principios de la década, cerrada e ineficiente y fuertemente vulnerable en lo externo, en la que escaseaban los empresarios dispuestos a arriesgar y apostar al crecimiento y donde los grupos económicos más concentrados, que a través del Estado absorbían recursos de toda la sociedad, habían alcanzado la posibilidad de bloquear los intentos que desde el poder público se hicieran para modificar su situación.

Pese a que el flujo de capitales se había cortado desde 1981, la deuda externa seguía creciendo por la acumulación de intereses, al punto de que al fin de la década duplicaría con exceso los valores de 1981, y el Estado, que en 1982 había asumido la deuda de los particulares, cargaba con el pago de unos servicios que insumían buena parte de sus ingresos corrientes. Ciertamente, esas obligaciones se refinanciaban con frecuencia, pero sólo cuando se contaba con la buena voluntad del Fondo Monetario Internacional, que a cambio exigía la adopción de políticas orientadas principalmente a aumentar la capacidad inmediata de pago de los servicios. El Estado, a su vez, afrontaba un déficit creciente, cuyo origen lejano quizá podía ubicarse —como afirmaban sus críticos liberales— en la magnitud del aparato de servicios sociales crecido en épocas de mayor bonanza, pero sobre todo en la más reciente caída espectacular de sus recaudaciones, en el peso de los pagos al exterior y en la magnitud de las subvenciones de todo tipo que recibían los sectores empresarios ligados a él en forma parasitaria. Esa masa de gastos debía afrontarse con recaudaciones en baja, comidas por la inflación y la indisciplina de los contribuyentes, sin crédito externo ni interno —todo el mundo transformaba sus ahorros en dólares— y sin grandes bolsas de recursos acumulados de donde tomarlos, como en otros tiempos lo habían sido los excedentes del comercio exterior o los de las cajas de jubilaciones. El problema, que en lo inmediato repercutía en una inflación permanente que distorsionaba las condiciones de la economía, afectaba finalmente la propia capacidad del Estado para gobernar efectivamente la economía y la sociedad misma.

Si a la distancia la necesidad de encarar soluciones de fondo puede resultar evidente, en el momento pareció necesario subordinarlas a las necesidades de la reconstrucción de un sistema democrático todavía débil y de un Estado más débil aún. El nuevo gobierno y muchos de quienes lo acompañaron consideraron prioritario no crear divisiones en el campo de la civilidad, que constituía su gran apoyo, y evitar al conjunto de la población los costos de una reforma profunda, cuya necesidad, por otra parte, no parecía evidente, sobre todo si alguno de los rumbos elegidos chocaba con tradiciones sólidamente arraigadas acerca de los deberes y funciones del Estado. Por otra parte, si esas reformas habrían de tener un sentido democrático, equitativo y justo, sólo serían viables con un poder estatal fuerte y sólidamente respaldado.

Durante el primer año del gobierno radical, la política económica, orientada por el ministro Grinspun, se ajustó a las fórmulas dirigistas y redistributivas clásicas, similares a las aplicadas entre 1963 y 1966, que en sus rasgos generales el radicalismo compartía con el peronismo histórico. La mejora de las remuneraciones de los trabajadores, junto con créditos ágiles a los empresarios medios, sirvió para la reactivación del mercado interno y la movilización de la capacidad ociosa del aparato productivo. La política incluía el control estatal del crédito, el mercado de cambios y los precios, y se completaba con importantes medidas de acción social, como el Programa Alimentario Nacional, que proveyó a las necesidades mínimas de los sectores más pobres. Con todo ello, no sólo se apuntaba a mejorar la situación de los sectores medios y populares, sino a satisfacer las demandas de justicia y equidad social, que habían sido banderas en la campaña electoral. Tal política concitó la activa oposición de distintos sectores empresarios, que esgrimieron las consignas del liberalismo contra lo que denominaban populismo e intervencionismo estatal, pero también la resistencia de la CGT, en este caso de raíz definidamente política, lo que hizo fracasar los intentos de concertación que eran parte de la estrategia del gobierno.

Éste debió afrontar a la vez un juego de pinzas de los dos grandes actores corporativos —unidos para el ataque— y una puja desatada por la distribución del ingreso, agudizada por la fuerte inflación. Todo ponía de manifiesto la insuficiencia de una política que no tomaba en cuenta la radical transformación de las condiciones de la economía luego de 1975, el deterioro del aparato productivo y su incapacidad para reaccionar eficientemente ante los estímulos de la demanda, la magnitud del déficit fiscal y de la deuda externa. Con ésta se osciló entre dos caminos, que reflejaban ambos el espíritu del impulso democrático de la hora pero resultaron igualmente inconducentes. Se trató de lograr la buena voluntad de los acreedores, con el argumento de que las jóvenes democracias debían ser protegidas, y se los amenazó con la constitución de un "club de deudores" latinoamericano, que repudiara la deuda en conjunto.

A principios de 1985, cuando la inflación amenazaba desbordar en una hiperinflación, la conflictividad social se agudizaba y los acreedores externos hacían sentir enérgicamente su disconformidad, el presidente Alfonsín reemplazó a su ministro de Economía por Juan Sourrouille, un técnico recientemente acercado al radicalismo, que lo acompañó casi hasta el final de su gobierno. Para formular su plan de acción, el ministro necesitó casi cuatro meses, que fueron terriblemente duros para el gobierno, pues al descontrol de la economía se sumaba la movilización de la CGT con su plan de lucha, la de los distintos sectores empresarios y sus voceros políticos, particularmente Alsogaray y el ex presidente Frondizi, y sobre todo la agitación militar, en vísperas del inicio del juicio a las Juntas. A fines de abril, la civilidad, convocada a la Plaza de Mayo para defender al gobierno y desbaratar un posible golpe de Estado, recibió el anuncio del inicio de una "economía de guerra", que anuló los últimos intentos de concertación. El 14 de mayo de 1985, finalmente, se anunció el nuevo plan económico, bautizado como Plan Austral.

Su objetivo era superar la coyuntura adversa y estabilizar la economía en el corto plazo, de modo de crear las condiciones para poder proyectar transformaciones más profundas, de reforma o de crecimiento. Aunque éstas no estaban enunciadas, sin duda incluían desalentar las conductas especulativas, estimuladas por la inflación, e impulsar a los actores económicos hacia acciones orientadas a la inversión productiva y el crecimiento. Pero lo urgente era detener la inflación. Se congelaron simultáneamente precios, salarios y tarifas de servicios públicos, se regularon los cambios y tasas de interés, se suprimió la emisión monetaria para equilibrar el déficit fiscal —lo que suponía asumir una rígida disciplina en gastos e ingresos—, y se eliminaron los mecanismos de indexación desarrollados durante la anterior etapa de alta inflación y responsables de su mantenimiento inercial. Símbolo del inicio de una nueva etapa, se cambiaba la moneda y el peso era reemplazado por el austral.

Elaborado por un equipo técnico de excelente nivel pero ajeno tanto al partido gobernante como a cualquiera de los grandes grupos de interés, el plan se sustentaba exclusivamente en el respaldo del gobierno, de incierto valor, y en su capacidad para suscitar apoyo en la sociedad. Rápidamente logró frenar la inflación, y así se ganó ese apoyo general, para lo cual fue decisivo que el plan no afectara específicamente a ningún sector de la sociedad. No hubo caída de la actividad ni desocupación, que tradicionalmente eran la clave de los planes de estabilización, pero tampoco se afectó a los sectores empresariales, incluyendo a los que medraban con el Estado, cuyos contratos fueron en general respetados. El ajuste fiscal fue sensible pero no dramático: los salarios de los empleados estatales fueron congelados más estrictamente que los del sector privado, pero no hubo despidos; la recaudación mejoró sobre todo como consecuencia de la reducción fuerte de la inflación, sumado a algunos impuestos excepcionales, pero no hubo drásticas reducciones en los gastos del Estado. Los acreedores externos se sentían tranquilos tanto por la manifiesta intención del gobierno de cumplir los compromisos como por la augurada mejora de las finanzas estatales, y sobre todo por el firme apoyo que el plan recibió tanto del gobierno norteamericano como de las principales instituciones económicas internacionales.

Se trataba del "plan de todos", quizá la más pura de las realizaciones de la ilusión democrática: entre todos, con solidaridad y sin dolor podían solucionarse los problemas más complejos, aun aquellos que implicaban choques de intereses más profundos. El gobierno obtuvo su premio en las elecciones parciales de noviembre de 1985: apenas seis meses después de estar el país al borde del caos, logró un claro éxito electoral que significaba el apoyo general de la civilidad a la política económica. La novedad estaba, sin embargo, en que en la preocupación general, las cuestiones económicas habían pasado al primer plano, de modo que en lo sucesivo, éxitos y fracasos se medirían por ellas.

La placidez duró poco. Ya desde fines de 1985 se advirtió la vuelta incipiente de la inflación, que el gobierno debió reconocer en abril de 1986 con un "sinceramiento" y ajuste parcial. Influyeron en parte las dificultades crecientes en el sector externo, debido al derrumbe de los precios mundiales de los cereales como consecuencia de decisiones políticas de Estados Unidos, que afectó tanto los ingresos del Estado como de los productores rurales. Se sumó el aflojamiento de la disciplina social que requería el plan, sensible a cualquier intento de modificar los precios relativos. Renacieron las pujas corporativas, que realimentaron la inflación: la CGT, embanderada contra el congelamiento salarial, que afectaba sobre todo a los empleados estatales, y los empresarios, liderados por los productores rurales, que se movilizaron contra el congelamiento de precios. Curiosamente, ambos coincidían en un reclamo común contra el Estado. La reaparición tan rápida de los viejos problemas indicaba que, en el fondo, nada había cambiado demasiado. El plan, eficaz para la estabilización rápida, no preveía cambiar las condiciones de fondo, o intentaba hacerlo con ajustes que no supusieran ni dolores ni conflictos. Se intentó reactivar la inversión extranjera, especialmente en el área petrolera —el presidente Alfonsín anunció este plan en Houston, capital de las grandes empresas petroleras—, y también se esbozaron planes de reforma fiscal más profunda, privatización de empresas estatales y desregulación de la economía. Todo ello chocaba con ideas y convicciones muy firmes en la sociedad, arraigadas tanto en el peronismo como en el propio partido gobernante, de donde surgieron bloqueos a estas iniciativas. Sobre todo, cualquiera de estos rumbos hubiera significado, a diferencia del Plan Austral, enfrentarse con alguno de los fuertes intereses constituidos, o gravar al grueso de la sociedad con los costos de la reforma. A medida que se hacía más clara la necesidad de encarar soluciones de fondo, el gobierno radical descubría que sus bases de apoyo eran más tenues.

Quizá por eso a principios de 1987, cuando se volvía a agudizar la conflictividad social, el gobierno decidió recostarse en los grandes grupos corporativos a los que en un principio había acusado y combatido. En momentos en que un sindicalista, propuesto por un conjunto de los más importantes sindicatos, se hacía cargo del Ministerio de Trabajo, un grupo de funcionarios de las grandes empresas ligadas a los contratos estatales fue convocado para dirigir las empresas públicas y un político radical de militancia en las asociaciones rurales era nombrado secretario de Agricultura. Se renunciaba al sueño de controlar las corporaciones, se cerraba la etapa de la ilusión del predominio del interés público, y volvían a dominar los intereses particulares de los distintos sectores de la sociedad, y entre ellos, naturalmente, los de los más poderosos. Ventajas e inconvenientes de la nueva política se balancearon: la tregua social lograda tuvo como contrapartida el bloqueo que las distintas corporaciones imponían a políticas que las pudieran afectar. Empresarios y sindicalistas dejaron de estar de acuerdo, sobre todo cuando éstos lograron la sanción de la legislación gremial que acababa con las expectativas de flexibilizar las relaciones salariales. Pero por otra parte, cuando en abril de 1987 los militares desafiaron el poder civil, por primera vez desde 1930 no encontraron ningún apoyo en la sociedad. En cierto sentido, la institucionalidad democrática estaba salvada, a costa de la posibilidad de una reforma de la economía encarada democráticamente.

En julio de 1987 el gobierno encaró un nuevo plan de reformas, que contó con el aval de los principales organismos externos —particularmente el Banco Mundial, cuya política empezó a distanciarse de la del FMI— y que procuró conciliar la necesidad del ajuste del Estado con los intereses de los grandes empresarios. Una reforma impositiva más dura y profunda debía acompañarse de una política de privatización de empresas estatales y de una drástica reducción de sus gastos. Pero este intento nació sin la fuerza política capaz de sustentarlo, sobre todo luego de la derrota electoral de septiembre de 1987. En noviembre, los gremialistas se alejaron del gabinete. A los conflictos entre sindicalistas y empresarios se sumó la dificultad de éstos, divididos en sectores de intereses contrapuestos, para proponer una línea común de acción. El peronismo, sobre todo, apuntando con nuevo optimismo a las elecciones presidenciales de 1989, se negó a respaldar reformas cuyo costo social era evidente. De ese modo, la proyectada reconciliación con las corporaciones, que supuso un fuerte deterioro de la imagen del gobierno radical ante la civilidad, no rindió tampoco los frutos esperados en el terreno económico, donde la inestabilidad y la sensación de falta de gobernabilidad fue creciente.

La apelación a la civilidad

Inicialmente el gobierno radical sólo había sido tolerado por las grandes corporaciones —en rigor, el candidato peronista hubiera satisfecho mucho más cabalmente a las

Fuerzas Armadas y a la Iglesia—, de modo que debía respaldarse en su poder institucional. Pero allí también su apoyo era limitado, particularmente en el Congreso: la mayoría que tuvieron los radicales en la Cámara de Diputados hasta 1987 se contrapesaba con la mayoría relativa de los peronistas en el Senado, donde un grupo de representantes de partidos provinciales desempeñaban el beneficioso papel de árbitros inconstantes. Así, los dos grandes partidos tenían en el Congreso —que era el corazón del sistema democrático— la posibilidad de vetarse recíprocamente, y como no había habido acuerdos previos sobre cómo se conduciría el proceso político, que nadie dudaba en calificar como transicional, fue más difícil aún llegar a ellos cuando cada partido procuraba desempeñar con eficacia sus respectivos papeles de oficialismo y oposición.

Esta situación planteaba un problema para el gobierno, necesitado de un fuerte apoyo institucional en la resolución de los problemas de la crisis, y también para el proceso, todavía frágil, de institucionalización de la democracia. A menudo, al gobierno se le planteó la opción de gobernar efectivamente, desplegando su voluntad política pero tensando las cuerdas del sistema institucional, o tratar de concertar las distintas opiniones y llegar a acuerdos que, al costo de soslayar problemas y opciones, fortalecieran el sistema institucional. Tironeado por distintas tradiciones políticas, el gobierno radical adoptó, mientras pudo, una suerte de vía media entre ambas alternativas.

Los grandes apoyos del gobierno se encontraban en el radicalismo, y en el amplio conjunto de la civilidad que directa o indirectamente lo había respaldado. Se trataba de un actor político mucho más inestable que aquél pero que, por las peculiares circunstancias de la crisis del régimen militar, tenía inicialmente un gran poder. La Unión Cívica Radical había sido tradicionalmente el gran partido de la civilidad, y el que contaba con mayores antecedentes y capacidades para organizarla y galvanizarla. En realidad, se trataba de un partido complejo y fragmentario, en el que coexistían variadas tendencias y donde se representaban múltiples intereses, a menudo de peso local o regional, todo lo cual daba un gran mosaico, difícil de unificar.

Desde 1983 Raúl Alfonsín estableció un fuerte liderazgo, sobre todo capitalizando en el interior del partido el gran apoyo que había ganado en la civilidad. Su agrupación interna, el Movimiento de Renovación y Cambio —que fundó en 1972, cuando disputaba la conducción con Ricardo Balbín—, era poco más que una red de alianzas personales, a la vez eficaz y poco consistente cuando se trataba no ya de ganar elecciones internas sino de proponer a la sociedad grandes líneas programáticas. Más notable fue la acción de un grupo de dirigentes jóvenes, provenientes en su mayoría de la militancia universitaria, que integró la Junta Coordinadora Nacional, o simplemente la "Coordinadora". Surgido hacia 1968, el grupo arrastraba en sus ideas y modos de acción mucho de la experiencia que culminó en 1975: confluencia de tradiciones socialistas y antiimperialistas, sentido de la militancia orgánica y la disciplina partidaria, fe en la movilización de las masas. Volcados en 1982 a la vida partidaria detrás de Alfonsín, aportaron algunos elementos ideológicos a su discurso, pero sobre todo una gran capacidad para la organización y la movilización de esa civilidad que estaba constituyéndose en actor político, y a la que Alfonsín convocaba con el programa de la Constitución. También aportaron cuadros eficaces, tanto para la lucha partidaria como para la administración del país, y en ambos campos sobresalieron por su disciplina, su eficacia y también su pragmatismo, en el difícil arte de tejer alianzas y en la ejecución de políticas que sólo genéricamente podían filiarse en los contenidos programáticos originales. La Coordinadora ganó mucho poder, y suscitó resistencias internas, en un contexto de disputa partidaria en el que la unidad, difícil y precaria, sólo podía mantenerse gracias a la conducción, fuerte y en cierto modo caudillesca, de quien era a la vez presidente de la Nación y del partido.

El pacto entre Alfonsín y la civilidad se selló en la notable campaña electoral de 1983, en sus grandes actos masivos y en la fe común en la democracia como panacea. Consciente de que allí residía su gran capital político, Alfonsín siguió utilizando esa movilización, convocándola en ocasiones a la Plaza de Mayo o al referéndum para resolver situaciones difíciles, como la resistencia del Senado a aprobar el tratado por el Beagle, o el cúmulo de amenazas que se cernía en las vísperas del Plan Austral. Pero, sobre todo, trabajó intensamente en su educación, en la constitución de la civilidad como actor político maduro y consciente. Para la movilización callejera —un estilo político emparentado con el de las grandes jornadas de diez años atrás— la Coordinadora era insustituible, pero para esta otra labor necesitó del apoyo de un importante conjunto de intelectuales, convocados para asesorarlo en diversos lugares e instancias. Éstos le suministraron los insumos de ideas, reelaboradas y volcadas con singular pericia por un dirigente que —como ha puntualizado Carlos Altamirano— estaba convencido de que el único gobierno legítimo era el que se basaba en el convencimiento de la sociedad por medio de argumentos racionales.

Alfonsín le propuso los grandes temas y las grandes metas. La lucha contra el autoritarismo y por la democratización cubrió la primera fase de su gobierno, pero desde el Plan Austral, y sobre todo luego del triunfo electoral de noviembre de 1985, su discurso se orientó hacia los temas del pacto democrático, la participación y la concertación, y hacia la nueva meta de la modernización, un concepto que incluía desde las estructuras institucionales hasta los mecanismos de la economía, en los que las cuestiones de la reforma del Estado, la apertura y la desregulación aparecían formulados en el contexto de la democracia, la equidad y la ética de la solidaridad. Tales temas se manifestaron en una serie de reformas concretas, que sucesivamente propuso: la reforma del Estado, el traslado de la Capital al sur, la reforma constitucional, no concretadas pero con las que logró mantener la iniciativa en la discusión pública. En todos ellos subyacía una inquietud común: la convergencia de distintas tradiciones políticas detrás de un proyecto democrático y modernizador común. También una tentación: la articulación de esas tradiciones en un movimiento político que las sintetizara y que, con referencia a los antecedentes del yrigoyenismo y el peronismo, comenzó a denominarse el tercer movimiento histórico.

Este planteo, que nunca llegó a explicitarse plenamente, hizo rechinar la estructura del partido gobernante, que llevaba cuatro décadas combatiendo el movimientismo: de Perón, de Frondizi, de la corporacion sindical, de algunos sectores empresarios. Pero, sobre todo, la apelación a la movilización de la civilidad, sumada al fuerte protagonismo presidencial, suscitó dudas sobre su relación armónica con el proceso de institucionalización democrática. Dado el equilibrio de fuerzas y el reparto de posiciones institucionales, el gobierno debió a menudo elegir entre atenerse estrictamente a las normas republicanas, lo que en muchos casos hubiera llevado a una concertación tal que implicaba renunciar a los objetivos programáticos, o combinar aquel apoyo, de naturaleza más bien plebiscitaria, con el amplio margen de autoridad presidencial que las normas y los antecedentes acordaban, y así presionar al Congreso desde la calle, pasarlo por alto, orientar quizás a la justicia. En varios casos, el gobierno de Alfonsín avanzó por este camino, pero sus sólidas convicciones éticas lo frenaron pronto, y con ello, moderaron una voluntad política que, contra Maquiavelo, se negaba a convertir en razón suprema.

Las frágiles bases de su poder residían en la coherencia y tensión de esa civilidad que lo había consagrado presidente. Sus limitaciones pasaban por la fidelidad al pacto inicial, construido en torno del principio del bien común, pronto corroído por el resurgimiento de los intereses sectoriales, por la primacía de nuevas cuestiones, no contempladas inicialmente, como la económica, y por la emergencia de nuevas alternativas políticas, que lo privaron de la iniciativa discursiva. Éstas surgieron a izquierda y derecha, pero sobre todo de un peronismo renovado.

Un heterogéneo conjunto de fuerzas provenientes de la izquierda y de la experiencia de 1973 se nucleó en torno del Partido Intransigente (PI), con un programa que se ubicaba en el mismo terreno que el del alfonsinismo —la defensa de los derechos humanos, la reivindicación de la civilidad y la democracia— aunque agregaba consignas nacionalistas y antiimperialistas, aplicadas a la cuestión de la deuda externa. Inicialmente esta fuerza aspiró —de una manera ya conocida en la izquierda— a capitalizar la prevista disgregación del peronismo, pero luego se dedicó a señalar la infidelidad del gobierno al programa primigenio y a radicalizar las consignas de los derechos humanos, al tiempo que el antiimperialismo le permitía sintonizar con aquellos sectores del sindicalismo que levantaron la bandera del repudio a la deuda externa. No lograron sin embargo constituir un polo alternativo: el PI se disgregó y fue absorbido por el peronismo renovado.

A la derecha, e intentando también aprovechar el debilitamiento de la bipolaridad de 1983, creció la Unión del Centro Democrático, fundada por Álvaro Alsogaray, el veterano mentor de las ideas liberales. Esas ideas, que gozaban de un gran predicamento en el mundo, en el contexto de la crisis del bloque soviético y el del Estado de bienestar, fueron traducidas aquí de una manera novedosa y atractiva por un partido que encontró en el contexto de la democracia la fórmula de la popularidad, particularmente entre los jóvenes. Su éxito electoral fue relativo —no logró afirmarse más allá de la Capital—, aunque pudo aspirar a convertirse en la tercera fuerza, que arbitrara entre radicales y peronistas. Mucho más rotundo fue su éxito ideológico, sobre todo a medida que la crisis económica ponía de relieve la necesidad de soluciones de fondo. No es seguro que el liberalismo las tuviera, pero en cambio disponía de recetas fáciles y atractivas, y de una aguda capacidad para señalar los males del estatismo y el dirigismo. Compitió con éxito con el alfonsinismo en la educación de la civilidad, y hasta reclutó adeptos en el propio partido gobernante.

Al competir con la fuerza gobernante en el terreno de la opinión pública, los partidos y las instituciones, izquierdas y derechas —con la salvedad de grupos extremos y minoritarios— contribuyeron a reforzar la institucionalidad. Algo similar ocurrió con el peronismo después de una etapa inicial de vacilación. Inmediatamente después de las elecciones de 1983, y en medio de un gran desconcierto y de profundas divisiones, predominaron quienes —encabezados por el dirigente de Avellaneda Herminio Iglesias— quisieron combatir al gobierno desde las viejas posiciones nacionalistas de derecha, y alentaron el acuerdo de políticos y sindicalistas peronistas con los militares y con quienes, como el ex presidente Frondizi, se habían convertido en sus voceros. En ese contexto, se opusieron al acuerdo con Chile y fueron categóricamente derrotados en el plebiscito. Progresivamente fue articulándose dentro del peronismo una corriente opuesta —la renovación— que combatió duramente con la conducción oficial, al punto de que en 1985 se dividió el bloque de Diputados, hasta que a fines de ese año conquistó la preeminencia en el partido. El peronismo renovador —cuyas principales figuras eran Antonio Cafiero, Carlos Grosso, José Manuel de la Sota y el gobernador de La Rioja Carlos Menem— se proponía adecuar el peronismo al nuevo contexto democrático, insertarse en el discurso de la civilidad y agregarle el de las demandas sociales tradicionalmente asumidas por el peronismo, compitiendo desde la izquierda de su propio terreno con el gobierno, a quien acompañaron incluso en temas como el plebiscito sobre el Beagle. Cuando se produjo la crisis militar de Semana Santa de 1987, el comportamiento de los dirigentes renovadores fue impecable: manifestaron una solidaridad total con la institucionalidad democrática y respaldaron sin condiciones al gobierno. No sólo inscribían al peronismo en el juego democrático, sino que, finalmente, parecían crear la condición de éste: la posible alternancia entre partidos competidores y copartícipes.

El fin de la ilusión

El año 1987 fue decisivo para el gobierno de Alfonsín. El episodio de Semana Santa representó la culminación de la participación de la civilidad, el máximo de tensión que se podía alcanzar, y al mismo tiempo la evidencia de su limitación para doblegar un factor de poder igualmente tensado. En la Pascua de 1987 concluyó definitivamente la ilusión del poder ilimitado de la democracia. Además, y ya embarcado en la negociación con los distintos intereses que habían sobrevivido al embate civil —militares, empresarios, sindicalistas—, Alfonsín perdió la exclusividad del liderazgo sobre la civilidad. Si bien los competidores de derecha e izquierda cosecharon algo, las mayores ganancias fueron para el peronismo renovador. En un clima de deterioro económico agudizado y de inflación creciente, las elecciones de septiembre de 1987 les dieron un triunfo si no categórico, claramente importante: el radicalismo perdió la mayoría en la Cámara de Diputados, y el control de todas las gobernaciones, con excepción de dos, Córdoba y Río Negro, únicos distritos, junto con la Capital Federal, donde logró triunfar.

El gobierno sintió fuertemente el impacto de una derrota que cuestionaba su misma legitimidad y su capacidad de gobernar, y desde entonces hasta que traspasó el gobierno, en julio de 1989, las dificultades para su gestión fueron crecientes, hasta llegar a convertirse en un calvario. El plan económico lanzado en julio y completado en octubre le dio un momentáneo respiro, sobre todo porque la oposición peronista aceptó compartir la responsabilidad en la aprobación de los nuevos impuestos necesarios para equilibrar las cuentas del Estado. Pero no acompañó al gobierno en las transformaciones de fondo, como el programa de privatización de empresas estatales, de modo que la credibilidad de la nueva orientación fue escasa y los signos de la crisis —fuerte inflación, incapacidad para afrontar los pagos de la deuda— pronto reaparecieron. En el propio partido, alzaron sus voces los disconformes con la conducción de Alfonsín, quien rápidamente propuso como candidato presidencial para 1989 al gobernador de Córdoba, Eduardo Angeloz, proveniente de los sectores más tradicionales y escasamente identificado con las tendencias del alfonsinismo.

La cuestión militar, no cerrada en abril de 1987, tuvo dos nuevos episodios, en parte porque la situación de los oficiales seguía irresoluta, pero sobre todo porque los activistas militares estaban dispuestos a aprovechar la debilidad del gobierno. En enero de 1988 el teniente coronel Rico, jefe de aquel alzamiento, huyó de su prisión y volvió a sublevarse en un lejano regimiento en el nordeste. A diferencia del año anterior, la movilización civil fue mínima, aunque también el respaldo militar a los sublevados resultó escaso: Rico fue perseguido por el Ejército y, luego de un breve combate, se rindió y fue encarcelado en un establecimiento penal.

A fines de 1988 hubo una nueva sublevación, encabezada por el coronel Seineldín, que como Rico pertenecía al selecto grupo de los "héroes de las Malvinas", y a quienes todos sindicaban como el verdadero jefe de los "carapintadas". Seineldín se sublevó en un regimiento en el límite mismo de la Capital y reclamó una amplia amnistía y una reivindicación de la institución. Como en Semana Santa, se comprobó que el grueso del Ejército, y probablemente porciones importantes de las otras armas, compartían sus ideas, se negaban a reprimirlo y hasta hacían suyo su programa. Como en Semana Santa, y pese a que los amotinados terminaron en prisión, el resultado final fue incierto. Desde el punto de vista del gobierno, quedaba claro que no acertaba a conformar ni a la civilidad —que lo encontraba claudicante— ni a los oficiales, cuyos reclamos pasaban de la "amplia amnistía" al indulto a los condenados y la reivindicación de la lucha contra la subversión. En definitiva, había fracasado el proyecto de reconciliar a la sociedad con las Fuerzas Armadas. Aquélla se sentía totalmente ajena a las inquietudes de los "carapintadas", y aun quienes tradicionalmente habían apelado a los militares repudiaban su actitud subversiva y el nacionalismo fascistizante que esgrimían. Éstas, por su parte, se encerraban en reivindicaciones absolutamente corporativas, pues la demanda de su rehabilitación se sumaba a novedosos planteos salariales que mostraban cómo la crisis del Estado también los había alcanzado a ellos.

En enero de 1989 un grupo terrorista, escaso en número, pobre en recursos, aislado y trasnochado, asaltó el cuartel de La Tablada en el Gran Buenos Aires y el Ejército encontró la ocasión para realizar una aplastante demostración de fuerza, que culminó con el aniquilamiento de los asaltantes. El reconocimiento que recogió por la acción fue el primer indicio del cambio de prioridades y valores en la opinión pública. Podía anticiparse que a la larga, la cuestión militar abierta se solucionaría con la reivindicación de los militares, el olvido de los crímenes de la "guerra sucia" y el entierro de las ilusiones de la civilidad, aunque tocaría dar el gran paso de amnistiar a los jefes condenados al gobierno que siguió al doctor Alfonsín.

La cuestión política tampoco se cerró satisfactoriamente para la civilidad democrática. Luego de la elección de septiembre de 1987 creció la figura de Antonio Cafiero, gobernador de Buenos Aires, presidente del Partido

Justicialista y jefe del grupo "renovador", que se perfilaba como candidato de su partido y, probablemente, sucesor de Alfonsín. En muchos aspectos, Cafiero y los renovadores habían remodelado el peronismo a imagen y semejanza del alfonsinismo: estricto respeto a la institucionalidad republicana, propuestas modernas y democráticas, elaboradas por sectores de intelectuales, distanciamiento de las grandes corporaciones y establecimiento de acuerdos mínimos con el gobierno para asegurar el tránsito ordenado entre una presidencia y otra.

Quizás eso los perjudicó frente al candidato rival dentro del peronismo: el gobernador de La Rioja, Carlos Menem, también enrolado en la "renovación" pero cultor de un estilo político mucho más tradicional. Menem demostró una notable capacidad para reunir en torno suyo todos los segmentos del peronismo, desde los dirigentes sindicales, rechazados por Cafiero, hasta antiguos militantes de la extrema derecha o la extrema izquierda de los años setenta, junto con todo tipo de caudillos o dirigentes locales desplazados por los renovadores. Como ha dicho Ricardo Sidicaro, se trataba de una "antielite", que hería la sensibilidad de la civilidad democrática. Con este heterogéneo apoyo, explotando su figura de caudillo tradicional para diferenciarse de sus rivales modernizadores, y sin necesidad de formular propuesta o programa alguno, ganó la elección interna, y en julio de 1988 quedó consagrado candidato a Presidente. En los meses siguientes extendió y perfeccionó su fórmula. Tejió en privado sólidas alianzas con los grandes intereses corporativos: importantes empresarios, como el grupo Bunge y Born, dirigentes de la Iglesia, altos oficiales de las Fuerzas Armadas, incluyendo los "carapintadas". Pero en público apeló al vasto mundo de "los humildes", a quienes se dirigió con un mensaje casi mesiánico, formulado con un despliegue escenográfico que lo hacía aparecer como un santón, y en el que la "revolución productiva" y el "salariazo" prometidos prenunciaban la entrada en la tierra de promisión.

Si en el voluntarismo se acercaba al estilo de Alfonsín, todo lo demás lo diferenciaba, al tiempo que testimoniaba la realidad de una nueva sociedad, dominada por la miseria y la marginalidad, en la que este tipo de discursos resultaba mucho más eficaz. En suma, nadie sabía qué haría exactamente el candidato peronista en caso de resultar triunfante, pero estaba claro que sería pragmático y poco apegado a compromisos programáticos.

Angeloz, su competidor, criticó a Menem aprovechando el temor que despertaba en muchos pero también trató de captar al electorado que criticaba en Alfonsín sus facetas más progresistas. Por ello, acentuó los aspectos de su programa que lo acercaban a las propuestas liberales, y mientras Menem prometía volver al paraíso de la distribución, Angeloz anticipaba un recorte de la beneficencia estatal, que simbolizaba en un lápiz rojo dispuesto a tachar todo gasto innecesario.

Es posible que, con esas alternativas, fuera inevitable el triunfo del candidato opositor, según una dinámica muy propia de las democracias consolidadas, en las que las dificultades de la sociedad engrosan la cuenta de los gobernantes. Pero faltaba el ingrediente final, que transformó una posible transición ordenada en otra catastrófica. En agosto de 1988 el gobierno lanzó un nuevo plan económico, que denominó "Primavera", con el propósito de llegar a las elecciones con la inflación controlada, pero sin realizar ajustes que pudieran enajenar la voluntad de la población. Al congelamiento de precios, salarios y tarifas —aceptado a regañadientes por los representantes empresarios— se agregó la declarada intención de reducir drásticamente el déficit estatal, condición para lograr el indispensable apoyo de los acreedores externos, mucho más remisos que antes. En condiciones políticas muy distintas que las de 1985, el plan marchó de entrada con dificultades: la predisposición de los distintos actores a mantener el congelamiento fue escasa, los cortes en los gastos fiscales fueron resistidos, la negociación con las principales entidades externas marchó muy lentamente, y los fondos prometidos llegaron con cuentagotas; en cambio lo hicieron los capitales especulativos, para aprovechar la diferencia entre tasas de interés elevadas y cambio fijo, contando con retornar en cuanto se anunciara la amenaza de una devaluación. Se trataba, en suma, de una situación explosiva, que reposaba exclusivamente sobre la confianza existente en la capacidad del gobierno para mantener la paridad cambiaria. En diciembre de 1988 ocurrió el episodio de Seineldín, al que siguió una aguda crisis en el suministro de electricidad, y poco después, el asalto al cuartel de La Tablada. Por entonces Domingo Cavallo, un economista afiliado al justicialismo, había recomendado al Banco Mundial y al Fondo Monetario que limitaran sus créditos al gobierno argentino. Cuando ambas instituciones anunciaron que no lo seguirían respaldando, todo el edificio se derrumbó. El 6 de febrero de 1989 el gobierno anunció la devaluación del peso —que devoró la fortuna o los ahorros de quienes no supieron retirarse a tiempo— e inició un período en que el dólar y los precios subieron vertiginosamente y la economía entró en descontrol. Luego de largos períodos de alta inflación, había llegado la hiperinflación, que destruyó el valor del salario y la moneda misma y afectó la misma producción y circulación de bienes.

En ese clima se votó el 14 de mayo de 1989. El Partido Justicialista obtuvo un rotundo triunfo y Carlos Menem quedó consagrado presidente. La fecha del traspaso debía ser el 10 de diciembre de ese año, pero pronto fue evidente que el gobierno saliente no estaba en condiciones de gobernar hasta esa fecha, máxime cuando el candidato triunfante rehusó toda colaboración para la transición. A fines de mayo la hiperinflación tuvo sus primeros efectos dramáticos: asaltos y saqueos a supermercados, duramente reprimidos. Poco después, Alfonsín renunció, para anticipar el traspaso del gobierno, que se concretó el 8 de julio, seis meses antes del plazo constitucional. La imagen de 1983 se había invertido, y quien había sido recibido como la expresión de la regeneración deseada se retiraba acusado de incapacidad y de claudicación.

La revolución copernicana

En medio de la hiperinflación, y mientras muchos de sus votantes esperaban el prometido salariazo, Carlos Saúl Menem, nuevo presidente, emprendió con decisión un rumbo diferente. Con el apoyo explícito de los empresarios más importantes —expresado en la incorporación a su gobierno de directivos de Bunge y Born, la mayor corporación privada, y del ingeniero Alsogaray, patriarca del liberalismo—, y también de Estados Unidos, con cuya política exterior se alineó decididamente, se dedicó a aplicar estrictamente el recetario liberal y a construir lo que sería el "partido del mercado". Tardó sin embargo dos años en dominar la inflación, y aun experimentó un segundo episodio hiperinflacionario, a fines de 1990, que terminó de tornar ineficaces muchos de los tradicionales instrumentos de política económica y allanó el camino para soluciones más radicales. Después de dos años de ensayos, éstas fueron sistemáticamente encaradas desde abril de 1991 por el ministro Cavallo, quien logró concentrar todos los resortes de la conducción económica —incluidas las áreas de las obras públicas y de las relaciones laborales— y disciplinar con energía a los distintos sectores que apoyaban el nuevo rumbo pero no lograban armonizar sus intereses.

El nuevo rumbo profundizaba y llevaba hasta sus últimas consecuencia las políticas de apertura y desregulación económica ensayadas desde 1975. Se liberaron los precios, aun de aquellos productos donde el precio único tenía valor simbólico, como los combustibles; también se liberó casi por completo la importación, y en la misma medida se eliminó la promoción industrial. El Estado renunció a toda regulación sobre el mercado financiero, y los bancos oficiales comenzaron a reducir sus operaciones, abriendo camino a la banca privada. La nueva política alcanzó también al mercado laboral: se avanzó en la flexibilización de los contratos de trabajo, al tiempo que se reglamentaba restrictivamente el derecho de huelga y se reducía la capacidad de negociación de las grandes organizaciones sindicales. Luego de un cambio de moneda, la ley de Convertibilidad fijó la paridad del nuevo peso, que reemplazó al austral, con la del dólar, comprometiéndose el gobierno a no emitir sin respaldo y a satisfacer cualquier demanda de divisas o de pesos.

El compromiso de no emitir obligaba al Estado a una drástica reducción de sus gastos, que resolvió desprendiéndose sistemáticamente de todas sus empresas: muchas fueron privatizadas y otras simplemente cerradas. A las transferencias o despidos de personal se sumó la paralización de las obras públicas, el recorte presupuestario en todas las áreas, incluyendo la salud y la educación, y hasta la reducción de las tareas de control y regulación propias del Estado. Por otra parte, una acrecida presión fiscal allegó nuevos recursos, los que se sumaron a lo producido por la venta de empresas y al aporte de capitales especulativos, que, como había ocurrido en etapas anteriores de estabilización acelerada, concurrieron atraídos por altas tasas internas de interés.

La privatización de las grandes empresas de servicios públicos fue un punto central de la nueva política, no sólo porque expresaba rotundamente la decisión de reducir al máximo la presencia del Estado y de someter a las normas del mercado actividades de interés social, sino porque se decidió aceptar, y aun privilegiar, como parte de pago los títulos de la deuda externa, computados a su valor nominal, que era varias veces más alto que el de mercado. La empresa telefónica fue la primera de una serie que incluyó las de electricidad, agua corriente, ferrocarriles, aviación, así como las empresas siderúrgicas o petroquímicas. La privatización se hizo muy rápidamente, tanto por urgencias financieras como programáticas; los caminos legales seguidos fueron discutibles, y los recaudos tomados para asegurar el control público sobre las empresas fueron mínimos. En casi todos los casos los compradores resultaron asociaciones entre los grandes grupos económicos locales, empresas internacionales vinculadas con la actividad y algunos de los principales bancos acreedores.

Esta participación, y la revaloración de los títulos de la deuda externa —fuertemente desvalorizados por los incumplimientos en su pago—, permitieron mejorar la relación con los acreedores externos y obtener una cierta tolerancia que, unida al esfuerzo fiscal del gobierno, culminó en una renegociación global de la deuda. El país se comprometió a un plan de pagos muy estricto, a cambio del cual obtuvo una moderada reducción, y sobre todo el visto bueno de los organismos financieros internacionales para la gestión de nuevos créditos.

En conjunto, lo que el presidente Menem denominó "cirugía mayor, sin anestesia" representó la culminación de tendencias que venían esbozándose desde mediados de la década de 1970, pero también una verdadera revolución respecto de lo que habían sido las políticas intervencionistas y benefactoras del Estado argentino, instaladas precisamente por el peronismo a mediados de la década de 1940. Al promediar el mandato del presidente Menem, su balance es naturalmente complejo y abierto. La sociedad ha valorado en primer lugar la drástica reducción de la inflación, la estabilidad, pero también se han recordado experiencias anteriores —bajo los ministerios de Krieger Vasena, Martínez de Hoz o Sourrouille— que no lograron mantener los éxitos iniciales y concluyeron de manera dramática. Por otra parte, no resulta claro hasta qué punto la estabilización, cuyas primeras consecuencias son una profunda crisis, particularmente en la industria, desocupación, caída de ingresos de vastos sectores de la sociedad y concentración en favor de otros, habría de conducir al crecimiento. Más claro es el balance sobre el abandono que el Estado ha hecho de buena parte de sus funciones, y el retroceso de su participación en áreas que son de su competencia prioritaria, como la salud o la educación.

En otros ámbitos, la política del presidente Menem también innovó profundamente. Estableció una relación privilegiada con Estados Unidos, pragmática y sin complejos para conceder todo lo que se demandaba, como por ejemplo enviar tropas a la operación militar realizada contra Irak, así como para las distintas tareas de policía militar realizadas por las Naciones Unidas. Admitió incluso la injerencia permanente del embajador norteamericano en cuestiones de política interna, particularmente en la defensa de los intereses de las empresas de su país, y obtuvo un consistente apoyo para el rumbo económico adoptado, que por otra parte satisfacía las aspiraciones de los grandes bancos acreedores. Igualmente audaz fue el cambio introducido en las relaciones con Gran Bretaña, interrumpidas por la guerra, que se reanudaron renunciando la Argentina a todo reclamo sobre las islas Malvinas, sin obtener a cambio más que una presencia militar más intensa de los británicos y una mayor explotación de los recursos del área.

En el campo militar, se indultó a quienes habían sido condenados por su participación en la represión durante el Proceso, incluyendo a los miembros de las Juntas militares; la medida, que originó un fuerte rechazo en la opinión, también incluyó a los jefes de los Montoneros, pronto convertidos en entusiastas defensores de la nueva política. También se indultó a los militares sublevados contra el gobierno constitucional anterior, los "carapintadas", que habían apoyado a Menem en su campaña electoral. La decisión de no reincorporarlos al Ejército, y de eliminar de los mandos a quienes simpatizaban con ellos, los llevó a un levantamiento en diciembre de 1990, reprimido con energía, que derivó en la nueva prisión de los cabecillas. En el campo institucional, finalmente, la ampliación de los miembros de la Corte Suprema permitió conformar un cuerpo con mayoría de quienes apoyaban la política del gobierno, pronto manifiesta en la convalidación de decisiones de juridicidad discutible. La política presidencial apuntó finalmente a una reforma de la Constitución que permitiera la reelección presidencial.

Junto con esa radical reorientación de las políticas, que en muchos sectores rompía con la tradición peronista, el gobierno de Menem se carácterizó por un estilo autoritario, ubicado en este caso en lo más profundo de aquella tradición, y recuperó lo que de ella se había creído superado con el retorno democrático de 1983. El presidente fue "el jefe", concentró en sus manos una gran cantidad de poder, y lo usó sin restricciones. Delegó el manejo cotidiano en un conjunto de funcionarios, unidos a él por lazos de lealtad, una suerte de "corte" donde las preferencias del príncipe iban cambiando de destinatario, y sobre la cual cayeron fundadas sospechas de corrupción. A todos ellos los carácterizó una enorme voluntad de poder, no controlada ni por exigencias de razonabilidad o consenso ni, a menudo, por las mismas limitaciones que el sistema institucional establecía. La apelación a razones de "necesidad y urgencia", legitimadas por la aguda crisis económica, les permitió no sólo ignorar cualquier debate sobre decisiones que comprometían profundamente el destino de la sociedad, sino incluso avanzar sobre las instituciones de la República, concebidas precisamente para limitar y balancear los poderes. La misma voluntad de poder se tradujo, en ocasiones, en la apelación a recursos totalmente ilegítimos, como la violencia o el soborno.

El ejercicio sin limitaciones del poder se apoyó en un amplio triunfo en el terreno discursivo, donde el gobierno no sólo impuso sus puntos de vista sino su manera de organizar el debate. El papel del presidente fue aquí fundamental, por su dominio del lenguaje de los medios masivos —convertidos decididamente en los moldeadores de la opinión— y también por su escasa exigencia interior de coherencia o veracidad. Permanentemente apeló al pragmatismo, descartando como ideológica o utópica cualquier alternativa al rumbo seguido. La situación de excepción justificó el desconocimiento cotidiano de las prácticas democráticas, la anulación del debate y la desvalorización de las instituciones. Los mismos criterios de equidad social, a los que tradicionalmente se apeló para legitimar distintas políticas, fueron abandonados y reemplazados por manifestaciones no disimuladas del darwinismo social más desembozado.

Esta audaz combinación de liberalismo y autoritarismo produjo profundas divisiones y reagrupamientos en la sociedad y en la política, y atenuó las posibles resistencias que, cuando aparecieron, no encontraron un polo común. La experiencia de la hiperinflación y los fantasmas del desborde social, fueron sin duda muy importantes, y arraigaron la convicción de que las orientaciones políticas de los cincuenta años anteriores, y muy especialmente la del Estado benefactor, ya no eran posibles. El peronismo, que por largos períodos había expresado las resistencias sociales a las políticas estatales, fue totalmente desactivado por una conducción que no ocultaba su distanciamiento total de tradiciones y símbolos. El presidente criticó a los "nostálgicos del 45" y olvidó a Perón, al tiempo que se abrazaba con sus tradicionales enemigos, como el almirante Rojas. Buena parte de la dirección peronista, formada en la tradición de la subordinación al jefe, fue cooptada, y la prebenda se usó ampliamente para doblegar resistencias. Pero sobre todo, esas resistencias no aparecieron en la base misma de la sociedad, entre quienes resultaban los mayores perjudicados por la nueva política y que, a falta de otras alternativas, mantuvieron su apoyo al nuevo jefe.

El sindicalismo, que tradicionalmente había expresado los reclamos de los sectores trabajadores y populares peronistas, experimentó una profunda crisis, en parte por efecto de los cambios en la estructura ocupacional y la caída en el número de afiliados, pero sobre todo porque su interlocutor tradicional, el Estado benefactor, había desaparecido. Con afiliaciones escuálidas y sin el respaldo de las instituciones laborales, los sindicatos pesaron poco en la negociación gremial y perdieron casi toda su fuerza política. Muchos de sus dirigentes fueron cooptados, con los mismos métodos que los políticos, y los que intentaron resistir la tendencia descubrieron que les era imposible construir un polo resistente y terminaron aceptando las nuevas reglas del juego. Las corporaciones empresarias, por su parte, se vieron sorprendidas por un gobierno de amplia base popular que adoptaba lo que hasta entonces había sido su programa de resistencia, un liberalismo pleno que, sin embargo, provocaba serios quebrantos a muchos de ellos. Quienes quisieron enfrentar algunos aspectos de la nueva orientación descubrieron que carecían de argumentos legítimos, y sobre todo, que el gobierno sólo atendía las demandas de un círculo muy pequeño: el conjunto de los grandes grupos que habían adquirido un peso decisivo en la economía.

La oposición política atravesaba por problemas similares. El frente oficial no sólo pudo ampliarse hacia la derecha, absorbiendo a los simpatizantes de muchos agrupamientos políticos, y a sus mismos cuadros, sino que aprovechó ampliamente la forma en que los temas del debate de la sociedad habían quedado definidos ya desde 1988. En este campo sus argumentos fueron de una eficacia demoledora: todos los problemas de la sociedad eran económicos, todos los problemas económicos se resumían en la estabilidad, y para alcanzarla no había otro camino que la fórmula liberal ensayada, y que en ese terreno estricto había demostrado ser eficaz. La oposición política, y en particular el radicalismo, aunque pudo polemizar con eficacia sobre temas como el autoritarismo creciente y la corrupción del círculo gobernante, no logró sacar al debate político de la cuestión de la estabilidad, e imponer la discusión de otros temas, como el costo mismo de esa estabilidad. La opinión pública se interesó vivamente por estos temas, agitados por una prensa que hizo gala de independencia, pero sin embargo pareció apreciar más la idea de que, aun con fallas, el gobierno había hecho lo único que se podía hacer, con el mérito de encararlo sin vacilaciones y sin limitaciones. De ese modo, las protestas y resistencias que cada una de las decisiones apareaba, se resolvieron en sí mismas, sin integrarse en un coro de protestas más amplio, que las reuniera en una reivindicación global alternativa. Así, al ingresar en la fase final de su mandato, el gobierno responsable de la resolución copernicana avanzaba sin encontrar resistencias consistentes.

EPÍLOGO.
LA NUEVA ARGENTINA

Esta última experiencia política, cuyos resultados finales apenas pueden vislumbrarse al escribirse estas líneas, ha puesto en evidencia cuánto ha cambiado el país —su sociedad, su economía, sus ideas, su política— en los últimos veinte años. Esos cambios, cuya profundidad quedó de alguna manera disimulada durante la etapa de la ilusión democrática, se están revelando en toda su profundidad: el país hoy se parece muy poco a aquel que, en 1916, constituyó un sistema político democrático que coronaba la expansión de su economía y su sociedad, o a aquel otro que hacia 1945, asoció el crecimiento de su mercado interno con la promoción de la justicia social desde el Estado. Con respecto a sus expectativas y utopías, tampoco se parece a aquel que, comenzando los años de 1960, se ilusionó con la modernización y vislumbró un futuro promisorio. Salvo para algunos pocos, el prospecto de la nueva Argentina reúne la incertidumbre de un futuro difícil, y a la vez, la reaparición de algunos de los rasgos más negativos de su pasado, que se había creído superados.

En cierto sentido, esos cambios se ubican en la corriente común del mundo occidental. Una profunda reestructuración económica, impulsada por el salto tecnológico y la ola del liberalismo, provoca en todas partes la desaparición de lo viejo, su difícil sustitución por lo nuevo, y en la transición, incertidumbre, desocupación, miseria. En todas partes el Estado renuncia a dirigir la economía y reduce su función providente y benefactora. En todas partes también, naufragan los grandes acuerdos sociales forjados en la posguerra y los fuertes crecen a costa de los más débiles. En esta crisis general se manifiestan los dos elementos que habitualmente la constituyen: la destrucción de lo viejo, vivido por sus contemporáneos como derrumbe, y la lenta emergencia de lo nuevo, más difícil de percibir.

¿Cuánto hay de lo uno y de lo otro en la Argentina de los últimos veinte años? Un balance, sin duda parcial, en la mitad del cruce de un río turbulento, debe tener en cuenta la profundidad de la crisis, que es diferente en cada país, y sobre todo la manera como cada sociedad nacional conduce el proceso de reestructuración. Si en todas partes el diagnóstico sobre la necesidad del cambio de rumbo es coincidente, en cada caso la forma de encararlo podrá quizá permitir alcanzar la ribera opuesta o conducir al naufragio. Para la Argentina, este interrogante sin duda permanece abierto hoy.

Los cambios han sido más visibles en la economía: con la apertura plena y la retirada del Estado intervencionista desaparecen los que fueron sus datos básicos en los últimos sesenta años. Lo que vendrá debe cargar con una pesada herencia. Nadie podría asegurar que la inflación, hoy detenida, no retornará, como ocurrió en 1970, 1981 o 1987; en cualquier caso, la marca dejada por la experiencia inflacionaria o hiperinflacionaria sobre los actores económicos es profunda y condiciona fuertemente sus comportamientos en lo económico, pero más profundamente en lo político y en lo social. Más categórica es la herencia de la deuda externa: no está claro cómo se la afrontará una vez que el Estado haya terminado de desprenderse de todos sus activos, si una importante corriente exportadora, y un flujo más permanente de capitales no equilibra nuestras cuentas. Si ello no ocurre, es posible que la presión fiscal, a la que el Estado no puede renunciar sin malquistarse con sus acreedores, termine de resultar asfixiante.

Mientras tanto, lo ocurrido en los últimos veinte años, rematado con el último y definitivo "ajuste estructural", ha golpeado duramente al aparato productivo, al punto de que cuesta imaginar por dónde podrá venir su recuperación. El agro se benefició desde hace dos o tres décadas con lo más positivo de la reestructuración, y su capacidad y eficiencia productiva han crecido de modo notable, pero para ubicarse competitivamente se enfrenta con problemas en los mercados mundiales —donde han aparecido competidores insospechados—, y con serias dificultades internas derivadas del ajuste. Algo parecido ocurre con los sectores industriales de definido perfil exportador, que se han reestructurado eficientemente por la vía de la alta concentración y el aprovechamiento de las ventajas y prebendas que otrora brindó el Estado: acero, aluminio, petróleo y otros insumos industriales tienen buenas posibilidades, limitadas por las mismas razones que los productos agrícolas, pero, como aquéllos, su incidencia interna, en relación con la ocupación y las actividades encadenadas, es relativamente baja.

En cambio, la industria orientada al mercado interno ha sufrido el demoledor golpe de la competencia externa, el fin de todo tipo de promoción y la reducción del mercado interno. Esto ha afectado a la primitiva industria nacional de la posguerra y también a la desarrollada luego de 1958, impulsada por las grandes empresas multinacionales. Una y otra crecieron gracias a una sistemática transferencia de recursos que, por diversas vías, realizó el Estado, y existe un consenso general acerca de los efectos perniciosos de esa protección para la eficiencia y la competitividad. Es posible, sin embargo, que su retiro brusco, sin que existan mecanismos de apoyo a su conversión, conduzca a algo parecido a su desaparición. De hecho, una buena parte del sector industrial ha desaparecido, y en el subsistente se verifica hoy, antes que un avance, un retroceso tecnológico, en términos no ya relativos al mundo sino absolutos con respecto a los niveles que el país había alcanzado hacia 1975. Finalmente, la crisis ha acelerado el proceso de concentración, lanzado desde 1975 y acelerado en los últimos años, del que ha resultado beneficiario un reducido conjunto de grupos económicos, que se despliega en diversas actividades industriales, comerciales, agropecuarias, financieras y de servicios, y que se ha beneficiado del reciente proceso de privatización de las empresas públicas. Ellos, y los principales bancos acreedores, son hoy los interlocutores privilegiados en cualquier formulación de políticas económicas.

No es fácil vislumbrar el sentido de estos cambios, que en la visión de sus promotores han de servir para restaurar el dinamismo capitalista, atrofiado por décadas de intervención estatal. Este diagnóstico optimista debe confrontar con dos grandes dudas, una estructural y otra referida a los actores. Parece evidente que la Argentina no puede retomar la ruta del crecimiento sin mejorar sus exportaciones —no sólo porque ha clausurado la vía del mercado interno protegido sino porque carga con una pesada deuda por pagar—, pero no está claro qué lugar hay para ella en el mundo: qué es lo que el país puede hacer mejor que otros y para quién puede hacerlo. La duda se planteó por primera vez entre las dos guerras mundiales, no ha sido resuelta desde entonces y reaparece hoy con toda su agudeza. Por otra parte, los empresarios han sido liberados de la tutela del Estado, que siempre denostaron, aun cuando con ella a menudo crecieron a costa del conjunto de la sociedad. Hoy todavía sus más conspicuos representantes disfrutan de un último festín a costa del Estado. ¿Se inclinarán en el futuro por aquellas conductas reclamadas, por la asunción de riesgos y la búsqueda de beneficios por la vía de la innovación y la eficiencia, o encontrarán alguna nueva variante de aquellas conductas que han sido calificadas como "perversas"? Seguir el primer camino ha de ser, para algunos, el resultado de una decisión de raíz ideológica, moral o religiosa. Para otros, es muy difícil que esta reconversión, de la economía y de las conductas, sea exitosa si no es orientada por vigorosas políticas públicas.

Esa posibilidad es descartada en la versión local de la "refundación del Estado", un programa común a todos los países del mundo occidental pero asumido aquí en un sentido diferente. El Estado ha abandonado casi todos los recursos de intervención o regulación económica construidos luego de 1930 o de 1945. Ha renunciado a controlar las grandes variables y los instrumentos que posibilitaban las transferencias intersectoriales; ha descartado las políticas de promoción, y con ellas los subsidios y las prebendas; se ha deshecho de las empresas públicas, que luego de un largo proceso de destrucción sistemáticamente alentado, fueron transferidas a propietarios privados, con el argumento de la mayor eficiencia, y hasta ha renunciado a regular y controlar los servicios públicos.

Esta renuncia se fundó no sólo en razones ideológicas generales, sino en la convicción de que el Estado ya no tenía nada más qué repartir. Hasta 1930 la sociedad había aprovechado largamente los beneficios extraordinarios del sector agropecuario, y vastos sectores habían crecido y prosperado a su costa. Luego de 1930, y concluido aquel período excepcional de prosperidad, el Estado apeló a lo acumulado para distribuirlo entre diferentes sectores, utilizando sucesivamente distintas bolsas: la inflación, las cajas de jubilación, la deuda externa, la deuda interna. El fin del largo festín y la exigencia perentoria de pagar la deuda externa crearon las condiciones para que se aceptaran mansamente las políticas tendientes a terminar con las transferencias a sectores protegidos, y también a achicar los gastos e inversiones del Estado.

La crítica no sólo afectó al Estado dirigista sino al providente, empeñado en el bienestar de la sociedad, y en este caso la reducción fue acompañada por la tendencia, también nutrida ideológicamente, a desinteresarse por sus funciones sociales, incluyendo junto con las propias del Estado benefactor aquellas otras que, según cualquier concepción del Estado, le son irrenunciables. El Estado reduce su participación en las obras públicas y en la defensa y seguridad, en la salud y en la educación. De uno u otro modo, transfiere su responsabilidad a los usuarios, según sus peculiares posibilidades, y sólo se reserva aquella parte mínima destinada a los más indigentes, de una calidad adecuada a sus posibilidades. De ese modo ha sido abandonado el principio de la equidad y la justicia social, una de las más importantes conquistas de la sociedad argentina de este siglo. Finalmente, el Estado renuncia a la posibilidad misma de regular a los actores económicos desde una concepción mínima de lo público.

En la Argentina ha ocurrido, en estos últimos veinte o treinta años, una verdadera destrucción del Estado, operada desde el Estado mismo. La importancia central que asignaron a contrarrestarla los presidentes Perón en 1973 y Alfonsín diez años después da testimonio de la gravedad y profundidad de este proceso. Sin declaraciones estridentes, ha habido un sistemático esfuerzo por alejar a los empleados eficientes, desarmar oficinas, pervertir las normas e instalar la corrupción. Antes de que cualquier afirmación programática lo postulara, el Estado ya resultó incapaz de imponer en la sociedad normas racionales y previsibles, orientar a los actores, mediar en sus conflictos o velar mínimamente por los intereses públicos. Carente de poder, el Estado deja actuar a los actores sociales más fuertes, y aun utiliza sus últimas fuerzas para apoyarlos.

Esta vasta transformación se ha apoyado en el así denominado liberalismo, nueva religión que, al igual que en otras partes del mundo, ha logrado instalarse en el sentido común de la sociedad. En su versión local, su formulación es decididamente pobre —sus intelectuales son apenas comunicadores sociales— y debe mucho más a las fuentes manchesterianas más duras que a los clásicos del pensamiento político: hay en él mucho mercado y poca libertad política. Su avance ha sido arrollador en las dos últimas décadas, y particularmente en los últimos años, aprovechando la manera como las dictaduras militares, y especialmente la del Proceso, allanaron el campo, eliminando discursos alternativos, a veces junto con sus emisores mismos. Durante algunos años compitió con el discurso de la democracia, la ética y la solidaridad social, pero luego, las dos hiperinflaciones fueron decisivas para convencer a la sociedad de que la única solución era la propuesta por los liberales. Al tiempo que se rompían los grandes acuerdos sociales, explícitos o tácitos, de la sociedad argentina del último medio siglo, ante el avance liberal caía el discurso del Estado de bienestar y sus valores de equidad y justicia social, el del populismo, conexo con él, y el de la izquierda, capaz de proponer una utopía alternativa. Curiosamente, los ideales de la "patria peronista" y de la "patria socialista", que confrontaron en 1973, quedaron igualmente archivados.

El liberalismo ha impuesto en la opinión no sólo sus propuestas sino la misma agenda de problemas. Todo debate público se reduce, casi sin excepción, a la economía, y toda la economía a la "estabilidad". Se han abandonado ilusiones muy caras a la sociedad, como la del buen salario o el pleno empleo, la igualdad de oportunidades garantizada por el Estado o el derecho a la salud y la educación, y también se ha bloqueado la posibilidad, no ya de discutir alternativas sino de plantear otros problemas. En ese sentido, la nueva religión, luego de demostrar su eficacia contestataria, aprueba el examen en el aspecto del control ideológico. Cabe en cambio dudar de que un discurso que habla de una sociedad integrada por compradores o vendedores, usuarios o contribuyentes, que intenta fundar una ética social en el control fiscal, y que no habla ni de trabajadores ni mucho menos de ciudadanos, pueda generar un consenso positivo amplio.

Esas dos identidades —trabajador y ciudadano—, fuertes en etapas anteriores, se encuentran cada vez más desdibujadas en una sociedad que se está remodelando de manera radical. El mundo del trabajo se encuentra erosionado por una alta desocupación, que no afecta sólo las zonas marginales sino su corazón mismo: el empleo industrial. El sector de los trabajadores del Estado, cuya expansión compensó durante bastante tiempo la contracción de aquél, también se redujo drásticamente con la política de privatización de empresas públicas. Debilitado y fragmentado en su base, el mundo del trabajo vive también la crisis de su representación corporativa, el sindicalismo, que fue su herramienta de lucha y el núcleo de su identidad social. En compensación, ha crecido el sector de los trabajadores por cuenta propia, cuyo incremento no expresa ya, como antaño, procesos de ascenso social sino simplemente de pérdida de empleos estables.

Simultáneamente, se ha constituido el mundo de la pobreza, nutrido de trabajadores mal pagos, pequeños cuentapropistas, desocupados, marginales de distinto tipo y de un sector "peligroso" cada vez más amplio. Parcialmente superpuesta con el mundo del trabajo, se trata de una identidad social más atribuida que asumida: el resultado del reconocimiento de la existencia de un sector muy amplio —entre una tercera y una cuarta parte de la población total— que se encuentra por debajo de lo que la misma sociedad entiende como el nivel mínimo aceptable de consumo. Producto legítimo de la reestructuración de la economía y el Estado, es hoy un tema de estudio académico y una inquietante realidad, cuando se toma noticia de saqueos a supermercados, ocupaciones de inmuebles, asaltos a colectivos de pasajeros o proliferación de niños sin hogar. También de una realidad que el Estado acepta resignadamente pues, como el propio presidente Menem ha dicho, "pobres habrá siempre".

Las clases medias han experimentado una fuerte diferenciación interna, particularmente en sus ingresos, y un cambio sustantivo en sus valores y actitudes. Es difícil decir hoy quiénes pertenecen a ella: a diferencia de la Argentina de principios de siglo, o aun de 1950, una profesión o un título universitario no indica demasiado sobre los ingresos de quien lo posee, aunque hay grupos profesionales —como los educadores o aun los militares— cuya situación se ha deteriorado en bloque. Ha habido también cambios profundos en los valores en torno de los cuales las clases medias se identificaban. La apertura de

la economía y los prolongados períodos de sobrevaluación de la moneda argentina significaron un cambio importante en los hábitos de consumo: muchos de ellos viajaron al exterior —una práctica que en el imaginario se
asocia con el privilegio— o compraron todo tipo de productos electrónicos, al tiempo que consumos tradicionalmente considerados valiosos, como la vivienda propia, se
alejan cada vez más de sus posibilidades. Dos décadas de
alternancia entre bonanzas y crisis han arraigado en las
clases medias la convicción de que las ocasiones deben ser
aprovechadas para una suerte de atracón de consumo,
una actitud que dista mucho de sus tradicionales hábitos
de sobriedad, ahorro y previsión.

Vista en su conjunto, la sociedad se ha polarizado. Desaparecidos los mecanismos de redistribución y de negociación social, un vasto conjunto se sumerge en la pobreza o ve deteriorado su nivel de vida, mientras un grupo
visto como los "ricos", que incluye una porción no des-
deñable de los sectores medios, prospera ostentosamente
y exhibe sin complejos su riqueza, en muchos casos reciente, de modo que las desigualdades no se disimulan sino que se espectacularizan. La sociedad que se constituyó con la Argentina moderna, continua y relativamente
homogénea, en la que no se percibían cortes bruscos, deja
paso a otra fuertemente segmentada, de partes incomuni-
cadas y hasta enfrentadas, separadas por su capacidad de
consumo pero también por sus ideas sobre la sociedad en
su conjunto y lo que cada uno puede esperar de ella. Es
también una sociedad atomizada en la que las redes sociales y los vínculos de solidaridad se encuentran deteriora-
dos y las identidades colectivas se forman con dificultad.
Lo público desaparece como el espacio de responsabilidad
común, construido y mantenido por la acción solidaria,
que no estaba reñida con la búsqueda del éxito individual. La educación común, la salud pública, la seguridad
pública, y aun los espacios públicos mismos, que habían
estado en el centro de una sociedad fuertemente integra-

dora, se van erosionando, y avanza sobre ellos lo privado, según la lógica de que tienen derecho a ellos los que pueden pagarlo. La nueva sociedad incluye en sus prácticas poco que pueda sustentar la democracia.

La democracia había aparecido, luego de la guerra de Malvinas, como la panacea de todos los males, y a la vez la utopía movilizadora de la sociedad, capaz de integrar en un solo haz las tradiciones liberal, republicana y hasta socialista. Quebrada hacia 1987, la ilusión deja paso a una realidad menos dramática que la de los pasados procesos militares, pero ciertamente poco propicia para generar entusiasmos colectivos. No sólo los datos básicos de la realidad aparecen como dados, y absolutamente inconmovibles frente a cualquier acción social voluntaria, sino que la misma formación de voluntades políticas colectivas resulta cada vez más difícil. El duro proceso de reestructuración engendra muchas protestas singulares, agrias y duras, pero unas y otras no se suman ni integran, no ya una propuesta alternativa sino, siquiera, una protesta homogénea y combativa. La inquietud social no encuentra sus canales tradicionales de representación. Los sindicatos, que la expresaron durante largos períodos, están hoy vacíos e inertes, y el propio peronismo, que desde 1955 sirvió para canalizar, integrar y dar voz a los reclamos más variados, resulta ser hoy la expresión de las fuerzas de la reestructuración. Tampoco los partidos políticos parecen ser canales eficaces para esa tarea integradora, sobre todo porque no es fácil determinar —más allá de sus historias y tradiciones— cuál es la diferencia entre sus propuestas.

Esto se debe en parte a razones de fondo, como la dificultad misma para pensar alternativas reales a la política propuesta, pero en buena medida también obedece al tipo de práctica política que se ha impuesto, más próxima en realidad al espectáculo que al debate público. La discusión de las cuestiones reales ha sido reemplazada por la competencia de imágenes, que se construyen a partir de los deseos y demandas de los clientes de este mercado singular. Los candidatos se buscan en función de esas imágenes, y no es difícil imaginar que puedan llegar a intercambiarse. La discusión cotidiana es ciertamente viva y aguda, pero centrada en los aspectos más superficiales o triviales de las cuestiones, buscando antes el escándalo que el debate. De este modo, un cierto simulacro de política apenas oculta un desinterés general por las cuestiones públicas, una resignación frente a las decisiones de quienes tienen poder para hacerlo, una verdadera despolitización.

Estos cambios afectan tanto la formación de voluntades colectivas como la misma forma de legitimación del Estado. Como en todo el mundo occidental, el sufragio fue en la Argentina desde 1916 la expresión más cabal de la voluntad ciudadana, y quienes en distintos momentos lo tergiversaron debieron padecer de una crónica ilegitimidad. Pasada la ilusión democrática, se han generalizado nuevas formas de legitimación, en la que la encuesta de opinión —lábil, fácilmente maleable ante la presión de los medios— reemplaza lo que siempre se consideró la expresión de convicciones ciudadanas profundas. Si esto también es un fenómeno universal, y tiene que ver con el creciente virtuosismo de los medios masivos de comunicación, es cierto también que la opacidad y atomización de nuestra sociedad y la falta de voces políticas resistentes facilita este cambio. En esta situación, la democracia en la Argentina parece carecer de la vitalidad necesaria para imprimir cambios en la sociedad, lo cual la hace a la vez poco peligrosa y poco útil. En su horizonte sólo se vislumbran o la apatía creciente o la adhesión general a dirigentes milagreros.

Si la democracia —en esta expresión mínima— no molesta a nadie y no está amenazada, la República en cambio se encuentra en grave riesgo y sufre el vigoroso embate del proceso de concentración del poder en beneficio de quien encabeza el Poder Ejecutivo. No es una novedad, pues esa tendencia afectó tanto a gobiernos de origen democrático como a los fraudulentos o autoritarios, pero ciertamente aquí la ilusión democrática se confundió con la realidad, y después de duras experiencias, toda la sociedad parecía haber admitido las ventajas de los balances y contrapesos del poder, de los sistemas de control, del respeto a las minorías, de la igualdad ante la ley y de su soberanía absoluta, del celoso respeto a las virtudes públicas. En cambio, el vasto proceso de reestructuración que hoy se vive viene acompañado de una potenciación de las facultades del Ejecutivo, que en nombre de la crisis y de la urgencia avanza sobre un Poder Legislativo al que se desprestigia sistemáticamente, o sobre un Poder Judicial sometido a las exigencias de la política cotidiana. Tan grave como las prácticas corruptoras de las instituciones son los enunciados mismos, que de múltiples maneras colocan la voluntad personal de los gobernantes por encima de la ley. Finalmente, las propias garantías de la seguridad personal y la libertad, es decir el núcleo de esos derechos humanos que, más allá de cualquier otro logro, parecían el más definitivo fruto de la restauración democrática, son puestas en cuestión por la incipiente aparición de un aparato represor que opera a la sombra del Estado y al margen de la ley.

Desde mediados del siglo pasado, cuando se sancionó la Constitución que hoy nos rige, la sociedad argentina fue avanzando —en la misma ruta que la mayoría de las naciones de Occidente— por un camino en el que a la consecución de los derechos civiles se agregó la ciudadanía política, y finalmente, la generalización de la ciudadanía social. Golpeada esta última por una polarización social que avanza sobre la quiebra de cualquier principio de equidad y justicia social; afectada aquélla por la apatía y la despolitización, una pregunta cierra el repaso angustiado de nuestra historia reciente: ¿qué lugar habrá en la nueva Argentina para las normas más esenciales de convivencia de su sociedad?

Poco alienta en el presente a una respuesta optimista, salvo quizá la posibilidad de uno de esos bruscos cambios de escenario, tan comunes en nuestra historia reciente. Salvo, también, la confianza de que la sociedad que hoy está ausente del debate público reencuentre la voz, la convicción y los intérpretes que ha perdido, y con ellos la posibilidad de pensar en un país diferente.

Bibliografía

La bibliografía que aquí se indica, aunque no exhaustiva, constituye un punto de partida para el estudio sistemático de los temas tratados en el texto. Como cualquier selección, supone una opinión acerca del interés o la pertinencia de los textos.

Se presenta agrupada en cuatro grandes secciones cronológicas, que corresponden cada una aproximadamente a dos capítulos del texto. En cada sección se indican las obras mencionadas en la sección precedente que son pertinentes.

Las obras se presentan agrupadas en cuatro grandes áreas temáticas: obras generales y problemas políticos; problemas económicos; problemas sociales y problemas culturales e ideológicos. Tal clasificación es sólo aproximativa y las superposiciones temáticas son muchas, de modo que se ha preferido no mencionar esos títulos.

Dentro de cada sección, las obras aparecen presentadas por afinidad temática sin que, como en el caso anterior, esto implique una clasificación rígida.

I. Hasta 1930

1. Obras generales y problemas políticos

ALÉN LASCANO, Luis C. , *La Argentina ilusionada, 1922-1930*, Buenos Aires, La Bastilla, 1975.

BOTANA, Natalio, *El orden conservador*, Buenos Aires, Sudamericana, 1977.

CANTÓN, Darío, *Elecciones y partidos políticos en la Argentina. Historia, interpretación y balance: 1910-1966*, Buenos Aires, Siglo XXI, 1973.

CANTÓN, Darío, José Luis Moreno y Alberto Ciria, *Argentina. La democracia constitucional y su crisis*, Buenos Aires, Paidós, 1972.

GALLO, Ezequiel (h) y Silvia Sigal, "La formación de los partidos políticos contemporáneos. La UCR (1890-1916)", en:

Torcuato Di Tella y otros (comps.), *Argentina, sociedad de masas*, Buenos Aires, Eudeba, 1966.

ÍÑIGO CARRERA, Héctor J., *La experiencia radical, 1916-1922*, Buenos Aires, Ediciones La Bastilla, 1980.

MUSTAPIC, Ana María, "Conflictos institucionales durante el primer gobierno radical: 1916-1922", en: *Desarrollo Económico*, 93, 24, abril-junio de 1984.

REMMER, Karen L., *Party competition in Argentina and Chile. Political recruitment and public policy, 1890-1930*, Lincoln and London, University of Nebraska Press, 1984.

ROCK, David, *Argentina 1516-1987, Desde la colonización española hasta Raúl Alfonsín*, Buenos Aires, Alianza, 1985.

ROCK, David, *El radicalismo argentino, 1890-1930*, Buenos Aires, Amorrortu Editores, 1977.

RODRÍGUEZ, Celso, *Lencinas y Cantoni, El populismo cuyano en tiempos de Yrigoyen*, Buenos Aires, Editorial de Belgrano, 1979.

ROMERO, Luis Alberto, "Sectores populares, participación y democracia: el caso de Buenos Aires", en: Alain Rouquié y Jorge Schvarzer (comps.), *¿Cómo renacen las democracias?*, Buenos Aires, Emecé, 1985.

ROMERO, José Luis, *Las ideas políticas en Argentina*, 5ª ed., Buenos Aires, Fondo de Cultura Económica, 1975.

ROMERO, José Luis y Luis Alberto Romero (dir.), *Buenos Aires, historia de cuatro siglos*, Buenos Aires, Editorial Abril, 1983.

ROMERO, Luis Alberto *et. al.*, *El radicalismo*, Buenos Aires, Carlos Pérez Editores, 1969.

ROUQUIÉ, Alain, *Poder militar y sociedad política en la Argentina*, vol.: I. *Hasta 1943*, Buenos Aires, Emecé, 1981.

POTASH, Robert A., *El ejército y la política en la Argentina*, vol. I: *1928-1945. De Yrigoyen a Perón*, Buenos Aires, Sudamericana, 1971.

SABATO, Jorge F. y Jorge Schvarzer, "Funcionamiento de la economía y poder político en la Argentina: trabas para la democracia", en: Alain Rouquié y Jorge Schvarzer (comps.), *¿Cómo renacen las democracias?*, Buenos Aires, Emecé, 1985.

SIDICARO, Ricardo, *La política mirada desde arriba. Las ideas del diario* La Nación, *1909-1989*, Buenos Aires, Sudamericana, 1993.

WALTHER, Richard, *The Socialist Party of Argentina, 1890-1930*, Austin-Texas, Universidad de Texas, 1977.

2. Problemas económicos

ARCONDO, Aníbal, "El conflicto agrario de 1912. Ensayo de interpretación", en: *Desarrollo Económico*, 20, 79, octubre-diciembre de 1980.

DÍAZ ALEJANDRO, Carlos, *Ensayos sobre la historia económica argentina*, Buenos Aires, Amorrortu Editores, 1975.

FODOR, Jorge y O'Connell, Arturo, "La Argentina y la economía atlántica en la primera mitad del siglo XX", en: *Desarrollo Económico*, 13, 49, abril-junio de 1973.

GIBERTI, Horacio C. E., *Historia económica de la ganadería argentina*, Buenos Aires, Solar, 1981.

GIBERTI, Horacio C. E., *El desarrollo agrario argentino*, Buenos Aires, Eudeba, 1964.

GIMÉNEZ ZAPIOLA, Marcos, *El régimen oligárquico. Materiales para el estudio de la realidad argentina (hasta 1930)*, Buenos Aires, Amorrortu, 1975.

GRAVIL, Roger, *The Anglo-Argentine Connection, 1900-1939*, Boulder and London, Westview Press, 1985.

HALPERIN DONGHI, Tulio, "Canción de otoño en primavera: previsiones sobre la crisis de la agricultura cerealera argentina (1894-1930)", en: *El espejo de la historia. Problemas argentinos y perspectivas latinoamericanas*, Buenos Aires, Sudamericana, 1987.

JORGE, Eduardo F., *Industria y concentración económica*, Buenos Aires, Siglo XXI, 1971.

KAPLAN, Marcos, "Política de petróleo en la primera presidencia de Hipólito Yrigoyen (1916-1922), en: *Desarrollo Económico*, 12, 45, abril-junio de 1972.

LLACH, Juan José (comp.), *La Argentina que no fue. I: Las fragilidades de la Argentina agroexportadora*, Buenos Aires, Ediciones del IDES, 1985.

PUCCIARELLI, Alfredo, *El capitalismo agrario pampeano*, Buenos Aires, Hyspamérica, 1986.

ROCK, David (ed.), *Argentine in the Twentieth Century*, Londres y Pittsburgh, Duckworth, 1975.

SABATO, Jorge F., *La clase dominante en la Argentina moderna. Formación y características*, Buenos Aires Cisea-Grupo Editor Latinoamericano, 1988.

SMITH, Peter H., *Carne y política en la Argentina*, Buenos Aires, Paidós, 1968.

SOLBERG, Carl, "Descontento rural y política agraria en la Argentina, 1912-1930", en: Marcos Giménez Zapiola (comp.), *El régimen oligárquico. Materiales para el estudio de la realidad argentina (hasta 1930)*, cit.

VILLANUEVA, Javier, "El origen de la industrialización argentina", en: *Desarrollo Económico*, 12, 47, octubre-diciembre de 1972.

3. Problemas sociales

ANSALDI, Waldo, "Hipótesis sobre los conflictos agrarios pampeanos", en: *Ruralia*, 2, junio de 1991.

ANSALDI, Waldo (comp.), *Conflictos obrero-rurales pampeanos (1900-1937)*, Buenos Aires, Centro Editor de América Latina, 1993.

DI TELLA, Torcuato *et. al.*, *Argentina, sociedad de masas*, Buenos Aires, Eudeba, 1966.

GUTIÉRREZ, Leandro H., "Condiciones materiales de vida en los sectores populares en el Buenos Aires finisecular", en: *De historia e historiadores. Homenaje a José Luis Romero*, México, Siglo XXI, 1982.

GUTIÉRREZ, Leandro H., "Los trabajadores y sus luchas", en José Luis Romero y Luis Alberto Romero (dir.), *Buenos Aires, Historia de cuatro siglos*, cit.

GUTIÉRREZ, Leandro H. y Luis Alberto Romero, "Sociedades barriales, bibliotecas populares y cultura de los sectores populares: Buenos Aires, 1920-1945", en: *Desarrollo Económico*, 29, 113, abril-junio de 1989.

HOROWITZ, Joel, "Los trabajadores ferroviarios en la Argentina (1920-1943). La formación de una elite obrera", en: *Desarrollo Económico*, 25, 99, octubre-diciembre de 1985.

KORN, Francis, *Buenos Aires: los huéspedes del 20*, Buenos Aires, Sudamericana, 1975.

PANETTIERI, José, *Los trabajadores*, Buenos Aires, Jorge Álvarez, 1968.

4. Aspectos culturales e ideológicos

ALTAMIRANO, Carlos y Beatriz Sarlo, *Ensayos argentinos. De Sarmiento a la vanguardia*, Buenos Aires, Centro Editor de América Latina, 1983.

NAVARRO GERASSI, Marysa, *Los nacionalistas*, Buenos Aires, Jorge Álvarez, 1969.

PRIETO, Adolfo, *El discurso criollista en la formación de la Argentina moderna*, Buenos Aires, Sudamericana, 1988.

ROMERO, José Luis, "El ensayo reformista", en: *Situaciones e ideologías en América Latina*, Buenos Aires, Sudamericana, 1984.

ROMERO, José Luis, *El desarrollo de las ideas en la sociedad argentina del siglo XX*, Buenos Aires, Fondo de Cultura Económica, 1965.

SARLO, Beatriz, *El imperio de los sentimientos*, Buenos Aires, Catálogos, 1985.

SARLO, Beatriz, *Una modernidad periférica: Buenos Aires 1920 y 1930*, Buenos Aires, Ediciones Nueva Visión, 1988.

TERÁN, Oscar, "El primer antiimperialismo latinoamericano", en: *En busca de la ideología argentina*, Buenos Aires, Catálogos, 1986.

II. 1930-1955

1. Obras generales y problemas políticos

Véase las obras citadas en la sección anterior de J. L. Romero, Rock, Cantón, Cantón *et. al.*, Sidicaro y L. A. Romero.

BIANCHI, Susana y Norma Sanchís, *El partido peronista femenino*, Buenos Aires, CEAL, 1988.

BIANCHI, Susana, "La Iglesia Católica y el Estado peronista. Notas para un proyecto de investigación", en: *Conflictos y procesos de la historia Argentina contemporánea*, Buenos Aires, CEAL, 1988.

CIRIA, Alberto, *Partidos y poder en la Argentina moderna (1930-1946)*. 3ª ed., Buenos Aires, Ediciones de la Flor, 1975.

CIRIA, Alberto, *Perón y el justicialismo*, Buenos Aires, Siglo XXI, 1971.

CIRIA, Alberto, *Política y cultura popular: la Argentina peronista, 1946-1955*, Buenos Aires, Ediciones de la Flor, 1983.

CONIL PAZ, Alberto y Gustavo Ferrari, *Política exterior argentina, 1930-1962*, Buenos Aires, Círculo Militar, 1971.

DEL BARCO, Ricardo, *El régimen peronista, 1946-1955*, Buenos Aires, Editorial de Belgrano, 1983.

ESCUDÉ, Carlos, *Gran Bretaña, Estados Unidos y la declinación argentina, 1942-1949*, Buenos Aires, Editorial de Belgrano, 1983.

FAYT, Carlos, *La naturaleza del peronismo*, Buenos Aires, Viracocha, 1967.

GUTIÉRREZ, Leandro H. y Luis Alberto Romero, "Ciudadanía política y ciudadanía social: los sectores populares en Buenos Aires, 1912-1955", *Índice*, 5-2ª época, abril de 1992.

HALPERIN DONGHI, Tulio, *La democracia de masas*, Buenos Aires, Paidós, 1972.

HALPERIN DONGHI, Tulio, "Algunas observaciones sobre Germani, el surgimiento del peronismo y los migrantes internos", en: Mora y Araujo y Llorente (comps.), *El voto peronista*, cit.

LUNA, Félix, *Alvear*, Buenos Aires, Editorial de Belgrano, 1982.

LUNA, Félix, *Ortiz. Reportaje a la Argentina opulenta*, Buenos Aires, Sudamericana, 1978.

LUNA, Félix, *Perón y su tiempo*, Buenos Aires, Sudamericana, 1986.

MORA Y ARAUJO, Manuel e Ignacio Llorente, *El voto peronista. Ensayos de sociología electoral argentina*, Buenos Aires, Sudamericana, 1980.

NAVARRO, Marysa, *Evita*, Buenos Aires, Corregidor, 1981.

POTASH, Robert A., *El ejército y la política en la Argentina, 1945-1962. De Perón a Frondizi*, Buenos Aires, Sudamericana, 1981.

RAPOPORT, Mario, *Gran Bretaña, Estados Unidos y las clases dirigentes argentinas, 1940-1945*, Buenos Aires, Editorial de Belgrano, 1981.

RAPOPORT, Mario, *Política y diplomacia en la Argentina.. Las relaciones con EEUU y la URSS*, Buenos Aires, Editorial Tesis-Instituto Torcuato Di Tella, 1986.

ROUQUIÉ, Alain, *Poder militar y sociedad política en la Argentina*, vol. II: *1943-1973*, Buenos Aires, Emecé, 1982.

SANGUINETTI, Horacio, *Los socialistas independientes*, Buenos Aires, Editorial de Belgrano, 1981.

SIGAL, Silvia y Eliseo Verón, *Perón o muerte. Los fundamentos discursivos del fenómeno peronista*, Buenos Aires, Legasa, 1986.

TAYLOR, Julie M., *Evita Perón. Los mitos de una mujer*, Buenos Aires, Editorial de Belgrano, 1981.

TCACH, César, *Sabattinismo y peronismo. Partidos políticos en Córdoba, 1943-1955*, Buenos Aires, Sudamericana, 1991.

TORRE, Juan Carlos, *La vieja guardia sindical y Perón. Sobre los orígenes del peronismo*, Buenos Aires, Sudamericana, 1990.

TORRE, Juan Carlos, "Interpretando (una vez más) los orígenes del peronismo", *Desarrollo Económico*, 28, 112, enero-marzo de 1989.

WALDMANN, Peter, *El peronismo, 1943-1955*, Buenos Aires, Editorial Sudamericana, 1981.

2. Aspectos económicos

Véase las obras citadas en la sección anterior de Díaz Alejandro, Fodor y O'Connell, Gravil, Giberti, Smith y Jorge.

BARSKY, Osvaldo *et al.*, *La agricultura pampeana. Transformaciones productivas y sociales*, Buenos Aires, IICA-CISEA- Fondo de Cultura Económica, 1988.

DORFMAN, Adolfo, *Cincuenta años de industrialización en la Argentina, 1930-1980*, Buenos Aires, Solar, 1983.

DROSDOFF, Daniel, *El gobierno de las vacas (1933-1956): el tratado Roca-Runciman*, Buenos Aires, La Bastilla, 1972.

FODOR, Jorge y Arturo O'Connell, "Dependencia, historiografía y objeciones al Pacto Roca. Un comentario", en: *Desarrollo Económico*, 25, 99, octubre-diciembre de 1985.

FODOR, Jorge, "Peron's policies for agricultural exports, 1946-1948: ¿Dogmatism or common sense?", en: D. Rock (comp.), *Argentine in the Twentieth Century*, cit.

GARCÍA HERAS, Raúl, "Las compañías ferroviarias británicas y el control de cambios en la Argentina durante la Gran Depresión", *Desarrollo Económico*, 29, 116, enero-marzo de 1990.

GARCÍA HERAS, Raúl, "Capitales extranjeros, poder político y transporte urbano de pasajeros: la Compañía de Tranvías Anglo Argentina Ltda. de Buenos Aires, Argentina, 1930-1943", en: *Desarrollo Económico*, 32, 125, abril-junio de 1992.

LLACH, Juan José , "El Plan Pinedo de 1940, su significado histórico y los orígenes de la economía política del peronismo", en: *Desarrollo Económico*, 23, 92, enero-marzo de 1984.

MALLON, Richard y Juan Sourrouille, *La política económica en una sociedad conflictiva*, Buenos Aires, Amorrortu, 1975.

O'CONNELL, Arturo, "La Argentina en la Depresión: los problemas de una economía abierta", en: *Desarrollo Económico*, 23, 92, enero-marzo de 1984.

PANAIA, Marta, Ricardo Lesser y Pedro Skupch, *Estudios sobre los orígenes del peronismo/2*, Buenos Aires, Siglo XXI, 1973.

SCHVARZER, Jorge, *Bunge y Born. Crecimiento y diversificación de un grupo económico*, Buenos Aires, CISEA-Grupo Editor Latinoamericano, 1989.

3. Aspectos sociales

Véase las obras citadas en la sección anterior de Horowitz, Ansaldi, Gutiérrez y Romero

DEL CAMPO, Hugo, *Sindicalismo y peronismo. Los comienzos de un vínculo perdurable*, Buenos Aires, CLACSO, 1983.

DOYON, Louise M., "El crecimiento sindical bajo el peronismo", en J. C. Torre (comp.), *La formación del sindicalismo peronista*, cit.

DOYON, Louise M., "La organización del movimiento sindical peronista (1946-1955), en: *ibidem*.

DOYON, Louise M., "Conflictos obreros durante el régimen peronista (1946-1955), en: *ibidem*.

DURRUTY, Celia, *Clase obrera y peronismo*, Córdoba, Ediciones de Pasado y Presente, 1969.

GAUDIO, Ricardo y Jorge Pilone, "Estado y relaciones laborales en el período previo al surgimiento del peronismo, 1935-1943", *Desarrollo Económico*, 24, 94, julio-setiembre de 1984.

GERMANI, Gino, *Política y sociedad en una época de transición*, Buenos Aires, Paidós, 1962.

GERMANI, Gino, *Estructura social de la Argentina*, Buenos Aires, Raigal, 1955.

MATSUSHITA, Hiroschi, *Movimiento obrero argentino, 1930-1945. Sus proyecciones en los orígenes del peronismo*, Buenos Aires, Siglo Veinte, 1983.

MURMIS, Miguel y Juan Carlos Portantiero, *Estudios sobre los orígenes del peronismo/1*, Buenos Aires, Siglo XXII, 1971.

RECCHINI DE LATTES, Zulma L. y Alfredo E. Lattes, *Migraciones en la Argentina*, Buenos Aires, Instituto Torcuato Di Tella, 1969.

TAMARIN, David, *The Argentine labor movement, 1930-1945. A study in the origins of peronism*. Albuquerque, University of New Mexico Press, 1985.

TORRE, Juan Carlos (comp.), *La formación del sindicalismo peronista*, Buenos Aires, Legasa, 1988.

4. Aspectos ideológicos y culturales

Véase las obras citadas en la sección anterior de José Luis Romero, Navarro Gerassi y Sarlo.

BUCHRUCKER, Cristián, *Nacionalismo y peronismo. La Argentina en la crisis ideológica mundial (1927-1955)*, Buenos Aires, Sudamericana, 1987.

GOLDAR, Ernesto, "La literatura peronista", en: G. Cárdenas *et al.*, *El peronismo*, Buenos Aires, Carlos Pérez Editor, 1969.

ROMERO, José Luis, "Martínez Estrada, un renovador de la exégesis sarmientina", en: *La experiencia argentina y otros ensayos*, Buenos Aires, Editorial de Belgrano, 1980.

ROMERO, Luis Alberto, "Buenos Aires en la entreguerra: libros baratos y cultura de los sectores populares", en: D. Armus (comp.), *Mundo urbano y cultura popular. Estudios de historia social argentina*, Buenos Aires, Sudamericana, 1990.

III. 1955-1976

1. Obras generales y problemas políticos

Véase las obras citadas en la sección anterior de Rock, Halperín Donghi, Rouquié, Potash, Sidicaro, Conil Paz y Sigal y Verón.

BALLVÉ, Beba y Miguel Murmis, *Lucha de calles, lucha de clases*, Buenos Aires, La Rosa Blindada, 1973.

CAVAROZZI, Marcelo, *Autoritarismo y democracia (1955-1983)*, Buenos Aires, CEAL, 1983.

DELICH, Francisco, *Crisis y protesta social: Córdoba, mayo de 1969*, Buenos Aires, Siglo XXI, 1970.

DE RIZ, Liliana, *Retorno y derrumbe: el último gobierno peronista*, México, Folios, 1981.

GRAHAM-YOOLL, Andrew, *Tiempo de tragedia*, Buenos Aires, Ediciones de la Flor, 1972.

GILLESPIE, Richard, *Soldados de Perón. Los montoneros*, Buenos Aires, Grijalbo, 1987.

KANDEL, Pablo y Mario Monteverde, *Entorno y caída*, Buenos Aires, Planeta, 1976.

O'DONNELL, Guillermo, *El estado burocrático autoritario, 1966-1973*, Buenos Aires, Editorial de Belgrano, 1982.

PORTANTIERO, Juan Carlos, "Clases dominantes y crisis política en la Argentina actual", en: Oscar Braun (comp.), *El capitalismo argentino en crisis*, Buenos Aires, Siglo XXI, 1973.

ROUQUIÉ, A. (comp.). *Argentina hoy*, México, Siglo XXI, 1982.

SEOANE, María, *Todo o nada*, Planeta, 1991.

SIDICARO, Ricardo, "Poder y crisis de la gran burguesía agraria argentina", en: A. Rouquié (comp.), *Argentina hoy*, México, Siglo XXI, 1982.

SMULOVITZ, Catalina, *Oposición y gobierno: los años de Frondizi*, Buenos Aires, CEAL, 1988.

TORRE, Juan Carlos, *Los sindicatos en el gobierno, 1973-1976*, Buenos Aires, CEAL, 1983.

WALDMANN, Peter, "Anomia social y violencia", en: A. Rouquié (comp.). *Argentina hoy*, cit.

2. Aspectos económicos

Véase las obras citadas en la sección anterior de Díaz Alejandro, Mallon y Sourrouille y Barsky.

BRAUN, Oscar (comp.), *El capitalismo argentino en crisis*, Buenos Aires, Siglo XXI, 1973.

CANITROT, Adolfo, "La viabilidad de la democracia: un análisis de la experiencia peronista 1973-1976", Buenos Aires, CEDES, Estudios Sociales, 11, 1978.

CANITROT, Adolfo, "La experiencia populista de redistribución de ingresos", en: *Desarrollo Económico*, 15, 59, 1975.

DI TELLA, Guido, *Perón-Perón, 1973-1976*, Buenos Aires, Sudamericana, 1983.

DUEJO, Gerardo, *El capital monopolista y las contradicciones secundarias en la sociedad argentina*, Buenos Aires, Siglo XXI, 1973.

GERCHUNOFF, Pablo y Juan José Llach, "Capitalismo industrial, desarrollo asociado y distribución del ingreso entre los dos gobiernos peronistas, 1950-1972", en: *Desarrollo Económico*, 57, abril-junio de 1975.

KATZ, Jorge y Bernardo Kosakoff, *El proceso de industrialización en la Argentina: evolución, retroceso y perspectiva*, Buenos Aires, CEAL, 1989.

KATZ, Jorge *et. al.*, *Desarrollo y crisis de la capacidad tecnológica latinoamericana. El caso de la industria metalmecánica*, Buenos Aires, BID-CEPAL, 1986.

SCHVARZER, Jorge, "Estrategia industrial y grandes empresas: el caso argentino", en: *Desarrollo Económico*, 71, agosto de 1978.

3. Aspectos sociales

Véase las obras citadas en secciones anteriores de Recchini de Lattes, Romero y Romero (dir.).

BRENNAN, James P., "El clasismo y los obreros. El contexto fabril del 'sindicalismo de liberación' en la industria automotriz cordobesa, 1970-1975", en: *Desarrollo Económico*, 32, 125, abril-junio de 1992.

JAMES, Daniel, *Resistencia e integración. El peronismo y la clase trabajadora argentina, 1946-1976*, Buenos Aires, Sudamericana, 1990.

PALOMINO, Héctor, *Cambios ocupacionales y sociales en Argentina, 1947-1985*, Buenos Aires, CISEA, 1988.

PALOMINO, Mirta L. de, *Tradición y poder: la Sociedad Rural Argentina (1955-1983)*, Buenos Aires, CISEA-GEL, 1988.

SCHVARZER, Jorge, *Empresarios del pasado. La Unión Industrial Argentina*, Buenos Aires, Imago Mundi-CISEA, 1991.

TORRADO, Susana, *Estructura social de la Argentina, 1945-1983*, Buenos Aires, Ediciones de la Flor, 1992.

4. Aspectos culturales e ideológicos

SIGAL, Silvia, *Intelectuales y poder en la década del sesenta*, Buenos Aires, Puntosur, 1991.

TERÁN, Oscar, *Nuestros años sesentas. La formación de la nueva izquierda intelectual en la Argentina, 1956-1966*, Buenos Aires, Puntosur, 1991.

IV. 1976-1993

1. Obras generales y problemas políticos

Véase las obras citadas en secciones anteriores de Rouquié, Gillespie, Sidicaro y Cavarozzi.

ABÓS, Álvaro, *Las organizaciones sindicales y el poder militar (1976-1983)*, Buenos Aires, CEAL, 1984.

ALTAMIRANO, Carlos, "Lecciones de una guerra", en: *Punto de Vista*, 5, 1, agosto-octubre de 1982.

BONASSO, Miguel, *Recuerdo de la muerte*, Bruguera, 1984.

CARDOSO, Oscar Raúl, Eduardo Kirchbaum y Eduardo van der Kooy, *Malvinas. La trama secreta*, Buenos Aires, Planeta, 1992.

CATTERBERG, Edgardo y María Braun, "Las elecciones presidenciales argentinas del 14 de mayo de 1989: la ruta a la normalidad", en: *Desarrollo Económico*, 29, 115, octubre-diciembre de 1989.

CONADEP (Comisión Nacional sobre la Desaparición de Personas), *Nunca más*, Buenos Aires, EUDEBA, 1984.

CORRADI, Juan E., *The fitful Republic*, Westview Press, Boulder and London, 1985.

DELICH, Francisco, "Después del diluvio, la clase obrera", en: Alain Rouquié (comp.), *Argentina, hoy*, cit.

GARCÍA DELGADO, Daniel y Vicente Palermo "Cultura política y partidos en la sociedad argentina: 1976-1986", en: D. R. García Delgado (comp.), *Los cambios en la sociedad política (1976-1986)*, Buenos Aires, CEAL, 1987.

GIUSSANI, Pablo, *Los días de Alfonsín*, Buenos Aires, Legasa, 1986.

GIUSSANI, Pablo, *¿Por qué, doctor Alfonsín?*, Buenos Aires, Sudamericana-Planeta, 1987.

GROISMAN, Enrique, *Poder y derecho en el "Proceso de Reorganización Nacional"*, Buenos Aires, CISEA, 1983.

GROISMAN, Enrique, *La Corte Suprema de Justicia durante la dictadura (1976-1983)*, Buenos Aires, CISEA, 1989.

MORALES SOLA, Joaquín, *Asalto a la ilusión*, Buenos Aires, Planeta, 1990.

MUSTAPIC, Ana María y Mateo Goretti, "Gobierno y oposición en el Congreso: La práctica de la cohabitación durante la presidencia de Alfonsín (1983-1989)", en: *Desarrollo Económico*, 32, 126, julio-septiembre de 1992.

NUN, José y Juan Carlos Portantiero (comps.), *Ensayos sobre la transición democrática en la Argentina*, Buenos Aires, Puntosur, 1987.

OSZLAK, Oscar (comp.), *"Proceso", crisis y transición democrática*, Buenos Aires, CEAL, 1984.

TRONCOSO, Oscar, *El Proceso de Reorganización Nacional*, Buenos Aires, CEAL, 1984-1992.

VERBITSKY, Horacio, *La educación presidencial*, Buenos Aires, Puntosur, 1990.

2. Aspectos económicos

Véase las obras citadas en la sección anterior de Katz y Kosakoff, Katz, Barsky.

AZPIAZU, Daniel, Eduardo Basualdo y Miguel Khavisse, *El nuevo poder económico en la Argentina en los años 80*, Buenos Aires, Legasa, 1986.

ÍNDICE ANALÍTICO

406

407

ÍNDICE